Kohlhammer

Die Autoren

Dr. Armin Born ist Diplom-Psychologe, Diplom-Pädagoge und Psychologischer Psychotherapeut. Nach dem Studium des Lehramts an Grund- und Hauptschulen, der Pädagogik und der Psychologie bildete er zunächst als Wissenschaftlicher Mitarbeiter an der Universität Würzburg zehn Jahre lang vor allem angehende Lehrer und Lehrerinnen aus. Seit Anfang der 90er Jahre arbeitete er dann als Psychologischer Psychotherapeut in kinder- und jugendpsychiatrischen Praxen und 20 Jahre lang zusätzlich parallel als Ehe-, Familien- und Lebensberater an einer Beratungsstelle in Würzburg. Seit 2006 besteht daneben auch eine Therapietätigkeit in freier Praxis. Sein therapeutischer Hauptschwerpunkt ist die Arbeit mit Kindern mit Lernproblemen und zusätzlichen psychischen Problemen und die Arbeit mit ADHS-Kindern und deren Familien.

Seit 2000 erweiterte sich sein Arbeitsfeld um Vorträge und Fortbildungen im deutschsprachigen Raum zu den Themengebieten »Lern- und Verhaltensprobleme bei ADHS«, »Neuropsychologie des Lernens«, »Frühförderung«, »Effektiver Umgang mit Rechenschwäche und -störung« und »Lerntherapie«.

Claudia Oehler ist Diplom-Psychologin, Psychologische Psychotherapeutin und Supervisorin.

Nach dem Studium der Psychologie war sie zunächst fünf Jahre als wissenschaftliche Mitarbeiterin an der Universitätsklinik für Psychiatrie und Psychotherapie des Kindes- und Jugendalters an der Philipps-Universität Marburg unter Leitung von Prof. Dr. Dr. H. Remschmidt tätig. Von 1991 bis 2003 arbeitete sie dann als Verhaltenstherapeutin für Kinder, Jugendliche und Erwachsene in einer großen kinder- und jugendpsychiatrischen Praxis mit dem Schwerpunkt der Betreuung von ADHS-Kindern und deren Familien. Seit 2003 ist sie als Verhaltenstherapeutin für Kinder, Jugendliche und Erwachsene in freier Praxis tätig. Seit 2000 zahlreiche Fachvorträge, Veröffentlichungen und Fortbildungsveranstaltungen insbesondere zum Thema Lernen und ADHS.

Weitere Publikationen des Autorenteams:

Born A., Oehler C. (2023): Lernen mit ADHS-Kindern. Ein Praxishandbuch für Eltern, Lehrer und Therapeuten. (12., erweiterte und überarbeitete Auflage) Stuttgart: Kohlhammer.

Born A., Oehler C. (2020): Kinder mit Rechenschwäche erfolgreich fördern. Ein Praxishandbuch für Eltern, Lehrer und Therapeuten (6., erweiterte und überarbeitete Auflage). Stuttgart: Kohlhammer.

Born A., Oehler C. (2021): Gemeinsam wachsen – der Elternratgeber ADHS. Verhaltensprobleme in Familie und Schule erfolgreich meistern (2., erweiterte und überarbeitete Auflage). Stuttgart: Kohlhammer.

Armin Born
Claudia Oehler

Lernen mit Grundschulkindern

Praktische Hilfen und erfolgreiche
Fördermethoden für Eltern und Lehrer

3., erweiterte und überarbeitete Auflage

Verlag W. Kohlhammer

Dieses Werk einschließlich aller seiner Teile ist urheberrechtlich geschützt. Jede Verwendung außerhalb der engen Grenzen des Urheberrechts ist ohne Zustimmung des Verlags unzulässig und strafbar. Das gilt insbesondere für Vervielfältigungen, Übersetzungen, Mikroverfilmungen und für die Einspeicherung und Verarbeitung in elektronischen Systemen. Pharmakologische Daten, d. h. u. a. Angaben von Medikamenten, ihren Dosierungen und Applikationen, verändern sich fortlaufend durch klinische Erfahrung, pharmakologische Forschung und Änderung von Produktionsverfahren. Verlag und Autoren haben große Sorgfalt darauf gelegt, dass alle in diesem Buch gemachten Angaben dem derzeitigen Wissensstand entsprechen. Da jedoch die Medizin als Wissenschaft ständig im Fluss ist, da menschliche Irrtümer und Druckfehler nie völlig auszuschließen sind, können Verlag und Autoren hierfür jedoch keine Gewähr und Haftung übernehmen. Jeder Benutzer ist daher dringend angehalten, die gemachten Angaben, insbesondere in Hinsicht auf Arzneimittelnamen, enthaltene Wirkstoffe, spezifische Anwendungsbereiche und Dosierungen anhand des Medikamentenbeipackzettels und der entsprechenden Fachinformationen zu überprüfen und in eigener Verantwortung im Bereich der Patientenversorgung zu handeln. Aufgrund der Auswahl häufig angewendeter Arzneimittel besteht kein Anspruch auf Vollständigkeit.

Die Wiedergabe von Warenbezeichnungen, Handelsnamen und sonstigen Kennzeichen in diesem Buch berechtigt nicht zu der Annahme, dass diese von jedermann frei benutzt werden dürfen. Vielmehr kann es sich auch dann um eingetragene Warenzeichen oder sonstige geschützte Kennzeichen handeln, wenn sie nicht eigens als solche gekennzeichnet sind.

Es konnten nicht alle Rechtsinhaber von Abbildungen ermittelt werden. Sollte dem Verlag gegenüber der Nachweis der Rechtsinhaberschaft geführt werden, wird das branchenübliche Honorar nachträglich gezahlt.

Dieses Werk enthält Hinweise/Links zu externen Websites Dritter, auf deren Inhalt der Verlag keinen Einfluss hat und die der Haftung der jeweiligen Seitenanbieter oder -betreiber unterliegen. Zum Zeitpunkt der Verlinkung wurden die externen Websites auf mögliche Rechtsverstöße überprüft und dabei keine Rechtsverletzung festgestellt. Ohne konkrete Hinweise auf eine solche Rechtsverletzung ist eine permanente inhaltliche Kontrolle der verlinkten Seiten nicht zumutbar. Sollten jedoch Rechtsverletzungen bekannt werden, werden die betroffenen externen Links soweit möglich unverzüglich entfernt.

Die Abbildungen beruhen (zum Teil) auf Vorlagen der Grafiker Anita Krämer-Gerhard und Bernhard Ziegler.
Umschlagabbildung: iStock.com/dolgachov

3., erweiterte und überarbeitete Auflage 2025

Alle Rechte vorbehalten
© W. Kohlhammer GmbH, Stuttgart
Gesamtherstellung: W. Kohlhammer GmbH, Heßbrühlstr. 69, 70565 Stuttgart
produktsicherheit@kohlhammer.de

Print:
ISBN 978-3-17-045013-4

E-Book-Formate:
pdf: ISBN 978-3-17-045014-1
epub: ISBN 978-3-17-045015-8

Einleitung

Wie kamen wir dazu, dieses Buch zu schreiben?

Viele Jahre haben wir uns in unserer täglichen Praxis zunächst mit den Verhaltensproblemen, dann aber auch mit den Lern- und Leistungsproblemen von AD(H)S-Kindern auseinandergesetzt. Daraus entstand 2002 die erste Auflage des Werkes »Lernen mit ADS-Kindern«, das seitdem auf viel positive Resonanz gestoßen ist.[1] Mit dem Buch wollten wir dazu beitragen, Eltern und Lehrern, die täglich mit AD(H)S-Kindern zu tun haben, mit »passenden« Lernmethoden Hilfen für einen frühzeitigen Ausstieg aus dem Teufelskreis »Lernstörungen« anzubieten. Von diesen Kindern und ihren Familien haben wir sehr viel gelernt.

Im Laufe der Jahre haben wir, insbesondere von Lehrerinnen und Lehrern auf Vorträgen und Fortbildungen, häufig die Rückmeldung bekommen, dass die Lernmethoden, die bei AD(H)S-Kindern hilfreich sind, auch für die anderen Kinder in der Grundschule passen.

In einem nächsten Schritt haben wir uns sodann mit dem Lerngegenstand »Mathematik« intensiver beschäftigt. Aus dieser Arbeit entstand 2005 unser Buch »Kinder mit Rechenschwäche erfolgreich fördern«.[2] Vor allem in diesem Bereich waren wir überrascht, wie viele überholte Vorstellungen, die wir »Mythen« genannt haben, und entsprechend unpassende Fördermethoden auch heute noch in der gängigen Mathe-Förderpraxis bestehen. Recht unreflektiert bilden sie, auch im schulischen Bereich, immer noch Standardvorgehensweisen.

Was möchten wir Ihnen und Ihren Kindern mit diesem Buch mitgeben?

In unserer Praxis sehen wir täglich mindestens fünf Kinder und Jugendliche mit ihren Eltern, die neben anderen Problemen auch Lern- und Leistungsprobleme aufweisen. Ziel unserer Arbeit ist es dabei auch, dass keines dieser Kinder und Jugendlichen in unserem Schulsystem »zurückgelassen« wird. Lern- und Leistungsschwächen müssen aus diesem Grunde rechtzeitig erkannt werden, damit alle Beteiligten diesen wirksam entgegensteuern können. Wir alle sollten uns nicht mit Aussagen begnügen, die vielerorts zu hören sind: »Das Kind hat halt eine Legasthenie (bzw. eine Dyskalkulie)«, »unser Sohn ist halt rechenschwach (leseschwach)«, »die Schülerin ist einfach nicht so begabt« etc.

---

1 »Lernen mit ADHS-Kindern« ist inzwischen in mehrfach aktualisierter und erweiterter Form in 12. Auflage (2023) lieferbar.
2 Dieses Buch ist seit 2020 in 6., überarbeiteter und erweiterter Auflage erhältlich.

Einleitung

Kinder bringen zweifelsohne unterschiedliche individuelle Voraussetzungen für den Lernprozess mit. Im Zuge der Auseinandersetzung mit dem Thema Lernen ist uns jedoch bewusst geworden, dass es oftmals die *schulischen* Lernwege sind, die für die betroffenen Kinder zu Fehlstrategien in Mathematik, im Lesen und in der Rechtschreibung führen. Diese Fehlstrategien haben oft fatale Folgen für die Zukunft der Kinder. Unreflektiert eingesetzte und sogar propagierte Lernwege führen dazu, dass Grundfertigkeiten nicht angemessen vermittelt und damit nicht richtig erlernt werden. Der Erwerb der Grundfertigkeiten hat aber einen maßgeblichen Einfluss sowohl auf die weitere Schullaufbahn als auch auf die Persönlichkeitsentwicklung unserer Kinder. Unserer Erfahrung nach empfiehlt Schule das Training übergeordneter Kompetenzen, oftmals jedoch leider im »luftleeren« Raum. Die Automatisierung der Basisfertigkeiten in den einzelnen Kompetenzbereichen wird dabei vernachlässigt und ausgeblendet – mit fatalen Folgen für viele Kinder, die ihr Handwerkszeug deshalb nicht beherrschen und damit auch nicht in der Lage sind, »kreativ« Probleme lösen zu können.

Wir möchten uns in diesem Buch auf wenige, effektive Lernwege beschränken. Grundfertigkeiten sollten zunächst auf einem möglichst einfachen Weg eingeübt werden, damit sie dann leichter automatisiert und später in vielfältigen Kontexten angewandt werden können. Kreativität ist bei der Anwendung, nicht bei der Automatisierung gefordert. Kreativität, wie sie heute oftmals von der Schule verstanden wird, nämlich in vielfältigen Vermittlungsformen für Grundfertigkeiten, überlastet den ohnehin schon begrenzten Arbeitsgedächtnisspeicher und erschwert nicht nur, sondern verhindert sogar die Automatisierung der Grundfertigkeiten. Sind Grundfertigkeiten hingegen automatisiert, bedeutet dies, Zeit zu gewinnen und Energie zu sparen, um Raum für notwendige weitere schulische Lernprozesse zu schaffen, die bei der Anwendung der Grundfertigkeiten sodann durchaus »kreativ« sein sollen.

Wie in unserer alltäglichen Arbeit mit Kindern und ihren Eltern bemühen wir uns auch in diesem Buch, drei Bereiche zum Themenkomplex »Lernen« stringent und konsequent miteinander zu verbinden:

- die aktuelle empirische Forschungslage,
- aktuelle theoretische Konzepte und
- einfache, effektive Lernmethoden für Mathematik, Lesen und Rechtschreibung, die sich daraus ableiten lassen.

Für wen haben wir dieses Buch geschrieben?

- Für Eltern, damit sie die schulischen Lernstrategien besser einschätzen können und gegebenenfalls unpassende Lernmethoden durch *passendere ersetzen können*.

Ihnen, *den Eltern*, werden auf lernpsychologischer und neurowissenschaftlicher Grundlage aufbauende und durch empirische Forschungsergebnisse und Gehirnscans gestützte Lernmethoden vorgestellt, wie Sie Ihren Kindern helfen können, sich auf einfache und effektive Art und Weise die Basisfertigkeiten anzueignen. Wenn Ihr Kind sich dabei schwertut, wird zusätzlich aufgezeigt, wie Sie Ihrem Kind mit meist recht geringem zeitlichen Aufwand in (für Ihr Kind nicht) anstrengender Weise helfen können.

- Für Lehrer, um ihnen Hilfe und Orientierung anzubieten, damit sie ihren Unterricht »gehirngerechter« und ihn so erfolgreicher in Bezug auf den angestrebten Lernerfolg *gestalten zu können*.

Gleichzeitig sollen sie Anregungen bekommen, wie sie Kinder, die Schwierigkeiten haben, sich die Basisfertigkeiten im Rechnen, Lesen und Rechtschreiben anzueignen, auf eine gute Art und Weise unterstützen zu können. In diesem Fall möchte das Buch auch eine Grundlage für eine gute und abgestimmte Kooperation zwischen Lehrern und Eltern *schaffen*.

- Für (Lern)Therapeuten, Heilpädagogen und Ergotherapeuten, um ihnen auf neurowissenschaftlicher und lernpsychologischer Basis Orientierung und Hilfe zu geben, um zwischen effektiven und weniger effektiven Fördermethoden unterscheiden zu können.

Gleichzeitig möchten wir ihnen ein Angebot unterbreiten, wie sie ihren »Handwerkskoffer« im Förderbereich weiter auffüllen können.

- Für Lehramtsstudierende, um ihnen eine neue Sichtweise jenseits mancher didaktischen Vorstellung zu eröffnen.
- Für die Kinder, um ihnen das dauerhafte Aneignen der Basisfertigkeiten leichter zu machen und besonders für diejenigen Kinder, die schon am Anfang ihrer schulischen »Laufbahn« Misserfolge erleben.

Die allermeisten Kinder möchten nach der Einschulung lernen und auch gut dabei sein. Wenn sie dann aber durch unpassende Lernwege und -strategien auf diesem Weg enttäuscht werden, hat dies weitreichende und tiefergehende Konsequenzen. In jahrzehntelanger psychotherapeutischer Arbeit mussten wir erleben, dass diese Misserfolge nicht selten zu Leid bei den Kindern, zu psychischen Problemen wie z.B. Ängsten, depressiven Tendenzen oder starker Verweigerungshaltung, zu massiven Selbstwertproblemen und einer Beeinträchtigung in der Persönlichkeitsentwicklung führen können. Die Langzeitfolgen eines solchen schlechten »Schulstarts« sind meist die Anbahnung eines ungünstigeren schulischen Werdegangs, schlechtere Voraussetzungen für das spätere Berufsleben und immer wieder auch eine Zunahme der psychischen Probleme. Uns ist es wichtig, aufzuzeigen, wie man einer solchen negativen Entwicklung rechtzeitig und effektiv gegensteuern kann.

Die Überarbeitung und noch bessere Ausgestaltung unseres Buches erschien uns umso dringlicher, als aktuelle Studien belegen, dass ein Viertel der Viertklässler in Deutschland die Mindeststandards in Mathematik und im Lesen nicht erfüllen.

Einleitung

Ihr Wegweiser für unser Buch

Möglicherweise haben Sie als Eltern, Lehrer, Psychologen und Pädagogen, Therapeuten oder auch als Lehramtsstudierende unterschiedliche Interessen, wenn Sie dieses Buch aufschlagen. Insbesondere für die Eltern, für die die praxisorientierten Teile im Umgang mit ihren Kindern wichtig sind, haben wir die konkreten Lernhilfen am Seitenrand blau unterlegt. Auf diese Weise können Sie die praxisrelevanten Informationen und Tipps schnell finden.

Die Kapitel und Abschnitte, die wir Weiß belassen haben, sind mehr theoretischer Natur und geben einen Überblick über den aktuellen Wissensstand zur Thematik. Dies dürfte neben den Eltern insbesondere Lehrer, Psychologen, Pädagogen und Lerntherapeuten sowie Ärzte und Heilpädagogen ansprechen.

Wie ist dieses Buch aufgebaut?

Zunächst beschäftigen wir uns mit der aktuellen Schulwirklichkeit in Deutschland. Die Pisa-Misere sowie mögliche Wege aus diesem Dilemma, die uns aus der Gehirnforschung oder der gegenwärtigen Schulpädagogik angeboten werden, werden exemplarisch diskutiert.

Im ersten Teil des Buches soll Ihnen ein solides Grundwissen über Lernprozesse vermittelt werden. Erkenntnisse der Lernpsychologie sowie Sichtweisen der aktuellen Gehirnforschung werden dargestellt, damit Sie wissen, wie Lernprozesse gestaltet werden müssen, um erfolgreich sein zu können. Gleichzeitig möchten wir Sie in die Lage versetzen, zukünftig selber einzuschätzen, inwieweit eine Lernmethode effektiv oder unsinnig ist.

Im zweiten Teil des Buches erläutern wir Grundprinzipien erfolgreichen Lernens und geben Ihnen entsprechende Tipps, die auf diesem Grundlagenwissen aufbauen und die sich in unserer jahrelangen Arbeit bewährt haben.

Im dritten Teil des Buches finden Sie konkrete Hilfestellungen für die Bereiche Rechnen, Lesen, Rechtschreibung, Schreiben von Aufsätzen und Lernen für Sachfächer. Die jeweiligen Kapitel sind so aufgebaut, dass zunächst die Ursachen für die entsprechenden Schwächen oder Störungen in den jeweiligen Bereichen nach dem aktuellen Kenntnisstand erörtert werden. Eltern und Lehrer erhalten gezielte Hinweise, um eine Rechen-, Lese- oder Rechtschreibschwäche frühzeitig erkennen zu können. Ziele in den jeweiligen Fertigkeitsbereichen werden erläutert. Besonders wichtig ist uns sodann die kritische und z.T. auch provokative Auseinandersetzung mit »Mythen« in der gängigen Förderpraxis. Schließlich versuchen wir sehr praxisorientiert grundlegende Lerntechniken für die jeweiligen Fertigkeitsbereiche darzustellen. Diese sind einfach und praktikabel und für den täglichen Einsatz zu Hause im »Team Mutter/Vater-Kind« gedacht. Lehrer werden bemerken, dass sich diese Methoden auch für den Unterricht eignen und sich z.B. in angeleiteter Partnerarbeit einsetzen lassen.

Die von uns dargestellten Methoden verstehen wir stets als *Beispiele* dafür, wie Lernen »gehirngerecht« und damit erfolgreich gestaltet werden kann.

Wir sind uns durchaus darüber bewusst, dass wir möglicherweise, insbesondere für Lehrerinnen und Lehrer, Gewohntes und bisher als sicher Angenommenes, in Frage stellen. Ja, dass wir mit unseren Thesen zum Teil auch recht provokativ sind. So äußerte der Rektor einer Grundschule nach einer Fortbildung: »Ich bin in meinen Grundfesten erschüttert«. Vielleicht empfinden Sie als Lehrerin oder Lehrer nach dem Lesen des Buches ähnlich. Vielleicht aber fühlen Sie sich in Ihren eigenen Erfahrungen – zumindest zum Teil – auch bestätigt.

Wir verstehen unsere Arbeit, die ihren Niederschlag auch in den bereits publizierten Büchern fand, als beständige (Weiter-)Suche nach »guten« Lösungen und somit als einen Prozess, der sich in steter Weiterentwicklung befindet. Wir möchten Sie als Eltern und auch als Lehrer sowie als Therapeuten auffordern, uns auf diesem Weg im Interesse Ihrer Kinder zu begleiten. Unser erstes und wichtigstes Ziel ist es, die Kinder beim Lernen zu entlasten, um ihnen in ihrem Alltag in der Schule und zu Hause besser gerecht werden zu können. Helfen wir den Kindern gemeinsam, ihren Weg Stufe für Stufe auf der Erfolgstreppe nach oben zu gehen!

Wir freuen uns über den Austausch mit Ihnen auf der Grundlage des vorliegenden Buches und den daraus folgenden Diskussionen. Dankbar sind wir über alle Ihre möglichen Hinweise, die uns weitere erfolgreiche Methoden, Wege und Erfahrungen nahe bringen – gerne werden wir diese zukünftig in unsere Arbeit integrieren.

Weder Eltern noch Lehrerinnen und Lehrer sollten bei der Vermittlung von schulischem Wissen und Fertigkeiten und der Förderung ihrer Kinder alleine gelassen werden. Wir alle sind auf eine wechselseitige, enge Kooperation angewiesen. Ziehen wir doch gemeinsam an einem Strang, mit dem Ziel, das Bestmögliche für unsere Kinder zu erreichen.

Im Winter 2024   *Claudia Oehler und Armin Born*

Kontaktadresse:
Dr. Armin Born, Burgauerstraße 87, 81929 München
Internet: http://www.armin-born.de

Inhalt

Einleitung... V

Kapitel 1: Die Ausgangssituation – Schulwirklichkeit in Deutschland 1
Kritische Äußerungen zum deutschen Bildungssystem 1

Kapitel 2: Das deutsche Bildungssystem auf der Suche nach dem richtigen Weg zum Lernerfolg bei den Schülern 6
1. Die PISA-Studien 6
2. Weitere Reaktionen auf die Pisa-Studien und Entwicklungen in den Folgejahren... 12
3. Wichtige Studien für den Grundschulbereich: Lernentwicklungstrend (IQB) und IGLU 13
4. Fazit.. 16
5. Ausblick 17

Kapitel 3: Wege aus der Bildungsmisere? 18
1. Hilfe durch die Forschungserkenntnisse der Gehirnforschung 18
2. Reformpädagogisch-konstruktivistische und kompetenzorientierte Ansätze als Lösung aus der Bildungsmisere? 23
3. Erfolgversprechende Ansätze für die Zukunft unseres Bildungssystems aus dem Bereich der Pädagogischen Psychologie.................... 29

Kapitel 4: Grundlagenwissen 1 – Erkenntnisse der Lernpsychologie 31
Einleitung.. 31
1. Die Informationsaufnahme..................................... 31
2. Die Rolle der »selektiven Aufmerksamkeit« 33
3. Das Behalten – der Grundprozess................................ 34
4. Das Arbeitsgedächtnis... 39
5. Das Langzeitgedächtnis – Vergessen ist leicht, Behalten ist schwer 46
6. Die emotionale Bewertung des Lerngegenstandes 48

Kapitel 5: Grundlagenwissen 2 – Lernen aus Sicht der aktuellen Gehirnforschung 52
1. Was wissen wir heute über die Funktionsweisen des Gehirns? 52
2. Wie haben wir uns die so genannte neuronale Ebene in unserem Gehirn vorzustellen? 53

3. Wie sieht der Grundvorgang im Gehirn aus, der langfristig zum dauerhaften Behalten von Wissen führt? 54
4. Wie funktioniert die Informationsweiterleitung auf neuronaler Ebene?. 55
5. Wie wird aus der flüchtigen Signalweitergabe ein dauerhaftes Erinnern? – Die Langzeitpotenzierung 56
6. Welche Bedeutung kommt den Emotionen im Lernprozess zu? 60
7. Was geschieht, wenn wir bestimmte Fertigkeiten »automatisieren«?.... 61
8. Gedächtniskonsolidierung im Schlaf............................. 62
9. Wie sind die Ergebnisse der modernen Gehirnforschung zu bewerten, was bedeuten sie für unseren Lernprozess? 63

Kapitel 6: Grundprinzipien erfolgreichen Lernens **67**
1. Ausgangspunkt: Der Teufelskreis im Lernprozess................... 67
2. Emotionale Umbewertung 68
3. Entlastung des Arbeitsgedächtnisses 72

Kapitel 7: Grundprinzipien Lernmethoden...................... **76**
A. *Allgemeine Einführung – Gibt es Lernrezepte?*...................... 76
B. *Konkrete Tipps, um den Lernprozess zu verbessern*.................. 77
1. Die gezielte Ausrichtung der Aufmerksamkeit gewährleisten 77
2. Ausreichend automatisiertes Vorwissen – auf der niedrigsten Ebene ansetzen... 77
3. Zur Bedeutung des »Schriftlichen« im Einprägeprozess.............. 78
4. Weniger ist mehr 79
5. Kleine Portionen – regelmäßig 79
6. Dauer des Lernens 80
7. Kurze Wiederholungssequenzen – über den Tag verteilt 80
8. Können heißt nicht dauerhaftes Beherrschen 81
9. Den Sinn der Hausaufgaben wiederentdecken 82
10. Indirekte Maßnahmen zur Lernverbesserung 83
C. *Anforderungen an Eltern sowie Lehrerinnen und Lehrer* 86
1. Eltern sind gefordert 86
2. Team-Gedanke anstatt »überzogener« Selbständigkeitsanforderungen.. 87
3. Grundprinzipien der äußeren Strukturierung...................... 88
4. Loben – aber richtig... 91
5. Der Punkteplan als zeitlich begrenzte »Notmaßnahme« zur Motivationsverbesserung..................................... 91
6. »Fallen« für Eltern bzw. Lehrerinnen und Lehrer 93

Kapitel 8: Einfache und erfolgreiche Lernmethoden in Mathematik zum Erlernen der Basisfertigkeiten **95**
Einleitende Gedanken... 95
1. Probleme von Schülern im Rechnen 95
2. Neurowissenschaftliche Reflexionen zum Grundkonzept der deutschen Mathematikdidaktik 100
3. Weitere Gefahrenstellen im Lernprozess 104

4. Woran Sie eine Rechenschwäche bei Ihrem Kind erkennen können.... 109
5. Testpsychologische Diagnostik bei Rechenschwäche bzw. Rechenstörung.. 114
6. Lernziele – was soll in Mathematik eigentlich gelernt werden?........ 115
7. Praktizierte Fördermaßnahmen bei Rechenschwäche und Rechenstörungen – Mythen oder gesicherte Erkenntnisse?............ 116
8. Zentraler Aspekt beim Mathematiklernen:Die Bedeutung der Kapazität des Arbeitsgedächtnisses................................ 121
9. Anforderungen an Lernmethoden – nicht nur für das Rechnen....... 128
10. Vorstellungen zur Menge und zum Zahlenraum und erste Fertigkeiten im »Rechnen« als grundlegendes Fundament – Entwicklungen bis zur Einschulung................................ 131
11. Aufbau eines grundlegenden Verständnisses für Mengen und Rechenoperationen in der Vorschule und nach der Einschulung............. 133
12. Das arithmetische Faktenwissen und die Grundrechenfertigkeiten automatisieren.................................... 139
13. Sachaufgaben.................................... 164
14. Weiterführende Gedanken.................................... 169

Kapitel 9: Lesen Lernen – Hilfreiche Strategien für den Leselernprozess........................... 170
Zur Einführung................................... 170
1. Prozesse im Gehirn beim Lesen........................ 171
2. Kennzeichen, Häufigkeiten und Auswirkungen einer Lesestörung bzw. -schwäche.. 173
3. Ursachen und Störungsmodell bei einer Lesestörung bzw. -schwäche.. 176
4. Ziele im Leselernprozess........................ 184
5. Fördermaßnahmen in der Diskussion.................... 186
6. Hilfreiches für leseschwache Schüler................... 194
7. Der Leselernprozess – ein Grundprogramm................ 197
8. Übungsmaterialien zur Automatisierung von Silben................ 201
9. Förderung durch die Eltern........................ 207
10. Zusätzliche Möglichkeiten für Eltern, die Lesetechnik Ihrer Kinder gezielt zu verbessern........................... 208
11. Noch mehr Hilfreiches für den Leselernprozess................ 211
12. Verbesserung des Leseverständnisses und der Sinnentnahme......... 212

Kapitel 10: Förderung bei Schwierigkeiten im Rechtschreiblernprozess........................... 215
1. Zur Definitionsklärung........................... 216
2. Grundlegende Informationen zur Rechtschreibstörung aus psychologischer und kinder- und jugendpsychiatrischer Sicht......... 216
3. Modelle zum Rechtschreiblernprozess.................... 220
4. Ziele im Rechtschreiblernprozess...................... 221
5. Fördermaßnahmen in der Diskussion – Zum Training von »Vorläuferfertigkeiten«.......................... 221

XIII

6. Eine kritische Reflexion der Hauptförderwege in der Rechtschreibung	222
7. Zur Analyse des Rechtschreibunterrichts	228
8. Vorüberlegungen für hilfreiche Lernmethoden bei rechtschreibschwachen Kindern	233
9. Einfache und effektive Lernmethoden für rechtschreibschwache Kinder	236
10. Zusammenfassender Überblick	254

Kapitel 11: Das Üben von Aufsätzen	**256**
Welche Voraussetzungen bringen rechtschreibschwache Kinder mit?	256
Wie kann man den Kindern helfen?	257

Kapitel 12: Lernen für den Sachunterricht	**262**
1. Vorbereitungen und Rahmenbedingungen für ein effektives Lernen	262
2. Wirksame Lernschritte	263

Schlusswort	**267**
Literatur	**270**

Kapitel 1: Die Ausgangssituation – Schulwirklichkeit in Deutschland

Der schulische Werdegang eines Menschen bestimmt in maßgeblicher Weise seinen späteren beruflichen und weiteren sozialen Lebensweg. Im deutschen Bildungssystem ist es bereits häufig die Grundschule, die über die weitere Schullaufbahn entscheidet. Hinter den Schulkarrieren von Schülerinnen und Schülern stehen jeweils einzelne Kinder und deren Lebensschicksale. Somit übt unser Schulsystem großen Einfluss auf die individuelle Entwicklung unserer Kinder aus. Aus diesem Grund sollte die Schule möglichst gut für jedes einzelne Kind sein.

Deutschlands Schulsystem steht nicht zuletzt seit der Veröffentlichung der Pisa-Studien auf dem Prüfstand. Kritisch sollten wir uns fragen, ob es seiner Aufgabe gerecht wird, den Schüler auf einen erfolgreichen Weg zu bringen. Dürfen wir uns entspannt zurücklehnen und vertrauensvoll nach dem Motto abwarten: »Die Schule wird es schon richten«?

Das »System« Schule hat sowohl für den beruflichen Werdegang als auch für die Persönlichkeitsentwicklung der Schüler eine erhebliche Bedeutung. Wenn wir uns das Stimmungsbild in Deutschland näher betrachten, so ist sicher zu Recht zu beklagen, dass nicht wenige Schüler die Schule mit einem Leistungsstand verlassen, der sie häufig nicht in die Lage versetzt, den weiteren Anforderungen der beruflichen Ausbildung vollständig gerecht werden zu können. Unser Schulsystem ist verbesserungsfähig!

Kritische Äußerungen zum deutschen Bildungssystem

Im Folgenden möchten wir die Einschätzungen und Bewertungen des Schulsystems aus unterschiedlichen Blickwinkeln darlegen. Betrachten wir zunächst – quasi als Spitze des Eisberges – die Erfahrungen der Eltern.

a) Die Eltern-Perspektive

Immer mehr Eltern sind sich der zunehmenden Bedeutung einer fundierten Schulausbildung für ihre Kinder als Einstieg in den Beruf sehr bewusst. Bereits ab der ersten Grundschulklasse möchten viele von ihnen ihre Kinder im Lernprozess unterstützen, jedoch wissen sie oft nicht wie. In den Grundlagenfächern Deutsch und

Mathematik fehlt Eltern angesichts der vielgestaltigen Vermittlungswege durch die Lehrkräfte und den häufig sehr bunten, unübersichtlichen Lehrbüchern oft die nötige Transparenz. Eltern sind infolgedessen häufig verunsichert: Wie können sie mit ihren Kindern üben? Was wird eigentlich gerade genau in der Rechtschreibung erarbeitet? Gibt es eine Systematik, die Schriftsprache zu vermitteln? Ist jetzt gerade das Einmaleins dran, das Rechnen im Tausenderraum oder das Umrechnen verschiedener Maßeinheiten? Warum soll denn nun das Einmaleins nicht mehr auswendig gelernt werden, sondern über verschiedene »Ankeraufgaben« errechnet werden?

Wirklich klare Antworten erhalten die engagierten Eltern von den Lehrkräften zumeist nicht. Gleichzeitig erleben nicht wenige von ihnen, dass ihre Kinder bereits in der ersten Klasse Schwierigkeiten mit dem Lesenlernen, der richtigen Rechtschreibung oder dem Rechnen haben. Auch zeigen manche Kinder ein zu langsames Arbeitstempo.

Immer mehr Eltern investieren bereits ab der ersten Grundschulklasse ihr Geld in den Nachhilfeunterricht. Der »Fördermarkt« in Deutschland ist schier unübersehbar geworden. Lerninstitute unterschiedlicher Qualität sprießen wie Pilze aus dem Boden. So haben sich in Deutschland inzwischen ca. 3000 bis 4000 kommerzielle Nachhilfe-Institute etabliert. Daneben bieten eine kaum fassbare Zahl von Lehrern, Studenten oder älteren Schülern ihre Dienste an. In der PISA-Studie von 2022 wurde festgestellt, dass 46 % der Schüler Nachhilfeunterricht in Anspruch genommen haben (vgl. Lewalter u.a. 2023, S.112). Der jährliche Umsatz des Nachhilfemarkts liegt – ungeachtet des Graubereichs zwischen Nachbarschaftshilfe und Schwarzarbeit – im Milliardenbereich. Mit großem Abstand findet Nachhilfe *am häufigsten* im Fach Mathematik statt (Klemm 2016; Studienkreis 2024). Ludwig Haag (2008), Professor für Schulpädagogik an der Universität Bayreuth, fasst die Situation schon 2008 pointiert wie folgt zusammen: »Ohne kommerzielle Nachhilfe würde das jetzige deutsche Schulsystem vermutlich gar nicht funktionieren.«

Betreten wir Buchhandlungen, so finden wir Regale voller Lernhilfebücher. Für jedes Fach, für jede Klasse, für jede Schulart – das Angebot ist groß. Auch bieten viele Schulen mittlerweile sog. Lernseminare, durchgeführt von Pädagogen und Psychologen, an. Diese Seminare beinhalten sicherlich viele gute Ansätze. Kindern erhalten Strukturierungshilfen für das Lernen, erfahren von »Lerntricks« und manchmal sogar etwas über die Funktionsweise unseres Gedächtnisses. Nur sind die Inhalte der Lernseminare bereits nach wenigen Tagen schon vergessen. Zettel fliegen in Schubladen herum, da es in der Regel versäumt wird, die Inhalte in Unterrichts- und Lernpraxis systematisch anzuwenden. Selten gestalten Lehrkräfte, besonders in weiterführenden Schulen, ihre Unterrichtspraxis um. Insofern haben die gut gemeinten Bemühungen der Schulen letztlich oft nur den Charakter einer Zeitverschwendung!

b) Die Lehrer-Perspektive

Nicht nur die Eltern, auch die Lehrerinnen und Lehrer klagen über Deutschlands Schulen. So stellen Gymnasiallehrer häufig fest, dass ihren Schülern in der 5. und 6. Klasse ausreichende Basisfertigkeiten in der Rechtschreibung und im Rechnen fehlen. Die Kinder beherrschen das Einmaleins nicht sicher, die Rechtschreibung ist unsicherer und fehlerhafter geworden. Verfolgt man den schulischen Werdegang der Kinder und Jugendlichen in den höheren Klassen und ihren Kenntnisstand beim Schulabgang weiter, so stellt sich die Situation häufig nicht besser dar. Ein Fachhochschulprofessor für Mathematik erzählt, dass er sich fast schäme, seinen Studierenden heute so »leichte« Mathematik-Klausuren stellen zu müssen, weil sie ansonsten heillos überfordert wären.

Viele Lehrer fühlen sich in ihrer Haut nicht mehr wirklich wohl. So gilt es einerseits, die von den jeweiligen Kultusministerien vorgegebenen Lehrpläne zu erfüllen. Immer wieder kommt es andererseits jedoch vor, dass die inhaltlichen Vorgaben, d.h. wie und was in welchem Zeitraum gelehrt werden soll, in Widerspruch zum eigenen Erfahrungsschatz stehen.

Steht dann der Schulratsbesuch zur Beurteilung des einzelnen Lehrers alle paar Jahre an, sehen sich die Lehrer in erster Linie dazu verpflichtet, eine möglichst gute, d.h. bunte, lebendige, vielfältige Unterrichtsstunde aus dem Hut zu zaubern. Was die Kinder hier jedoch wirklich lernen, steht bei der Beurteilung nicht so sehr im Vordergrund.

Ältere Lehrkräfte fühlen sich häufig unter Zugzwang, wenn sie erleben, wie die jüngeren Kollegen, die gerade von der Universität kommen, noch vielgestaltigere Unterrichtsformen mit in den Schulalltag einfließen lassen. Es entsteht Druck in der Richtung, dass man den Unterricht in der Zukunft noch »bunter« gestalten müsse. Aber auch hier wird zumeist nicht wirklich kritisch hinterfragt, ob das »Neue« denn tatsächlich eine bessere Behaltensleistung bzw. ein effektiveres Lernen bewirkt.

Neben ihrem Unterrichtsauftrag fühlen sich Lehrer angesichts immer mehr verhaltensauffälliger Kinder auch zunehmend in ihren erzieherischen Aufgaben überfordert. In jeder Grundschulklasse sitzen vermehrt »schwierige« Kinder, z.B. gleich mehrere »Zappelphilippe«, »Träumerchen« und Kinder mit Lese-Rechtschreibstörungen oder einer Dyskalkulie.

Schließlich sehen sich Lehrer zudem immer häufiger dem direkten Druck von Eltern ausgesetzt. Mütter und Väter, die sich bereits in der 2. Grundschulklasse Gedanken und Sorgen darüber machen, ob ihr Kind den gymnasialen Weg wird einschlagen können. Eltern, die beklagen, dass zu viel oder zu wenig Hausaufgaben aufgegeben werden, dass auf ihr Kind nicht genügend eingegangen wird und seine Besonderheiten nicht berücksichtigt werden. Eltern, die kritisieren und Lehrern den »schwarzen Peter« zuschieben. Am Ende der 4. Grundschulklasse, spätestens jedoch am Ende der 6. Klasse, werden Lehrer in vielen Bundesländern damit konfrontiert, ihre Schüler im Hinblick auf deren weitere Schullaufbahn bewerten zu müssen. Sie sind es, die maßgeblich darüber entscheiden, welches Kind in unserem überwiegend dreigliedrigen Schulsystem das Gymnasium, die Realschule oder »nur« die Hauptschule besuchen darf.

Nicht wenige Lehrer fühlen sich heutzutage zwischen unterschiedlichsten Anforderungen zerrieben: Angesichts ihrer vielfältigen Aufgaben und der immer lauter werdenden Kritik am »System« Schule durch Hochschulen, Politik und Eltern erleben sie sich häufig alleine gelassen. Und in der Tat, nur selten haben sie Kooperationspartner. Wie groß der Druck ist, dem die Lehrer heute ausgesetzt sind, lässt sich an den steigenden Frühberentungszahlen ablesen, die nicht zuletzt auf psychischen Problemen z.B. in Form von Depressionen und Burn-Out-Syndromen beruhen.

c) Die Perspektive der Wirtschaft

Schauen wir uns nun die dritte Gruppe derjenigen an, die sich neben Eltern und Lehrern kritisch zur aktuellen Situation von Schule und Unterricht äußern: den Vertretern aus der Wirtschaft. Lehrherren und Ausbilder melden sich angesichts des Bildungsniveaus der Schüler, insbesondere der Hauptschüler, immer häufiger kritisch zu Wort. So moniert beispielsweise das Kuratorium der Deutschen Wirtschaft für Berufsbildung schon im Jahr 2005 gravierende Defizite bereits bei den grundlegenden Kulturtechniken der Schulabgänger, die eine Ausbildung beginnen wollen. Die Unternehmen stellen, so heißt es dort, zunehmend schlechte Rechtschreib- und Grammatikkenntnisse fest sowie erhebliche Schwierigkeiten der Lehrlinge, sich schriftlich und mündlich adäquat auszudrücken, Texte zu erstellen oder deren Inhalte zu erfassen. Auch habe sich die Rechenfähigkeit der Jugendlichen deutlich verschlechtert. »Ausbildung erfordert Ausbildungsreife«, so der Slogan des Kuratoriums der Deutschen Wirtschaft für Berufsbildung. So hat man die Leistungsprofile der Ausbildungsbewerber noch genauer unter die Lupe genommen. Bezüglich der Grundrechenarten beklagen drei von fünf Unternehmen, dass viele Hauptschüler nicht einmal das kleine Einmaleins beherrschen. Auch Realschüler müssen sich hier Kritik gefallen lassen. Drei von zehn Betrieben stellen eklatante Mängel im Rechnen sowohl bei Schülern mit einer Mittleren Reife als auch mit der Fachoberschulreife fest, und selbst Abiturienten attestiert jedes fünfte Unternehmen mangelhafte Rechenleistungen.

Dass sich an diesen kritischen Einschätzungen aus der Wirtschaft bis heute wenig geändert hat, zeigen die Äußerungen zur PISA-Studie 2022. Stellvertretend seien hier Stellungnahmen des Präsidenten des Zentralverbands des Deutschen Handwerks, Jörg Dittrich, des Stellvertretenden Hauptgeschäftsführers der Deutschen Industrie- und Handelskammer Achim Dercks und des Arbeitgeberpräsidenten Dr. Rainer Dulger nach der Veröffentlichung der PISA-Studie 2022 angeführt:

»Die nun vorgelegten PISA-Ergebnisse für das Jahr 2022 bestätigen die Erfahrungen der handwerklichen Ausbildungsbetriebe: Bei zu vielen Schülerinnen und Schülern fehlt es an den für eine Ausbildung erforderlichen Grundkompetenzen. Das ist besorgniserregend, weil es zunehmend den erfolgreichen Verlauf einer betrieblichen Ausbildung und somit den Start junger Menschen ins Berufsleben gefährdet. Ein flächendeckendes, bundesweites Programm für Berufsschulen sowie zusätzliche Unterstützungsangebote für Ausbildungsbetriebe sind notwendig, um bestehende Lernlücken zu schließen und versäumte Grundkompetenzen in Mathematik, Lesen und Schreiben nachträglich zu vermitteln. … Insbesondere Defizite in den mathematischen Kompetenzen stellen eine Herausforderung für eine Ausbildung im Handwerk dar: Dass die PISA-Verantwortlichen einen Schwerpunkt auf diese Kompetenzen und deren Anwendungen in beruflichen Kontexten legen, setzt

den richtigen Fokus. Denn die massiven Lernlücken bei so vielen 15-Jährigen bereiten dem Handwerk große Sorgen …« (Dittrich 2023)
»Zusammen mit den nicht weniger alarmierenden Ergebnissen des IQB-Bildungstrends 2021 verdeutlicht PISA einmal mehr, wie dringend es ist, dass die Bildungspolitik im Bund und in den Ländern Maßnahmen ergreift: Alle jungen Menschen müssen in ihrer Schullaufbahn den Mindeststandard an Grundkompetenzen erworben haben, den sie benötigen, um eine Berufsausbildung erfolgreich durchlaufen zu können. Denn so sehr sich die Ausbildungsbetriebe im Handwerk engagieren, die jungen Menschen durch individuelle Betreuung zu unterstützen, so wenig kann es deren Aufgabe sein, Reparateur einer unzureichenden schulischen Ausbildung zu sein.« (Dittrich 2023)

Im DIHK-Positionspapier 2023 wird festgestellt:
»Aktuelle Bildungsstudien zeigen, dass sich das Kompetenzniveau der Schüler in vielen Bereichen verschlechtert hat, Bildungsstandards verfehlt werden und Schulabgängern somit wichtige Grundlagen der Ausbildungsstartkompetenz fehlen. Das ist auch in der Praxis spürbar. Unternehmen berichten immer öfter von fehlenden Kompetenzen, wenn junge Menschen sich um eine Ausbildung bewerben und in die Betriebe kommen. Viele Unternehmen haben daher ihre Einstellungskriterien herabsetzen müssen und bauen gleichzeitig ihr Engagement im Nachhilfebereich aus.« (DIHK 2023b)

»Viele Betriebe leisten aufgrund der unzureichenden Vorbildung vieler Schulabsolventen mittlerweile selbst Nachhilfe. Laut der aktuellen DIHK-Ausbildungsumfrage stellen inzwischen 80 Prozent der Unternehmen Angebote zur Verfügung, um Jugendliche mit Defiziten in Ausbildung zu bringen und ihnen unter die Arme zu greifen … Aber: ›Unternehmen können nur unzureichend ausgleichen, was in vielen Jahren zuvor nicht gelernt wurde‹, stellt Achim Dercks Stellvertretender Hauptgeschäftsführer der Deutschen Industrie- und Handelskammer klar.« (DIHK 2023a).

Arbeitgeberpräsident Dr. Rainer Dulger erklärt am 5. Dezember 2023: »PISA 2022 dokumentiert die erschreckenden Ergebnisse der Bildungspolitik. Wenn die Verantwortlichen jetzt nicht umgehend handeln, ist ein Kompetenzverlust nicht mehr aufzuholen. Wir brauchen einen fast schon revolutionären Neuanfang in unserem Bildungswesen.« (BDA 2023)

Zusammenfassend kann festgestellt werden, dass aus dem Bereich der Wirtschaft übereinstimmend der schlechte Lern- und Ausbildungsstand der Schulabgänger beklagt wird.
Will man nun den Tenor der kritischen Stellungnahmen aus den unterschiedlichen Bereichen zusammenfassen, so ist festzustellen, dass die Bewertung des deutschen Schulsystems nicht gut ausfällt. Um die Problemlage noch weiter zu erhellen, möchten wir im Weiteren noch einmal genauer und detaillierter auf die Ergebnisse der empirischen Überprüfungen in den PISA-, IGLU- und IQB-Studien eingehen.

Kapitel 2: Das deutsche Bildungssystem auf der Suche nach dem richtigen Weg zum Lernerfolg bei den Schülern

Wie effektiv das deutsche Bildungssystem arbeitet, wurde immer wieder empirisch im internationalen Vergleich z.B. durch die PISA- und IGLU-Studien und im nationalen Vergleich durch den IQB-Bildungstrend überprüft.

1. Die PISA-Studien

Die PISA-Studie (Programme for International Student Assessment), die im Auftrag der OECD seit 2000 im dreijährigen Turnus durchgeführt wurde, überprüft die Lesekompetenz und den Leistungsstand in Mathematik und den Naturwissenschaften. Hierzu wurden erstmals im Jahr 2000 in den 28 OECD-Mitgliedsstaaten und vier OECD-Partnerstaaten 15-Jährige über alle Schulformen hinweg in repräsentativer Weise untersucht. In den Folgejahren erhöhte sich die Anzahl der teilnehmenden Länder (Teilnehmer) auf 37 OECD-Mitgliedsstaaten und 49 OECD-Partnerstaaten. Der dreijährige Turnus wurde nur für die 2021 geplante Studie verändert: Wegen der Coronapandemie wurde sie um ein Jahr auf 2022 verschoben.

Die Veröffentlichung der Ergebnisse, insbesondere der ersten PISA-Studie im Jahr 2000 und der Nachfolgestudie im Jahr 2003, hat Deutschland regelrecht erschüttert. So erzielten im Jahr 2000 die deutschen Schüler in Mathematik 490 Punkte und in der Lesekompetenz 484 Punkte. Der Begriff »PISA« ist seitdem fast zu einem Synonym für alle Schwierigkeiten unseres Bildungswesens geworden.

Im Dezember 2001 versuchte die Kultusministerkonferenz durch die Benennung sog. »Handlungsfelder« auf das deprimierende PISA-Ergebnis zu reagieren. Verbesserungen sollten von der Vorschule bis zur Lehrerausbildung eingeführt werden. So sollten die Sprachkompetenz in der Vorschulzeit erhöht, der Übergang vom Kindergarten zur Grundschule besser verzahnt, die Grundschulausbildung verbessert, verbindliche Standards für Schulabschlüsse definiert und die Lehrerausbildung reformiert werden. Auch sollten bildungsbenachteiligte Kinder, insbesondere solche mit Migrationshintergrund, wirksamer gefördert werden. Auch der Ausbau von Ganztagsschulen, den man als naheliegende Lösung verstand, sollte forciert werden.

Neben der favorisierten Idee, das Konzept der Ganztagsschule werde Deutschland aus der Bildungsmisere führen, wurde auch die alte Schulstrukturdebatte wieder mit Leben gefüllt. Befürworter der Gesamtschule verwiesen dabei auf das hervorragende Abschneiden Finnlands, das sie auf sein System der Gesamtschulen zurückführten. Gegner dagegen verwiesen darauf, dass auch Länder, die zu den Testverlierern zählen, Gesamtschulsysteme hätten. Bayern, das konsequent an einem gegliederten Schulsystem mit harten Aufnahmekriterien für den Besuch weiterführender Schulen festhielt, schnitt schließlich 2000 im nationalen Vergleich am besten ab. PISA löste somit, neben der Forderung nach Ganztagsschulen, erneut eine heftige innerdeutsche Strukturdebatte über die Auswirkung von zwei-, drei- oder viergliedrigen Schulsystemen aus.

a) Entwicklung der erzielten Durchschnittswerte in den Bereichen Mathematik und der Lesekompetenz

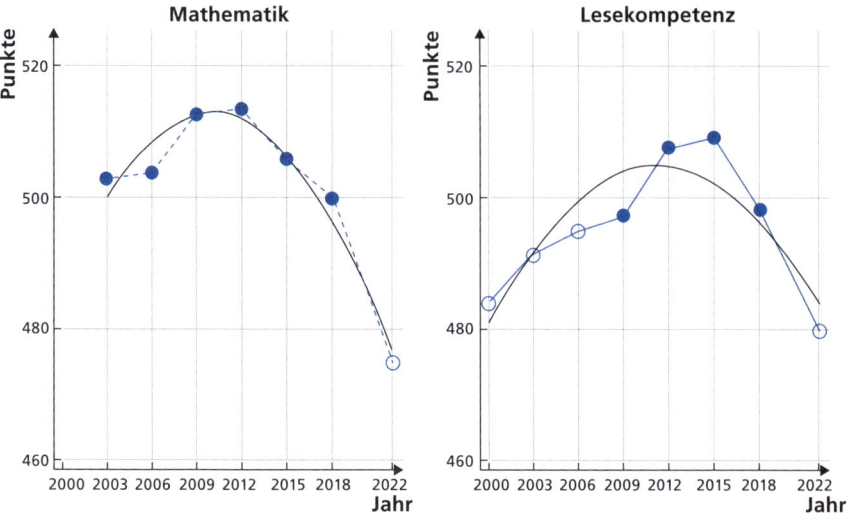

Abb. 2.1: Entwicklung der erzielten Durchschnittswerte in den Bereichen Mathematik und der Lesekompetenz auf Basis der PISA-Studien 2003, 2006, 2009, 2012, 2015, 2018 und 2022 (OECD 2023, S. 1)

Auf Pisa 2000 folgten in den Jahren 2003, 2006, 2009 und 2012 Folgestudien. In Mathematik und besonders im Bereich Lesekompetenz zeigten sich erfreulicherweise deutliche und signifikante Verbesserungen. Die Leistungen der Schülerinnen und Schüler in Deutschland lagen 2012 im Durchschnitt in allen Testbereichen signifikant über dem OECD-Durchschnitt. Zwischen 2000 und 2012 erhöhte sich der Mittelwert der Mathematikleistung von 490 auf 514 Punkte in der Lesekompetenz von 484 auf 508 Punkte. Nach 2012 erfolgte aber besonders in Mathematik eine Wende und führte 2022 zu dem Ergebnis, dass die deutschen Schüler 2022 »in allen drei Kompetenzbereichen die niedrigsten Werte« erzielten, »die jemals im Rahmen von PISA gemessen wurden« (OECD 2023, S. 1). Besonders bei den Ergebnissen im Bereich Mathematik erfolgte ein regelrechter Absturz. Ein Grund für die schlechteren Leistungen dürften auch, aber nicht nur die Schulschließungen in der Coronazeit gewesen sein. »Dies spielt sicherlich eine Rolle für die Abnahme der grundlegenden Kompetenzen der Jugendlichen in Deutschland. Allerdings setzt sich mit PISA 2022 auch ein Abwärtstrend fort, der sich schon in den letzten PISA-Runden, vor allem für Mathematik und die naturwissenschaftliche Kompetenz andeutete. Demnach hat die Pandemie eher als Verstärker bereits bestehender Probleme gewirkt.« (Lewalter u.a. 2023, S.8)

Lassen Sie uns diese Entwicklung nun etwas genauer und detaillierter betrachten:

Entwicklung der erzielten Durchschnittswerte im Bereich Mathematik

In den Jahren 2000 bis 2009 konnte eine deutliche Verbesserung festgestellt werden. Nach 2012, also schon bevor sich die Flüchtlingszahlen erhöhten sowie auch lange vor der Coronazeit, verschlechterten sich die Ergebnisse. Das Ergebnis 2022 lag mit 475 Punkten deutlich unter dem Ausgangswert von 2000 mit 490 Punkten (vgl. Lewalter u.a. 2023, S.9).

Die durchschnittliche mathematische Kompetenz 15-Jähriger in Deutschland hat zwischen PISA 2000 und PISA 2012 stetig zugenommen (▶ Abb. 2.1). Diese positive Entwicklung ist in den letzten zehn Jahren rückläufig. In PISA 2022 liegt die Kompetenz der Schüler in Deutschland sogar sehr deutlich unter den Werten von 2003, als Mathematik das erste Mal Hauptdomäne war.

Jahr	2000	2003	2006	2009	2012	2015	2018	2022
Punkte	490	503	504	513	514	506	500	475

OECD 2013a, S.330; Reiss u.a. 2019, S.195 und S.204f.; Lewalter u.a. 2023, S.9

Entwicklung der erzielten Durchschnittswerte im Bereich Lesekompetenz

Zunächst konnte der Leistungszuwachs im Lesen von 2000 (484 Punkte) bis 2012/2015 (508/509 Punkte) als sehr erfreulich und statistisch signifikant bewertet werden. Deutschland hatte damit Rückstände in sehr deutlicher Weise aufgeholt. Danach verschlechterten sich die Werte jedoch wieder und lagen 2022 mit 480 Punkten unter den Ausgangswerten von 2000.

Jahr	2000	2003	2006	2009	2012	2015	2018	2022
Punkte	484	491	495	497	508	509	498	480

OECD 2013a, S.407, Reiss u.a. 2019, S.59, S.72f. und S.196; Lewalter u.a. 2023, S.9

b) Entwicklung des Anteils der Risikogruppen

Hier ist der Anteil von Jugendlichen zu betrachten, deren Leistungen nur auf der untersten Kompetenzstufe liegen und sie damit nicht hinreichend für weitere berufliche Qualifikation und gesellschaftliche Integration ausgebildet sind.

Zur Rechenkompetenz

Hier ist der Anteil der über alle Schulformen hinweg repräsentativ untersuchten 15-jährigen Jugendlichen zu betrachten, die nur über Leistungen unter oder auf der niedrigsten Kompetenzstufe 1 verfügen.

Jahr	2000	2003	2006	2009	2012	2015	2018	2022
Anteil	24 %	21,6%	19,9%	18,6%	17,7%	17,2%	21,1%	30%

OECD 2013a, S. 323; Reiss u. a. 2019, S. 198; Lewalter u. a. 2023, S. 9

Gegenüber 2000 verringerte sich bis 2015 der Anteil der Schüler, deren Leistungen unter dem Grundkompetenzniveau (Stufe 2) um ein Drittel, um sich dann in den letzten sieben Jahren gegenüber dem Stand von 2015 fast zu verdoppeln

Folgende Bewertung zu den Ergebnissen der PISA-Studie 2012 müsste heute in noch verschärfterer Form getroffen werden, da die Risikogruppe heute nicht mehr jeden sechsten, sondern sogar jeden dritten 15-jährigen Jugendlichen in Deutschland umfasst: »Allerdings bedeutet dieser Wert auch, dass jeder sechste Jugendliche in Deutschland die Mindestanforderungen für ein anschlussfähiges mathematisches Verständnis nicht erreicht und erhebliche Probleme haben dürfte, einen Ausbildungsplatz zu finden beziehungsweise eine Ausbildung erfolgreich abzuschließen sowie anspruchsvollere mathematische Anforderungen im Alltag zu bewältigen.« (Prenzel 2013, S. 75)

Risikogruppe im Bereich der Lesekompetenz

Wie sahen die Testergebnisse deutscher Schüler im Hinblick auf ihre Lesekompetenz im Jahre 2000 aus? Rund 23 % der deutschen 15-jährigen Schüler mussten der potenziellen Risikogruppe schwacher und extrem schwacher Leser zugeordnet werden: 13 % der schwachen Leser erreichten nur die erste von insgesamt fünf Kompetenzstufen, aber weitere 10 % der getesteten 15-Jährigen erreichten noch nicht einmal diese Kompetenzstufe 1. Dieser Anteil lag damals »deutlich über dem entsprechenden Durchschnittswert von etwas über 18 Prozent für die OECD-Staaten«. Deutschland wies damit damals im internationalen Vergleich erheblich mehr 15-Jährige mit geringer Lesekompetenz auf. Diesen Jugendlichen wurde von der Studie bescheinigt, dass sie »erhebliche Schwierigkeiten beim Übergang in das Berufsleben haben werden« (Deutsches PISA-Konsortium 2001, S. 117). Sie wurden deswegen als »Risikogruppe« definiert.

Wie veränderte sich nun der Anteil der über alle Schulformen hinweg repräsentativ untersuchten 15-jährigen Jugendlichen, die im Bereich der Lesekompetenz nur über Leistungen unter der Kompetenzstufe 2 verfügen?

Jahr	2000	2003	2006	2009	2012	2015	2018	2022
Anteil	22,6%	22,3%	20,0%	18,5%	14,5%	17,7%	20,7 %	25,5%

OECD 2013a, S. 400; Reiss u. a. 2019, S. 61; Lewalter u. a. 2023, S. 9

In den Jahren bis 2012 nahm die Anzahl der schwachen und extrem schwachen Leser um ein Drittel ab, um dann bis 2022 einen Wert zu erreichen, der ein Drittel größer als der Ausgangswert ist. Dieser Wert weist darauf hin, dass in Deutschland jeder vierte 15-jährige Jugendliche im Lesen sowohl im beruflichen Kontext als auch im gesellschaftlichen Leben erhebliche Probleme haben dürfte. Diese Gruppe von Schülern sind u.a. nicht »in der Lage, die Hauptaussage eines mittellangen Textes zu erfassen« (OECD 2023a, S.3).

> Im Hinblick auf Mathematik aber auch auf die Lesefertigkeiten, musste das PISA-Konsortium (2001, S.172) nach Abschluss der Studie folgende sehr ernüchternde Bilanz ziehen: »Das deutsche Bildungssystem ist besonders wenig erfolgreich bei der Förderung schwächerer Schüler sowie bei der Sicherung von Mindeststandards.« Diese Bewertung gilt angesichts der oben aufgeführten Zahlen heute sogar noch in einem sehr viel stärkerem Maße.
>
> Deswegen gilt für Deutschland immer noch: »Insgesamt besteht weiterhin hoher Handlungsbedarf in der Bildungspolitik, damit auch leistungsschwache Schüler am Ende ihrer Schulzeit über diejenigen Kompetenzen verfügen, welche sie für einen gelungenen Übergang in das Berufsleben benötigen.« (Lewalter u.a. 2023, S.16)

c) Anteil der besonders leistungsstarken Schüler

Diese Schüler erreichten Stufe 5 oder 6 des PISA-Mathematiktests. Sie können komplexe Situationen mathematisch modellieren und sind in der Lage, geeignete Problemlösungsstrategien auszuwählen, zu vergleichen und zu evaluieren. Der Anteil dieser Schüler nahm bis 2009 leicht zu. Danach nahm er ab und halbierte er sich gegenüber dem Wert von 2009.

Jahr	2003	2006	2009	2012	2015	2018	2022
Anteil	16,2 %	15,4 %	17,8 %	17,5 %	12,9 %	13,3 %	9 %

OECD 2013a, S.422f.; Reiss u.a. 2019, S.198; Lewalter u.a. 2023, S.9; OECD 2023a, S.3

Von Interesse ist auch, wo Deutschland in Bezug auf den Anteil der besonders leistungsstarke Schüler im internationalen Vergleich (PISA 2022) liegt.

Land	Anteil der »Top Performer«
Singapur	41 %
Taiwan	32 %
Hong Kong (China)	27 %
Japan	23 %
Südkorea	23 %
Schweiz	16 %
Deutschland	9 %

OECD 2023a, S.3

d) Signifikante Geschlechterdifferenzen in Mathematik und im Lesen

Die Mädchen erzielten in Deutschland in den Mathematiktests durchgängig im Durchschnitt deutlich weniger Leistungspunkte als die Jungen. Solche Unterschiede treffen aber nicht für alle anderen Staaten zu. In 24 Ländern und Volkswirtschaften waren die Leistungen im Bereich Mathematik gleich, in 17 erzielten die Mädchen sogar bessere Leistungen (OECD 2023a, S. 5).

Signifikante Geschlechterdifferenzen (in Leistungspunkten) zu Ungunsten der Mädchen in Mathematik in Deutschland

Jahr	2000	2003	2006	2009	2012	2015	2018	2022
Punkte	15	9	20	12	14	17	7	11

OECD 2013a, S. 331; Reiss u. a. 2019, S. 200; Lewalter u. a. 2023, S. 9; OECD 2023a, S. 5

Im Gegensatz zu der relativ stabilen Geschlechterdifferenz in Mathematik hat sich die Situation im Bereich des Lesens verbessert. Die Differenz zwischen der Lesekompetenz von Mädchen und Jungen beträgt in Deutschland »nur« noch 19 Punkte und hat sich gegenüber 2000 halbiert.

Signifikante Geschlechterdifferenzen zu Ungunsten der Jungen im Lesen

Jahr	2000	2003	2006	2009	2012	2015	2018	2022
Punkte	35	42	42	40	44	21	26	19

OECD 2013a, S. 406 f.; Reiss u. a. 2019, S. 62 und S. 206; Lewalter u. a. 2023, S. 9; OECD 2023a, S. 5

e) Chancengerechtigkeit und Schülerleistungen

Prenzel u.a. (2013) stellten zu den Ergebnissen der PISA-Studie 2012 fest: »In Deutschland … ist der prozentuale Anteil der Unterschiede in der Mathematikkompetenz, die sich durch den sozioökonomischen Status erklären lassen, überdurchschnittlich hoch.« (Prenzel u.a. 2013, S. 253)

Dies trifft immer noch zu, und zwar in noch stärkerem Maße als in der PISA-Studie 2012: »In Deutschland lagen die Mathematikleistungen der sozioökonomisch begünstigten Schüler (der obersten 25 % bezogen auf den sozioökonomischen Status) um 111 Punkte über denen der benachteiligten Schüler (der untersten 25 %). Damit war der Abstand zwischen diesen beiden Gruppen größer als im OECD-Durchschnitt (93 Punkte).« (OECD 2023a, S. 5)

2. Weitere Reaktionen auf die Pisa-Studien und Entwicklungen in den Folgejahren

Um nicht mehr von negativen Ergebnissen von internationalen Schulleistungsvergleichsstudien überrascht zu werden und auch um die Qualität der schulischen Bildung besser überprüfen und absichern zu können, beschloss die Ständige Konferenz der Kultusminister der Länder in der Bundesrepublik Deutschland (KMK), verstärkt Forschungen zum Lernerfolg deutscher Schüler durchzuführen. Zum einen sollte sich Deutschland weiterhin an internationalen Studien beteiligen wie PISA, IGLU oder TIMSS. Zum anderen wurde von der KMK 2004 aber auch das Institut zur Qualitätsentwicklung im Bildungswesen (IQB) in Berlin gegründet, um auf nationaler Ebene bzw. auf Länderebenen den an deutschen Schulen erreichten Lernerfolg zu erfassen.

Als Grundlage für diese Überprüfung wurden Bildungsstandards und Mindestanforderungen für die Primarstufe, die Sekundarstufe I und die Allgemeine Hochschulreife von der KMK festgelegt. Darauf aufbauend wurden für die einzelnen Bereiche Kompetenzstufenmodelle entwickelt. Für den Primarbereich wurden Bildungsstandards zum Schuljahresbeginn 2004/2005 von der KMK verbindlich eingeführt. Das IQB untersuchte dann ab 2009, inwieweit diese in den einzelnen deutschen Bundesländer im Bereich Deutsch, Englisch und Französisch in der Sekundarstufe I erreicht wurden, ab 2011 im Bereich Deutsch und Mathematik in der Primarstufe und ab 2012 im Bereich Mathematik und Naturwissenschaften in der Sekundarstufe I.

Parallel zu dieser positiven Entwicklung gab es auch Weiterentwicklungen im didaktischen Bereich. Die Didaktik baute ihre theoretischen Ableitungen, Setzungen und Postulate aus, mit dem großen Mangel, dass keine empirischen Überprüfungen erfolgten, ob diese am Schreibtisch entwickelten Vorgaben auch zu einem besseren Lernerfolg der Schüler führten. Stattdessen wurden Lehrpläne verändert und darauf aufbauend Schulbücher umgestaltet. Die Lehrer waren gezwungen, diese Vorgaben umzusetzen, obwohl diese teilweise kritisch gesehen wurden.

Ein Schlaglicht auf diesen Bereich mag dieses kritische Zitat des Schulpädagogen Wellenreuther werfen (2009, S. 52):
»Schulisches Lernen gleicht einem schlecht gemixten Cocktail aus Tradition und zum Zeitgeist passender Innovation. Die Berücksichtigung von Forschungsergebnissen spielt dabei eine untergeordnete Rolle.«

3. Wichtige Studien für den Grundschulbereich: Lernentwicklungstrend (IQB) und IGLU

Für den Primarbereich wurden zum Schuljahresbeginn 2004/2005 Bildungsstandards von der KMK verbindlich eingeführt. Das IQB untersuchte dann 2011, 2016 und 2021, in welchem Umfang diese am Ende der 4. Jahrgangsstufe von den Schülern in den einzelnen Bundesländern in den Fächern Mathematik und Deutsch erreicht wurden. Damit war es erstmalig möglich, das Ausmaß der Lernerträge von Viertklässlern und deren Veränderungen innerhalb eines Zeitraums von zehn Jahren zu verfolgen.

a) Entwicklung der Durchschnittswerte in den Bereichen Mathematik, Lesen und Rechtschreibung bei Viertklässlern in Deutschland

Im IQB-Bildungstrend 2021 ist folgender Überblick über die Entwicklung für Deutschland in den Jahren 2011 bis 2021 zu finden:

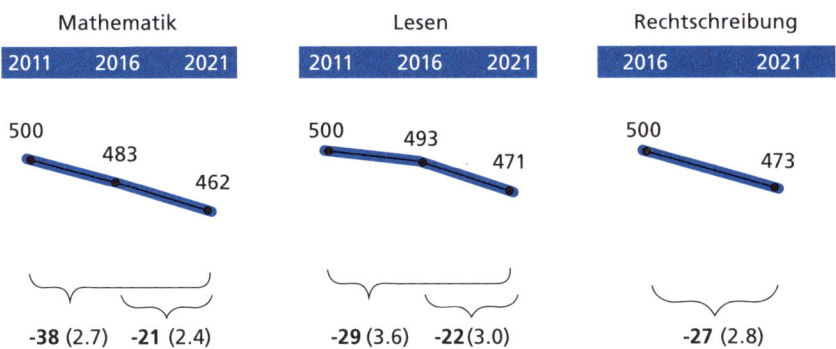

Abb. 2.2: Entwicklung der Durchschnittswerte in Mathematik, Lesen und Rechtschreibung (Quelle: Stanat u. a. 2022a, S. 98, S. 87 und S. 89, Stanat u. a. 2022b, S. 9)

In allen drei Bereichen kann man eine Abnahme der Durchschnittsleistungen feststellen. Als Erklärung für diesen negativen Entwicklungstrend ab 2016 kann man zum einen die Coronapandemie, zum anderen die Erhöhung des Anteils von Flüchtlingskindern anführen. Dass diese Erklärungsfaktoren nicht ausreichen, zeigt sich am Beispiel der Schweiz. Obwohl der Anteil der Kinder mit Migrationshintergrund der ersten Generation bzw. der zweiten Generation mit 13 bzw. 22 % höher ist als in Deutschland mit 9 bzw. 17 %, lag der Durchschnittswert in der PISA-Studie 2022 in Mathematik in der Schweiz mit 508 Punkten deutlich über dem Wert von 475 Punkten in Deutschland (vgl. OECD 2023a, S. 6 bzw. OECD 2023b, S. 5).

Im Vergleich aller drei Leistungsbereiche zeichnet sich in Mathematik eine Sonderentwicklung ab. Schon in den PISA-Studien lässt sich ab 2012 eine kontinuierliche Verschlechterung der Durchschnittsleistungen erkennen. Diese ist auch in den IQB-Studien feststellbar. Noch deutlicher wird dies, wenn man sich die Entwicklung der Leistungen der Viertklässler mit und ohne Migrationshintergrund anschaut:

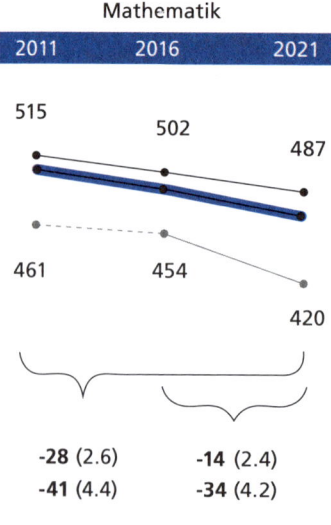

Abb. 2.3: Entwicklung der Durchschnittswerte (blaue Linie) der Mathematikleistungen der Viertklässler mit (graue Linie) und ohne Migrationshintergrund (schwarze Linie) (Stanat u. a. 2022a, S. 200)

Diese Grafik belegt sehr anschaulich, dass auch die Schüler ohne Migrationshintergrund in den 5-Jahres-Zeiträumen ab 2011 mit 13 bzw. 15 Punkten kontinuierlich und in signifikanter Weise immer schlechter wurden.

Hier drängt sich die Vermutung auf, dass die Veränderungen, die in diesem Zeitraum im didaktischen Bereich und damit in den Lehrplänen und den Schulbüchern stattfanden, nicht dazu geführt haben, dass sich die Leistungen verbessert haben. Es trat genau das Gegenteil ein: Die Schüler am Ende der 4. Klasse bzw. die 15-Jährigen wurden immer schlechter.

b) Entwicklung des Anteils der Risikogruppen

Besonders wichtig neben der Entwicklung des Durchschnittswertes ist es, sich genauer anzuschauen, wie hoch jeweils der Anteil der Risikogruppe in den drei Leistungsbereichen Mathematik, Lesen und Rechtschreibung war.

Mathematik

Jahr	2011	2016	2021
Anteil der Viertklässler	11,9 %	15,4 %	21,8 %

Anteil der Schüler der 4. Jahrgangsstufe in Deutschland insgesamt, die im Fach Mathematik *(Globalskala)* in den Jahren 2011, 2016 und 2021 den Mindeststandard nicht erreichten (vgl. Stanat u. a. 2022a, S. 75)

Lesen

Jahr	2011	2016	2021
Anteil der Viertklässler	12,4	12,5	18,8

Anteil der Schüler der 4. Jahrgangsstufe in Deutschland insgesamt, die im Lesen in den Jahren 2011, 2016 und 2021 den Mindeststandard nicht erreichten (vgl. Stanat u. a. 2022a, S. 58)

Diese Ergebnisse zum Bereich Lesen im IQB-Bildungstrend 2021 können durch die Ergebnisse der Internationalen Grundschul-Lese-Untersuchung (IGLU) von 2021 ergänzt werden. Die internationalen IGLU-Studien wurden ebenfalls im 5-Jahres-Turnus 2001, 2006, 2011, 2016 und 2021 in inzwischen 65 Staaten und Regionen durchgeführt.

In Bezug auf die Risikogruppe im Lesen in Deutschland wird festgestellt: »Ein Viertel der Viertklässlerinnen und Viertklässler in Deutschland erreicht nach internationalem Standard Kompetenzstufe III nicht – diese wird als relevante Voraussetzung erachtet, um die Anforderungen im weiteren Verlauf der Schulzeit bewältigen zu können.« (McElvany u. a. 2023b, S. 10)

Zur Entwicklung des Anteils der Risikogruppe in den IGLU-Studien seit 2001

	2001	2016	2021
Unter Kompetenzstufe 3	17,0	18,9	25,4
Kompetenzstufe 2	14.0 %	13.4 %	19.0 %
Kompetenzstufe 1	3.0 %	5.5 %	6.4 %

vgl. McElvany u. a. 2023b, 10

Rechtschreibung

Die Leistungswerte im Bereich Rechtschreibung werden erst ab 2016 erhoben

Jahr	2016	2021
Anteil der Viertklässler	12,5	20,5

Anteile der Schüler der 4. Jahrgangsstufe in Deutschland insgesamt, die in der Rechtschreibung in den Jahren 2016 und 2021 den Mindeststandard nicht erreichten. (vgl. Stanat u. a. 2022a, S. 63)

> Betrachtet man die aktuellen Ergebnisse, so ist in jedem der drei Bereiche jeweils jeder fünfte bzw. sogar jeder vierte Viertklässler einer der Risikogruppen zuzuordnen. Plakativ und vereinfacht ausgedrückt: In der 4. Klasse kann jeder vierte bzw. fünfte Schüler entweder nicht richtig rechnen, nicht richtig lesen oder nicht richtig rechtschreiben.

c) Kompetenzunterschiede 2021 (IQB) zwischen Mädchen und Jungen im Lesen, in der Rechtschreibung und in Mathematik

In Deutschland waren in der 4. Klasse Jungen in Mathematik um 25 Punkte besser als Mädchen. Im Lesen und in der Rechtschreibung dagegen waren die Mädchen um 22 bzw. 31 Punkte besser als die Jungen (vgl. Stanat u.a. 2022a, S.161).

Auch der Anteil der Mädchen und der Jungen, die in den untersuchten Kompetenzbereichen den jeweiligen Mindeststandard nicht erreichten, unterscheiden sich deutlich:

Kompetenzbereich	Mädchen	Jungen
Mathematik Globalskala	25 %	18 %
Lesen	16 %	22 %
Rechtschreibung	25 %	36 %

vgl. Stanat u. a 2022a, S. 163

4. Fazit

Die dargestellten empirischen Ergebnisse belegen übereinstimmend, dass man sich auf das Bildungssystem in Deutschland nicht verlassen kann. Die Vorgaben der Didaktik, der Lehrpläne und auch der Schulbücher sowie die Handreichungen für die Lehrer beinhalten anscheinend keine »guten« und effektive Lernwege und haben nicht zu den erhofften Lernerfolgen geführt.

Obwohl der Bereich Mathematik als negativer Sonderfall angesehen werden kann, erkennt man vielleicht hier die Grundproblematik umso deutlicher: Angesichts der negativen Entwicklung seit 2012 ist zu fordern, dass die Mathematikdidaktiker endlich ihre Arbeit in angemessener Weise tun und umgehend ihre theoretischen Ableitungen, Setzungen und Postulate an der Realität d.h. empirisch zu überprüfen. Dies wurde bisher nicht getan. Die Hauptfrage müsste dabei sein, welche Lernerfolge wie bei den Schülern erzielt werden. Didaktische Vorgaben müssen belegen können, dass sie »funktionieren«, d.h. dass durch sie die Schülerleistungen besser werden. Wenn sie aber, wie in den letzten zehn Jahren geschehen, das Gegenteil bewirken, müssen sie verändert bzw. verbessert werden. Diese Änderungen müssen aber, bevor sie allgemein eingeführt und z.B. in Lehrplänen und Schulbüchern umgesetzt werden, in Feldstudien erprobt und überprüft werden.

5. Ausblick

Unser Bildungssystem wird immer wieder vor Herausforderungen gestellt werden: Es gilt,

- eine Verbesserung der Bildungschancen von sozial benachteiligten Kindern zu erreichen,
- die Integration von Flüchtlingskindern zu verbessern,
- die weitreichenden Folgen von Krisen wie z.B. der Coronakrise abzuschwächen und
- mit dem aktuellen und zukünftigen Lehrermangel umzugehen.

Die größte Herausforderung besteht aber in der notwendigen deutlichen Erhöhung des Lernertrags bei allen Schülern. Besonders dafür sind geeignete Antworten und Lösungen zu suchen.

Eine gute Antwort könnte in der Einführung von leichteren und effektiveren Lernwegen liegen. Die Weichen für eine Verbesserung des Leistungsstandes insgesamt werden in der Aneignung der Basisfertigkeiten besonders beim Lesen und Rechnen gestellt.

Unserer Auffassung nach gilt es deswegen, vor allem die Veränderung und Verbesserung der Lernwege und -strategien ins Auge zu fassen. Damit könnte vor allem der immer noch sehr hohe Anteil an schlechten Schülern in Mathematik und im Lesen verringert werden. Ebenso gilt es, die sehr auffälligen Unterschiede zwischen Mädchen und Jungen abzubauen. Mädchen müssen besonders in Mathematik, Jungen besonders im Lesen in passender Weise gefördert werden.

Deswegen wird in diesem Buch versucht, Anregungen und Hilfe zu geben, und zwar nicht nur für die Schüler, die sich schwer tun, sich die Basisfertigkeiten anzueignen, sondern es wird angestrebt, es allen Schülern leichter zu machen.

Die Kinder werden es danken: Sie werden weniger Leid erfahren, ihr Selbstwertgefühl wird gestärkt, die Motivation beim Lernen wird sich erhöhen und letztlich werden sie bessere Chancen in ihrer Schullaufbahn und in ihrem Beruf haben.

Ansprechpartner, die auf diesem Weg mithelfen können, um die nachgewiesen wenig erfolgreichen Vorgaben des Bildungssystems auszugleichen, sind vor allem

- Eltern,
- engagierte Lehrer, die ihren »pädagogischen Freiraum« nutzen, und
- (Lern-)Therapeuten, die nicht auf herkömmliche, didaktisch dominierte Fördermethoden setzen, sondern vielleicht neue »gehirntechnisch« effektivere Wege einsetzen/benutzen.

Wie kann ein solches Gegensteuern aussehen? Welche Wege bieten sich dazu grundsätzlich an? Wir möchten im Folgenden einige Grundüberlegungen dazu anführen.

Kapitel 3: Wege aus der Bildungsmisere?

1. Hilfe durch die Forschungserkenntnisse der Gehirnforschung

Ein Schlaglicht auf die Bedeutung der Erkenntnisse der Gehirnforschung mag folgendes Zitat aus den Rahmenrichtlinien für die Grund- und Mittelschule an den Schulen Südtirols werfen:
»Neue wissenschaftliche Erkenntnisse verändern den Lernbegriff. Die Ergebnisse der Lernforschung und Neurobiologie haben unser Verständnis von Lernen und von Lernprozessen erweitert.« (2021, S. 18)

Gilt es heute, wie wir meinen, den Lernprozess zu verbessern, könnte hierfür die Gehirnforschung einen wichtigen Beitrag leisten. Moderne bildgebende Verfahren haben es möglich gemacht, unser Wissen auf dem Gebiet der Hirnforschung im letzten Jahrzehnt enorm auszuweiten. Lehrer, Pädagogen und Eltern verfolgen in Deutschland seit einigen Jahren gespannt die Aussagen populärer Neurowissenschaftler zum Thema Lernen.

Beispielhaft ist hier Manfred Spitzer zu nennen, Psychiatrieprofessor und Neurobiologe. Spitzer möchte »die Hirnforschung in die Schulen bringen«. Seit der Veröffentlichung seines Buches »Gehirnforschung und die Schule des Lebens« (2002) hat er den Boden für die Idee geebnet, bessere Unterrichtskonzepte auf dem Hintergrund eines aktuellen neurobiologischen Verständnisses für Lernprozesse zu entwickeln. Entsprechende Erkenntnisse sollen gesichtet und im Transferzentrum für Neurowissenschaften und Lernen (ZNL) gebündelt werden. Unterstützung erfährt Spitzer von seinem Kollegen Henning Scheich, Direktor des Magdeburger Leibniz-Instituts für Neurobiologie, der kategorisch erklärt: »Wer nichts vom Hirn versteht, hat keine Ahnung davon, wie Kinder am besten lernen«.

Erlaubt sei an dieser Stelle aber die Frage, ob fachfremde Neurowissenschaftler tatsächlich in der Lage sind, erfolgreiche, d.h. tragfähige Unterrichtskonzepte zu entwickeln. Was wissen und verstehen sie vom pädagogischen Alltag? So müssen sich Spitzer und sinngemäß argumentierende Kollegen nicht zu Unrecht Kritik gefallen lassen. Pädagogen, Psychologen, aber auch bekannte Hirnforscher wie Gerhard Roth bestreiten nicht, dass die Neurowissenschaften interessante Einsichten in grundlegende Lernvorgänge liefern können. Sie fragen sich jedoch, inwieweit mit diesen Erkenntnissen eine *praktische* Relevanz für die Gestaltung von schulischer Lernumgebung verbunden ist. Die Pädagogische Psychologin und Bildungsforscherin Elsbeth Stern formuliert ihre Kritik an der sog. Neurodidaktik scharf in folgendem Vergleich: »Wenn man herausfinden möchte, warum Menschen in manchen Teilen der Erde hungern müssen, wird man keine passende Antwort finden, wenn man sich mit Stoffwechselvorgängen im Körper befasst statt mit den ökologischen und ökonomischen Bedingungen.« (Stern 2006, S. 9)

Welche Anstöße aus der Gehirnforschung sollten wir im Hinblick auf neue Unterrichtskonzepte aufnehmen?

Die Erkenntnisse über die molekularen Grundlagen des Lernens gehören ohne Zweifel zu den gleichermaßen spektakulären wie wichtigen Erfolgen der Hirnforschung. Setzte man sich das Ziel, diese Erkenntnisse in unseren Schulen angemessen zu berücksichtigen, müsste die bisherige Unterrichtspraxis radikal infrage gestellt werden.

Die deutsche Schulwirklichkeit sieht vielerorts so aus, dass die Lehrer ihren Lehrplan »abarbeiten«, eine Vielzahl an fachdidaktisch orientierten Methoden einsetzen und ihren Schülern somit ein »Lernangebot« machen. Werden diese Angebote vom Kind nicht übernommen, wird diesem und manchmal auch seinen Eltern die Verantwortung für ein mögliches Scheitern übertragen. Nimmt man die Anstöße aus der neueren Hirnforschung ernst, so müssten sich heute Lehrer auch als Manager und Kontrolleure für die »Konstruktion und Vernetzung« neuronaler Netzwerke im Gehirn des einzelnen Schülers verstehen. Überspitzt formuliert wäre somit die Arbeitsstelle des Lehrers das Gehirn des einzelnen Schülers. Der Lehrer müsste in seiner alltäglichen Unterrichtspraxis somit Verantwortung für den Aufbau neuronaler Netzwerke im Gehirn des einzelnen Schülers übernehmen und sich stets Rechenschaft darüber ablegen, dass nur das, was das Kind konkret denkt und wiederholt, auch im Gehirn seine neuronale Entsprechung findet.

> Trotz kontroverser Sichtweisen, in welcher Form neurowissenschaftliche Erkenntnisse in Unterrichtskonzepte einfließen sollten, kann kein Zweifel darüber bestehen, dass unser Gehirn das zentrale Organ allen menschlichen Denkens und Lernens ist. Was immer wir uns merken möchten, muss an den Synapsen, d. h. den Verknüpfungsstellen der Nervenzellen entsprechende Spuren hinterlassen. Geschieht dies nicht, können wir Lerninhalte nicht mehr aus unserem Gedächtnis abrufen.

Lehrer sollten Spezialisten für kindliches Lernen sein und auch die entsprechende pädagogische Verantwortung dafür übernehmen. Nehmen wir die Anstöße aus der Hirnforschung ernst, so sind in der Schule keine methodischen Weltmeister gefragt. Methodenvielfalt und kreative Gestaltung des Unterrichtes sollten kein Selbstzweck sein. Ohne Reflektion darüber, was mithilfe der vielfältigen »bunten« Unterrichtsmethoden wirklich im Gehirn des Schülers hängen bleibt, mangelt es dieser Art der Didaktik an Seriosität. Leider werden heute Lehrer aber immer noch häufig vorrangig danach bewertet, wie methodisch vielfältig sie ihren Unterricht gestalten – dies wird gleichgesetzt mit einem gesicherten Lernerfolg. Ein Umdenken erfolgt zumeist erst dann, wenn sich einzelne Lehrer kritisch mit der bisherigen Praxis und intensiv mit den neuen Erkenntnissen der Hirnforschung auseinandergesetzt haben. So wie jene Schulrätin, die im Anschluss an eine unserer Fortbildungsveranstaltungen äußerte: »Mir ist bewusst geworden, dass die Methoden kein Selbstzweck sind, sondern immer hinterfragt werden muss, welche Spuren sie im Gehirn hinterlassen bzw. überhaupt hinterlassen können.«

Lernen bedeutet – in diesem Punkt stimmen wir mit Manfred Spitzer ganz überein – eine Veränderung der synaptischen Übertragungsstärke. Diese Modifikation findet jedoch nur an den Synapsen statt, die aktiv sind. Deshalb ist es richtig, auf die besondere Notwendigkeit des Übens hinzuweisen: »Nur derjenige, der sehr viel übt, wird im Laufe der Zeit sehr gut« (Spitzer 2002, S. 271).

> Die Gehirnforschung trägt dazu bei, den Blick zu schärfen für die Fragestellung, wie Lernen überhaupt erfolgreich sein kann. Dies tut der Schulpädagogik und -didaktik sicher gut. Lösungswege können aber nicht von der Gehirnforschung, sondern nur von pädagogisch-psychologischer Seite entwickelt werden.

Aus der Gehirnforschung werden jedoch auch Ratschläge abgeleitet, die unserer Erfahrung nach wenig hilfreich sind. Greifen wir hier einmal exemplarisch einen der populärsten Slogans heraus: »Lernen muss Spaß machen«. Manfred Spitzer zum Beispiel sieht diese These als seine »wichtigste Botschaft« an die Politik an (Interview mit der Badischen Zeitung v. 17.05.2003). Anhand der Auseinandersetzung mit diesem Spotlight aus der Hirnforschung möchten wir aufzeigen, dass es problematisch ist, wenn Hirnforscher aus ihren Erkenntnissen Schlussfolgerungen ziehen, ohne detaillierte Kenntnisse über deren pädagogische Alltagstauglichkeit und Realität zu haben.

Die Gehirnforschung hat uns noch einmal die seit langem bekannte pädagogische Erfahrung vor Augen geführt und belegt, dass Lernen immer auch mit Emotionen verknüpft ist. Angst ist ein ungünstiger Begleiter des Lernens, während positive Gefühle über die Aktivierung unseres Belohnungssystems einen guten Abruf des Gelernten aus dem Gedächtnis ermöglichen. Lernen, so die Gehirnforscher, sollte also möglichst bei »guter Laune« erfolgen. Gleichzeitig werden das selbständige Lösen von Aufgaben sowie das freiwillige Üben als besonders günstig herausgestellt: »Ein Kind lernt dann am besten, wenn es Aufgaben selbständig löst« (Spitzer in »Der Spiegel« 27/2002, S. 69). Der Schüler solle also möglichst zur eigenen Problemlösung angeregt werden, denn nur dieser Weg aktiviere das eigene Belohnungssystem. Druck von außen wirke sich ungünstig aus. Aus den obigen Erkenntnissen der Neurowissenschaften zieht Spitzer die Schlussfolgerung: »Lernen muss Spaß machen! Deshalb muss man dafür sorgen, dass die Bedingungen so sind, dass das Lernen Spaß macht …«. Verändere man in diesem Sinne die schulischen Rahmenbedingungen und käme noch der »Spaßfaktor Lehrer« hinzu, dann liefen Lernprozesse quasi »wie von selbst« (vgl. Spitzer 2002, S. 194).

Der Ruf nach der Schule, die Spaß machen soll, erinnert an den Begriff der Spaßgesellschaft. Wird hier, so fragen wir uns, die pädagogische Realität möglicherweise etwas ausgeblendet und verkannt? Betrachten wir Lernbereiche, in denen ein Schüler Schwächen aufweist und Lücken sowie Defizite ausgleichen muss, so werden diese Bereiche von ihm gefühlsmäßig nur selten mit Spaß verbunden. Auch geänderte Rahmenbedingungen dürften dies nicht wesentlich ändern können.

Mit Lernen von Unterrichtsinhalten ist unserer Erfahrung nach immer auch Arbeit verbunden. Lernen, besonders auch bei Schwächen, kann mühsam sein und Überwindung kosten. Dass Lernen stets ein gutes Stück Arbeit bedeutet, ist eine alte pädagogische »Weisheit« (vgl. z.B. den Arbeitsbegriff des Reformpädagogen Kerschensteiner). Insbesondere jedoch bedeutet Lernen dann Arbeit, wenn es um die Automatisierung der Grundfertigkeiten und den Ausgleich von Schwächen geht.

> Die pädagogische Realität ist aber komplizierter, als es manche Slogans der heutigen Gehirnforscher vorgeben. Sie erschöpft sich in aller Regel nicht in populistischen Schlagworten. Lernen ist stets mit Arbeit verbunden. Deshalb sollte das Lernmotto nicht heißen »Lernen muss Spaß machen«, sondern vielmehr **»Lernen muss erfolgreich sein!«**.

Was sind die Voraussetzungen und Rahmenbedingungen erfolgreichen Lernens?

1. Lehrer und Eltern sind dafür zu sensibilisieren, worauf sie beim Erwerb der Grundfertigkeiten im Lese- und Rechtschreiblernprozess sowie in Mathematik besonders achten sollten. Sie müssen Bescheid wissen über die einfachsten und effektivsten Lernwege. Sie müssen zugleich in die Lage versetzt werden, Fehlstrategien frühzeitig erkennen zu können, die es dem Kind später schwerer machen, wieder auf die richtigen und effektiven Wege zu kommen.
2. Erfolgreiches Lernen muss immer mit der Frage verbunden sein: Was soll letztlich im Gehirn erreicht werden? Einfache, klare Ziele sollten hier definiert werden.
3. Erfolgreiches Lernen setzt weiterhin voraus, dass die Kinder wissen, warum und wozu sie (zusätzlich) regelmäßig üben müssen.

> **Das Beispiel von Lukas, 1. Klasse**
>
> Lukas wies sowohl im Lesen als auch im Rechnen wenige Monate vor Ende des ersten Schuljahrs große Schwierigkeiten auf. Er legte beim Lernen eine ausgeprägte Verweigerungshaltung an den Tag und reagierte mit entsprechenden Blockaden – in der Folge vergrößerten sich seine Leistungsrückstande immer mehr. Im Unterricht versuchte er seine mangelhaften Leistungen durch störendes Verhalten zu kompensieren.
>
> Lukas hatte Glück, er durfte eine Lerntherapie besuchen. Dort führte ihn die Therapeutin in passende Lernmethoden ein und erläuterte ihm ausführlich das neurobiologische Modell der Synapsenverdrahtung. Lukas begriff diese Zusammenhänge, was seine Lernbereitschaft in der Folge deutlich erhöhte. Schon am Ende der 1. Klasse hatte er sein Lesen und Rechnen stark verbessert – zudem erklärte er schließlich seinen Mitschülern im Unterricht, was sich beim Lernen im Gehirn genau verändert. Mit den zunehmenden Lernfortschritten verminderten

> sich auch seine Verhaltensauffälligkeiten in Form von Stören, Kaspern und starker Unruhe.

1. Um erfolgreich zu lernen, müssen Kinder hoffen und überzeugt sein, dass sie »besser« werden können. Andernfalls ist die Gefahr groß, dass sie in der Schule blockieren und beim Lernen eine Haltung des Vermeidens und Verweigerns annehmen (vgl. das Beispiel von Lukas).
2. Zu einem erfolgreichen Lernen gehören Lernmethoden, die einfach, effektiv und möglichst wenig anstrengend sein sollten. Methodische »Schrotschussverfahren« sind dagegen ungünstig. Vielmehr sind es nicht die Vielfalt und Buntheit der Methoden, sondern deren genaue Passung, die zum Erfolg führt.
3. Lehrer und Eltern müssen die pädagogische Verantwortung dafür übernehmen, dass die richtigen neuronalen Netzwerke in den Köpfen ihrer Kinder entstehen.
   a) Methoden müssen so gestaltet sein, dass sie möglichst die kürzesten und passendsten Abspeicherprozesse im Gehirn des Kindes auslösen und angemessene Wiederholungen vorsehen, um das Gelernte zu verfestigen.
   b) Der Lernstoff muss systematisch aufgebaut werden. Es ist kontraproduktiv, bloß weil es der Lehrplan »vorschreibt«, Lerninhalte anzubieten, die vom kindlichen Gehirn nicht verarbeitet werden können, weil die notwendigen Grundstrukturen und Fertigkeiten noch nicht beherrscht werden.
   c) Erfolgreiches Lernen verlangt von Eltern und Lehrern Hartnäckigkeit und Anleitung sowie Kontrolle beim Üben. Zu hoffen, dass das Kind aus Einsicht freiwillig übt, erweist sich meist als unangemessen.
4. Pädagogisches Ziel sollte es in jedem Falle sein, Kinder auf dem einfachsten Weg zum Lernerfolg zu führen. Wer mit Kindern lerntherapeutisch arbeitet, erlebt deren Freude über Lernerfolge, die sich in strahlenden Augen, einem veränderten Körperausdruck, in Stolz am eigenen Können und einem sich positiv verändertem Selbstwertgefühl zeigt.

> Lernen braucht Struktur, Lernen braucht Wiederholung! Nur das ständige Wiederholen führt dazu, dass aus flüchtigem Wissen Können wird. Eine wichtige Aufgabe im alltäglichen Unterricht besteht daher darin, Gelerntes immer wieder zu wiederholen, damit eine entsprechende »gehirngerechte Verarbeitung« auf neuronaler Basis stattfinden kann.
>
> Erfolgreiche Lernwege bedürfen der geschickten und planvollen pädagogischen Führung durch Lehrer und Eltern. Ihr Ziel muss darin bestehen, ihren Kindern Erfolgserlebnisse zu ermöglichen. Diese sollen wieder strahlen können mit der Hoffnung und Überzeugung: »Ich kann es schaffen« oder »ich habe es schon geschafft!«

2. Reformpädagogisch-konstruktivistische und kompetenzorientierte Ansätze als Lösung aus der Bildungsmisere?

Seit etwa 25 Jahren wird im schulpädagogischen Bereich verstärkt für das Lernen ein grundlegender methodischer Richtungswechsel gefordert. Es wurden zunächst reformpädagogisch orientierte, konstruktivistische Ansätze propagiert. In den letzten 15 Jahren wurde dies mit dem Leitbegriff der »Kompetenzorientierung« verbunden. Mit diesem Paradigmenwechsel wird die Hoffnung verbunden, einen Weg aus der Bildungsmisere zu finden, der den Schülerinnen und Schülern ein besseres Lernen ermöglicht.

Welche Bedeutung versteckt sich hinter dem Begriff des Konstruktivismus, der den Ausgangspunkt solcher Forderungen bildet? Diesem Begriff liegt die Vorstellung zugrunde, dass der Mensch sein Wissen aus Vorwissen und den angebotenen Informationen im Rahmen eines kreativen Prozesses selbst erzeugt. Der Mensch konstruiert sich sozusagen eine eigene Denkstruktur. Lernen ist somit ein subjektiver Vorgang mit einer individuellen Struktur auf einem individuellen Niveau mit unterschiedlichen Verknüpfungen unterschiedlicher Denkinhalte. Da Lernen dieser Auffassung nach als ein höchst subjektiver Vorgang verstanden wird, erfordert das Gelingen des Lernprozesses »eine offenere Lernumgebung«. Erfolgreiches Lernen sollte eine möglichst selbständige Tätigkeit des Lernenden sein. Lernen im Sinne des Konstruktivismus bedeutet also, den aktiven, eigenverantwortlichen Aufbau einer inneren Wirklichkeit.

Dieser in der Schulpädagogik geforderte Paradigmenwechsel verbindet sich mit reformpädagogischen Ansätzen. Letztere sind jedoch nicht wirklich neu. Sie basieren vielmehr auf Konzepten aus dem ersten Drittel des vergangenen Jahrhunderts und erfahren erneut eine Renaissance. Beschäftigt man sich intensiver mit diesem geforderten Richtungswechsel, drängt sich der Eindruck auf, dass die damalige ideologische und zum Teil auch sehr einseitige Auseinandersetzung zwischen reformpädagogischen Ansätzen und der alten »Buchschule« neu belebt wird. In recht unreflektierter Weise wird die selbstgesteuerte Eigentätigkeit und Eigeninitiative des Kindes, das selbstentdeckende Lernen, die selbstbestimmte Auswahl der Inhalte und auch die Geschwindigkeit des Lernprozesses in eigener Verantwortung mit hoher Eigenmotivation seitens des Kindes betont und als »Königsweg« des schulischen Lernens propagiert.

In der aktuellen Diskussion, die diese reformpädagogisch-konstruktivistischen Ansätze wiederbelebt, wird das alte Bild vom »Kind als Baumeister seiner selbst« immer wieder erkennbar. Auch die Rolle des Lehrers wird dabei entsprechend verändert, nämlich in Richtung einer »sekundären Tätigkeit« (Fauser 2007). Eine weitere Folge dieses Ansatzes besteht darin, das Lernen in Einzelarbeit und innerhalb der Schülergruppe zu favorisieren.

Unserer Auffassung nach wird die Eigenmotivation des Lernenden sowie die eigenständige Erarbeitung der Lerninhalte zu einseitig vertreten und die Bedeutung von Automatisierungsprozessen und eines systematischen, vom Lehrer direkt gesteuerten Lernprozesses ab- bzw. unterbewertet.

Was bedeutet dieser theoretische reformpädagogisch-konstruktivistische Ansatz praktisch? Beispielhaft sei dies kurz an Konzepten und Vorstellungen zum Mathematikunterricht erhellt.

Peter Fauser, Professor für Schulpädagogik und Schulentwicklung an der Universität Jena, definiert konstruktivistisches Lernen als den aktiven Aufbau einer inneren Wirklichkeit im Unterschied »zu der Belichtung eines unterbelichteten Filmes« (Auswendiglernen). »Lässt man Schüler mathematische Lösungen zur Multiplikation von 3-stelligen Zahlen selbst suchen, dann finden sich etwa ein Dutzend richtiger Lösungen. Warum dann im Unterricht den vermeintlich einzigen Lösungsweg vorgeben? So wird verhindert, dass Schüler selbst nach Lösungen suchen, mathematisch Denken lernen und eigene Erfahrungen machen« (Fauser 2007).

Zu fragen ist jedoch, ob jenes pädagogische Konzept – das »Erfinden von mathematischen Lösungen« mit vielen möglichen Lösungswegen – tatsächlich ohne schwerwiegende Probleme zu verwirklichen ist. So setzt dieser Ansatz voraus, dass alle Schüler motiviert sind und eigeninitiativ an Lösungen arbeiten. Des Weiteren wird als selbstverständlich angenommen, dass alle Schüler über das nötige Basiswissen verfügen und auch tatsächlich eine Lösung finden. Mit diesem Konzept ist zudem die Behauptung verbunden, dass alle Lösungen bzw. Lösungsstrategien gleichberechtigt nebeneinander stehen. An späterer Stelle werden wir jedoch sehen, dass aus bestimmten Lösungsstrategien Fehlstrategien entstehen, die sich zu Teilleistungsschwächen weiterentwickeln können. Schließlich ist mit diesem Ansatz auch die Vorstellung verknüpft, dass das Finden und Verstehen einer Lösung gleichbedeutend mit ihrem dauerhaften Beherrschen sei. Dies erscheint uns als ein verhängnisvoller Irrtum.

Dieser konstruktivistisch »moderne« Ansatz wird nicht nur für den Unterricht von Kindern gefordert, die in der Schule befriedigende bis gute Leistungen zeigen, sondern ebenso für Kinder mit Lernschwächen. So propagiert Holger Lorenz, Professor für Mathematik und ihre Didaktik, das selbstentdeckende Lernen für den Förderunterricht: »Mathematikbetreiben ist aktives Entdecken.« (Lorenz 2003, S.96, Lorenz 2005, S.167) »Da Schüler auf individuellen Wegen lernen, kann man ihr Lernen nur anregen und auch im Fall von Lernstörungen nie steuern.« (ebd.) »Schüler lernen mathematische Inhalte besser von- und miteinander als von der Lehrerin oder dem Lehrer, da sie argumentieren, begründen, vergleichen, nachvollziehen und Hypothesen bilden müssen.« (ebd.) Weiter fordert Lorenz, dass Schüler ihren Mitschülern »fehlerhafte Lösungswege« erklären, um dann urplötzlich »Aha-Effekte« zu erleben, »die ihn besser verstehen lassen als sämtliche Lehrerbelehrung« (ebd.). »Didaktisches Vereinfachen, Elementarisieren, kleinschrittiges Zurichten und Anleiten stört«, obwohl »rechenschwache Schüler gerade diese Vorgehensweise … fordern« (Lorenz 2003, S.96).

Unseres Erachtens ist es jedoch ein Wunschglaube, dass Kinder beim Erwerb der Grundrechenfertigkeiten aus Fehlern lernen und gerade rechenschwache Kinder auf diese Weise zu Aha-Erlebnissen kommen. Stattdessen wird dem ohnehin schon verunsicherten und häufig entmutigten Kind ein weiterer Misserfolg aufgebürdet.

> An dieser Stelle sei an folgenden Sachverhalt erinnert, der von didaktischer Seite konsequent ausgeblendet wird: Es zeichnete sich schon nach anfänglichem euphorischem Überschwang am Ende der Weimarer Zeit im letzten Jahrhundert ab, dass der reformpädagogische Traum ausgeträumt war. Die Grenzen der reformpädagogischen Ideologie von der »Weisheit des Kindes«, das für sich den besten Lernweg findet, wurden offensichtlich. Zudem führte der Reformpädagoge Peter Petersen (Jena-Plan-Schule) schon in den 1930er Jahren des letzten Jahrhunderts mit seiner »Pädagogischen Tatsachenforschung« die Notwendigkeit der empirischen Überprüfung und Absicherung eines jeden pädagogischen Konzepts ein.

Auch aus pädagogisch-psychologischen Fachkreisen melden sich hingegen auch kritische Stimmen zu diesem Theoriekonzept. Die Professoren der Pädagogischen Psychologie Marcus Hasselhorn und Andreas Gold halten schon 2006 das »Leitbild vom aktiven und konstruktiven, intrinsisch motivierten, situiert und kontextuiert, kooperativ und selbstregulativ Lernenden« als ein überzogenes und »idealisiertes« (S. 236). Bereits 1998 bemerkte Franz Weinert zu dem geforderten Paradigmenwechsel ironisch, dass »aus dem Schüler ... plötzlich ein kompetent Lernender« wird, »dem man nur die entsprechenden Gelegenheiten und Anregungen geben muss, damit er von sich aus und auf seine spezifische Art und Weise das tut, was zum erfolgreichen Lernen notwendig ist« (Weinert 1998, S. 207). Weinert sieht diesen Ansatz geradezu als gefährlich an. Er konstatiert, dass ohne qualifizierte Lernvoraussetzungen das selbständige Lernen »mit hoher Wahrscheinlichkeit zu Lerndefiziten, fehlerhaften Kenntnissen und Misserfolgserlebnissen« (Weinert 1996, S. 6) führt. Der inzwischen verstorbene Nestor für Pädagogische Psychologie favorisierte hingegen die direkte Instruktion, wenn es darum geht, »die notwendige Systematik kumulativen Lernens, die sachlogische Ordnung des allgemeinen Kenntniserwerbs und die erforderliche Automatisierung vieler Routinefertigkeiten« (ebd., S. 5) zu gewährleisten.

Hasselhorn und Gold (2006) bewerten den konstruktivistischen Ansatz in einem vorläufigen Fazit als »zeitaufwendig«, »möglicherweise unökonomisch« und »gelegentlich überfordernd« und »vom Scheitern bedroht« (2006, S. 237). Ferner bestehe die »Gefahr der Unvollständigkeit und Ungeordnetheit« des Lernstoffes im Gedächtnis. Auch bei Lernschwierigkeiten und -schwächen halten sie, im Gegensatz zu den oben dargestellten Ausführungen von Lorenz, einen reformpädagogisch-konstruktivistischen Ansatz für nicht empfehlenswert. Besser beraten sei derjenige, so die beiden Frankfurter Psychologen, der sich in der Förderung von Kindern mit Lernschwierigkeiten stattdessen an einer anderen Vorgabe aus der Forschungsliteratur orientiere: Hier durchziehe ein »bestimmtes Leitmotiv die einschlägigen Übersichtsarbeiten, ... nämlich die Empfehlung einer eher anleitungsorientierten, expositorischen, strukturierten und kleinschrittigen Form des Unterrichtens mit vielen Übungsphasen, unmittelbaren Rückmeldungen und der Sicherstellung einer möglichst vollständigen Zielerreichung bei jedem Lernschritt.« (Hasselhorn und Gold 2022, S. 450).

Letztendlich handelt es sich um das Prinzip der direkten Instruktion. Diese Empfehlung wird durch Metaanalysen, wie derjenigen von Grünke (2006), unterstützt.

Grünke hat im Jahr 2006 eine Übersichtsstudie veröffentlicht, in der er 26 Metaanalysen zum Forschungsgegenstand der Lernförderstudien zusammengefasst hat. Diese Lernförderstudien setzen sich auch mit konstruktivistisch orientierten Förderansätzen auseinander. Was verbirgt sich bei Grünke hinter dem Begriff einer konstruktivistischen Vorgehensweise? Es handelt sich hierbei um ein freies, selbstentdeckendes und Kind zentriertes Herangehen an den Lerngegenstand. Lernziele und Lerninhalte werden weitestgehend vom Kind selbst bestimmt, wobei die Lehrkraft den Schüler begleitet, seine Lernwege zu entdecken und in eigener Geschwindigkeit zu beschreiten. Wissen wird hierbei von den Schülern mit Hilfe der Lehrkraft eigenständig und in Auseinandersetzung mit den persönlichen Werten und Vorerfahrungen konstruiert und anhand von authentischen Lebensaufgaben vollzogen (vgl. Grünke 2006, S.242).

Grünke fasst den Forschungsstand über die Wirksamkeit einer solchen konstruktivistischen Vorgehensweise wie folgt zusammen: »Der Tenor dieser Befunde sagt, dass im Hinblick auf die allermeisten Lernziele ein eher Lehrkraft gesteuertes und gut geplantes Vorgehen angebracht ist, bei denen die Inhalte oder die Strategien explizit, schrittweise und redundanzreich vermittelt werden. Hierbei sind die Schüler ständig zu einer aktiven Beteiligung sowie zum ausgiebigen Üben aufgefordert. Und sie erhalten für alle Leistungen und Antworten eine sofortige und konkrete Rückmeldung. Diese Merkmale werden häufig in einer direkten Instruktion, einer Strategieinstruktion, eines Selbstinstruktionstrainings, eines tutoriellen Lernens und einer Computer gestützten Förderung realisiert. Ein freies, entdeckendes, Kind zentriertes, konstruktivistisches Herangehen oder gar ein indirekter Ansatz über die Förderung der Psychomotorik oder der Wahrnehmung ... bewirken im günstigsten Fall relativ geringe Verbesserungen, im ungünstigsten schaden sie.« (ebd., S.251)

Die Ergebnisse von Grünke werden auch durch die viel umfangreichere Metaanalyse von Hattie (2009) bestätigt: Die Effektstärke in Bezug auf Lernwirksamkeit bei der Freiarbeit liegt zum Beispiel bei 0,04, bei der Direkten Instruktion bei 0,59. (*John Hattie: Visible learning. Routledge, London, New York 2009*)

Welche Konsequenzen sind daraus für die Praxis der Lernförderung zu ziehen? Grünke stellt in diesem Zusammenhang kritisch fest, dass »die Wirksamkeit der Interventionskonzepte kaum ihrer tatsächlichen Verbreitung im Alltag entspricht. So stellt insbesondere das mit einer konstruktivistischen Vorgehensweise verbundene Menschenbild des freien, inhärent motivierten und zur eigenständigen Gestaltung von Wissen fähigen Kindes vielfach ein Leitbild in der sonderpädagogischen Praxis dar und bestimmt die Wahl der Methoden.« (ebd., S.252). Für die Förderung von Schülern mit Lernschwächen »ist mit Nachdruck dafür zu plädieren, die recht eindeutigen Erkenntnisse über effektive und wenig effektive Förderprinzipien nicht mehr in dem Maße zu ignorieren, wie es bisher der Fall ist.« (ebd., S.253)

Trotz dieser seit Jahrzehnten besonders aus dem Bereich der Pädagogischen Psychologie bestehenden kritischen Einwände hält die vorherrschende Didaktik in fast schon ideologischer Weise am Prinzip des selbstentdeckenden Lernens fest. Pointiert führen die Professoren der Pädagogischen Psychologie Marcus Hasselhorn und

Reformpädagogisch-konstruktivistische und kompetenzorientierte Ansätze als Lösung?

Andreas Gold in der aktuellen Ausgabe ihres Handbuches »Pädagogische Psychologie« (2022) folgendes Zitat an:

»Wie ein Zombie, der immer wieder aus der Gruft steigt, findet das reine Entdeckungslernen stets neue Fürsprecher. Wem aber an evidenzbasierten Unterrichtsmethoden gelegen ist, muss sich die folgende Frage stellen: Gibt es empirische Belege dafür, dass das Entdeckungslernen tatsächlich funktioniert? Seit einigen Jahrzehnten wird nach solchen Belegen erfolglos gesucht.« (Mayer zit. in Hasselhorn, Gold 2022, S. 281)

> Reformpädagogisch orientierte Unterrichtskonzepte, die eine konstruktivistische Vorgehensweise und selbstentdeckendes Lernen propagieren, beruhen ungerechtfertigt auf der Vorstellung, dass alle Kinder automatisch eigenständig, in Einzelarbeit und in der Schülergruppe, motiviert und erfolgreich lernen. Diese Konzepte setzen voraus, dass das Kind z. B. im Fach Mathematik in der Schülergruppe in der Auseinandersetzung mit sehr vielfältigen Materialen von selbst die einfachsten und kürzesten Abspeicherwege des Faktenwissens und der Rechenoperationen findet. Es wird hierbei wie selbstverständlich angenommen, dass alle Schüler in motivierter und gleichzeitig auch richtiger Weise im Rahmen von Wochenarbeitsplänen und Freiarbeit üben.
>
> Die Realität sieht jedoch anders aus. Wenn Kinder überhaupt Lern- und Rechenwege selber finden, dann finden sie meist Umwege, die das Arbeitsgedächtnis zusätzlich belasten. Gerade Kinder mit Schwächen vermeiden das regelmäßige Üben und können damit die notwendigen Automatisierungen nicht aufbauen.
>
> Die geringe Effektivität von reformpädagogischen, konstruktivistischen Vorgehensweisen ist – besonders auch im Hinblick auf Förderung bei Lernschwächen – empirisch belegt. Sollte der reformpädagogisch konstruktivistische Ansatz von Schulpädagogen, die für die Schulentwicklung zuständig sind, in dieser einseitigen Form weiterhin als das »Non-plus-ultra modernen Lernens« verkündet und angewandt werden, so sind große Zweifel darüber angebracht, ob unsere Kinder ihre Schulzeit zukünftig tatsächlich leichter und erfolgreicher bestehen werden.
>
> Von diesem scheinbar »modernsten« Ansatz ist, so unser Fazit, kein Weg aus der deutschen Bildungsmisere zu erwarten.

Darauf aufbauend und damit verknüpft wurde in den letzten 10 bis 15 Jahren die Schulwirklichkeit unter dem Leitbegriff »Kompetenzorientierung« umgestaltet. Zunächst einmal ist Kompetenzorientierung ein attraktiver Begriff. Wer könnte etwas dagegen haben, wenn Schüler möglichst viele Kompetenzen erwerben.

Mit dem Leitbegriff »Kompetenzorientierung« wird von kultuspolitischer Seite dabei ein »neues« Verständnis von Bildung propagiert. Dabei wird Bildung als das Vermögen verstanden, Lernen selbst steuern und Probleme selbst lösen zu können, anstatt vorgegebene Lösungen zu wiederholen. Hierbei sollte jedoch bedacht werden, dass Kinder, bevor sie forschend und kreativ lernen und Probleme lösen können, zunächst einmal ihr Handwerkszeug, die Grundfertigkeiten, beherrschen müssen. Das Fundament im Sinne verlässlicher Basiskenntnisse und Kompetenzen in den Bereichen Deutsch, Mathematik und der Naturwissenschaften muss zuvor in solider Weise gefestigt worden sein. Darauf wird leider in unserem Schulsystem – besonders auch bei Kindern mit Schwächen – sehr häufig zu wenig geachtet.

Wenn man die neuen Konzepte anschaut, so stellt man z.B. im Fach Mathematik fest, dass zwischen inhalts- und prozessbezogenen Kompetenzen unterschieden wird. Da die verstärkte Orientierung an prozessbezogenen Kompetenzen das »Neue« ist, besteht die Gefahr, dass die inhaltsbezogenen Kompetenzen in den Hintergrund treten. Plakativ ausgedrückt: Die Schüler sollen nicht mehr das Einmaleins beherrschen, sondern in die Lage versetzt werden, sich Wege zu erschließen, wie eine Einmaleinsaufgabe ausgerechnet werden kann. Ein systematisches und gehirngerechtes Einüben und Automatisieren von Grundfertigkeiten bzw. Grundschemata als Grundlage und als »Handwerkszeug« für das jeweilige Fach wird weniger stark beachtet. Dieses grundlegende Basiswissen bzw. die Basisfertigkeiten sind aber gerade der Bereich, in dem Kinder häufig Leistungslücken und -schwächen entwickeln (siehe IQB- und IGLU-Studien oben).

Eine zweite noch größere Gefahr besteht darin, dass in reformpädagogischer Tradition die Bedeutung des selbstentdeckenden Lernens überbetont wird. So setzt z.B. der Lehrplan in Bayern für »die Entwicklung mathematischer Kompetenzen bei Schülern und Schülerinnen [...] aktivierende und selbstgesteuerte Lernsituationen voraus« (Bayerisches Staatsministerium für Bildung und Kultus, Wissenschaft und Kunst 2014, S.105).

Im Lernweg sind so selbst »Umwege und Fehler« von Bedeutung. »Denk- und Lösungswege, die sich als umständlich oder als nicht zielführend erweisen, dienen als Anlässe zu Reflexion und Kommunikation und eröffnen neue Lernchancen« (Bayerisches Staatsministerium für Bildung und Kultus, Wissenschaft und Kunst 2014, S.24). Vom Schüler selbst entwickelte Fehler und Umwege sind also als Lernchance zu sehen. Es besteht die Vorstellung, dass bei falschen oder umständlichen Lösungswegen durch Argumentation, Diskussion und Reflexion in der Gruppe vertiefte Einsichten entstehen.

Hier ist vielleicht eine grundsätzliche kritische Einschätzung notwendig, da ideologische Vorstellungen in unserem Schulsystem Kindern schaden. Um es noch einmal deutlich hervorzuheben und plakativ auszudrücken:

Bezeichnend ist, dass mit dem Konzept »Kompetenzorientierung« meist nur Postulate verknüpft sind, die vor seiner Einführung nicht empirisch überprüft wurden. Aus Zielsetzungen wurden aufbauend auf einem ideologischen Hintergrund pädagogische Vorgehensweisen abgeleitet. Immer noch steht eine direkte, systematische empirische Überprüfung und Evaluierung aus. Nicht gesichert ist, welche Auswirkungen die einzelnen Vorgaben haben und erst recht nicht, welche Konsequenzen sie für Kinder mit Schwächen nach sich ziehen. Nur indirekt lässt sich aus den oben dargestellten Bildungsstudien (PISA, IQB und IGLU) der Misserfolg dieses Ansatzes ableiten: Die deutschen Schüler werden seit 2011 immer schlechter.

Um einige Kritikpunkte im Einzelnen anzuführen: Aus Forschungen der pädagogischen Psychologie wissen wir, dass selbstentdeckendes Lernen grundsätzlich nicht so günstig ist, wenn Neues (Grundfertigkeiten/Schemata) gelernt werden soll. So weist z.B. Wellenreuther darauf hin, »dass Methoden entdeckenden Lernens, die für viele ›progressive Unterrichtsmethoden‹ eine Grundlage bilden, für die erste Aneignung neuer Schemata als ungeeignet betrachtet werden müssen« (2009, S. 23). Zusätzlich gilt es zu bedenken, dass sich Trainings zu selbstreguliertem Lernen »in der Regel [...] an Jugendliche oder junge Erwachsene [richten], weil bei jüngeren Kindern die erforderlichen Entwicklungsvoraussetzungen oftmals noch nicht gegeben sind« (Hasselhorn, Gold 2022, S. 323).

Auch in der Schweiz sind unter dem Leitbegriff »selbstorganisiertes Lernen« ähnliche Vorstellungen in den Lehrplänen zu finden. Auch hier sei auf folgende kritische Einschätzung des Schulpädagogen Wellenreuther verwiesen: »Verantwortungslos erscheint, diese Lernsteuerung z. B. unter dem Deckmantel entdeckenden oder natürlichen Lernens den Schülern selbst zu überlassen, weil nicht einmal viele Studenten, geschweige denn leistungsschwache Schüler, über die dazu erforderlichen metakognitiven Fähigkeiten verfügen.« (2009, S. 75)

3. Erfolgversprechende Ansätze für die Zukunft unseres Bildungssystems aus dem Bereich der Pädagogischen Psychologie

Zum Abschluss sei darauf verwiesen, dass die Pädagogische Psychologie empirisch abgesicherte Grundmodelle liefern kann. So setzen die Pädagogischen Psychologen Hasselhorn und Gold folgenden Grundansatz gegen das Konzept des selbstgesteuerten Lernens: Sie favorisieren das Konzept einer »kognitiven Meisterlehre«, weil »Programme, [...] die sich Elemente der Meisterlehre zu eigen machten, [...] sich in Evaluationsstudien als wirksam erwiesen« (2022, S. 287) haben.

Die Ausgangsfrage bei dem Ansatz der »kognitiven Meisterlehre« ist: Wie gelingt der Aufbau von Wissensstrukturen beim Schüler? In für die heutige Didaktik »altmodischen« Weise wird die Lehrkraft als »Experte oder Meister in der Wissensdomäne« und die Schüler als »Novizen oder Lehrlinge« (2022, S. 285) angesehen. »Typischerweise wird bei der kognitiven Meisterlehre mit dem modellhaften Demonstrieren eines Denk- oder Problemlöseprozesses durch den Meister oder die Meisterin begonnen und der Lehrling wird zum Beobachten angeleitet, gefolgt vom unterstützten und kontrollierten Nachahmenlassen.« (2022, S. 286)

Am Anfang eines Lernprozesses erfolgt vom Meister ein modellhaftes Zeigen und Vormachen und kognitive Prozesse werden verbalisiert. »Die Lehrperson führt die Lösung einer Aufgabe oder eines Problems in kompetenter Weise vor – sie demonstriert also eine neue Fertigkeit.« (2022, S. 286)

Es folgt ein »angeleitetes Üben«. »Nun müssen die Lernenden die Aufgabe selbst ausführen oder lösen. Sie werden dabei vom Lehrenden betreut und unterstützt.« (2022, S. 286)

Dabei erleichtert ein »sicherndes ›Lerngerüst‹« (2022, S. 287) den individuellen Wissensaufbau. »Vorübergehend kann die Lehrperson die Bearbeitung von Teilaufgaben, die noch zu schwierig sind, auch selbst übernehmen. Das Lerngerüst erlaubt den Lernenden ein unterstütztes Erproben von Methoden und Strategien, die sie alleine noch nicht vollziehen können.« (2022, S. 287) Nach gesicherten Lernfortschritten »werden die Hilfestellungen wieder ausgeblendet« (2022, S. 287).

Als Endziel wird ein selbständiges Anwenden und Problemlösen angestrebt. »Die Anregung und Ermutigung, neu auftretende Probleme künftig selbständig zu explorieren und zu lösen, beschließt den Zyklus.« (2022, S. 287) Auf diese Weise gelingt eine »zunehmende Teilhabe und Beteiligung der Lernenden an einer Expertenkultur« (2022, S. 285).

Dieses empirisch abgesicherte Grundmodell muss aber aus neurowissenschaftlicher Perspektive noch ergänzt werden:

In der ersten Phase eines Lernprozesses ist es besonders wichtig, das neu Einzuprägende so aufzubereiten, dass die Kapazität des Arbeitsgedächtnisses am geringsten belastet, die kürzesten Wege im Gehirn angelegt und so am leichtesten Automatisierungen der Grundfertigkeiten und -schemata erreicht werden. Auch hier braucht das Kind den Meister, der ihm den besten und einfachsten Lernweg vorgibt.

Kapitel 4: Grundlagenwissen 1 – Erkenntnisse der Lernpsychologie

Einleitung

Lässt man die Entwicklung der Grundschuldidaktik in den letzten 20 Jahren Revue passieren, so fällt auf, dass sich ein bunter Reigen von Methoden, quasi wie Modetrends in der Unterrichtspraxis aneinander reiht. Wer sich dabei intensiv mit den fachdidaktischen Vorgaben für die Grundschule auseinandersetzt, wird bemerken, dass grundlegende Lerngesetzmäßigkeiten in diesem Methodenwechsel kaum in angemessener Weise berücksichtigt sind. Finden sich dort Bezüge zu aktuellem Grundlagenwissen über das Lernen, dann in der Regel nur in bruchstückhafter, eklektizistischer Form.

> Um erfolgreiches Lernen bewirken zu können, ist es unseres Erachtens unbedingt erforderlich, die grundlegenden Lerngesetzmäßigkeiten zu kennen und diese in angemessener Form im Unterricht zu berücksichtigen. Dies ist zugleich die Ausgangsbasis dafür, einschätzen zu können, ob die fachdidaktischen Vorgaben, d.h. Ziele und Methoden im Lehrplan der Grundschule, sinnvoll und effektiv sind. Um zu verstehen, warum manche Lernstrategien nicht funktionieren und andere hingegen zum Erfolg führen, ist es für Eltern, Lehrer und Therapeuten insbesondere wichtig, Grundlagenwissen über Abspeicher- und Gedächtnisprozesse zu besitzen.

Wie kann man sich vorstellen, was beim Lernen im Einzelnen passiert? Im folgenden Kapitel werden wir Erklärungsmodelle für die Informationsaufnahme, die Abspeicherung und das Behalten darstellen. Wenngleich die Wirklichkeit wesentlich komplexer ist, möchten wir uns auf vereinfachte Modelle beschränken – diese vermitteln dennoch das notwendige Grundverständnis für die Lernprozesse.

1. Die Informationsaufnahme

Unsere Sinnesorgane sind für die Informationsaufnahme zuständig. Wir haben unterschiedliche »Eingangskanäle«, welche die Informationen der einzelnen Sinnesorgane zum Gehirn transportieren. Unsere Sinnesorgane sind somit die Empfangsstationen der Außeninformationen. Betrachten Sie die abgebildete Graphik, werden Sie feststellen, dass die Sinnesorgane im Hinblick auf unsere Informationsaufnahme und damit auf unser Lernen über sehr unterschiedliche Kapazitäten verfügen und auch unterschiedliche Leistungen erbringen.

Der visuelle Kanal, der unsere Sehempfindungen bündelt, nimmt die meisten Informationseinheiten pro Sekunde auf. Der akustische Kanal, der unsere Hörempfindungen weiterleitet, ist der zweitgrößte, der taktile Kanal, der unsere Tastempfindungen repräsentiert, der drittgrößte Empfangskanal. Andere Kanäle – wie z.B. der olfaktorische Kanal, zuständig für Geruchsempfindungen – sind in ihrer Informationsaufnahmekapazität deutlich begrenzter.

In jeder Sekunde werden über 10 Millionen Informationseinheiten über unsere Sinnesorgane, d.h. Augen, Ohren, Hautnerven und andere Kanäle an den »Wahrnehmungsspeicher«, das Ultrakurzzeitgedächtnis weitergeleitet. Dies sind Eindrücke, die in Form von elektrischen Strömen, Impulsen und Schwingungen sehr kurz festgehalten werden. Der größte Teil dieser Eindrücke erlischt innerhalb von Millisekunden ohne eine Gedächtnisspur zu hinterlassen. Nur besonders hervorgehobene Eindrücke, die im Arbeitsgedächtnis weiterverarbeitet werden, bewirken Veränderungen im Gehirn – wir merken sie uns.

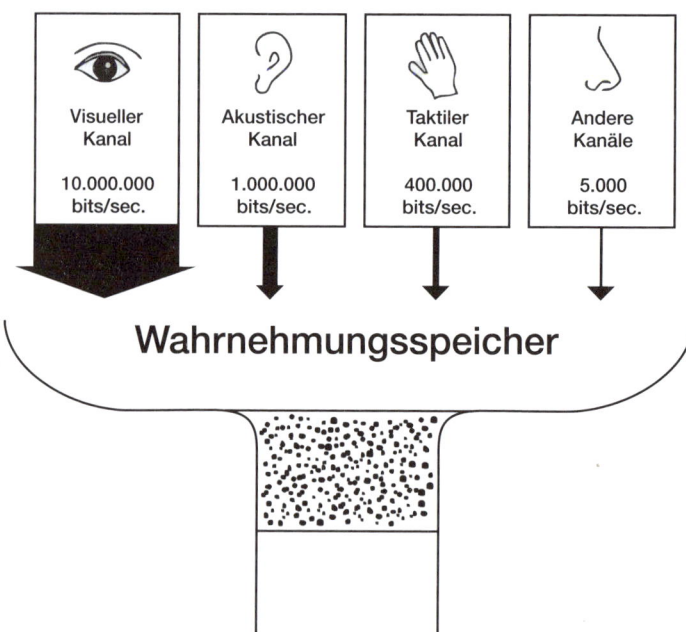

Abb. 4.1: Unsere Sinneskanäle und was sie leisten

2. Die Rolle der »selektiven Aufmerksamkeit«

Aus der Vielzahl der auf uns einströmenden Umweltreize filtern wir aktiv diejenigen heraus, die für uns wesentlich sind, um diese dann in unserem Gehirn weiterzuverarbeiten. Die Lernpsychologie nennt die Fähigkeit des Menschen, bestimmte Stimuli (Umweltreize) bevorzugt zu behandeln und ihre bewusste Wahrnehmung überhaupt erst zu ermöglichen, »selektive Aufmerksamkeit«. Es handelt sich hierbei um eine aktive Ausrichtung der Aufmerksamkeit, die von unseren Zielen und unserem Vorwissen abhängig ist. Das Aufmerksamkeitsfenster kann mit einem Scheinwerfer verglichen werden, der gezielt auf bestimmte Informationen, die von den Sinnen geliefert werden, ausgerichtet wird. Nur was im Scheinwerferlicht ausgeleuchtet wird, kann in den Arbeitsgedächtnisspeicher gelangen und dort weiter verarbeitet werden. Die überwiegende Anzahl der eintreffenden Sinnesinformationen geht deswegen sofort wieder verloren, da sie den Filter der selektiven Aufmerksamkeit nicht überwinden kann.

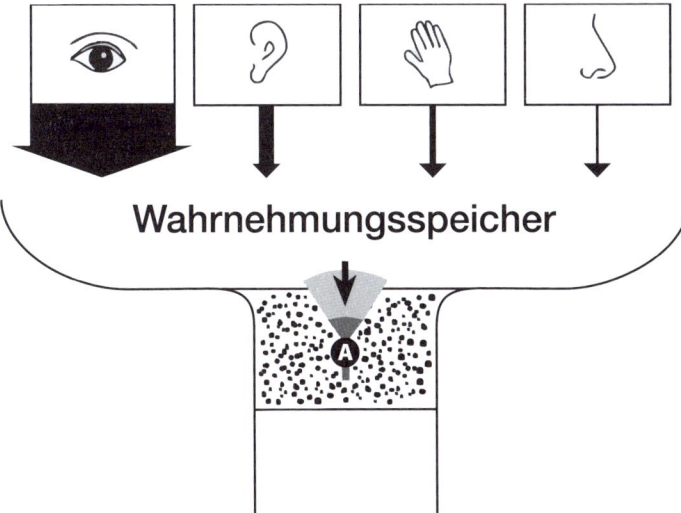

Abb. 4.2: Der »Scheinwerfer« der selektiven Aufmerksamkeit

Forschungsergebnisse weisen darauf hin, dass unserer selektiven Aufmerksamkeit nur eine ganz bestimmte und begrenzte Menge an Informationsverarbeitungskapazität zur Verfügung steht. Je mehr wir einer bestimmten Aufgabe von dieser Kapazität zuweisen, desto mehr wird sie anderswo abgezogen. Unser Scheinwerfer, d.h. die Gesamtmenge der durch unsere selektive Aufmerksamkeit erfassbaren Informationseinheiten scheint konstant zu sein bzw. sich innerhalb bestimmter Grenzen zu bewegen. Hinzu kommt, dass wir zu einem bestimmten Zeitpunkt nur jeweils einen Scheinwerfer einsetzen können.

Neben dieser grundsätzlichen, allen Menschen eigenen Begrenztheit kann noch die zusätzliche Problematik von Aufmerksamkeitsstörungen hinzukommen. Dies bedeutet – so wie im Falle der ADHS (d.h. der Aufmerksamkeitsdefizit-Hyperaktivitätsstörung) –, dass der Scheinwerfer der Aufmerksamkeit sich auch irrelevanten, d.h. unbedeutenden Stimuli zuwenden kann und damit für wichtige Reize aus der Umgebung nicht mehr so viel Kapazität zur Verfügung steht.

> Prozesse der selektiven Aufmerksamkeit üben eine Vermittlungsfunktion zwischen dem Wahrnehmungsspeicher und dem Arbeitsgedächtnis aus. Sie sind neben der bewussten Ausrichtung der Aufmerksamkeit »gleichzeitig ein Ergebnis vorangegangener Lernerfolge.« So »ist die Effizienz, mit der relevante von irrelevanter Information unterschieden wird, in erheblicher Weise von den einschlägigen Vorkenntnissen des Lernenden abhängig. Wer sich in einem Lernbereich inhaltlich bereits sehr gut auskennt, ist im Vergleich zu Laien oder Nichtexperten nämlich sehr viel besser in der Lage, innerhalb von Sekundenbruchteilen zwischen relevanten und weniger relevanten Informationsmerkmalen zu unterscheiden« (Hasselhorn und Gold 2022, S. 71).

3. Das Behalten – der Grundprozess

a) Der Weg

Über die verschiedenen Sinnesorgane werden die Informationen in den Wahrnehmungsspeicher geleitet. Dabei nehmen wir die meisten Informationen über das Auge auf.

Die Informationen müssen nun einen ersten Filter passieren (selektive Aufmerksamkeit), bevor sie in das Arbeitsgedächtnis gelangen können. Diesem kommt, folgt man der Fachliteratur, eine zentrale Funktionen bei den Lernprozessen zu (vgl. Hasselhorn und Gold 2022, S. 72 ff.). Das Arbeitsgedächtnis übernimmt die Aufgabe, aufgenommene Informationen vorübergehend zu speichern und sie gleichzeitig bereitzuhalten, um sie einerseits miteinander, andererseits mit bereits vorhandenem Wissen, welches dann aus dem Langzeitgedächtnis in den Kurzzeitspeicher gelangt, in Beziehung zu setzen. Das Arbeitsgedächtnis ist sozusagen unser »Hier- und Jetzt-Gedächtnis«. Es ist von zentraler Bedeutung, da es uns ermöglicht, mehrere Informationen vorübergehend im »Hier und Jetzt« bewusst festzuhalten, um mit ihnen zu arbeiten, sie miteinander in Beziehung zu setzen und vor allem auch *abzuspeichern*. Die Kapazität, d.h. das Fassungsvermögen des Arbeitsgedächtnisses, ist klein und stellt somit eine Engstelle dar. Wiederum nur ein sehr geringer Teil der Informationen gelangt dann nach dem Passieren eines zweiten Filters in das Langzeitgedächtnis. Das Überwinden des zweiten Filters ist davon abhängig, wie intensiv und lange die Informationen zuvor im Arbeitsgedächtnis präsent gehalten wurden. Die Informationen, die im Langzeitspeicher ankommen, haben bei entsprechender Wiederholung die Chance, dass sie dauerhaft behalten werden können.

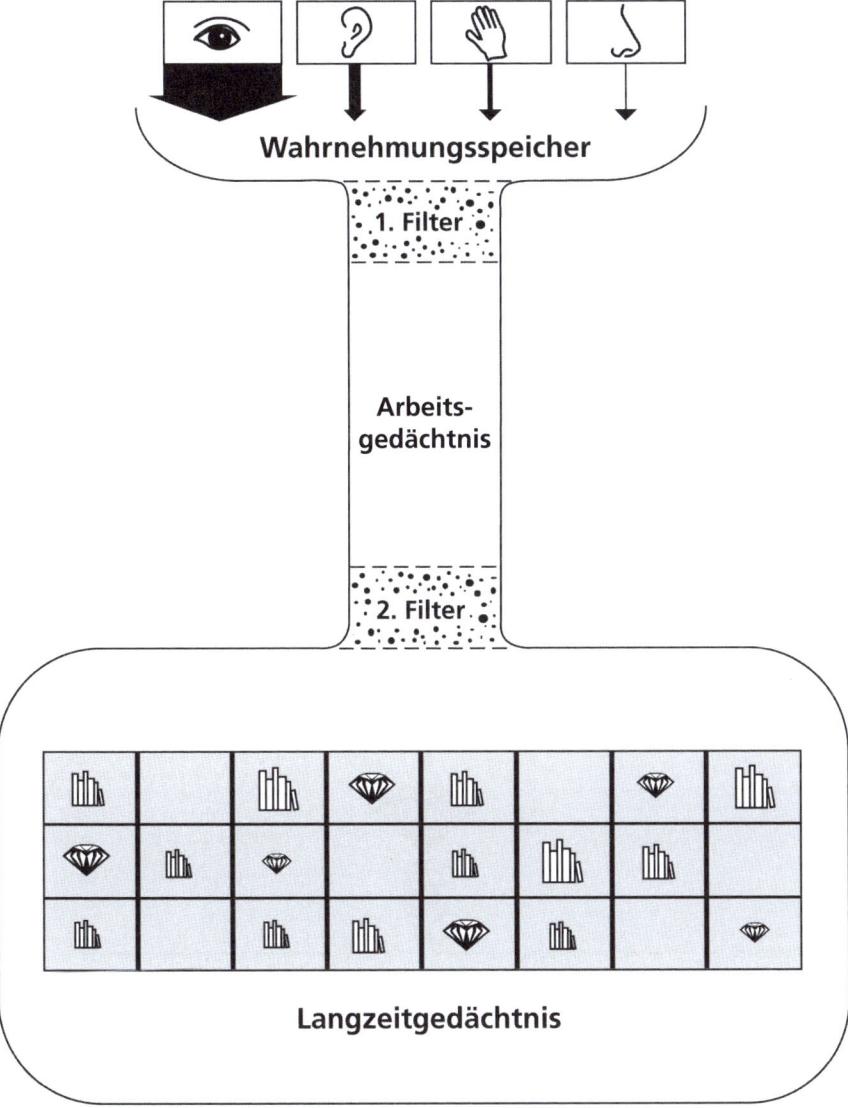

Abb. 4.3: Die Stationen im Abspeicherprozess

b) Abspeicherprozess Typ 1 – der »leichte Weg«

Vereinfacht dargestellt gibt es beim Menschen **zwei Hauptmöglichkeiten** des Abspeicherns: einen leichten und einen beschwerlicheren Weg. In ▶ Abb. 4.3 haben Sie gesehen, dass zwei »Filter« und eine Engstelle (Arbeitsgedächtnis) zu passieren sind, um letztlich wenige Informationen aus der Vielzahl von wieder erlöschenden Eindrücken aus dem Wahrnehmungsspeicher ins Langzeitgedächtnis zu transportieren.

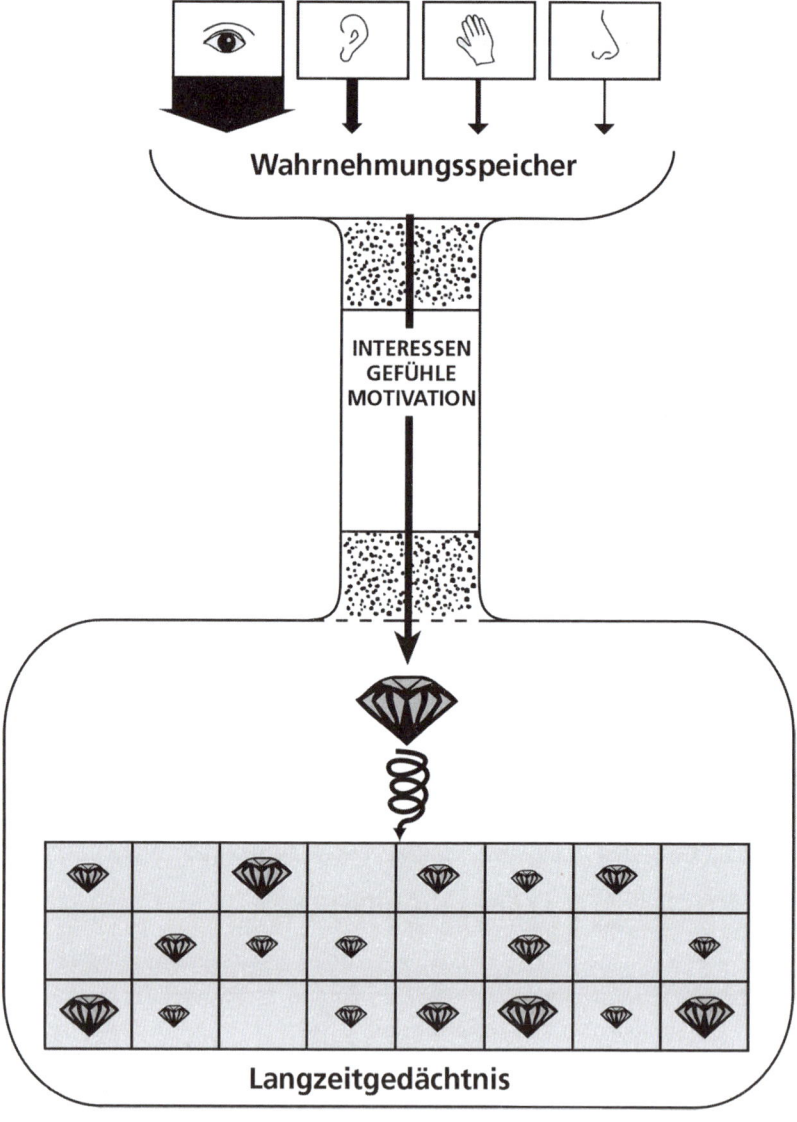

Abb. 4.4: Abspeichern Typ 1 – der leichte Weg

Entscheidend dafür, ob dieser Abspeicherprozess für den Menschen leicht oder beschwerlich verläuft, ist, was man mit den abzuspeichernden Informationen und Eindrücken verbindet. Wenden wir uns zunächst der »leichten« Variante zu. Welche Eindrücke sind es, die ohne größere (Lern-)Anstrengungen dauerhafte Veränderungen und Spuren im Gehirn hinterlassen?

1. Es sind Eindrücke und Informationen, an denen wir sehr stark interessiert sind, die eine große Bedeutung für uns haben, für die wir eine hohe Motivation entwickeln und auf die wir deswegen ganz automatisch unsere Aufmerksamkeit in intensiver Weise ausrichten.
2. Es sind Informationen, die mit starken (positiven) Gefühlen verbunden sind.

Diese Informationen werden wie von alleine besonders hervorgehoben, passieren ohne große Mühe den ersten und den zweiten Filter und gelangen schließlich ins Langzeitgedächtnis, wo sie aufgrund ihrer individuellen Bedeutsamkeit immer wieder erinnert, d.h. wiederholt und dadurch dauerhaft abgespeichert werden.

c) Abspeicherprozess Typ 2 – der beschwerlichere Weg

Leider ist jedoch die Anzahl der Informationen begrenzt, die bei uns Menschen mit starken Gefühlen oder großem Interesse und damit mit einer hohen Motivation und einem daraus resultierenden leichten Abspeichern verbunden sind. Wie sieht es nun mit normalem Lernstoff, beispielsweise mit schulischen Lerninhalten aus? Im schulischen Alltag kommt auf unsere Kinder eine Flut von Informationen zu, die in der Regel nicht alle ein großes Interesse oder eine hohe Motivation wecken oder gar mit intensiven positiven Gefühlen verbunden sind. Bei diesen Lerninhalten verläuft das Einprägen und Behalten deutlich schwerer und erfordert bewusste Anstrengungen. Diese Informationen können wir nur speichern, wenn wir den Abspeicherprozess vom Wahrnehmungsspeicher bis zum Langzeitgedächtnis durch eine bestimmte **Lernaktivität** unterstützen. Diese beginnt schon bei der Überwindung des ersten Filters. Er kann nur überwunden werden, wenn einige wenige zu lernende Informationen ausgewählt werden und sich bewusst auf diese konzentriert wird (Ausrichtung der selektiven Aufmerksamkeit). Gelingt dies, gelangen die Informationen in das Arbeitsgedächtnis. Hier gibt es nun zwei Möglichkeiten: Behalten oder Vergessen. Nur die ausgewählten Informationseinheiten des Lernstoffes, die **aktiv wiederholt** werden, können in das Langzeitgedächtnis gelangen. Aktives Wiederholen bedeutet hier ein bewusstes »Wachhalten« der Informationen im Arbeitsgedächtnis über eine bestimmte Zeitspanne hinweg.

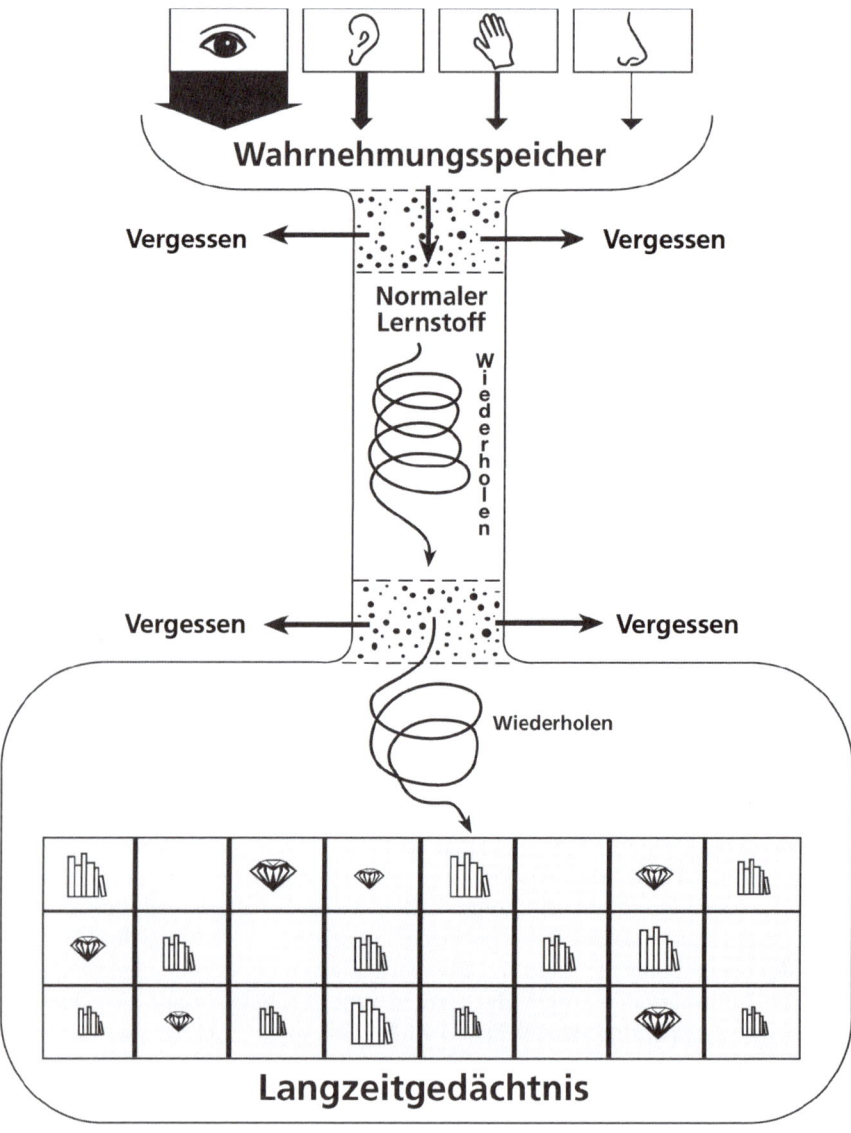

Abb. 4.5: Abspeichern Typ 2 – der beschwerlichere Weg

Was kann man sich unter dem genannten »Wachhalten« der Informationen vorstellen? Abhängig vom jeweiligen Lerntyp, d.h. abhängig davon, welchen Sinneskanal wir als Zugangsweg bevorzugen, stellen wir uns innerlich die abzuspeichernden Begriffe, Vokabeln oder Bilder vor, sagen sie uns innerlich vor oder sprechen sie vielleicht sogar laut aus. Dieser Prozess muss mehrfach wiederholt werden. Wird dieser aktive innere Wiederholungsvorgang nicht durchgeführt oder gestört, werden die Informationen wieder vergessen.

Sind die Informationseinheiten in den Langzeitspeicher gelangt, d.h. wurden sie einmal fehlerfrei gekonnt, bedeutet dies aber noch nicht, dass sie dauerhaft beherrscht werden. Erneut muss »wiederholt« werden. Dies heißt, dass der gesamte Abspeicherprozess mehrmals durchgeführt werden muss. Nur durch diese über mehrere Tage verteilten Wiederholungsdurchgänge besteht die Chance, dass das zu Lernende dauerhaft im Langzeitgedächtnis abgespeichert wird. Wird das »Gekonnte« jedoch nicht in regelmäßigen Abständen aufgefrischt, d.h. erneut wiederholt, steht es dem aktiven Wissen nicht mehr zur Verfügung.

Für den schulischen Lernprozess stehen grundsätzlich beide Typen des Abspeicherns zur Verfügung. Gelingt es dem Lehrer oder den Eltern, im Kind für den Lerngegenstand Interesse, Motivation oder positive Gefühle zu wecken, oder geht von dem zu lernenden Wissensstoff von selbst eine solche Wirkung auf das Kind aus, dann steht diesem der leichtere Abspeicherweg offen. Für das schulische Lernen muss jedoch bei realistischer Betrachtung meist der beschwerlichere Weg des Abspeicherns durchlaufen werden. Für diesen stellt das gezielte vielfache Wiederholen die wichtigste Maßnahme für das dauerhafte Behalten dar.

4. Das Arbeitsgedächtnis

Was genau passiert im Lernprozess in unserem Arbeitsgedächtnis? Mittels der selektiven Aufmerksamkeit werden die Informationen ausgewählt, die für uns wesentlich sind. Unser Vorwissen und unsere Vorerfahrungen entscheiden über den Auswahlprozess. Im Arbeitsgedächtnis findet sodann ein zuerst doppelter Vorgang statt: Verknüpfung mit Vorwissen und emotionale Bewertung.

Am Beispiel der Aufgabe 9 – 6 = 3 wird deutlich, dass zum einen die reinen Informationen aufgrund unseres Vorwissens mit bestimmten Bedeutungen versehen werden. Was bedeutet für eine mathematische Rechnung zum Beispiel »–« (minus), was bedeuten die Ziffern 9, 6 oder 3? Zum anderen erfolgt gleichzeitig aufgrund individueller Vorerfahrungen, beispielsweise mit dem Mathematikunterricht im Allgemeinen oder mit einem bestimmten Lehrer im Besonderen, eine emotionale Bewertung dieser Informationen. Gedanken im Sinne eines zu erwartenden Erfolgs oder Misserfolgs wie »mag ich« bzw. »mag ich nicht« oder »kann ich« bzw. »kann ich nicht« verknüpfen die primäre Sachinformation mit bestimmten Affekten, wie freudigen oder angstvollen Gefühlen.

Informationen, die wir dauerhaft behalten möchten, müssen wir im Rahmen des Lernprozesses im Arbeitsgedächtnis regelmäßig wiederholen. Als Menschen verfügen wir dafür vor allem über zwei Grundmöglichkeiten: dem Wiederholen bzw. Präsenthalten im visuellen oder im phonologischen/phonetischen Speicher.

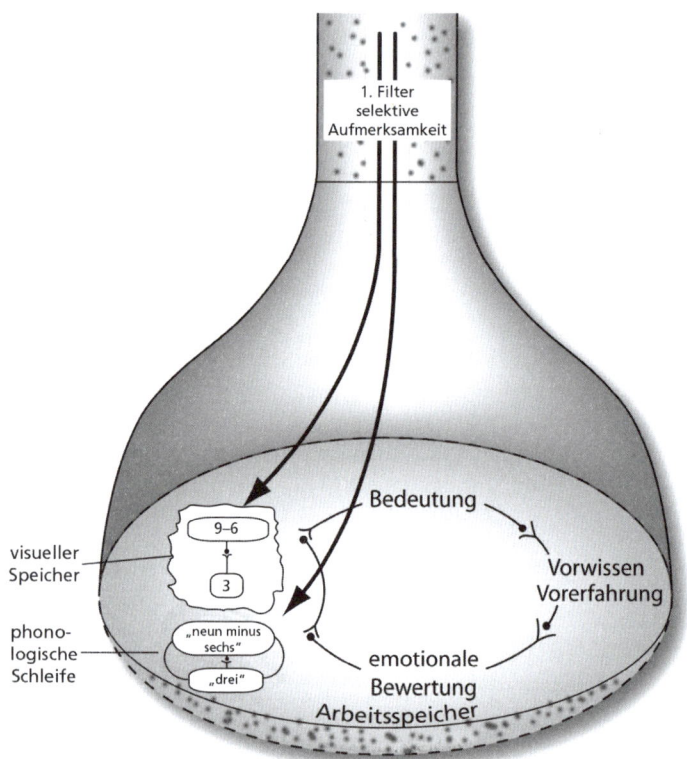

Abb. 4.6: Prozesse im Arbeitsgedächtnis

In der neuropsychologischen Fachliteratur finden sich Belege für die Annahme, dass die Verarbeitung sprachlicher und visuell-räumlicher Informationen in vermutlich zumindest zum Teil voneinander unabhängigen Subsystemen des Arbeitsgedächtnisses stattfindet. So nimmt man einen visuellen und einen akustischen Speicher an. Im visuellen Speicher werden Bilder und visuelle Merkmale wie Form und Farbe festgehalten. Im akustischen (oder auch phonetischen) Speicher werden sprachliche und akustische Informationen – d.h. die Reize, die über unser Gehör aufgenommen werden – in der sog. »phonologischen Schleife« bearbeitet. Über dieses Subsystem des Arbeitsgedächtnisses liegen inzwischen weitreichende Erkenntnisse vor. So kann man sich diesen phonetischen Speicher als eine Tonbandendlosschleife vorstellen, deren Aufnahmekapazität allerdings äußerst kurz zu sein scheint. Diese »Schleife« ist, so lange man aufmerksam ist, dauerhaft »auf Empfang« gestellt. Aber schon nach etwa zwei Sekunden, so nimmt man an, werden die Informationen, die nicht weiterverarbeitet werden, »überschrieben« (Hasselhorn und Gold 2022, S.76f.).

Will man sich etwas dauerhaft einprägen, muss das Wiederholen im Regelfall länger durchgeführt werden. Um Informationen so lange genug präsent halten zu können, findet eine Art inneren Sprechens statt. Dieses innere subvokale Sprechen beherrschen die Kinder schon im frühen Schulalter.

Neben dem Einprägen der länger benötigten Informationen im phonetischen Speicher dient das innere subvokale Sprechen noch einer anderen Aufgabe: Bildliche Informationen können in sprachliche Informationen durch phonetisches Umkodieren übersetzt werden. Dies geschieht nicht nur bei Bildern mit einem relevanten Bedeutungsinhalt, sondern dient auch dem Dekodieren von Graphemen beim leisen Lesen. Das phonologische Arbeitsgedächtnis bildet somit eine wichtige Basis für die Verarbeitung von sequentiellen Informationen, d.h. Informationen, die kurz hintereinander dargeboten werden (vgl. Hasselhorn und Gold 2022, S.76f.).

Der Arbeitsgedächtnis ist ein Nadelöhr mit begrenzter Kapazität. Hasselhorn und Gold (2022) sprechen auch von einem »Flaschenhals« (S.70). Das Arbeitsgedächtnis hat eine deutliche Kapazitätsbegrenzung in Bezug auf die Informationsmenge, die abgespeichert werden kann. Als grobe Orientierung kann man davon ausgehen, dass ein Kind im Durchschnitt nur maximal fünf bis sechs Informationseinheiten auf einmal innerlich verarbeiten, wiederholen und damit abspeichern kann.

Abb. 4.7:
Kapazität des Arbeitsgedächtnisses

Die Kapazität des Arbeitsgedächtnisses ist abhängig sowohl von den individuellen Voraussetzungen und der Speicherform (visuell, phonologisch), als auch vom Entwicklungsalter des jeweiligen Kindes bzw. Jugendlichen. So nimmt seine Kapazität mit dem Lebensalter in begrenztem Umfang zu. Leistungsverbesserungen zeigen sich zwischen dem 5. und dem 12. Lebensjahr im visuell-räumlichen Arbeitsgedächtnis. So können sich Kinder im Alter von fünf Jahren durchschnittlich nur vier visuelle Informationseinheiten, im Alter von 9 Jahren durchschnittlich fünf bis sechs und ab dem 12. Lebensjahr bis ins Erwachsenenalter ca. sechs bis sieben Informationseinheiten, z.B. Ziffern, merken.

Ob diese alterskorrelierten Verbesserungen tatsächlich Entwicklungsveränderungen der Leistungsfähigkeit des visuell-räumlichen Arbeitsgedächtnisses widerspiegeln, hat die Forschung noch nicht ganz klar beantworten können. Vermutlich werden die Leistungen bei Aufgaben mit visuell-räumlichen Anforderungen mit zunehmendem Alter auch durch andere Komponenten des Arbeitsgedächtnisses, wie die der beschriebenen phonologischen Schleife, mitbestimmt. So nimmt man an, dass Kinder erst ab dem Grundschulalter damit beginnen, visuelle Bildinformationen auch sprachlich zu rekodieren, um sie dann zusätzlich unter Zuhilfenahme der phonologischen Schleife weiterzuverarbeiten (vgl. Hasselhorn und Gold 2022, S. 161 ff.).

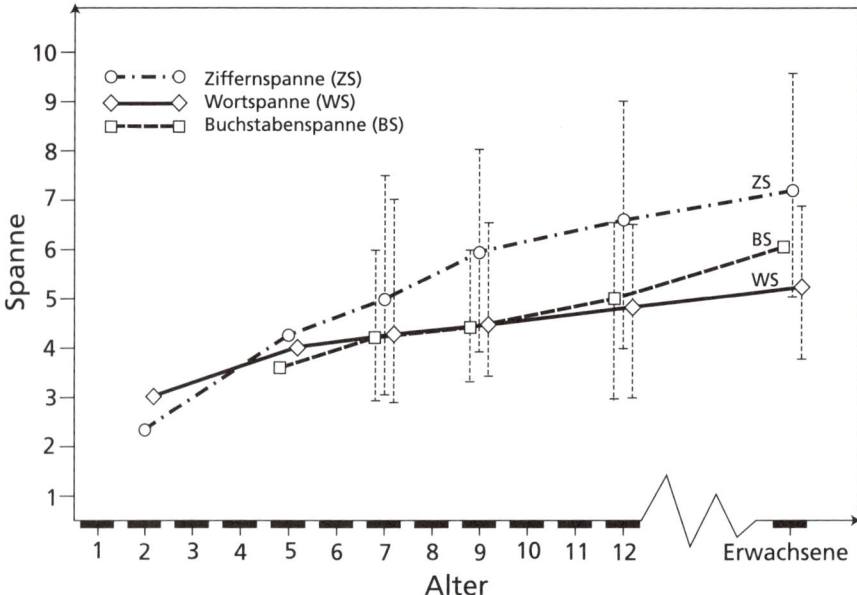

Abb. 4.8: Entwicklungsverlauf der Gedächtnisspanne (Mittelwerte und Streuungen) bis ins junge Erwachsenenalter in Abhängigkeit vom vorgelegten Material (Ziffern, Buchstaben oder Wörter) (aus Hasselhorn und Gold 2022, S. 160)

Die Begrenzung der Kapazität und deren leichte altersabhängige Erweiterung lassen sich auch beim phonologischen Arbeitsgedächtnis feststellen. In Experimenten fand man heraus, dass die Merkspanne, d. h. die Kapazität, ungefähr der Anzahl von Informationseinheiten entspricht, die ein Individuum in 1,87 Sekunden aussprechen kann (vgl. Hasselhorn und Gold 2022, S. 76 f.). Dieser Befund bedeutet, dass die Gedächtnisspanne von der Zeit abhängig ist, die wir benötigen, um Begriffe auszusprechen. Selbst bei Wörtern mit konstant gehaltenen Silben oder Phonemzahlen konnten sich Versuchspersonen Wörter mit kürzerer Aussprechzeit besser merken als mit längerer.

Die altersabhängige Leistungszunahme unserer Gedächtnisspanne hängt vermutlich mit der Komponente des inneren Nachsprechens zusammen. Das automatische Nachsprechen findet man innerhalb des Systems der phonologischen Schleife ungefähr ab dem siebten Lebensjahr. Je älter wir werden, desto schneller werden wir in Bezug auf dieses subvokale innere Sprechen. Bis zum 16. Lebensjahr ändert sich nicht nur die Geschwindigkeit dieses automatisierten Prozesses, sondern auch die Leichtigkeit, mit der dieser Prozess in Gang kommt. Je automatisierter er abläuft, umso effizienter ist er. Dies ist der Grund, warum Erwachsene sich mehr Informationseinheiten auf einmal merken können als Kinder (vgl. Hasselhorn und Gold 2022, S. 76 ff. und S. 161 ff.). Wird dieses innere Nachsprechen jedoch nicht gut automatisiert, wird es für den Lernenden schwierig, verbale Inhalte zu behalten.

Was passiert bei einer Überlastung des Arbeitsgedächtnisses, wenn neue Informationen nachdrängen?

Die Informationen, die sich zu einem bestimmten Zeitpunkt im Arbeitsgedächtnis befinden, unterliegen ständig der Gefahr, wieder verloren zu gehen. Versucht sich ein Kind mit einer Merkspanne von etwa fünf bis sechs Einheiten mehr Informationseinheiten »zuzuführen« bzw. zu merken, so führt die Begrenztheit seines Arbeitsgedächtnisses automatisch zu dessen Überlastung. Überfordern wir in dieser Weise unser Arbeitsgedächtnis, indem wir uns zu viele Informationen zu schnell auf einmal zuführen, werden die überzähligen Informationen einfach »hinausgeschmissen« (▶ Abb. 4.9). Diese Informationen gehen uns dann verloren und können nicht mehr dauerhaft im Langzeitgedächtnis abgelegt werden.

> Unser Schulsystem berücksichtigt die Bedeutung des Arbeitsgedächtnisses weder in Lehrplänen, didaktischen Vorgaben noch in den propagierten Lernmethoden in angemessener Weise: »Die schulische Praxis orientiert sich häufig an pädagogischen Leitbildern, die mit dem derzeitigen wissenschaftlichen Kenntnisstand über Lernprozesse nicht vereinbar sind. **Eine der grundlegenden Fragen, denen sich die Schulpädagogik stellen muss, ist die Frage, wie Wissen zu vermitteln und zu strukturieren ist, um das ›Nadelöhr Arbeitsgedächtnis‹ passieren zu können.«**
> Wellenreuther: Forschungsbasierte Schuldpädagogik 2009, S. 15

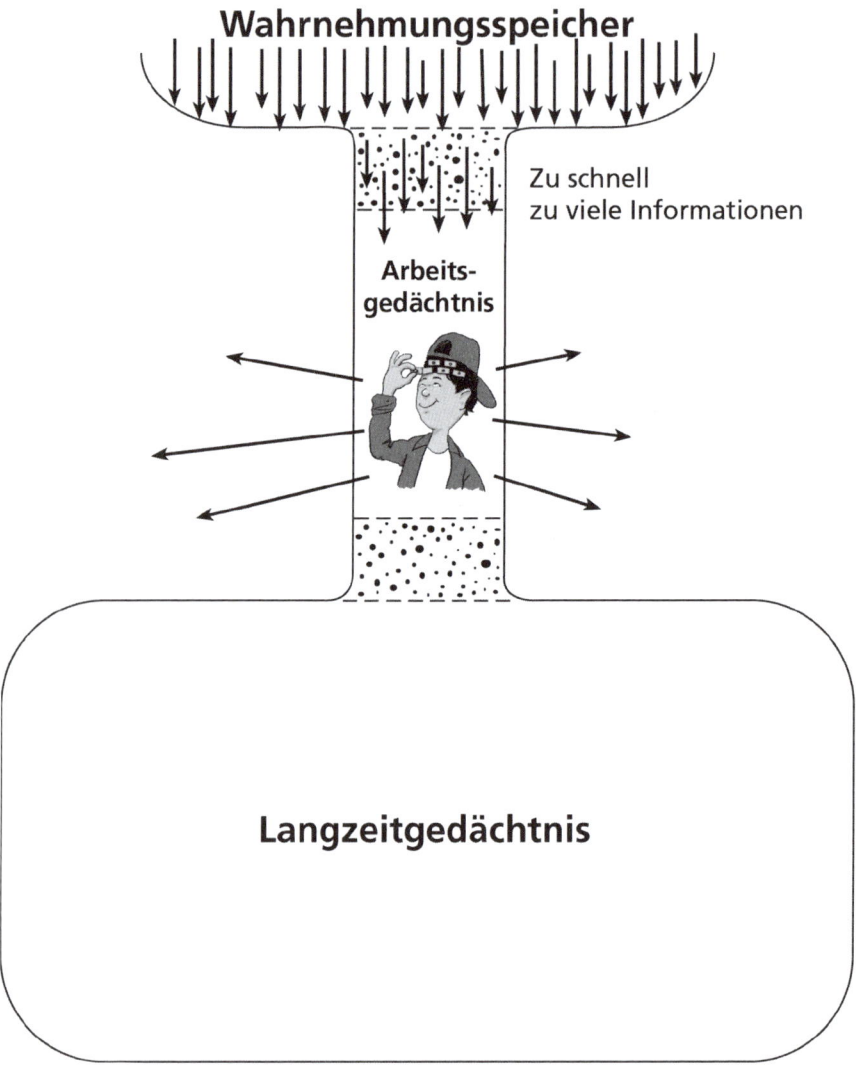

Abb. 4.9: Überlastung des Arbeitsgedächtnisses durch zu viele Informationen

Ist es möglich die Kapazität des Arbeitsgedächtnisses zu vergrößern?

Macht man sich bewusst, wie sehr doch die geringe Kapazität des Arbeitsgedächtnisses den Einprägeprozess beim Menschen und besonders bei Schulkindern erschwert, so kann man sich die Frage stellen, ob es möglich ist, dessen Kapazität zu vergrößern. Tatsächlich gibt es Studien zur möglichen Kapazitätserweiterung des Arbeitsgedächtnisses. Zu nennen ist hier beispielsweise Torkel Klingbergs Training des Arbeitsgedächtnisses mit einem Computertrainingsprogramm (Robomemo von cogmed).

Eine Metaanalyse (Melby-Lervag und Hulme 2013), basierend auf 23 Studien und 30 Gruppenvergleichen, kam zu folgenden Ergebnissen:

- Es fanden sich kurzfristige Effekte auf das verbale und visuell-räumliche Arbeitsgedächtnis und in einem begrenzten Maße dauerhafte Effekte nur auf das visuell-räumliche Arbeitsgedächtnis.
- Die Frage ist jedoch, ob sich diese Effekte auf andere Aufgabenstellungen übertragen lassen. Allein für den langfristigen Transfer auf das visuell-räumliche Arbeitsgedächtnis konnte eine geringe Effektstärke festgestellt werden. Ansonsten fanden sich kleine, kurzfristige Transfereffekte auf die nonverbale Fähigkeit und Aufmerksamkeit, jedoch keine Transfereffekte auf die verbale Fähigkeit, auf arithmetische Fertigkeiten und die Fertigkeit zur Wortdekodierung.

Nach Sichtung der entsprechenden Studien kommen Gathercole und Alloway (2014) zu der Schlussfolgerung, dass »bisher keine sichere Methode entwickelt worden ist, die das Arbeitsgedächtnis von Kindern direkt verbessert« (S. 261). Jedoch könne der Lernprozess bei Kindern mit Arbeitsgedächtnisproblemen optimiert werden. Die Autoren empfehlen den Lehrkräften, die Anzahl der abzuspeichernden Informationen für die Kinder im Unterricht so zu »portionieren« und zu steuern, dass die schädlichen Auswirkungen einer zu großen Belastung des Arbeitsgedächtnisses verhindert werden. Ziel müsse es sein, dass Kinder aufgrund ihrer Arbeitsgedächtnisbeeinträchtigungen nicht an den geplanten Lernaktivitäten scheitern.

Dies bedeutet, dass der Lehrer die Lernaktivitäten im Unterricht diesbezüglich überprüfen, lenken und ggf. so modifizieren muss, dass das Kind im Rahmen seiner ihm möglichen Arbeitsgedächtniskapazitäten arbeiten kann und es zu keiner Überlastung kommt. Übergeordnetes Ziel muss dabei immer sein, dass den Kindern das Lernen leichter fällt und sie ihre Lernaktivitäten erfolgreich zu Ende bringen können (vgl. Gathercole und Alloway 2014, S. 261 ff.).

> Auch *Hasselhorn und Gold* weisen noch einmal daraufhin, dass gerade bei Kindern im Förderbereich die Kapazitätsbegrenzung des Arbeitsgedächtnisses zu berücksichtigen sei. Besonders bei diesen Kindern, die ja ohnehin einen begrenzten und oftmals zusätzlich beeinträchtigten Arbeitsgedächtnisspeichers aufweisen, müssten die Probleme im Bereich des Arbeitsgedächtnisses bei der Konzeption von Fördermaßnahmen in besonderer Weise berücksichtigt werden (vgl. 2022, S. 445). Konsequenz sei, so Hasselhorn und Gold, dass »unnötig schwierige Anforderungen an das Arbeitsgedächtnis … vermieden werden [sollten], denn eine zu hohe kognitive Belastung birgt die Gefahr des Scheiterns mit ungünstigen Folgen für das weitere Lernverhalten« (ebd.).

5. Das Langzeitgedächtnis – Vergessen ist leicht, Behalten ist schwer

Das Langzeitgedächtnis kann grundsätzlich alle bearbeiteten Informationen zeitlebens bereithalten. Ob wir tatsächlich in der Lage sind, auf lange zurückliegende Lerninhalte zuverlässig zurückgreifen zu können, hängt jedoch davon ab, wie gut und in welcher Weise zuvor Informationen gespeichert wurden.

Das Langzeitgedächtnis wird der neueren Gehirnforschung zufolge in zwei verschiedene Gedächtnissysteme unterteilt: Es wird dabei zwischen dem sog. »expliziten« und dem »impliziten« Gedächtnis unterschieden. Das explizite Gedächtnis beinhaltet Erinnerungen an Ereignisse oder auch Faktenwissen (semantisches Gedächtnis), also Informationen, die unserem Bewusstsein zugänglich sind. Des Inhaltes des impliziten Gedächtnisses sind wir uns dagegen oft nicht bewusst, auch wenn wir dieses täglich nutzen, wie z.B. beim Schreiben oder beim Fahrradfahren (automatisierte Fertigkeiten) oder beim schnellen Wiedererkennen von vertrauten Gesichtern.

Die Abrufmöglichkeiten von Informationen aus dem Langzeitgedächtnis werden stark davon bestimmt, ob diese für uns **emotional bedeutsam** sind. Es besteht eine enge Verbindung zwischen Gefühlen und Gedächtnisleistungen. Emotional wichtige Informationen, wie etwa Erinnerungen an besonders schöne Erlebnisse, können wesentlich besser erinnert werden als Ereignisse, die unsere Gefühle weitgehend unberührt gelassen haben.

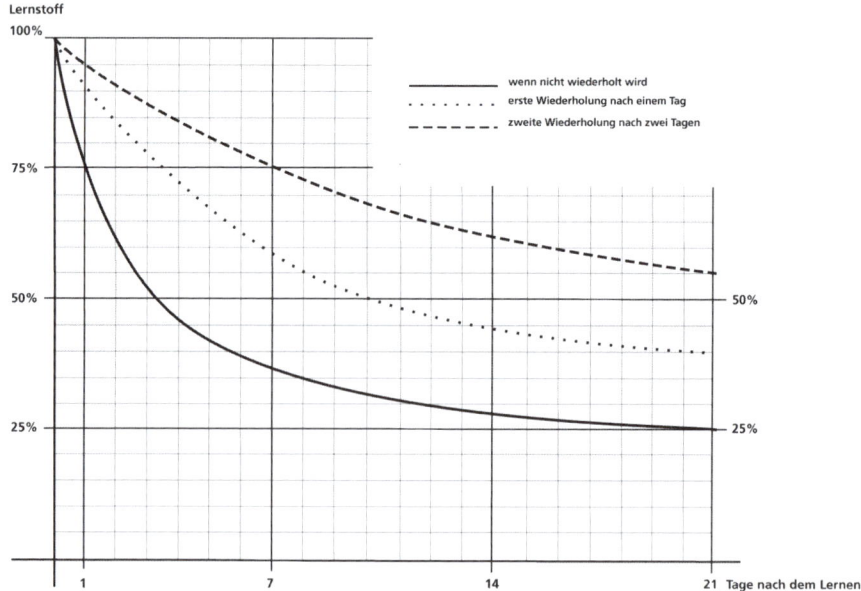

Abb. 4.10: Die Vergessenskurve – Vergessen ist leicht, Behalten schwer

Bei Ereignissen letzterer, also neutraler Art, die in uns keine besonders starken Gefühle auslösen – wie dem Erlernen von »langweiligem« Schulstoff (beispielsweise des Einmaleins in der Grundschule) –, ist die dauerhafte Verankerung von Informationen unter anderem wesentlich von der **Anzahl der Wiederholungen** abhängig. Ein dauerhaftes Einprägen wird jedoch verhindert, wenn Lernstoff zu selten wiederholt wird. Die Vergessenskurve zeigt uns, dass wir besonders am Anfang, d.h. nach den ersten Einprägeprozessen, sehr schnell und sehr viel wieder vergessen. Wiederholungen in den ersten Tagen nach der Informationsaufnahme sind erforderlich, um dem Vergessen entgegenzuwirken. Im Laufe der Zeit vergessen wir langsamer. Dennoch setzt sich der Vergessensprozess auch in der Folgezeit stetig fort, sofern wir nicht mehr weiterhin wiederholen.

Abbildung 2.10 veranschaulicht Folgendes: Wenn Lernstoff (z.B. zehn Vokabeln) heute nach einem ersten Einprägeprozess zu 100 % gekonnt und nicht mehr wiederholt wird, verfügen wir nach sieben Tagen im Durchschnitt über nur noch ca. 30 % des Wissens (also drei Vokabeln). Wiederholen wir jedoch am nächsten Tag diese zehn Vokabeln erneut, erinnern wir nach einer Woche immerhin dann noch 60 %, also sechs Vokabeln. Wiederholen wir noch einmal am darauffolgenden dritten Tag, beherrschen wir nach einer Woche noch sieben bis acht Vokabeln.

> Das kontinuierliche Wiederholen neuen Lernstoffes, besonders in den ersten Tagen, lohnt sich also! Durch ein mehrfaches Wiederholen gelingt es erfolgreich, den naturgegebenen Vergessensprozess zunehmend abzuschwächen.

Massiertes versus verteiltes Lernen und der heimliche Lehrplan der Schule

Empirische Studien kommen immer wieder zu dem Ergebnis, dass verteiltes Lernen im Vergleich zu sogenanntem »massierten« Lernen erfolgreicher ist. Bei gleichem Lernerfolg muss weniger Übungszeit aufgewendet werden, wenn Übungen über einen längeren Zeitraum verteilt werden. (vgl. Wellenreuther 2009, S.34)

Wellenreuther vergleicht weiterhin die beiden Lernweisen kritisch in Bezug auf die dauerhafte Behaltensleistung: »Wenn ein Schüler sich für eine Klassenarbeit durch sehr intensives, ›*massiertes*‹ Lernen kurz vor der Klassenarbeit fit gemacht hat, dann wird er vielleicht eine gute Klassenarbeit schreiben, das Gelernte aber sehr schnell wieder vergessen. Demgegenüber wird ein Schüler, der die *gleiche Lernzeit* über die gesamte Lektion gleichmäßig verteilt hat, das Gelernte zu einem weit größeren Anteil fest im Langzeitgedächtnis verankert haben. Vielleicht schreibt dieser Schüler nur eine befriedigende Arbeit, er erbringt somit eine schlechtere Leistung als der Schüler, der massiert gelernt hatte. Vier Wochen nach der Klassenarbeit würden diese zwei Schüler, einer mit ›verteilter‹ und einer mit ›massierter‹ Klassenarbeitsvorbereitung, ganz unterschiedliche Leistungen erzielen (bei vorherigem verteilten Lernen z.B. wieder ein ›befriedigend‹, bei massiertem Lernen statt einem ›gut‹ ein ›mangelhaft‹« (Wellenreuther 2011, S.41)).

> **Der »heimliche Lehrplan« der Schule fördert das massierte Lernen bzw. als Folge das Vergessen**
>
> Unterricht ist sinnlos, wenn Schüler sich nur für die jeweils nächste Klassenarbeit vorbereiten, um danach das Gelernte schnell wieder zu vergessen. Genau dieses Vergessen, so *Wellenreuther*, werde durch den *heimlichen Lehrplan der Schule* unterstützt. Es werde jeweils eine Lektion durchgearbeitet, danach eine Klassenarbeit geschrieben, dann wiederum eine neue Lektion behandelt und dazu dann wieder ein Test geschrieben. Dieser Turnus wiederhole sich und in der Schule scheine man von der irrigen Grundannahme auszugehen, dass bei allen Schülern danach der für die jeweilige Probe in meist massierter Weise gelernte Stoff auch in Zukunft verfügbar bleibe (vgl. Wellenreuther 2009, S. 29).

> Aufgabe der Schule ist es also, den Unterricht und die Testungen so zu planen, dass durch passendes verteiltes Lernen mit einer ausreichenden Anzahl an Wiederholungen das zu Lernende dauerhaft im Langzeitgedächtnis verankert wird. Die Verpflichtung der Schule bzw. der Lehrer müsste also darin bestehen, von der bloßen Darbietung und der anschließenden Überprüfung weg zu kommen und durch lerntechnisch reflektierte Vorgehensweisen **Verantwortung** für ein nachhaltiges, effektives Lernen mit entsprechenden Erfolgserlebnissen zu übernehmen.

6. Die emotionale Bewertung des Lerngegenstandes

Die emotionale Bewertung des Lerngegenstandes hat, wie weiter oben bereits erläutert, erheblichen Einfluss auf die Aufmerksamkeit und die Gedächtnisleistung. Je negativer der Lerngegenstand bewertet wird, d.h. je mehr er mit unangenehmen Gefühlen wie z.B. Angst dauerhaft in Verbindung gebracht wird, umso größer ist die Gefahr, in dem jeweiligen Teilbereich Defizite zu entwickeln. Nachweislich führen z.B. Misserfolge im Rechnen oder der Rechtschreibung häufig zu Prüfungsängsten und damit zu einer geringeren Lern- und Leistungsmotivation, die den Erwerb der jeweiligen Fertigkeiten erschweren. Nicht wenige Kinder entwickeln als Folge einer Lese-Rechtschreib-Störung oder einer Rechenschwäche Emotionalstörungen wie z.B. Schul- und Prüfungsängste, manche sogar Depressionen.

Im angloamerikanischen Sprachraum hat sich im mathematischen Bereich der Begriff der »mathematics anxiety« etabliert (vgl. z.B. Hembree 1990). Angst vor Mathematik wiederum wirkt sich negativ auf die Rechenfertigkeiten aus. Zahlreiche Untersuchungen (z.B. Ashcraft und Kirk 2001) zeigen, dass Menschen mit hoher Mathematikangst schlechtere Rechenleistungen aufweisen als Probanden mit niedrigerem Angstpegel.

Neben Ängsten können auch Selbstwertprobleme entstehen, auf die häufig mit sozial unangemessenem Verhalten als Kompensationsversuch reagiert wird.

> Die Erfahrungen mit den Lernleistungen bestimmen maßgeblich die emotionale Bewertung von Lerninhalten, die emotionalen und motivationalen Bedingungen wiederum können die Lernbereitschaft fördern oder behindern (vgl. von Aster und Dosch 2006).

Modell der Emotionalen Bewertung

Wie entwickelt sich bei einem Kind mit Leistungsschwächen die emotionale Bewertung des Lerngegenstands? – Besonders in den Grundschuljahren machen Kinder häufig, aufgrund ihrer jeweils individuellen Voraussetzungen, erste Erfahrungen mit Misserfolg. Weitere Faktoren, die sich aus einer unzureichenden fachdidaktischen Praxis, d. h. einem unpassenden »Wie« des Lernens in der Grundschule ableiten lassen, führen bei Schülerinnen und Schülern zu zusätzlichen Schwierigkeiten in der Wissens- und Fertigkeitsaneignung und damit zu weiteren Misserfolgserlebnissen.

Kinder möchten aber gut sein. Die so entstandenen Misserfolgserlebnisse führen beim Kind zu unangenehmen und belastenden Gefühlen. Verschlimmert wird die Gefühlslage noch, wenn die Kinder dann zusätzlich mit institutionalisierten öffentlichen Bewertungssystemen, z.B. über die Notengebung, konfrontiert werden. Das Insuffizienzgefühl »ich kann es nicht« wird zusätzlich mit einer schlechten Note verstärkt.

Eine entscheidende Bedeutung kommt insbesondere im Grundschulbereich der Beziehung von Kindern zu ihrer Lehrkraft zu. Dieses Verhältnis bestimmt aus Sicht der Schüler maßgeblich ihre jeweilige emotionale Bewertung des Lerngegenstandes mit. »Lehrer sind Schicksal« – d.h. eine gute Beziehung zur Lehrkraft verstärkt bei Kindern die positive Bewertung des Lerngegenstandes und damit auch ihre Motivation und Anstrengungsbereitschaft. Eine schlechte Beziehung zur Lehrkraft und deren entmutigende Kommentare oder gar Abwertungen vermehren dagegen bei Kindern, die ohnehin bereits Schwächen und damit eine emotionale Verunsicherung zeigen, Stress und Ängste und verstärken die Lern- und Leistungsprobleme.

Manche Schüler, insbesondere impulsive Kinder, neigen bei Misserfolgs- und Frustrationserlebnissen dazu, mit oppositionellem Verhalten z.B. in Form von »Ausrasten« und Verweigern zu reagieren.

Die genannten Gefühlsausprägungen, insbesondere die der Angst, beeinträchtigen bei den betroffenen Kindern ihre Aufmerksamkeits- und Wahrnehmungsfähigkeit. Dies reduziert zusätzlich die ohnehin schon häufig geringere Kapazität des Arbeitsgedächtnisses. Abgespeichertes Wissen oder Strategien aus dem Langzeitgedächtnis sind für die Kinder in solchen Fällen noch schwerer abrufbar. Somit können komplexe Aufgaben in den verschiedenen Leistungsbereichen kaum noch gelöst werden. Stress und Angst führen zu einer Verlängerung der Bearbeitungszeit und zu einer Erhöhung der Fehlerrate.

Grundlagenwissen 1 – Erkenntnisse der Lernpsychologie

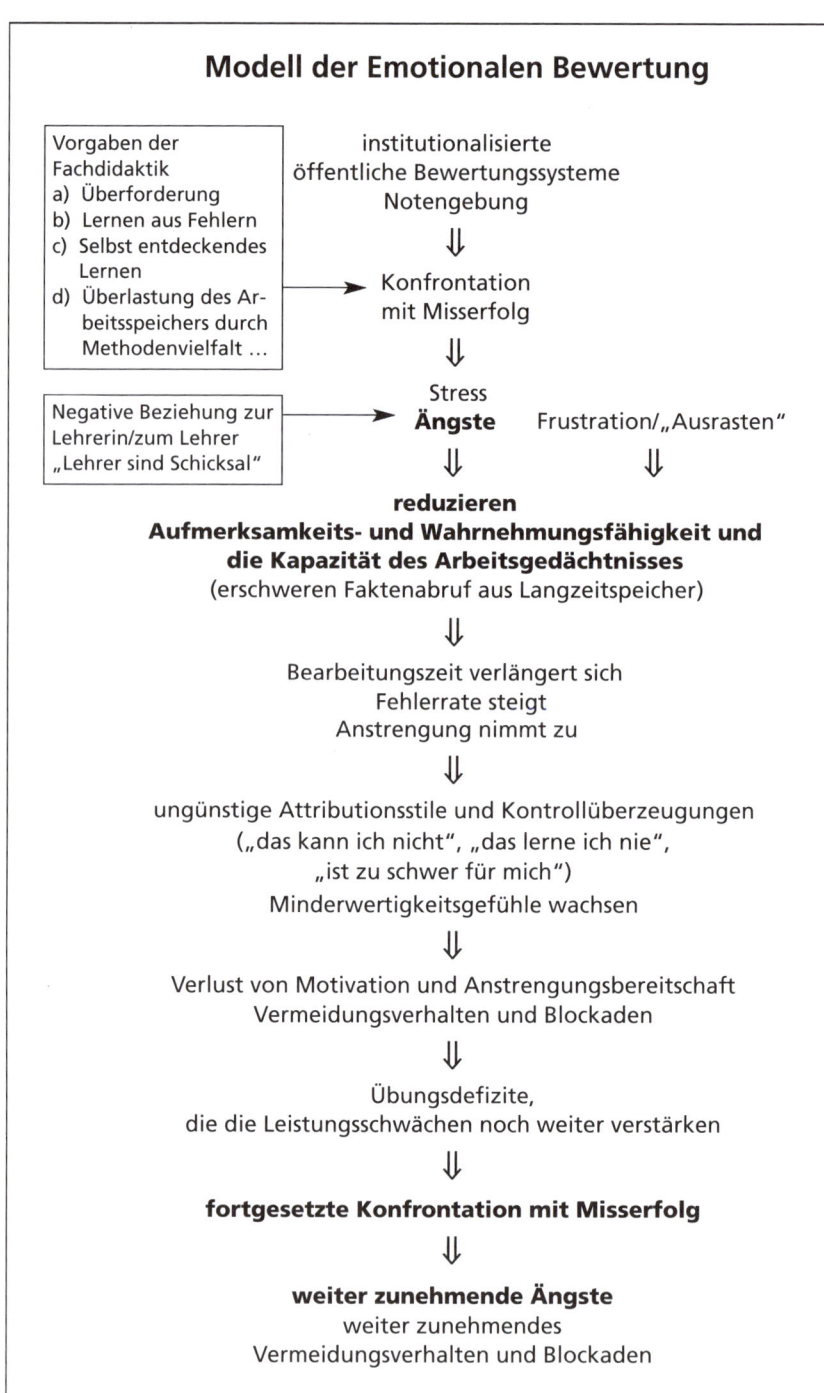

Abb. 4.11: Modell der Emotionalen Bewertung

Parallel können sich bei Schülerinnen und Schülern ungünstige gedankliche Zuschreibungen verfestigen. Kognitionen, wie »ich bin dumm«, »ich bin unbegabt für dieses Fach« oder »das schaffe ich nie« führen zu entsprechenden Attributionsstilen und Kontrollüberzeugungen. Minderwertigkeitsgefühle nehmen zu. In der Folge reduziert sich die Motivations- und Anstrengungsbereitschaft weiter, Vermeidungsverhalten und Blockaden weiten sich in Bezug auf Lerninhalte und -situationen aus. Zusätzliche Übungsdefizite sind die Folge. Diese vergrößern sodann die schon bestehenden Leistungsrückstände. Fortgesetzte Misserfolgserlebnisse verstärken wiederum das Angst- und Stresserleben.

Kapitel 5: Grundlagenwissen 2 – Lernen aus Sicht der aktuellen Gehirnforschung

Nachdem wir eingangs vereinfachte Erklärungsmodelle aus der Lernpsychologie für Abspeicherprozesse dargestellt haben, möchten wir diese nun aus der neurowissenschaftlichen Perspektive betrachten. Neuere Ergebnisse aus der Gehirnforschung erhellen den Abspeicherprozess erheblich. Das Wissen um die Vorgänge auf der neuronalen Ebene hat enorm zugenommen, seitdem es moderne bildgebende Verfahren in der Medizin gibt.

Besonders in den letzten 20 Jahren ist unser Kenntnisstand über die Funktionsweise des Gehirns immens gewachsen. Dennoch gibt es, trotz aller Fortschritte, noch immer große Erkenntnislücken über das Gehirn, und in seiner Komplexität wird es, realistisch betrachtet, möglicherweise wohl niemals vollständig erklärbar sein.

1. Was wissen wir heute über die Funktionsweisen des Gehirns?

Neurobiologische Untersuchungen des Gehirns haben in den letzten Jahrzehnten auf drei verschiedenen Ebenen angesetzt. Auf der oberen Ebene versuchte man, die Aufgaben und Funktionen größerer Hirnareale wie z.B. die der Großhirnrinde oder der Basalganglien zu erklären (Funktionskomplexe). Auf der mittleren Ebene setzte man sich zum Ziel, das Wechselwirkungsgeschehen innerhalb von Zellverbänden zu beschreiben. Auf der unteren Ebene beschäftigte man sich mit den Vorgängen auf dem Niveau einzelner Zellen und Moleküle. Insbesondere auf der oberen und der unteren Ebene gelangte man dabei zu bedeutsamen Fortschritten. So wissen wir heute beispielsweise auf der unteren Ebene deutlich mehr über die Funktion von Neurotransmittern, Neuropeptiden und Neurohormonen, über die Entstehung und Fortleitung der neuronalen Erregung und dem Ablauf von Signalverarbeitungsprozessen innerhalb der Zelle.

Unser Gehirn ist ein hochkompliziertes und hochkomplexes Universum. Betrachtet man es in Zahlen, wird dies schnell deutlich. Allein unsere **Großhirnrinde** besitzt ca. 10–14 Milliarden Nervenzellen, wobei jedes einzelne Neuron wiederum über ca. 1.000 bis 10.000 synaptische Verbindungen zu anderen Neuronen verfügt (Lexikon der Neurowissenschaft). Die Gesamtzahl der Synapsen, den Verbindungsstellen zwischen den Nervenzellen in unserem Gehirn, liegt letztlich bei mehreren 100 Billionen.

Die konkrete funktionale Struktur des menschlichen Gehirns unterscheidet sich individuell. Sie hängt sowohl von der genetischen Ausstattung des Einzelnen als auch von seiner persönlichen Lerngeschichte ab, und sie ist einer ständigen Veränderung unterworfen, da unser Gehirn permanent lernt. Dabei erzeugt es z.B. nach nur einer Minute ca. 600 Zustandsveränderungen und verändert dabei ständig seine Mikrostruktur entsprechend.

Die eingangs beschriebene mittlere Ebene, d.h. die Ebene der neuronalen Netzwerke und ihrer Funktionen und Kommunikationen, gibt noch viele Rätsel auf. Vermutlich sind Netzwerkstrukturen hochdynamische und nichtlineare Systeme. Die Abbildung von Wahrnehmungen oder auch motorischen Programmen entsprechen hochkomplexen Aktivitätsmustern raum-zeitlicher Anordnung in diesen Netzwerken.

Im Gegensatz zu früheren Annahmen, dass die Hirnentwicklung und damit die Bildung neuer Nervenzellen mit dem Jugendlichenalter abgeschlossen seien, wissen wir heute, dass auch im Erwachsenengehirn noch neue Neuronen gebildet werden können. Neuronenneubildungen und Verschaltungsneuaufbau können bis ins hohe Alter stattfinden. Jeder Gedanke, den wir haben, jeder neue Sachverhalt, den wir lernen und jede körperliche Aktivität, die wir unternehmen, verändern die Verknüpfungsmuster. In diesem Sinne sind unsere Lernmöglichkeiten über Jahre betrachtet kein statischer Prozess, der in der Kindheit festgelegt und unveränderlich ist, sondern vielmehr ein kontinuierliches Geschehen, welches nie zum Stillstand kommt. Dies begründet die enorme Plastizität unseres Gehirns.

2. Wie haben wir uns die so genannte neuronale Ebene in unserem Gehirn vorzustellen?

Bei unserem Gehirn handelt es sich, wie oben schon dargelegt, um ein hochkomplexes Universum. Es gleicht, fasst man die Nervenzellen **aller Gehirnteile** zusammen, einem Dschungel aus ca. 86 Milliarden Nervenzellen, den sog. Neuronen (vgl. Peichl 2015). Diese sind rundliche Zellkörper, die Fortsätze ausbilden. Diese Fortsätze werden Axone und Dendriten genannt. Jede einzelne Nervenzelle hat ein Axon und üblicherweise ein bis zwölf Dendriten. Das Axon verästelt sich besonders in seinem Endbereich in Axonterminale. Axone übermitteln als wichtige Leitbahnen die Informationen, d.h. beispielsweise den Lernstoff von einem Neuron zum nächsten. Dendriten sind meist stark verästelt und bilden bis zu 10.000 Membranausstülpungen (»Dornen«) aus. An diesen Dornen befinden sich Synapsen, über die das Dentrid vom Axon Informationen aufnimmt und an die Neuronen weitergibt: Auf diese Weise werden letztlich Lernprozesse in Gang gesetzt.

Die Neuronen bilden so mit ihren Verbindungsstellen ein eng verknüpftes und vielfach verästeltes Netz mit 100 Billionen verschieden Kontaktstellen, die ständig der Veränderung unterliegen (vgl. Rösler 2004).

Grundlagenwissen 2 – Lernen aus Sicht der aktuellen Gehirnforschung

3. Wie sieht der Grundvorgang im Gehirn aus, der langfristig zum dauerhaften Behalten von Wissen führt?

Der entscheidende Ort der Veränderungen bei der Informationsweiterleitung und letztlich beim Einprägen ist sehr klein: Es handelt sich hierbei um die **Synapse**, die Kontaktstelle zwischen den einzelnen Neuronen.

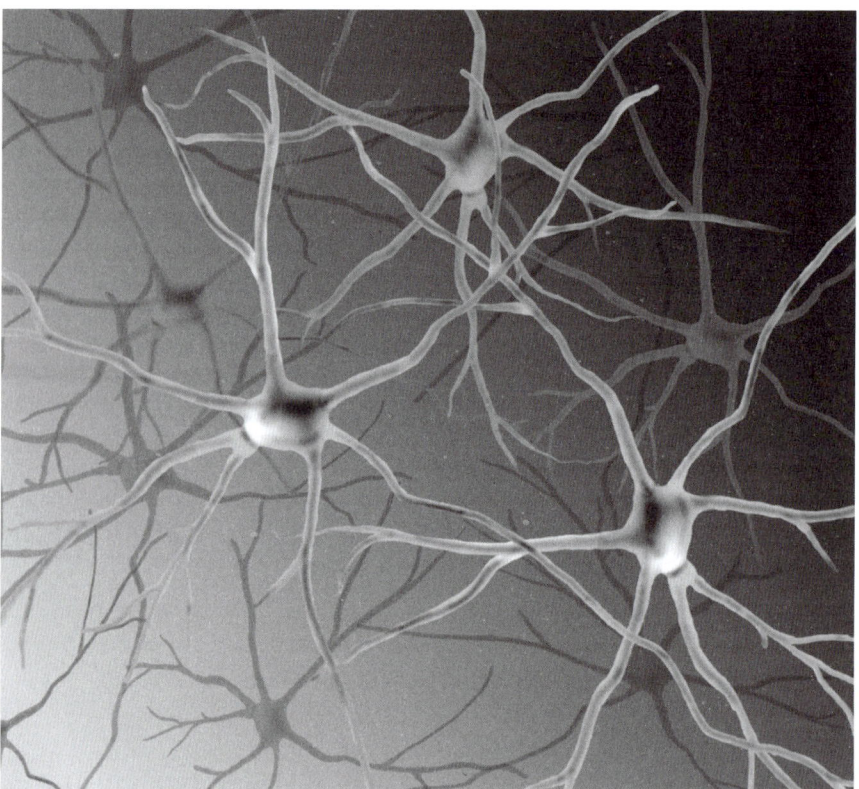

Abb. 5.1:   Neuronendschungel

> Als Grundregel im Lernprozess gilt, dass eine Erinnerung umso intensiver und zugänglicher ist, je stärker die synaptische Modifikation ist, d.h. die Veränderung der Kontaktstellen zwischen den Neuronen, die durch den Lernprozess hergestellt wird. Beim Lernen verknüpfen und »verdrahten« sich gemeinsam aktive, d.h. feuernde Neuronen, die für eine bestimmte Aufgabe zuständig sind. Je intensiver unser Lernvorgang ist, desto stärker werden regelrecht Schaltkreise, d.h. neuronale Netzwerke im Gehirn aufgebaut.

Beim Einprägen bestimmter Informationen, z.B. beim Abspeichern von numerischem Faktenwissen (z.B. des kleinen Einspluseinses oder des Einmaleinses) oder des Wissens von arithmetischen Prozeduren (z.B. beim schriftlichen Multiplizieren zweier mehrstelliger Zahlen oder beim Bruchrechnen) arbeiten verschiedene Areale unseres Gehirns gleichzeitig und interaktiv miteinander. Auf diese Weise werden bei intensiver Beschäftigung mit neuen Inhalten regelrechte »Spuren« im Gedächtnis hinterlassen.

4. Wie funktioniert die Informationsweiterleitung auf neuronaler Ebene?

Der Grundvorgang ist hierbei immer der Gleiche. Eine »Information« wird als elektrischer Impuls an die Verbindungsstelle zwischen zwei Nervenzellen (Neuronen) weitergeleitet (1). Diese Verbindungsstellen werden Synapsen genannt und stellen die Übertragungsorte der Information an den Endstellen der Neurone dar. Am Ende wird der elektrische Impuls in Neurotransmitter, d.h. in Botenstoffe »umgewandelt«, die dann von der Senderzelle in den schmalen Spalt (synaptischer Spalt) zwischen den Neuronen ausgeschüttet werden (2).

Die Neurotransmitter wandern über den Spalt und werden von Empfängerstationen (Rezeptoren) der nächsten Neurone aufgenommen (3). Anschließend wird dieses chemische Signal in ein elektrisches Signal zurückverwandelt und weitergeleitet (4).

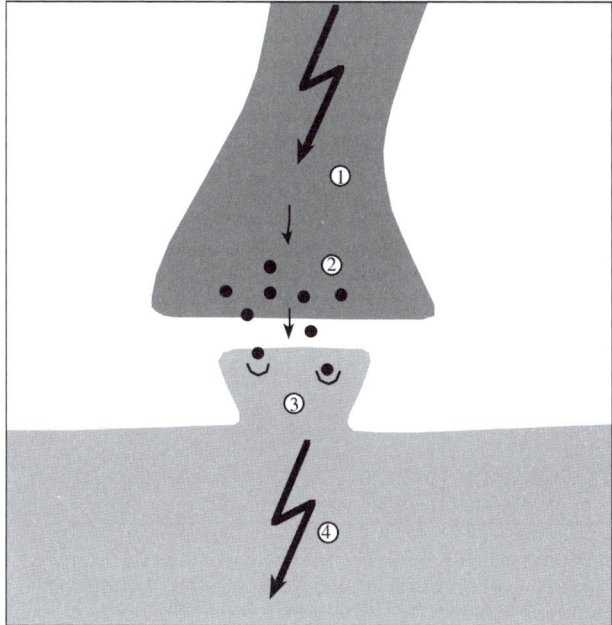

Abb. 5.2:
Die Signalweiterleitung an der Synapse

5. Wie wird aus der flüchtigen Signalweitergabe ein dauerhaftes Erinnern? – Die Langzeitpotenzierung

Jeder einzelne Gedanke, jede einzelne Information bewirkt, dass bei der neuronalen Entladung ganz bestimmte Synapsen verstärkt oder abgeschwächt werden. Dieses spezifische Muster repräsentiert den Gedanken oder die neue Information. Erst der Prozess der Langzeitpotenzierung bewirkt, dass diese Muster, d.h. ganz spezifische Erinnerungen, nicht vergessen werden.

Wie sieht der Prozess der Langzeitpotenzierung genau aus?

Die Langzeitpotenzierung, also der Prozess, der zu langfristigem Lernen führt, ist ein Zellmechanismus, der die Synapsen veranlasst, ihre Verbindungen zu verstärken, indem sie eine bestimmte Information bzw. Fertigkeit als eine Anzahl von spezifischen Verbindungen festigen. Je öfter dies geschieht, umso dauerhafter wird der Merkinhalt abgespeichert.

Weiter oben haben wir bereits dargelegt, dass die Informationsweiterleitung mittels elektrischer Impulse und Botenstoffe funktioniert. Dieser schnell ablaufende neuronale Prozess, z.B. wenn wir einen Satz formulieren möchten oder uns ein Gedanke durch den Kopf geht, verändert jedoch, solange er nur einmal erfolgt, nicht langfristig die Übertragungsbereitschaft der Synapsen.

Der Prozess der Langzeitpotenzierung wird dagegen langsamer ausgelöst (vgl. Grawe 2004, S.50). So muss die Verarbeitungs- bzw. Aktivierungszeit bei Vierjährigen anscheinend mindestens 3 Sekunden, bei Zwölfjährigen nur noch 1 ½ Sekunden betragen (vgl. Lepach u.a. 2003, S.22).

Ist die Synapse gerade zuvor über einen solchen »längeren« Zeitraum aktiviert worden, z.B. dadurch, dass eine Information »präsent« gehalten wurde, wird das Empfängerneuron in einem ersten Prozessschritt durch eine Abfolge chemischer Reaktionen noch leichter aktivierbar.

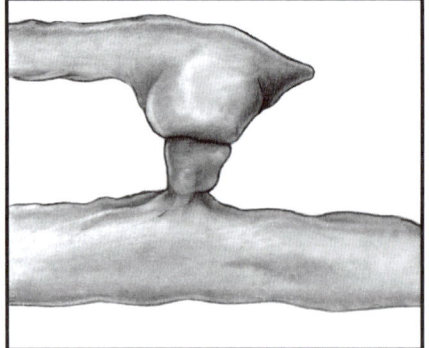 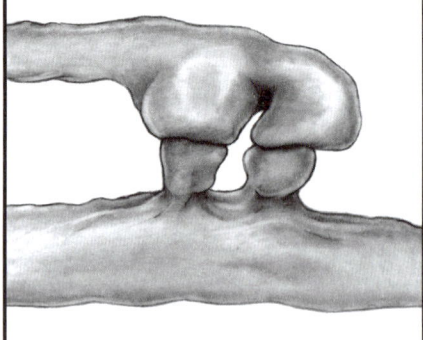

Abb. 5.3: Veränderung der Synapse im Lernprozess. Nach wiederholter Aktivierung der Synapse wächst ein weiterer Verbindungsdorn und verstärkt die Verbindung (vgl. Laroche 2002).

Dies bedeutet, dass die an der Informationsweiterleitung beteiligten Synapsen **selektiv in ihrer Übertragungsbereitschaft verstärkt** werden. Die leichtere Erregbarkeit des Neurons über Sekunden oder Minuten hat in einem zweiten Prozessschritt zur Folge, dass – sofern in diesem Zeitfenster die Synapsen weiterhin stimuliert werden – durch dadurch ausgelöste biochemische Prozesse **weitere synaptische Verbindungen wachsen** bzw. die Kontaktfläche an der Synapse vergrößert wird. Die Erregungsübertragung von dem sog. Präsynaptischen Neuron (d.h. der Senderzelle) auf das postsynaptische Neuron (d.h. der Empfängerzelle) wird durch die Vermehrung der Verbindungsstellen nachhaltig langfristig erleichtert (vgl. Grawe 2004, S. 50 ff.).

In einem weiteren chemischen Prozess wird bewirkt, dass zukünftig von der präsynaptischen Zelle **mehr Neurotransmitter hergestellt** werden und damit nun mehr Botenstoffe von der postsynaptischen Zelle auf die präsynaptische Zelle übertragen werden können.

Wenn Informationen immer wieder genau diesen Pfad im Gehirn aktivieren, führt dies im Endergebnis dazu, dass unsere durch häufige Wiederholungsdurchgänge aktivierte Synapse dauerhaft eine leichtere Erregbarkeit des Neurons über genau diesen Kommunikationsweg bewirkt. Dieser Prozess führt zu dauerhaftem Lernen.

Wesentlich ist auch, dass aber nicht sofort die ganze Nervenzelle, also das ganze Neuron aktiviert wird, sondern nur die spezifischen Synapsen, die an der gerade stattgefunden Erregungsweiterleitung beteiligt sind. Es werden also selektiv die Verbindungen an ganz bestimmten Synapsen verstärkt, eine Bahnung findet statt (vgl. Grawe 2004, S. 51 ff.).

Wie wird die Übertragungseffizienz der neuronalen Verbindung gesteigert?

Die Hauptkomponenten der Langzeitpotenzierung bilden:

a) Die postsynaptische Rezeptoroberfläche des Empfängerneurons reagiert sensibler und führt zu einer leichteren Aktivierbarkeit der gerade zuvor aktivierten Synapsen.
b) Es wachsen neue »Verdrahtungsstellen«. Um die zuvor erregte Synapse herum bilden sich weitere Synapsen.
c) Es kommt zu einer vermehrten Produktion und einer erhöhten Ausschüttung von Neurotransmittern. In der präsynaptischen Zelle werden also mehr Botenstoffe hergestellt, die für die zukünftige Signalübertragung zur Verfügung stehen und diese deutlich verbessern.

Für den Lernprozess ergibt sich aus der Langzeitpotenzierung folgende Essenz: Eine kurzfristige, einmalige Aktivierung von zwei Nervenzellen führt zu keiner dauerhaften Behaltensleistung. Dieses Muster, d.h. dieser flüchtige Gedanke wird einfach vergessen. Erst der Zellmechanismus der Langzeitpotenzierung sensibilisiert die beteiligten Synapsen entlang einer Reihe von Neuronen so, dass es nachfolgenden Informationen leichter fällt, auf derselben Bahn »zu feuern«. Je öfter dies geschieht, d.h. je häufiger ein und dieselbe Information auf diesem Pfad feuert, umso intensiver merken wir uns diese Information. Die Neuronenpfade mit ihren Synapsen sind dabei höchst spezifische Verbindungen. Das bedeutet, dass jede Erinnerung und jede Information in einem ganz speziellen eigenen neuronalen Netzwerk eingebaut und gespeichert ist.

Möchte ich mich nun an eine spezielle Information erinnern, z.B. an eine Einmaleins-Aufgabe, ein bestimmtes Wortbild oder einen besonderen Gedanken, so ist dieser in einem spezifischen neuronalen Netzwerk zu suchen, das zuvor bei der häufigen Wiederholung der gelernten Information aktiviert und sodann etabliert wurde.

Der Prozess der Langzeitpotenzierung wird nachfolgend noch einmal vereinfacht am Beispiel der Abspeicherung einer Rechenaufgabe dargestellt. Was passiert in unserem Gehirn genau, wenn ich mit dem numerischen Faktenwissen 7 x 8 = 56 konfrontiert werde. Die Aufgabenstellung wird mittels elektrischer Impulse, in die sie zunächst »übersetzt« wird, im Axon bis zu der Verbindungsstelle eines »empfangenden« Dendriten bzw. einer anderen Nervenzelle weitergeleitet. Vom Axon der Senderzelle werden nun Botenstoffe in den schmalen synaptischen Spalt zwischen den Neuronen ausgeschüttet. Diese Neurotransmitter docken sodann an den »Empfängerstationen« des Empfängerneurons an. Anschließend wird dieses chemische Signal in ein elektrisches Signal zurückverwandelt. Am Anfang ist die Synapse, in der das numerische Faktenwissen

$$\boxed{7 \times 8} = \boxed{56}$$

aktiviert wird, noch ungeübt: Ausschüttung weniger Botenstoffe, kleine Kontaktfläche, nicht so sensible Rezeptoren im Empfängerneuron.

Nur wenn eine Information wiederholt dargeboten wird, d.h. unsere Rechenaufgabe 7x8=56 wiederholt gelernt wird, nur dann wird die neu erlernte Information in unserem Gedächtnis verankert. Bei der Aufgabenstellung 7x8 ist dann ohne unnötige Zwischenschritte oder Umwege sofort das Ergebnis 56 abrufbar. Die Verbindungen zwischen den Neuronen werden durch jeden Wiederholungsvorgang immer ein wenig mehr gestärkt. Die an diesem Vorgang beteiligten Synapsen werden dabei regelrecht strukturell verändert. Wird nämlich eine Synapse mehrfach hintereinander aktiviert, d.h. prägen wir uns das Wissen 7x8=56 mehrfach nacheinander ein, teilt sich die Synapse und bildet somit eine zweite Kontaktstelle zwischen den Nervenzellen aus (5). Durch die beiden Kontaktstellen besteht nun eine größere Kontaktfläche, so dass die Informationsübermittlung effizienter werden kann. Die Senderzelle verändert sich zusätzlich, indem sie dauerhaft eine größere Menge an Neurotransmittern ausschüttet (6). Die Empfängerzelle wird in ihrer Sensibilität, d.h. Empfangsbereitschaft verändert, indem sie mehr Rezeptortypen, d.h. Empfängerstationen ausbildet (7) (vgl. Laroche 2002). Wird dem Kind jetzt die Aufgabe 7x8 gestellt, kann es das Ergebnis unmittelbar – »klick« 56 – erinnern (8).

Wie wird aus der flüchtigen Signalweitergabe ein dauerhaftes Erinnern?

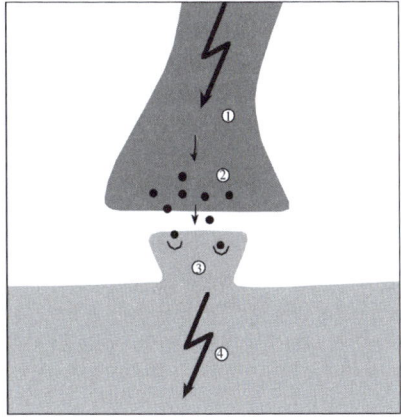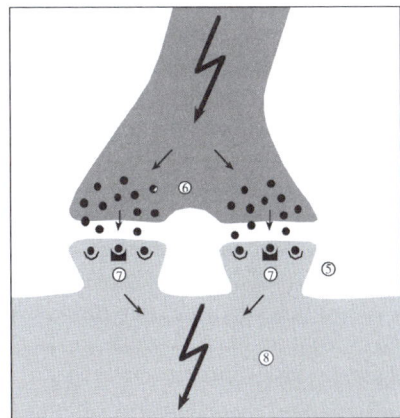

Abb. 5.4: Veränderung des Aufbaus und der Funktionsweise einer Synapse beim Lernprozess nach mehreren Wiederholungsdurchgängen

Nun haben wir den Lernvorgang sozusagen isoliert mit der Lupe an einer winzigen Stelle betrachtet. In Wirklichkeit sind beim Lernen jedoch nicht nur zwei Neurone beteiligt, sondern viele Nervenzellen gleichzeitig. Diese können über unterschiedliche Regionen des Gehirns verteilt sein, so dass unsere Information, d. h. unser »Faktenwissen« 7x8=56, letztlich in einem ganzen Neuronenverband abgespeichert wird.

Durch Lernen finden also im Gehirn strukturelle Veränderungen in einem ganzen Netzwerk der beteiligten Neuronen statt. Dies sind die sog. Gedächtnisspuren. Beim Lernen werden somit manche Neuronenverbindungen gestärkt, nämlich die, die oft benutzt werden. Andere Verbindungen, die seltener benutzt werden, schwächen sich dagegen wieder ab. Eine gut gelernte Rechenaufgabe zeigt sich somit in einer starken synaptischen Verbindung in unserem Netzwerk. Erinnerung hat also eine physikalisch-chemische Entsprechung: sie wird repräsentiert durch das Muster der synaptischen Veränderungen.

Möchten wir uns etwas wirklich gut merken, müssen die neuronalen Entladungsmuster, die unser Netzwerk bilden, stets wiederholt werden, um im Langzeitgedächtnis fest verankert zu werden. Sie erinnern sich, dies ist die oft unangenehme, aber notwendige »Knochenarbeit« des steten Wiederholens.

6. Welche Bedeutung kommt den Emotionen im Lernprozess zu?

Große Neuronenverbände sind darauf spezialisiert, ankommende Informationen zu analysieren und dauerhaft zu speichern. Was und in welcher Tiefe wir jedoch abspeichern, ist individuell höchst unterschiedlich. Darauf hat unsere emotionale Bewertung der eingehenden Informationen einen maßgeblichen Einfluss.

Welche Prozesse liegen der Einflussnahme durch die Emotionen zugrunde?

Vermutlich handelt es sich um zwei unterschiedliche Wirkprinzipien. Einerseits sind es wohl vor allem Bereiche des limbischen Systems, die mit weiteren kortikalen Regionen der Gehirnrinde an der Zuordnung eines bestimmten emotionalen Erlebniswertes zu bestimmten Ereignissen und Objekten beteiligt sind. Eine positive emotionale Bewertung scheint hier zu einer deutlich besser funktionierenden Abspeicherung im Langzeitgedächtnis zu führen. Ein positiver emotionaler Kontext führt mit zu einer Aktivierung des Hippocampus und ermöglicht dadurch u.a. zusätzliche Wiederholungsaktivierungen während des Nachtschlafs. Die Abspeicherung unter positiven emotionalen Vorzeichen führt zu Abspeicherorten, die eine leichtere Abrufbarkeit der Lerninhalte ermöglichen (vgl. Spitzer 2005).

Das erfolgreiche Abspeichern von Lerninhalten im positiven emotionalen Kontext spiegelt sich in einer besonderen Aktivität im Bereich des Hippocampus und Parahippocampus wider. Lernen im negativen emotionalen Kontext zeigt sich dagegen im Gehirn in einer besonderen Aktivierung der Amygdala. Je nach emotionalem Kontext, d.h. positiver, negativer oder neutraler Emotion im Lernprozess, werden also unterschiedliche Netzwerke in unterschiedlichen Hirnregionen etabliert.

Andererseits scheinen wenige übergreifende Nervenzellenverbände die Vorderhirnstrukturen zu beeinflussen. Dies geschieht durch die Ausschüttung der Neurotransmitter Dopamin, Noradrenalin, Serotonin und Acetylcolin. Herausragend ist unser inneres »Belohnungssystem«, das über den Neurotransmitter Dopamin gesteuert wird. Sind wir mit unserem Verhalten erfolgreich, erlangen wir einen Vorteil oder haben wir ein Problem gelöst, wirken die positiven Erfahrungen über Dopaminausschüttungen in unser Gehirn zurück und werden in kortikalen Strukturen abgespeichert.

> In neueren wissenschaftlichen Untersuchungen hat man festgestellt, dass unser Gehirn über ein eigenes Belohnungssystem verfügt. Treten Ereignisse ein, die sich positiv von dem abheben, mit dem wir im Voraus gerechnet haben, also ein unerwarteter Erfolg, so wird im Frontalhirn Dopamin produziert. Die Dopaminfreisetzung stellt im Gehirn einen Belohnungseffekt dar, der dort im Hinblick auf die Informationsverarbeitung eine Türöffnerfunktion hat: Das Verhalten oder das Ergebnis, das besser als von uns erwartet ausgefallen ist, wird im Gehirn weiterverarbeitet und abgespeichert. Lernerfolge erleichtern und verstärken damit weiteres und effizientes Lernen. Besonders gut wird also gelernt, wenn dabei positive Erfahrungen gemacht werden. Der eigentliche Abspeicherprozess wird in diesem Fall deutlich begünstigt (vgl. Spitzer 2001, S. 71 ff.).

> Der emotionale Kontext, in dem das Abspeichern der jeweilgen Lerninhalte im Gehirn geschieht, hat in doppelter Weise einen wichtigen Einfluss auf die spätere Erinnerungsleistung:
>
> a) Abhängig vom emotionalen Kontext werden nicht nur beim Abspeichern, sondern auch beim Erinnern unterschiedliche Hirnregionen aktiviert.
> b) Lerninhalte, die in einem positiven emotionalen Kontext abgespeichert werden, werden am besten und am dauerhaftesten erinnert.

7. Was geschieht, wenn wir bestimmte Fertigkeiten »automatisieren«?

Was geschieht, wenn uns bestimmte Fertigkeiten wie z. B. das Fahrradfahren immer schneller und besser gelingen oder uns bestimmte Aufgabenlösungen sofort einfallen? Den diesem Phänomen zugrunde liegenden Prozess im Gehirn nennen wir **Automatisierung**.

Der Automatisierungsprozess hat eine Entsprechung auf neuronaler Ebene. So müssen wir uns auf eine Aufgabe, sofern wir diese nur lange und intensiv genug trainieren, mit der Zeit immer weniger konzentrieren. Beim Erlernen von Fertigkeiten werden in der Hirnrinde sehr viele Neuronen für Abspeicherprozesse genutzt – diese werden immer weniger beansprucht, je besser wir eine Fertigkeit beherrschen. Deren Bewältigung wird daraufhin in *tiefer* liegende Regionen unseres Gehirns verlagert, so dass die Hirnrinde wieder zum Erlernen neuer Aufgaben zur Verfügung steht. In tiefer liegenden Gedächtnisschichten werden die eingeübten, d. h. die automatisierten Fertigkeiten fest verdrahtet und zentriert. Würden diese Fertigkeiten stattdessen nur in den *höheren* Ebenen der Hirnrinde verankert bleiben und nicht mehr aktiv genutzt werden, würden die Verknüpfungen und Erinnerungen daran verloren gehen. Einmal in den *tiefer* liegenden Gedächtnisschichten eingeprägt, gelingt es Ihnen jedoch auch mit mehrjährigem Abstand noch ohne Schwierigkeit, eine Fertigkeit (wie beispielsweise das Losradeln auf dem Fahrrad) sozusagen »aus dem Stand« heraus zu aktivieren.

Mit der Automatisierung wird gleichzeitig das Ausmaß der jeweils notwendigen Gehirnaktivitäten in sehr deutlicher Weise reduziert, weil im Bereich der neuronalen Netzwerke eine Spezialisierung erfolgt. Gut erkennbar ist dieser Prozess am Beispiel der Automatisierung beim Einmaleins (»blaues Gehirn«). Sie finden den Gehirnscan in ▶ Abb. 8.11 auf Seite 126. Automatisierte Fertigkeiten erfordern von uns damit keine große Aufmerksamkeit und Anstrengung mehr. Automatisierungsprozesse ermöglichen uns die Verarbeitung von Informationen, ohne dass das Arbeitsgedächtnis zusätzliche Kapazität verbraucht. Sie führen so zu einer »Kapazitätserweiterung« der Informationsverarbeitung im Arbeitsgedächtnisspeicher. Gleichzeitig werden wir durch Automatisierung in die Lage versetzt, Informationen sehr schnell verarbeiten zu können. Ohne diese Automatisierung könnten wir beispielsweise nicht lesen oder schreiben. Erst die Automatisierung z.B. des Leseprozesses macht es möglich, mithilfe freier Kapazitäten im Arbeitsgedächtnis überhaupt den Sinn des Gelesenen erfassen zu können. Bei Kindern, die erst anfangen, das Lesen zu lernen, oder auch Menschen, die Schwierigkeiten im Lesen haben, ist dieser grundlegende Prozess noch nicht automatisiert. Sie sind nicht in der Lage, den eigentlichen Sinn der zu lesenden Sätze auf Anhieb zu erfassen, da sie zu viel Verarbeitungskapazität in ihrem Arbeitsgedächtnis allein für die Worterkennung benötigen.

Auch die unterschiedlichen und dennoch zeitgleichen Abläufe, die mit dem Autofahren verbunden sind, um ein weiteres Beispiel zu geben, setzen sehr komplexe Anforderungen voraus. Erst durch das Einschleifen der entsprechenden Prozesse, d.h. die Automatisierung z.B. des Hoch- oder Runterschaltens von einem Gang in den anderen, haben wir als Fahrer den Kopf »frei« für andere wichtige Erfordernisse, wie z.B. uns auf den jeweils spezifischen Verkehr zu konzentrieren, oder auch für Gehirnaktivitäten, die wir parallel aber unabhängig zum eigentlichen Autofahren ausüben können (so z.B., wenn wir während des Fahrens mit unseren Gedanken zu unserer Familie oder Arbeit abschweifen).

Die Vorgänge der Automatisierung bedeuten also, dass neue Aufgaben anfangs geistige Anstrengung erfordern, bei häufigem und intensivem Einüben dann aber zur Routine werden können und uns letztendlich weniger Konzentration und auch ein erheblich geringeres Ausmaß an Gehirnaktivitäten abverlangen. Auf diese Weise können wir uns sodann wieder neuen Problemstellungen zuwenden. Das reibungslose, schnelle Rechnen oder Lesen stellt – noch einmal übertragen auf den Lernprozess – damit eine Fertigkeit dar, die gute Rechner oder Leser automatisiert haben. Die Tatsache, dass sie über die dem Lesen bzw. Rechnen zugrunde liegenden Erfordernisse nicht mehr nachdenken müssen, ist das Ergebnis dieser Automatisierung, die wiederum aus vielen Übungsstunden resultiert.

8. Gedächtniskonsolidierung im Schlaf

Das Gehirn verarbeitet ununterbrochen Informationen. Selbst im Schlaf oder im ruhigen Wachzustand, wenn keine Interaktion mit der äußeren Welt stattfindet, wird die Abspeicherung des vorher Gelernten weiter durchgeführt. Der Stärkung des Gedächtnisses im Schlaf soll ein intern generierter Zustand des Gehirns, das »neuronale Replay« bzw. neuronale Reaktivierungen, zu Grunde liegen (Eschenko 2012). Im »Offline-Modus« des Gehirns werden die neuen, noch labilen Gedächtnisspuren gleichzeitig im Hippocampus und Kortex reaktiviert, um so die Nervenzellverbindungen innerhalb des Kortex zu verstärken, die der gespeicherten Repräsentation zu Grunde liegen. Viele Studien bestätigten die positive Wirkung des Schlafes auf die Abspeicherung im Langzeitgedächtnis (vgl. Rasch und Born 2013).

Weiterhin besteht eine zeitliche Abhängigkeit der Auswirkungen des Schlafes auf die Gedächtnisbildung. Studien zeigen eine stärkere Wirkung von Schlaf, der kurz nach dem Lernen erfolgt als für den Schlaf zu einem späteren Zeitpunkt. Die erste Schlafnacht scheint so für die Gedächtnisbildung eine besonders wichtige Rolle zu spielen. Auch die Dauer des Schlafes beeinflusst die Stärke der Abspeicherung. Ausreichender Schlaf, d.h. sieben bis acht Stunden pro Nacht, verbessern die Behaltensleistung, zu wenig Schlaf oder gar chronischer Schlafmangel verringern die Behaltensleistung.

9. Wie sind die Ergebnisse der modernen Gehirnforschung zu bewerten, was bedeuten sie für unseren Lernprozess?

Lernen bedeutet – vor dem Hintergrund der Erkenntnisse der modernen Gehirnforschung – den Aufbau von Neuronenverbindungen zu neuronalen Netzwerken. Wir müssen das Gelernte wiederholen, damit sich auf der neuronalen Ebene die Entladungsmuster wiederholen können, um sie im Langzeitgedächtnis zu verankern. Diese Verankerung ist mit der Bildung von spezifischen Eiweißstoffen verbunden, die die Überträgerstellen, d.h. die Synapsen strukturell verändern. Je besser eine Aufgabe trainiert, je häufiger ein Lerninhalt wiederholt wird, umso mehr wird er automatisiert und benötigt deutlich weniger an Gehirnaktivität und damit auch nicht mehr so viel Aufmerksamkeit und geistige Anstrengung.

> Je intensiver und häufiger wir eine Aufgabe oder Fertigkeit lernen, je gründlicher und tiefer wir diese verarbeiten, umso besser können wir sie behalten. Routinen, d.h. automatisierte Gedächtnisinhalte, machen uns wieder frei für neuen Lernstoff.

Auf unser Gehirn bezogen besteht das Ziel des Lernprozesses also darin, neuronale Netzwerke aufzubauen. Hier gilt die Hebb'sche Regel: »Neurons that fire together wire together« (Neuronen, die miteinander feuern, verknüpfen sich). Nicht jedoch nur einzelne Neuronenverbindungen, sondern ganze Netzwerke werden bei der Aktivierung gleichzeitig »feuernder« Neuronen etabliert und über ihre häufige Befeuerung zukünftig immer leichter erregbar. Die Anzahl, die »Dicke« und die Funktionsfähigkeit der Synapsen zwischen den verschiedenen Neuronen erhöhen bzw. verbessern sich. »Aus einem schmalen Weg wird gewissermaßen eine immer breitere Autobahn« (Grawe 2004, S. 53). Gelerntes wird über diesen Neuronenweg immer besser abgesichert. Durch dieses Phänomen der Etablierung neuronaler Netzwerke wird die Erregungsübertragung immer nachhaltiger und langfristiger, was im Ergebnis zu dauerhaftem Lernen und Behalten führt.

Zerlegt man den Lernprozess in einzelne Lernschritte bzw. -tage, ist es sehr wichtig zu begreifen, dass zunächst ein erster schmaler Verbindungsweg »angebahnt« bzw. aufgebaut werden muss. Erst in weiteren Schritten gilt es danach, diesen zur »Autobahn« auszubauen. Dabei zeigt sich meist, dass es schwieriger ist, das entsprechende neuronale Muster erstmalig zu etablieren als später die bereits bestehenden Verbindungen zu verstärken.

Setzen wir dies in Bezug zu den zu erlernenden Grundfertigkeiten, so zeigt sich, dass dem **ersten Lerntag** eine besondere Bedeutung zukommt. Gilt es, Aufgaben wie $9-7=2$ oder $7 \times 8 = 56$, das Wortbild eines Wortes in der Rechtschreibung oder eine englische Vokabel mit Aussprache und Schreibweise zu lernen, so muss der Lernstoff am ersten Lerntag häufig wiederholt werden, damit die entsprechende neuronale »Verdrahtung« aufgebaut werden kann. Richtschnur bei der Überprüfung des Wissens kann sein, dass das Kind am nächsten Tag das Gelernte noch beherrscht.

In den darauf folgenden Tagen geht es darum, diesen schmalen Pfad zur Autobahn auszubauen: Die beteiligten Synapsen müssen durch die wiederholte Aktivierung »dicker« gemacht und weitere Synapsen um die zuvor erregten Synapsen herausgebildet werden. Hier gilt: »Use it or loose it« (Benutze sie oder entkopple sie). Den bereits verinnerlichten Wissensstand zu wiederholen, fällt Kindern meist wesentlich leichter als etwas Neues zu erlernen. Die beteiligten Netzwerkstrukturen sind ja bereits vorhanden und müssen nur noch gestärkt werden. Dennoch wird in Schule und Elternhaus häufig der Fehler gemacht, dass der Lernstoff zu kurze Zeit oder überhaupt nicht wiederholt wird. Die Folge ist, Gekonntes wird wieder vergessen.

Bei jedem Kind bedarf es einer individuellen Feinabstimmung im jeweiligen Lerngebiet, um festzustellen, wie viele Aktivierungen, d.h. Wiederholungsdurchgänge am ersten Lerntag und wie viele Wiederholungstage insgesamt notwendig sind, damit dauerhaft »dicke« Synapsen entstehen zu lassen.

Das Endziel ist aber die Automatisierung, bei der über Spezialisierungsprozesse das Ausmaß der jeweils benötigten Gehirnaktivitäten in drastischer Weise reduziert werden kann und damit die gelernten Prozesse wie z.B. Lesen und Rechnen sehr schnell und ohne größere Anstrengung ablaufen können.

Zusammenfassung: Wichtige Bestandteile eines »Neuropädagogischen Modells« des Lernens

In dem nachfolgenden Schaubild (▶ Abb. 5.5) sind noch einmal im Überblick die wesentlichen Stationen erfolgreichen Lernens und ihre Voraussetzungen dargestellt.

Zunächst einmal muss der Lerninhalt fokussiert, d.h. der Scheinwerfer der Aufmerksamkeit muss entsprechend ausgerichtet werden (1). Die Ausrichtung der Aufmerksamkeit kann erleichtert werden, wenn bereits Vorwissen von dem Lerngegenstand vorhanden oder dieser auch entsprechend vorstrukturiert ist. Zu berücksichtigen ist dabei die Kapazität unseres Arbeitsgedächtnisspeichers, der nicht überlastet werden darf, damit die Informationen nicht »hinausfliegen«. »Lernportionen« sollten deswegen klein gehalten werden und nur maximal fünf Informationseinheiten, die auf einmal verarbeitet werden müssen, umfassen (3).

Wie sind die Ergebnisse der modernen Gehirnforschung zu bewerten?

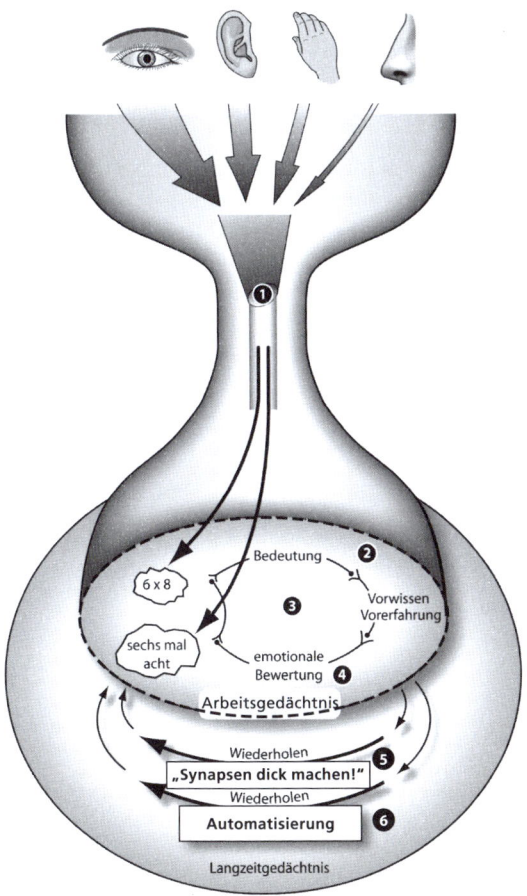

❶ **Fokussierung der Aufmerksamkeit**
Erleichterung der Auswahl durch Vorwissen

❷ **Aktivierung gleichzeitig feuernder Nervenzellen**
(ausreichende Zeitdauer!)

❸ **Kapazität des Arbeitsspeichers**
begrenzt 5 Informationseinheiten
Kapazitätserweiterung durch Automatisierung

❹ **emotionale Einbindung**
Erfolge erhöhen die Lernbereitschaft

❺ **„Verdickung" der Synapsen**
häufiges Wiederholen
Methoden: weniger ist mehr

❻ **Endziel: Automatisierung**

Abb. 5.5:
Neuropädagogisches Modell des Lernens

Nur mithilfe des Präsenthaltens und Wiederholens im Arbeitsgedächtnis über jeweils wenige Sekunden gelingt es, gleichzeitig feuernde Nervenzellen zu aktivieren und zu bahnen (2). Diese Wiederholung benötigt ausreichend Zeit, um eine entsprechende Langzeitpotenzierung, d. h. eine Abspeicherung im Langzeitgedächtnis, zu ermöglichen. Automatisierungen ermöglichen es, dass im Arbeitsgedächtnis Kapazitäten für Neues »frei« werden.

Je positiver ein Lerngegenstand für uns emotional besetzt ist, umso leichter können wir lernen (4). Erfolge erhöhen weiter die positive emotionale Besetzung des Lerngegenstandes und fördern somit die Lernbereitschaft. Durch häufiges Wiederholen mit wenigen Methoden können immer wieder die gleichen Neuronenpfade befeuert werden, so dass das Gelernte tatsächlich im Langzeitspeicher dauerhaft gefestigt wird. Auch der Lernstoff, der sich schon im Langzeitspeicher befindet, benötigt Wiederholungen, wenn auch nicht mehr so viele wie zu Beginn des Lernprozesses. Damit werden weiterhin die Synapsen durch den Prozess der Langzeitpotenzierung »verdickt« (5) mit dem Endziel der Automatisierung des Gelernten (6).

Kapitel 6: Grundprinzipien erfolgreichen Lernens

1. Ausgangspunkt: Der Teufelskreis im Lernprozess

Für viele Kinder ist das Lernen bereits von der frühen Grundschulzeit an mit einem sie belastenden Teufelskreis verbunden. Und dies, obwohl sich die allermeisten Kinder erwartungsfroh und motiviert auf den ersten Schulbesuch freuen.

Kinder bringen beim Start in die Schule geistige, emotionale und soziale Voraussetzungen für den Lernprozess mit, die sich individuell zum Teil stark unterscheiden. Bei manchem Kind kann somit die Ausgangslage für den Lernprozess schwieriger sein. Problematisch und zuweilen leider regelrecht fatal wirken sich für solche Kinder falsche oder auch unpassende Lerntechniken aus, die nicht zu ihren individuellen Voraussetzungen passen. Da die große Mehrheit der Lehrerinnen und Lehrer weder in Studium noch Referendariat gelernt hat, Lernstrategien im Unterricht individuell anzupassen, sind sie nicht in der Lage, in ihrer täglichen Unterrichtspraxis auf die Schwierigkeiten ihrer Kinder entsprechend einzugehen. In der Regel sehen es die Lehrkräfte auch nicht als ihre Aufgabe an, Antworten auf spezifische Ausgangslagen ihrer Schüler in Form von passenden Lernstrategien zu finden. Der Teufelskreis, in den viele Kinder daraufhin hineinrutschen, ist in der folgenden ▶ Abb. 6.1 noch einmal vereinfacht in seiner Grundstruktur dargestellt.

Bringt ein Kind aufgrund seiner individuellen Voraussetzungen für den Lernprozess Erschwernisse mit, so wird es das Lernen in diesem Teilbereich als besonders anstrengend empfinden. Diesen Kindern werden häufig, meist aus guter Absicht, von schulischer Seite Lernwege angeboten, die zu Fehlstrategien führen, die das Lernen noch schwerer machen. Verständlich ist es, wenn ein Kind dann versucht, dieses Lernen zu vermeiden. Es übt weniger, erlebt noch mehr Misserfolg und kann in der Folge die Defizite im Vergleich zu seinen Mitschülern nicht aufholen. In aller Regel verfestigen sich sodann die antrainierten Fehlstrategien im Lesen, Rechnen oder der Rechtschreibung immer mehr, was zu weiteren Misserfolgen und Enttäuschungen sowie zu einer Verstärkung der schon angebahnten Selbstwertproblematik führt. Die betroffenen Kinder werden im Unterricht und bei den Hausaufgaben noch unsicherer, die Bewertungen bzw. Rückmeldungen der Lehrer immer schlechter und die Eltern zunehmend besorgter.

Um einen Ausstieg aus dem Teufelskreis Lernschwäche zu ermöglichen, halten wir zwei zentrale Aspekte für wesentlich: Die Gefühle des Kindes im Lernprozess und die Bedeutung der Kapazitätsbegrenzung des Arbeitsgedächtnisses sollten angemessen berücksichtigt werden. Beide Komponenten sind bei der Lernförderung unbedingt mit einzubeziehen – etwas, das unserer Erfahrung nach im schulischen Kontext heute leider noch zu wenig oder gar nicht geschieht.

Grundprinzipien erfolgreichen Lernens

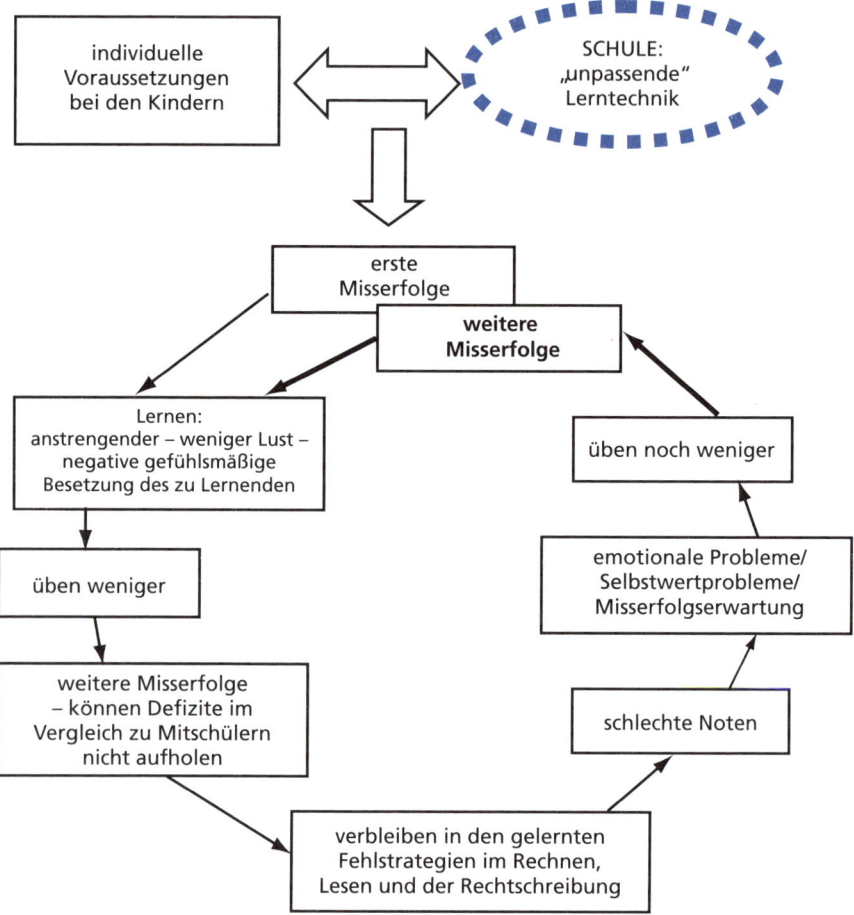

Abb. 6.1: Teufelskreis Lernschwäche

2. Emotionale Umbewertung

Lernen ist immer eng mit Emotionen verknüpft. Dies zeigt uns das folgende Beispiel:

> In der Behandlungsstunde erzählt die Mutter dem Therapeuten in Anwesenheit ihrer Tochter Eva, die die 4. Klasse besucht, von deren großen Problemen in Mathematik. Eva hört nur das Wort Mathematik, schon wendet sie sich ab. Tränen rollen ihr über das Gesicht und sie möchte nicht über das Rechnen sprechen, geschweige denn sich mit dem zusätzlichen Üben auseinandersetzen.

So wie Eva geht es vielen Kindern in den Bereichen, in denen sie Schwächen haben.

Sind wie bei Eva solch negative Gefühle mit einem bestimmten Fach verbunden, ist jeder weitere Lernprozess in diesem Bereich blockiert. Aus diesem Grunde erscheint es uns notwendig, zunächst zu überlegen, wie wir eine für das Lernen positive emotionale Ausgangslage beim Kind schaffen können.

Um zu einer positiveren Bewertung des Lerngegenstandes zu gelangen und damit die Lernmotivation zu erhöhen, ist es unserer Erfahrung nach wichtig, dass Eltern, Lehrer und Schüler im jeweiligen Lernbereich realistische Ziele setzen, um kurzfristig Erfolge erleben zu können. Die individuellen Voraussetzungen des Kindes müssen dabei stets berücksichtigt werden.

a) Kurzfristig erlebbarer Erfolg

Machen wir uns Gedanken über Lernmethoden, so müssen wir uns stets darüber bewusst sein, dass sowohl positive als auch negative Gefühle mit dem Lerngegenstand und damit auch dem Lernprozess verbunden sind. Es scheint so zu sein, dass die Verknüpfung mit unterschiedlichen Gefühlszuständen auch unterschiedliche neuronale Verarbeitungsprozesse entstehen lässt. Ebenso sind die Tiefe und die Dauerhaftigkeit der Behaltensleistung von der gefühlsmäßigen Bewertung des Lerngegenstandes abhängig.

Lernmethoden sollten deswegen von bisherigen negativen Gefühlen und Erfahrungen abgekoppelt werden. Nur, wie können wir dies ermöglichen? Die Entkopplung von negativen Gefühlen und das Anbinden an positive Gefühle funktioniert am ehesten durch den erlebten Erfolg. Dies ist eine Anforderung, die wir an unsere Lernmethoden unbedingt stellen müssen. Kinder müssen möglichst schnell erste Erfolge erleben können. Als Therapeuten, Lehrer und Eltern nehmen wir dies oft in Form eines Lächelns wahr, das über das Gesicht unserer Kinder huscht, über kurz aufblitzende Augen, über ein Leuchten oder Strahlen – dies kann ergreifend sein. Bei bislang entmutigten Kindern bedeuten diese Signale Hoffnung: »Ich kann es doch schaffen«. Auf diese Weise können sich emotionale Blockaden langsam und Schritt für Schritt auflösen.

> **Rückmeldung der Mutter von Hannah, 2. Klasse**
>
> »Ich habe das Gefühl, die Übungen bewirken viel Positives bei Hannah. Jetzt singt sie sogar schon wieder; das war in letzter Zeit gar nicht mehr der Fall, da hat sie sich nur in ihr Zimmer zurückgezogen und mich abgewehrt …
>   Heute wollte sie sogar noch mehr Kärtchen zum Üben …
> Diese Woche hat Hannah einen Mathetest geschrieben. Sie hat laut Herrn M. eine drei!! Super, oder? Hannah und ich sind total stolz.«

Kinder, die entmutigt sind, zeigen oft Vermeidungsverhalten, wenig hilfreiche Gedanken und starke negative Gefühle. Sie brauchen, um frischen Mut und neue Motivation fassen zu können, Erfolgserlebnisse, die rasch eintreten. Da es in der Regel

Grundprinzipien erfolgreichen Lernens

die unmittelbaren Folgen von Erfolg oder Misserfolg sind, die das Verhalten unserer Kinder steuern, sollten diese schnell und zeitnah die Erfahrung erleben: »Ich kann das, ich habe es geschafft, dieser Weg ist schnell und einfach«.

Passende und wenig anstrengende Lernstrategien bewirken solche ersten Erfolgserlebnisse. Sie führen zu Freude und Stolz, erhöhen die Lernbereitschaft, die Selbsteinschätzung, das Selbstwertgefühl sowie schließlich die Erfolgszuversicht. Also, nichts macht erfolgreicher als der Erfolg!

Wichtig ist, dass Ihr Kind den Erfolg an einem konkreten Lerngegenstand selbst erlebt: »Ich mache Fortschritte, ich werde immer besser«. Zum Beispiel: »Im 1x1 bin ich jetzt sehr gut« oder »Diesen Stapel Rechtschreibkärtchen beherrsche ich schon sicher. Der Stapel wird täglich ein bisschen größer.«

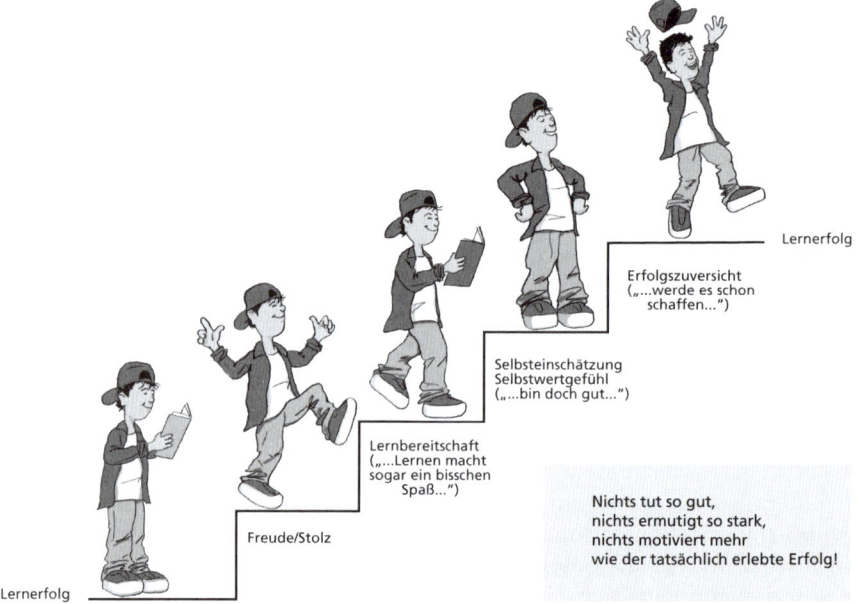

Abb. 6.2: Nichts macht erfolgreicher als der Erfolg

Erfolge und die dadurch ausgelöste Motivation können Leistungen bewirken, die das »normal Mögliche« deutlich überschreiten.

> »Rechtschreibwörter lerne ich gerne, weil es nicht anstrengend ist. Ich kann schon viele Wörter.«
> *Steffen, 4. Klasse, attestierte Legasthenie*
>
> »Rechnen macht mir Spaß, weil ich es jetzt besser kann.«
> *Carina, 3. Klasse, Rechenschwäche*

b) Realistische Zielsetzungen

Damit unsere Kinder die Erfolgstreppe hinauf klettern können, ist es notwendig, die Stufen dieser Treppe, also die Lernanforderungen, so zu gestalten, dass wir den Kindern schnelle Lernerfolge ermöglichen. Dafür muss beispielsweise die Höhe der Stufen passend gemacht werden. Hier sind Eltern, Lehrer und Therapeuten gefragt, Lernschritte zu definieren, die unsere Kinder bewältigen können, und deren Umsetzung wir von ihnen sodann hartnäckig einfordern müssen. Zu hochgesteckte Ziele, die auf einer überhöhten Anspruchshaltung oder einer unrealistischen Vorstellung von den Möglichkeiten des Kindes beruhen, führen dazu, dass die Enttäuschung der Kinder vorprogrammiert ist. Deswegen gilt es gerade bei Kindern mit Teilleistungsproblemen immer wieder für Eltern, aber auch für Lehrer zwischen ihren idealen oder auch langfristigen und realistischen, kurz- und mittelfristigen Zielen zu unterscheiden. Es ist wichtig, dass Eltern und Therapeuten die Voraussetzungen ihrer Kinder mitberücksichtigen, ihre Grenzen und Möglichkeiten realistisch einschätzen, um sodann Ziele so zu formulieren, dass diese auch mit einem Erfolgserlebnis verknüpft sein können. Dies ist oft gerade auch für Eltern von Kindern mit spezifischen Lernproblemen ein schmerzlicher Prozess, schließlich wünschen sich alle Eltern für ihre Kinder eine optimale Schullaufbahn. Eigene Wünsche werden dabei oft auf die Kinder übertragen.

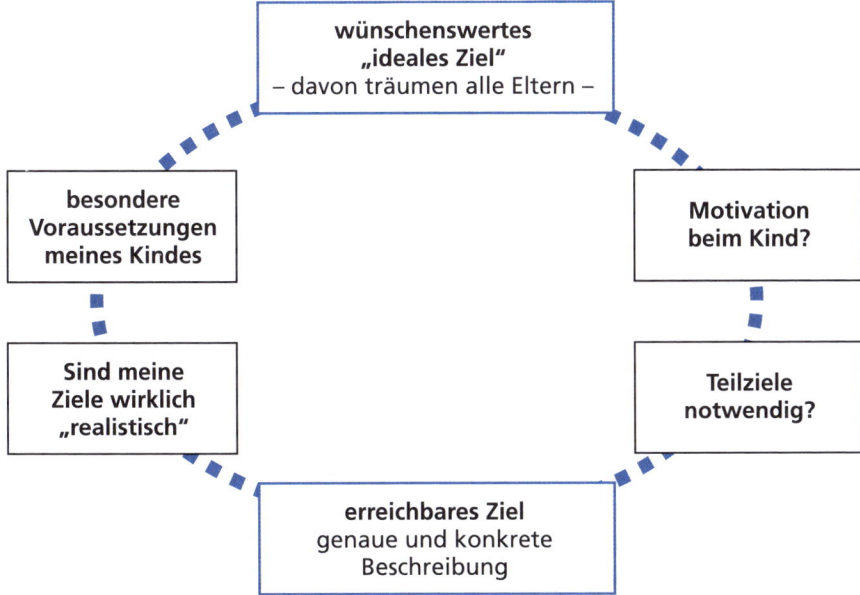

Abb. 6.3: Realistisches Setzen von Zielen

Wenn Kinder in der schulischen Leistungssituation Schwächen oder Defizite zeigen, müssen wir uns darüber bewusst sein, dass wir einen langen Weg vor uns haben. Kurzfristige Zielsetzungen, d.h. schnellstmöglich von der 5 oder 6 auf die 2 in den Schulnoten zu kommen, sind in der Regel unrealistisch. Hier gilt es wirklichkeitsnahe Zielsetzungen und Perspektiven zu entwickeln, und diese sind längerfristiger Natur. Das Ziel bei einem leistungsschwachen Kind kann z.B. so formuliert werden: »Ich wünsche mir, dass mein Kind am Ende der Grundschulzeit ein solides Fundament im Bereich Rechnen erworben hat. Dies bedeutet, dass die Grundfunktionen des Addierens und Subtrahierens, des Malnehmens und des Teilens sowie Grundmuster bei Sachaufgaben sicher beherrscht werden«. Diese langfristige Zielsetzung gehört in die elterliche Verantwortlichkeit.

Um unsere Kinder auf die Erfolgstreppe zu schicken, ist ein langer Atem aller Beteiligten notwendig. Kurzfristiges Denken hilft hier nicht weiter. Die Perspektive muss langfristig gestaltet sein, um schrittweise das Fundament im Bereich der Grundfertigkeiten langsam aufzubauen und zu sichern. Dies leistet unser Schulsystem häufig nicht und beeinträchtigt oder blockiert so den weiteren Lernweg in dem Problembereich des Schülers. In der Grundschulzeit muss das Ziel aller Lernunterstützungen deswegen darin bestehen, Ihrem Kind am Ende dieser Zeit ein tatsächlich solides und tragfähiges Fundament in den Kernfächern zu ermöglichen.

3. Entlastung des Arbeitsgedächtnisses

Wichtig ist es in der Förderung leistungsschwächerer Kinder, die begrenzte Kapazität des Arbeitsgedächtnisses ihres Gehirns zu berücksichtigen. Wie weiter oben bereits ausführlich dargestellt (vgl. S. 41ff.), verfügt unser Arbeitsgedächtnis nur über eine sehr geringe Kapazität. Diese Erkenntnis sollte zwangsläufig zu der Frage führen, wie einer Überlastung und somit auch einer Beeinträchtigung desselben entgegengewirkt werden kann, um unseren Kindern ein effektives und erfolgreiches Lernen zu ermöglichen. Von schulischer Seite, so müssen wir jedoch leider immer wieder feststellen, wird diese Frage im Hinblick auf das Erlernen der Basisfertigkeiten kaum berücksichtigt. Praktizierte schulische Fördermaßnahmen zeichnen sich fast regelhaft durch eine mehr oder weniger große Überfrachtung des Arbeitsgedächtnisspeichers aus. Ein solches Vorgehen kommt, aufgrund der Folgen für unsere Kinder, einem pädagogischen Kunstfehler gleich.

Welche Konsequenzen für das Lernen sind aus der beschränkten Kapazität des Arbeitsgedächtnisses zu ziehen?

a) Vereinfachung

Möchten wir in unserem Gehirn etwas abspeichern, ist besonders darauf zu achten, dass die abzuspeichernden Informationen auf möglichst wenige Informationseinheiten reduziert bzw. entsprechend vereinfacht werden. Dieser Grundsatz gilt bereits und gerade auch für den Erwerb der Grundfertigkeiten Rechnen, Lesen und Rechtschreibung. Um arithmetische Prozeduren effektiv und damit rasch und nachhaltig zu erlernen – z.B. Additions- und Subtraktionsaufgaben mit 10er-Übergang, schriftliches Malnehmen, Teilen etc. –, sind nicht alle grundsätzlich zur Verfügung stehenden Rechenwege gleichwertig. Aus der Kapazitätsbegrenzung des Arbeitsgedächtnisses ist vielmehr die Schlussfolgerung zu ziehen, dass der Weg, der bei unseren Kindern mit den wenigsten Denkschritten verbunden ist, der bessere ist. Dies gilt gleichermaßen für das Erlernen der Grundfertigkeiten im Lesen und Rechtschreiben. So fasste eine Grundschullehrerin in einer unserer Fortbildungsveranstaltungen diese Erkenntnis in eigenen Worten treffend wie folgt zusammen: »Das wahrhaft Pädagogische ist das Einfache.«

b) Portionierung

Soll der Lernende eine größere Informationsmenge sicher abspeichern, so gilt es, der Kapazität des Arbeitsgedächtnisses entsprechend, den Stoffumfang zu portionieren. Schüler und Schülerinnen sollten sich nicht zu viel Lernstoff auf einmal zuführen, sondern dies schrittweise tun. Eine »neue« Portion an Stoff sollte dem Arbeitsgedächtnis erst dann zugeführt werden, wenn die vorherige durch genügendes Wiederholen sicher beherrscht wird. Auch dieser Grundsatz wird in der Schule, so unsere Erfahrung, leider oft gar nicht oder nur ungenügend berücksichtigt.

c) Automatisierung

In welchem Umfang unser Wissen und unsere Fertigkeiten im Gehirn automatisiert sind, zeigt sich darin, wie viel bewusste Anstrengung es für uns erfordert, diese zu aktualisieren und zu benutzen. Je automatisierter ein Lernstoff beherrscht wird, umso weniger belasten wir unser Arbeitsgedächtnis. So sollte z.B. beim Rechnen das numerische Faktenwissen, d.h. das kleine Einspluseins oder das Einmaleins, durch reines Wiederholen automatisiert sein. Dadurch wird das Einmaleins zu einem Bestandteil unseres Vorwissens, auf das wir später zurückgreifen können, ohne dass unser Arbeitsgedächtnis und dessen Kapazität zusätzlich strapaziert werden. Dies gilt in ähnlicher Weise für arithmetische Prozeduren, d.h. das Beherrschen von Strategien wie z.B. das schriftliche Multiplizieren, das Bruchrechnen oder ähnliches.

Auch hier gilt der Grundsatz: Je intensiver wir eine Strategie eingeübt und infolgedessen verinnerlicht haben, umso routinierter und selbstverständlicher können wir sie einsetzen – und umso weniger belasten wir unser Arbeitsgedächtnis, dessen begrenzte Kapazität wir damit für neue Aufgaben nutzen können.

Als Beispiel hierfür möchten wir die Rechtschreibung anführen. Ziel des Lernprozesses ist es, die Rechtschreibung letztlich so zu beherrschen, dass das korrekte Schreiben quasi von alleine, automatisch und ohne lange Überlegung gelingt. Unsere Kinder sollen also befähigt werden, Wörter, ohne nachdenken zu müssen, richtig zu schreiben.

d) Die Bedeutung des automatisierten Vorwissens

Auf die Bedeutung des Vorwissens und dessen Einfluss auf den Lernprozess haben wir schon weiter oben (vgl. S. 33f) hingewiesen: So fällt dem Vorwissen im Prozess der selektiven Aufmerksamkeitsausrichtung eine wichtige Rolle zu. Die Effizienz, mit der wichtige von unwichtigen Informationen in diesem Prozess unterschieden werden, hängt entscheidend von den Vorkenntnissen des Lernenden ab. Sind unsere Kinder auf einem bestimmten Lerngebiet bereits »Experten«, so sind sie im Vergleich zu »Laien« bei neuen Lerninhalten wesentlich schneller in der Lage, zwischen relevanten und weniger relevanten Informationsmerkmalen zu unterscheiden und erstere auszuwählen. Dabei geht es um einen Prozess, der sich in unserem Gehirn innerhalb von Bruchteilen von Sekunden abspielt. (Vor-)Wissen in automatisierter Form entlastet auch in dieser Hinsicht unser Arbeitsgedächtnis im Lernprozess.

Exkurs: Wie lässt sich der aktuelle Leistungsstand eines Kindes erklären?

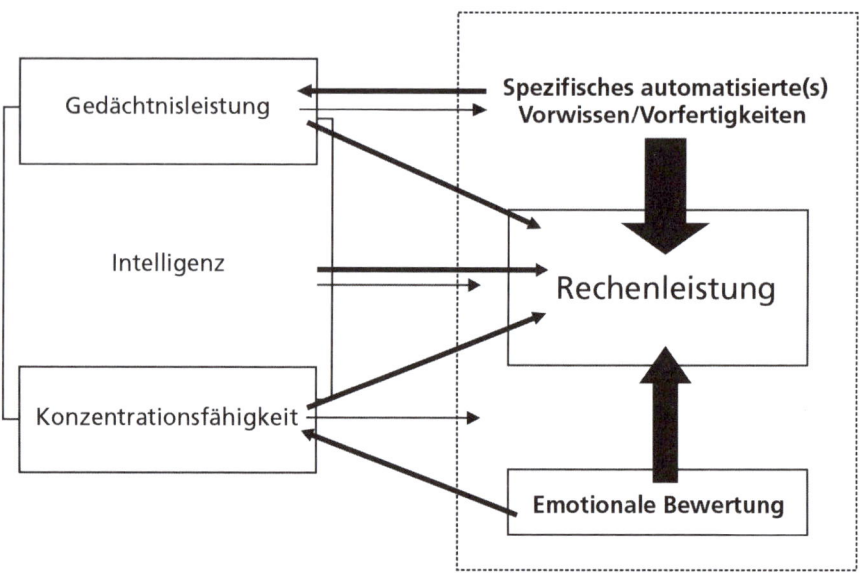

Abb. 6.4: Welche Faktoren – hier am Beispiel der Rechenleistung – beeinflussen den aktuellen Leistungsstand?

Lange Zeit, d.h. bevor uns die (Neuro-)Psychologie neue bahnbrechende Erkenntnisse über das Lernen gebracht hat, galt die allgemeine Begabung, also die Intelligenz des Menschen, als die wichtigste individuelle geistige Voraussetzung für den Lernerfolg. Tatsächlich, dies lässt sich zu Recht auch heute noch sagen, besteht in einer guten intellektuellen Ausstattung eine günstige Voraussetzung, Wissen leichter und erfolgreich zu erwerben.

Untersuchungen der letzten Jahre zeigen jedoch, dass dem Vorwissen von Kindern in bestimmten Gebieten – so z.B. dem rechnerischen Denken im Vorschulalter – ein größerer Einfluss auf die spätere Leistung zukommt als der Intelligenz.

> **Die Bedeutung des automatisierten Vorwissens am Beispiel Mathematik**
>
> »Wie Stern (2002) herausstellte, konnten die in der 2. Klasse erfassten mathematischen Fähigkeiten die Mathematikleistung in der 11. Klasse besser vorhersagen als die in der 11. Klasse erhobene intellektuelle Begabung der Gymnasiasten.«
>
> »Mit fortschreitender Schulzeit nimmt so der direkte Einfluss der allgemeinen intellektuellen Fähigkeit immer mehr zugunsten des Vorwissens (früherer mathematischer Leistungen) ab. Gute Leistungen in Mathematik kommen demnach in höheren Klassenstufen immer weniger durch die Intelligenz und zunehmend mehr durch das in früheren Klassen aufgebaute Vorwissensfundament zustande. Demnach haben Schüler dann gute Voraussetzungen für gute Mathematikleistungen, wenn sie den Lehrplanstoff der vorangegangenen Schuljahre beherrschen und auf dieses Wissen aufbauen können. Wissenslücken aus früheren Schuljahren hingegen ziehen weitere Lücken nach sich, wenn für neues auf früheres Wissen zurückgegriffen werden muss.« (Krajewski und Schneider 2005, S. 235)

Daraus lassen sich zwei Schlussfolgerungen ableiten: Gute Lernleistungen sind demnach zum einen auch bei hoher Begabung nur dann möglich, wenn der Lernende bereits zuvor ein solides Wissensfundament erworben hat. Individuelle Unterschiede hinsichtlich des messbaren Lernerfolgs sind bei Schülern damit maßgeblich auch auf den Umfang und die Qualität ihres Vorwissens in den jeweiligen Inhaltsbereichen zurückzuführen. Je weiter der Schulstoff im Laufe der Schullaufbahn voranschreitet, umso mehr ist der Lernende gefordert, neue Informationen mit bereits Bekanntem, also dem Vorwissen, zu verknüpfen. Dies gelingt natürlich demjenigen besser, der bereits über einen systematischen »Unterbau« an Vorwissen verfügt. Zum zweiten deutet vieles darauf hin, dass ein stabiles Vorwissen bis zu einem gewissen Grade sogar Begabungsschwächen kompensieren kann.

Neben dem automatisierten Vorwissen kommt vor allem auch der emotionalen Bewertung eine entscheidende Bedeutung zu. Eine positive emotionale Bewertung, die sich z.B. durch großes Interesse oder positive Gefühle im Hinblick auf den Lerngegenstand ausdrückt, führt zu einer häufigeren Auseinandersetzung und damit zu mehr Wiederholen und tieferer Verarbeitung des Stoffes.

> Intelligenz, Gedächtnisleistung und Konzentrationsfähigkeit haben als Basiskomponenten Einfluss auf den aktuellen Leistungsstand des Kindes. Im fortschreitenden Lernprozess kommt dem automatisierten Vorwissen und der emotionalen Bewertung des Lerngegenstandes im Vergleich zu den Basiskomponenten eine immer größere Bedeutung zu.

Kapitel 7: Grundprinzipien Lernmethoden

A. Allgemeine Einführung – Gibt es Lernrezepte?

Wenn wir für unsere Kinder passende Lernstrategien suchen, müssen wir uns zunächst die Frage stellen, ob es allgemeingültige, immer geltende Lernmethoden im Sinne von Lernrezepten gibt. Vor dem Hintergrund sowohl moderner wissenschaftlicher Erkenntnisse als auch unserer eigenen praktischen Erfahrungen können wir festhalten: Es gibt keine »Patentrezepte«, die sich über alle Kinder hinweg in gleicher Form anwenden lassen, es gibt jedoch Grundprinzipien des Lernens, die auf die einzelne Schülerin bzw. den einzelnen Schüler angepasst werden müssen.

Zu diesen Grundprinzipien gehört, dass eine einmalige Einsicht, d.h. ein einmaliges Verstehen des zu lernenden Stoffes nicht ausreicht, um ihn dauerhaft zu behalten. Wir haben weiter oben bereits ausführlich dargelegt, dass dafür ein – angesichts unserer doch erheblichen Vergesslichkeit – intensives und regelmäßiges Wiederholen notwendig ist.

Es gibt keine Lernstrategie, die für jedes Kind zu empfehlen wäre. Für manche Kinder können bestimmte Lernwege nützlich sein, die aber bei anderen Kindern deren Schwächen sogar noch verstärken. Tritt der Fall ein, dass Ihr Kind lernt und lernt, seine Leistung aber überhaupt nicht besser wird, ist spätestens hier die Lernstrategie in Frage zu stellen.

Wir müssen also für jedes Kind passende Lernstrategien entwickeln, die auf den allgemeinen Gesetzmäßigkeiten der Lernpsychologie basieren. Betrachten wir die normale alltägliche Praxis schulischen Lernens in Deutschland, so können wir uns leider des Eindrucks nicht erwehren, dass dort gesicherte psychologische und neurowissenschaftliche Erkenntnisse nur ausnahmsweise oder vielerorts sogar überhaupt nicht mit einbezogen werden. So müsste von schulischer Seite beispielsweise in viel stärkerem Maße als bisher berücksichtigt werden, dass Schüler komplexe Aufgabenstellungen nur dann angemessen bewältigen können, wenn sie zuvor die Basisfertigkeiten bzw. das notwendige Vorwissen ausreichend automatisiert haben.

Zugunsten einer erfolgreichen Lernförderung heißt es zudem auf die *Stärken* unserer Kinder zu setzen. Lernstrategien müssen vorrangig auf diesen und nicht auf den Schwächen der Kinder aufbauen. Es gilt zudem, Lernmethoden auszuprobieren und nur dann weiter anzuwenden, wenn sie auch taugen, d.h. zum Erfolg führen.

Oberstes Ziel sollte es dabei sein, die Synapsen im Gehirn zu »verdicken«, d.h. Wiederholungsvorgänge in solch ausreichendem Maße anzubieten, dass funktionale Veränderungen an den beteiligten Neuronenverbänden stattfinden können, Wissen automatisiert und damit letztlich auch das Arbeitsgedächtnis für neue Informationen und Aufgabenstellungen wieder frei wird.

B. Konkrete Tipps, um den Lernprozess zu verbessern

1. Die gezielte Ausrichtung der Aufmerksamkeit gewährleisten

Beim Abspeichern gilt, wie bei anderen Gehirnprozessen auch, dass es kein »Multitasking« gibt. Deswegen ist es so wichtig, die Aufmerksamkeit gezielt und ungeteilt auf den konkreten Lerngegenstand auszurichten.

Wie kann diese Aufmerksamkeitslenkung unterstützt werden? Zunächst einmal sollte die Lernumgebung möglichst ablenkungsfrei sein. Einem effektiven Lernen ist es förderlich, den Lernort so zu wählen, dass diese Bedingung erfüllt ist. So ist der Küchentisch mit vielen zusätzlichen, lernfremden Utensilien, den Geschwisterkindern drum herum, der Katze und der Großmutter, die sich vielleicht auch noch im Raum aufhalten, weniger günstig als der leergeräumte Schreibtisch an einem möglichst ruhigen Ort.

> Ein kleiner Trick in diesem Zusammenhang ist der folgende: Wenn Sie sich für die Arbeit mit Lernkärtchen (siehe unten) entschieden haben, ist es günstig, sich mit Ihrem Kind auf den Boden zu setzen. Auf dem Boden ist die Anzahl der Reize im Vergleich zum Tisch deutlich reduziert. Probieren Sie es einfach einmal aus.

Neben der räumlichen Umgebung ist es vor allem die Lernmethode, die sich positiv oder negativ auf die Aufmerksamkeitszentrierung auswirkt. An dieser Stelle sei angemerkt, dass sich Kinder gerade bei schriftlichen Hausaufgaben häufig leicht ablenken lassen. Arbeitet man dagegen interaktiv, d.h. z.B. im Team Mutter/Vater und Kind mit den Lernkärtchen, gelingt dem Kind eine deutlich bessere Aufmerksamkeitsfokussierung.

2. Ausreichend automatisiertes Vorwissen – auf der niedrigsten Ebene ansetzen

Bevor Sie mit der Lernarbeit mit Ihrem Kind beginnen, ist es sehr wichtig, genau zu analysieren, an welcher Stelle die ersten Automatisierungslücken im jeweiligen Fertigkeitsbereich bei ihren Kindern bestehen. Veranschaulichen möchten wir dies am Beispiel des Rechnens: Wird in der Schule bereits im Hunderterraum gerechnet, obgleich Ihr Kind den Zehnerübergang noch gar nicht oder nur mithilfe von

Fehlstrategien beherrscht und dieser entsprechend langsam abläuft, heißt es rückwärtszugehen. In diesem Fall sollten Sie weiterhin die Addition und Subtraktion im Zehnerraum überprüfen. Wenn hier ähnliche Fehlstrategien vorliegen, so sollte man mit dem Aufbau der Automatisierung zunächst im Zahlenraum bis 10 beginnen. Ihr Ziel muss es dabei sein, das Wissensfundament Ihres Kindes auch auf der niedrigsten Ebene abzusichern, um damit die Grundlage für die darauf aufbauenden Lernschritte zu schaffen.

3. Zur Bedeutung des »Schriftlichen« im Einprägeprozess

a) Die Hand hat kein Gedächtnis – zum Einsatz »schriftlicher« Übungs- und Einprägemethoden

Das schriftliche Üben stellt sicher nicht den Königsweg im Hinblick auf das erstmalige Einprägen dar. Wir sollten uns stets darüber bewusst sein, dass beim schriftlichen Üben nicht die Schreibbewegung als solche im Gehirn abgespeichert wird. Vielmehr ist es der innere Denkvorgang beim Rechnen oder der Rechtschreibung und das durch das Schreiben entstandene »Bild«, was wir uns merken.

Viele Kinder zeigen feinmotorische Schwierigkeiten, insbesondere die Kinder, die z. B. von einer Aktivitäts- und Aufmerksamkeitsstörung betroffen sind. Diese fein- und graphomotorischen Schwierigkeiten, die sich in einer zu starken Druckausübung beim Schreiben, in Schwierigkeiten bei der Zeileneinhaltung oder auch der Gestaltung des Arbeitsblattes zeigen, führen verständlicherweise zu einer erheblichen emotionalen Abneigung gegenüber schriftlichen Leistungsanforderungen. Nichtschriftliche Übungsmethoden würden somit das Abwehrverhalten der Kinder gar nicht erst in diesem Maße aufkommen lassen.

Zusätzlich ist wieder zu bedenken, dass unser Arbeitsgedächtnis nur eine begrenzte Kapazität hat. Durch die Kontrolle des Schreibprozesses, vor allem wenn dieser (noch) nicht automatisch abläuft und auch sehr anstrengend ist, wird das Arbeitsgedächtnis zusätzlich belastet. Damit steht dann für den Verarbeitungs- und Abspeicherprozess wesentlich weniger Aufmerksamkeitskapazität zur Verfügung. Die nötige Einprägearbeit kann somit beim schriftlichen Üben nur eingeschränkt stattfinden.

Das ungeliebte Schreiben ist bei vielen Kindern sehr eng an die schriftlichen Hausaufgaben gekoppelt. Hier hat möglicherweise schon über ein, zwei oder drei Jahre eine sehr negative gefühlsmäßige Konditionierung stattgefunden, die die Motivation für schriftliche Aufgaben deutlich reduziert. Wenn wir für unsere Kinder nichtschriftliche Übungsformen finden, erleben unsere Kinder, dass Lernen nicht so anstrengend sein muss. Das daraus erwachsende Gefühl »es geht ja leicht!« sowie der damit hoffentlich verknüpfte Erfolg werden in der Folge mit den neuen Lernmethoden verbunden. Diese werden dann kurz- und längerfristig besser von den Kindern angenommen.

b) Die Arbeit mit den Lernkärtchen als nichtschriftliche Übungs- und Einprägemethode

Aus den oben genannten Gründen favorisieren wir in unserer Arbeit mit rechen- und rechtschreibschwachen Kindern das Üben mit Lernkärtchen. Es handelt sich um Karteikarten der Größe A7 (7,4 x 10,4 cm), die von Ihnen, den Eltern, mit einem dickeren schwarzen Filzstift beschriftet werden. Es ist günstig, die Kärtchen selbst zu beschriften, da die Kinder oft eine eher schlechtere Handschrift haben und die Einmaleins-Aufgabe bzw. das Lernwort dann keine »schöne Gestalt« besitzen, wodurch sie schlechter abgespeichert werden können. Außerdem erleben Ihre Kinder ein selbständiges Beschriften der Lernkarten häufig als mühsame Arbeit, worauf sie wiederum mit Ablehnung reagieren, was sich negativ auf das Lernen auswirken würde.

Neben dem Vorteil, dass die Arbeit mit den Lernkärtchen eine nichtschriftliche Übungsform darstellt, ist es insbesondere die »Leichtigkeit«, mit der gelernt und wiederholt werden kann, die Ihre Kinder zu einer positiven Lerneinstellung führt. Die Arbeit mit den Lernkärtchen bedeutet, dass Sie gemeinsam mit Ihrem Kind arbeiten. Es ist also ein interaktiver Prozess, der sich motivationsfördernd auswirkt, da Sie Ihr Kind beim Lernen nicht alleine lassen, sondern sich ihm unterstützend zuwenden.

4. Weniger ist mehr

Unterschiedliche Veranschaulichungs-, Darstellungs- und Lernformen, wie sie von schulischer Seite angeboten werden, werden für sich genommen – so unsere häufige Erfahrung – nicht ausreichend wiederholt, vor allem wenn deren Zahl recht groß ist. Die Vielfalt bewirkt zudem meist Verwirrung und verhindert so die Automatisierung. Ratsam ist es deshalb, methodische Vielfalt zu reduzieren. Ein einfacher und passender Lernweg, der häufig wiederholt wird, ist besonders bei Kindern mit Teilleistungsschwächen klarer und zudem sehr viel effektiver.

5. Kleine Portionen – regelmäßig

Kindgerechte Lernmethoden sollten der Tatsache Rechnung tragen, dass der menschliche Arbeitsgedächtnisspeicher im Gehirn begrenzt ist. Gelangen in diesen zu viele Informationen, – bei Kindern liegt die Obergrenze meist bei fünf Informationseinheiten – können diese nicht vollständig und dauerhaft abgespeichert werden. Sie »fliegen« dann aus dem Arbeitsgedächtnis. Kleine »Informationsportionen« sind nicht nur besser abzuspeichern, sie bleiben auch wesentlich prägnanter in der Erinnerung haften. Das Unterteilen des Lernstoffes in kleine Lernportionen hat auch einen zusätzlichen Motivationseffekt. Gerade eher misserfolgsorientierte Kinder sehen den »Riesenberg« an Lernaufgaben, den sie bewältigen sollen, vor sich und blockieren dann schnell. Wird dieser Berg jedoch in kleine Scheiben zergliedert, können diese nach dem Motto »Schritt für Schritt« nacheinander abgearbeitet werden. Die Lerneinheiten sind überschaubarer und schneller abspeicherbar und der Erfolg ist besser erlebbar.

Ein dritter Vorteil kleiner Lernportionen besteht darin, dass ihr regelmäßiges Wiederholen im Alltag besser als mit einem großen »Berg« gelingt. Dies betrifft nicht nur die Zeit und Motivation der Kinder, sondern auch die der Eltern.

Die Regelmäßigkeit des Wiederholens ist nötig, um dauerhaftes Einprägen zu ermöglichen. Gelingt es Ihnen als Eltern, den Lernstoff mit Ihren Kindern **im Alltag regelmäßig**, und möglichst immer zur gleichen Tageszeit, in kleinen Portionen zu wiederholen und damit einzuprägen, wird sich dieser Tagesablauf mit der Zeit einschleifen. Das Lernen wird auf diese Weise zu einem festen, selbstverständlichen Bestandteil des Alltags. Wie bei allen Routinen kostet dann die anstehende Lernanforderung nicht mehr so viel Überwindung für Ihr Kind und auch für Sie als Begleiter.

6. Dauer des Lernens

Wenn Sie es als Eltern schaffen, mit Ihrem Kind für ein Schulfach insgesamt 10 bis 15 Minuten täglich zusätzlich zu lernen, so ist dies für den Anfang eine große Leistung. Die Zeiteinheiten sollten sowohl im Hinblick auf die Motivation Ihres Kindes als auch aus Kapazitätsgründen seines Arbeitsgedächtnisses kurz sein, aber regelmäßig stattfinden. Länger als 15 Minuten am Stück zu lernen, ohne eine Pause zu machen, ist wenig effektiv.

7. Kurze Wiederholungssequenzen – über den Tag verteilt

Wählen Sie kurze Lernsequenzen mit Ihrem Kind, so kann dieses seine Konzentration leichter aufrechterhalten, und es wird eher mitmachen, da für ihn der Zeitrahmen des Arbeitens überschaubar bleibt. Kleine Lernportionen von 3–5 Minuten Dauer können an alltäglich wiederkehrende Abläufe angekoppelt werden:

- Vor/nach dem Mittag- oder Abendessen
- Zum »Warmlaufen des Gehirns« vor Beginn der schriftlichen Hausaufgaben

- Als Pause während der schriftlichen Hausaufgaben (»Kurze Pause, damit sich die Hand vom Schreiben ausruhen kann. Wir machen drei Minuten kurz die Lernkärtchen.«)
- Wiederholen, wenn der Vater zuhause ist
- Vor Fernsehsendungen, allerdings mit ausreichendem Zeitabstand (z.B. 15 Min. vor Beginn der Sendung, da das Gehirn die zuletzt aufgenommenen Informationen noch weiter abspeichert, auch wenn der bewusste Lernvorgang schon beendet ist)

8. Können heißt nicht dauerhaftes Beherrschen

a) »Das kann ich doch schon!«

»Das kann ich doch schon!« – diesen Satz kennen Sie von Ihren Kindern sicherlich auch. Hiermit sollten Sie sich jedoch nicht zufrieden geben. Einmal Gekonntes ist noch lange nicht automatisiert und muss wiederholt werden. Insbesondere ungeduldige Kinder neigen dazu, das Wiederholen ihres Lernstoffes vorschnell zu beenden. Die Folge ist, dass dieser dann schnell wieder vergessen wird.

> Einmal gekonnt heißt nicht dauerhaft behalten!

b) Die Schule wechselt häufig zu schnell den Stoff

Bestimmte Lerninhalte, so z.B. das Einmaleins, arithmetische Prozeduren oder Lernwörter des Grundwortschatzes werden in der Schule oft nicht lange genug wiederholt, so dass deren Abspeicherung im Gehirn nicht dauerhaft erfolgt. Zentrale Lerninhalte sollten deswegen länger in kleinen Portionen sowohl in der Schule als auch zuhause weiter wiederholt werden, auch wenn im Unterricht das »Thema« bereits längst gewechselt wurde.

c) Ferienzeit – Vergessenszeit

Viele Eltern von Grundschulkindern berichten besonders nach längeren Ferien, dass ihre Kinder über die Ferien hinweg z.B. das Rechnen oder das Lesen regelrecht verlernt haben. Ein solches Vergessen ist völlig normal. Was passiert in dieser lernfreien Ferienzeit? Wenn Automatisierungsvorgänge – und dies gilt für die Grundlagenbereiche Lesen, Schreiben, Rechnen – gerade zu Beginn der Grundschulzeit im Gehirn unserer Kinder noch nicht abgeschlossen sind, setzt der natürliche Vergessensprozess ein. Die beispielsweise vor den langen Sommerferien geschaffenen neuronalen Veränderungen (»Synapsen dick machen«) bilden sich wieder zurück,

d. h. die synaptischen Verbindungen lockern sich wieder. Die sich hieraus ergebenden Folgen sind für alle Beteiligten frustrierend, da die Kinder das vorher Gelernte wieder »neu« lernen müssen. Deswegen ist es so wichtig, dass Sie als Eltern auch für die Ferien mit Ihren Kindern Lernvereinbarungen treffen, die jedoch in ihrem Umfang angemessen, d. h. nicht übertrieben ausfallen dürfen. Legen Sie mit Ihrem Kind im Voraus Zeitpunkte über **kleine** Lernportionen fest, am besten für den Vormittag, da zu dieser Tageszeit seine Aufmerksamkeit noch besonders hoch ist und der Rest des Ferientages somit auch wirklich frei bleibt. Gelingt es Ihnen als Eltern, mit Ihren Kindern auch in Ferienzeiten ein bisschen zu wiederholen, so verhelfen Sie diesen zu einem emotional und kognitiv deutlich besseren Einstieg in das neue Schuljahr. Indem Sie den bestehenden Grundrhythmus des Lernens beibehalten haben, ermöglichen Sie Ihrem Kind schon kleine Erfolgserlebnisse am Anfang des neuen Schuljahres.

Die von Lehrern und Eltern nicht selten gehörte Empfehlung, sich in den langen Sommerferien doch einmal »richtig« zu erholen, völlig von der Schule abzuschalten und das Gehirn ausruhen zu lassen, betrachten wir vor dem Hintergrund der neuropsychologischen Erkenntnisse des Lernens als lerntechnische Falle – sie spricht eher für pädagogische Inkompetenz.

9. Den Sinn der Hausaufgaben wiederentdecken

Hausaufgaben haben zum Ziel, wesentliche Unterrichtsinhalte zu wiederholen, zu vertiefen und zu verfestigen. Dies geschieht nicht dadurch, dass am Ende des Nachmittags viel im Heft steht. Vielmehr sollte der Stoff im Kopf, im Gedächtnis »stehen«. Deswegen ist es unbedingt notwendig, sich Gedanken über Formen, Inhalte und Umfang der Hausaufgaben zu machen. Hilfreich, manchmal sogar unerlässlich ist es, mit der Lehrerin bzw. dem Lehrer gegebenenfalls Absprachen darüber zu treffen, dass für ein Kind mit Teilleistungsschwächen die schriftlichen Hausaufgaben reduziert und es stattdessen alternative, effektivere nichtschriftliche Hausaufgaben aufbekommt. Die Eltern verpflichten sich im Gegenzug, diese nichtschriftlichen Lernaufgaben im Team mit dem Kind durchzuführen. Letztlich haben ja Lehrer und Eltern das gemeinsame gleiche Ziel: Das Kind soll besser werden.

> Das **Motto für die Hausaufgaben** muss lauten:
> Nicht im Heft,
> sondern im **Kopf**, im **Gedächtnis**
> muss der Lernstoff stehen!

10. Indirekte Maßnahmen zur Lernverbesserung

a) Pausen sind wichtig

Günstig ist es meist, spätestens 30 Minuten nach dem Mittagessen mit den Hausaufgaben zu beginnen, da sonst die Bereitschaft des Kindes, mit dem Lernen überhaupt anzufangen, immer mehr abnimmt. Wichtig ist es, Pausen in die Hausaufgaben- und Lernzeit vorher mit einzuplanen. So sollten in der Regel 10 bis 30 % der Arbeitszeit Pausen sein. Legen Sie diese als Eltern mit Ihren Kindern rechtzeitig, d.h. wenn diese noch lernfähig sind, ein, und nicht erst dann, wenn Ihre Kinder und Sie schon völlig erschöpft sind.

»Minipausen« können die Aufmerksamkeit zudem deutlich erhöhen. Eine Minipause kann 2 bis 5 Minuten dauern und sollte bei Kindern im Grundschulalter alle 20 bis 30 Minuten gesetzt werden. In dieser Zeit kann das Kind z.B. aufstehen, etwas trinken, herumlaufen, sich strecken oder vielleicht einmal kurz auf dem Minitrampolin hüpfen.

Eine »Verschnaufpause« sollte spätestens nach einer Stunde stattfinden und ca. 15 Minuten dauern. Jetzt kann das Kind aus dem Zimmer gehen, Musik hören, etwas essen etc. Bei Jugendlichen, die längere Zeit zu arbeiten haben, sollte nach ca. 2 bis 3 Stunden Arbeitszeit eine Erholungspause von ungefähr einer Stunde eingelegt werden. Hier ist es günstig, sich körperlich zu betätigen, z.B. Sport zu treiben.

Für jüngere Kinder sind Minipausen besser geeignet. Zu lange Pausen machen es ihnen schwer, wieder den Anschluss zu finden.

b) Lernen im Schlaf

Lernen findet nicht nur in der Zeit statt, in der man aktiv etwas übt oder auswendig lernt. Auch die Zeit zwischen und nach dem Lernen, so die Pausen oder auch der Schlaf, sind für ein dauerhaftes Abspeichern von Wissensstoff im Gehirn (»Gedächtniskonsolidierung«) von entscheidender Bedeutung. In der Forschung unterscheidet man zwischen einer kurzfristigen, d.h. Minuten bis Stunden dauernden Konsolidierungsphase und einer langfristigen, späteren, d.h. Tage bis Jahre dauernden Konsolidierungsphase. Bei beiden Formen verlaufen auf unterschiedlichen Ebenen höchstkomplexe Umbauten der neuronalen Systeme ab. Neu angelegte Gedächtnisspuren werden ohne äußeres oder inneres Üben in der Zeit nach der aktiven Informationsaufnahme weniger störanfällig und damit später schneller und fehlerfreier abrufbar. So hat auch der Schlaf in diesem Zusammenhang eine wichtige Funktion, die sowohl die Schlafdauer als auch die Schlafphasen betrifft.

Forscher wie Pierre Macquet von der University of London oder Allan Hobson im Massachusetts Mental Health Center fanden heraus, dass die Gehirnwellenaktivität im Hippocampus beim Träumen Gedächtnismuster einübt, um entweder neue Erfahrungen ins Langzeitgedächtnis aufzunehmen oder um verblassende Neuronenverbindungen lebendig zu erhalten. Sie stellten fest, dass in den nächtlichen REM-Phasen (Traumphasen) dieselben Gehirnareale aktiviert wurden, die auch tagsüber während des Lernprozesses aktiv waren. Am darauf folgenden Tag zeigten sich verbesserte Leistungen der Lernenden. Die beobachteten Reaktivierungen des Gehirns während des Schlafs waren also tatsächlich gut für das Gedächtnis und den Lernprozess. (vgl. Blakemore und Frith 2006, S. 243 f.)

c) Bewegung

Körperliche Aktivitäten *vor* dem Lernen können positive Effekte für das Gehirn haben. Bewegung erhöht die Fähigkeit der Blutzellen, Sauerstoff aufzunehmen, und verbessert damit nicht nur die Muskel-, Lungen- und Herzfunktion, sondern ebenso die Hirnfunktion. Eine Studie in England ergab, dass Kinder, die vor Unterrichtsbeginn nur fünf Minuten lang einfache Gymnastikübungen machten (Hüpfen auf der Stelle, Armeschwenken und so weiter), bessere Unterrichtsleistungen zeigten, als wenn sie vor dem Unterricht nicht entsprechend aktiv gewesen waren (vgl. Blakemore und Frith 2006, S. 194). Ob man hier gymnastische oder kinesiologische Übungen einsetzt, ist egal – es wirkt die körperliche Aktivität.

Es bestehen auch wissenschaftliche Hinweise darauf, dass körperliche Aktivitäten *nach* dem Lernen für die Konsolidierung der Lerninhalte bedeutsam sind. So ist es z. B. günstig, nach dem Lernen Sport zu treiben oder einen ruhigen Spaziergang zu machen. Während dieser Zeit und Aktivität wird das vorher Gelernte ganz offenbar gefestigt. Lautes Musikhören oder intensives Computerspielen verhindern dagegen eher eine Konsolidierung der Lerninhalte.

Wichtig ist es also nicht nur, *wie* wir lernen, sondern auch *was* wir *vor*, *während* und *nach* dem Lernen tun (oder lassen sollten), um den Lernstoff mittel- und längerfristig rascher und sicherer abzuspeichern.

d) Fernseh-, Handy- und Computerkonsum – das leidige Thema

Sie alle kennen als Eltern das scheinbar unendliche Bedürfnis vor allem Ihrer Jungen, möglichst viel Zeit am Tag vor dem Fernseher oder dem Computer zu verbringen. Und immer wieder taucht in diesem Zusammenhang die Frage auf, wie viel tut hier gut und wo sollten die Grenzen sein. Sie alle erleben, dass Computer und Fernsehen ausgesprochen attraktiv und motivierend für Ihre Sprösslinge sind. Da jedoch das Anschauen eines Zeichentrickfilms auf YouTube oder das Computerspielen eine grundsätzlich andere Motivation und auch Gehirnaktivität erzeugt, empfindet Ihr Kind den Kontrast zwischen dem hochattraktiven Computerspiel oder dem YouTube-Video und der anstrengenden Mathematikübung als sehr ausgeprägt. Der nachfolgende Lernprozess wird damit für Ihr Kind tatsächlich deutlich anstrengender und schwerer, die Motivation sinkt, der Abspeicherprozess wird negativ beeinträchtigt. Aus diesem Grund, so unser Rat und unsere Erfahrung, sollten Ihre Kinder nicht *nach*, sondern *vor* der Bildschirmzeit lernen. Des Weiteren empfehlen wir, die Dauer des »Medienkonsums« deutlich zu begrenzen und zudem einen angemessenen zeitlichen Abstand zwischen Lernen und Fernseh- bzw. Videoschauen, Computerspielen oder Handynutzung einzuhalten.

Auch beim Fernsehen, Handy und PC gilt: »man übt das, was man tut«. »Bildschirmkonsum«, vor allem zu langer, ist das Gegenteil von aktiver Auseinandersetzung, Anstrengungsbereitschaft und schrittweiser Erhöhung der Ausdauer des Kindes. Viele Studien haben eindeutige negative Zusammenhänge zwischen der Dauer des Bildschirmkonsums im Vorschul- und Grundschulalter und dem Leistungsniveau in der Grundschule gezeigt. Auch konnte man Zusammenhänge zwischen der Dauer des Bildschirmkonsums und sozialen Verhaltensauffälligkeiten im Grundschulalter nachweisen (vgl. z.B. Spitzer 2006, Spitzer 2014, Spitzer 2019).

Bezüglich des Aktivitätsniveaus der Kinder gibt es die Vermutung, dass flackernde Bilder die motorische Unruhe verstärken. Ferner wird angenommen, dass die motorische Unruhe der Versuch sein könnte, das hohe Reizniveau wiederherzustellen. Durch den schnellen Bildwechsel, insbesondere bei Computerspielen, Videoclips und Zeichentrickfilmen, trainieren die Kinder regelrecht eine kurze Aufmerksamkeitsspanne. Eine geringere Reizqualität, wie sie z.B. im Unterricht besteht, wird dann uninteressant. Zu guter Letzt fehlt bei langem Bildschirmkonsum natürlich Zeit für andere Aktivitäten, so auch für das notwendige Lernen.

Ebenso kann der Abspeicherprozess durch Aktivitäten wie Computerspielen, Fernsehen bzw. Videoschauen beeinträchtigt werden. Möglicherweise verfügen wir über einen »Zwischenspeicher« im Gehirn, der die Inhalte, die wir tagsüber aufgenommen und verarbeitet haben, im Schlaf konsolidiert. Wie schon oben dargelegt werden Gehirnprozesse sozusagen im Schlaf wiederholt und Erinnerungen somit verfestigt. Da wir aber nur eine begrenzte Aufnahmekapazität am Tag haben, müssen wir uns letztlich fragen, was in diesem doch so wichtigen »Zwischenspeicher« abgelegt werden soll? Unsere Rechenaufgaben oder das Computerspiel oder das gesehene Video?

Wie beim Lernen auch, sollten Sie als Eltern klare, eindeutige Vereinbarungen mit Ihrem Kind über Bildschirmzeiten treffen. Vielleicht kann sich Ihr Kind eine Zeitverlängerung als Belohnung für kleine Lerneinheiten verdienen. Günstig ist es, eine verkürzte »Basisbildschirmzeit« auszumachen, um dann »Joker« in Form von zusätzlichen kleinen Einheiten als Verstärker einsetzen zu können. So verfügen Sie über mehr Kontrolle über den Bildschirmkonsum und haben vielleicht die sonst ausgedehnte und als selbstverständlich erlebte Bildschirmzeit sogar insgesamt verkürzt.

Da es für die meisten Familien (zu Recht) unrealistisch und nicht erstrebenswert ist, auf Fernsehen, Handy und Computerspielen *vollständig* zu verzichten, sollten Sie als Mutter und Vater in Abhängigkeit vom Alter Ihrer Kinder hierfür klare Zeitbegrenzungen festlegen.

Als Zeitdauer für den täglichen Medienkonsum (Fernsehen, Handy, Computer) Ihrer Kinder empfehlen wir folgende altersabhängige Richtschnur:

- Kleinkinder (0–4 Jahre): 0 Minuten
- Vorschulkinder: bis maximal 30 Minuten
- Grundschulkinder: bis maximal eine Stunde
- Kinder im Alter von 10 bis 13 Jahren: bis maximal 90 Minuten

C. Anforderungen an Eltern sowie Lehrerinnen und Lehrer

1. Eltern sind gefordert

Als Eltern verfügen Sie für Ihre Kinder im entscheidenden Ausmaß über die Möglichkeit, einen sog. »Engelskreis« beim Lernen einzurichten. Ihr Kind ist möglicherweise von Schwierigkeiten in der Selbststeuerung, im Zeitmanagement und in der Strukturierung des Lernstoffes betroffen und zeigt eine Abneigung gegenüber zusätzlichem Üben. Sie als Eltern haben eine ganz wichtige Vorbild- und Modellfunktion für Ihr Kind. Nur durch Ihre eigene Konsequenz ist Erfolg möglich.

> **Rückmeldung von Hannahs Mutter:**
>
> »Unser Dranbleiben am Lernstoff und hartnäckiges Einfordern des Wiederholens haben sich bei Hannah wirklich gelohnt, obwohl es mir manche Tage nicht leicht fiel, das Üben einzufordern. Obgleich ich an manchen Tagen dazu selbst keine rechte Lust hatte, habe ich es trotzdem gemacht; an manchen Tagen war es sehr einfach.«

Hilfreich kann für Sie als Mutter und/oder Vater im Hinblick auf ein erfolgreicheres Lernen vielleicht der Gedanke sein, dass sich nicht Ihr Sohn oder Ihre Tochter in erster Linie ändern muss, sondern eventuell zunächst Sie selber. Sie müssen sich darüber im Klaren sein, dass Sie für eine gelingende Schullaufbahn Ihrer Kinder ganz wichtige Voraussetzungen schaffen können. In unserer Praxis haben wir es häufig erlebt, dass Eltern, denen es gelungen ist, in der Grundschulzeit und zu Beginn der weiterführenden Schulzeit positive, lernfördernde Strukturen aufzubauen, erleben durften, wie ihre Kinder mit zunehmendem Alter Schritt für Schritt diese Strukturen eigenständiger übernehmen konnten. Damit konnten die Eltern echte Früchte der unterstützenden und fördernden Begleitung ihrer Kinder ernten.

Vielleicht mag es Ihnen zunächst als die Quadratur des Kreises erscheinen, aber für eine effektive Lernförderung Ihrer Kinder ist es notwendig, dass Sie als Mutter und Vater auf diese gleichermaßen ruhig, geduldig, gelassen, wohlwollend, freundlich und ermutigend aber auch genauso hartnäckig, kontrollierend und strukturierend einwirken.

2. Team-Gedanke anstatt »überzogener« Selbständigkeitsanforderungen

Wenn Sie als Eltern es schaffen, ein **Team** mit Ihrem Kind zu bilden, d.h. gemeinsam an einem Strang zu ziehen, legen Sie ein sehr wichtiges Fundament für dessen Motivation und Lernbereitschaft. Durch die Interaktion mit Ihnen beim Lernen, z.B. mithilfe der Lernkärtchen oder anderer motivierender Lerntricks, geben Sie Struktur von außen vor, ermöglichen Sie ein regelmäßiges Wiederholen und motivieren sie Ihr Kind. Dies schafft einen völlig anderen, effektiveren Lernrahmen für Ihr Kind, als wenn dieses alleine regelmäßig üben müsste, vor allem dann, wenn Ihre Tochter oder Ihr Sohn die entsprechenden Voraussetzungen für ein selbständiges Lernen (noch) gar nicht mitbringt.

Das Team, das Sie als Eltern mit Ihrem Kind bilden, kann unterschiedlich besetzt sein. Manchmal ist es so, dass Mütter ausgesprochen entnervt und am Ende ihrer Kräfte sind. In solchen Fällen bietet es sich an, dass beispielsweise der Vater oder die Oma die Mutter entlasten und mit dem Kind ein Team bilden.

Hat sich die Beziehung zwischen Eltern und Kind völlig »verhakt«, kann es sich als günstig erweisen, das Lernen an eine »neutrale« Person zu delegieren. Wichtig ist vor allem eine ruhige und konsequente Lernbetreuung durch *eine* Person, deren Unterstützung das Kind akzeptieren kann, und die auch über die jeweils besondere Problematik Bescheid weiß.

Mit Jugendlichen sollten später seine eigenen kurz-, mittel- und langfristigen Ziele besprochen werden. Eine sinnvolle Option besteht darin, diese Ziele gemeinsam schriftlich zu fixieren. Zusammen könnte zudem ausgehandelt werden, was der Jugendliche alleine angehen möchte und an welcher Stelle er sich Hilfe durch die Eltern oder durch einen anderen »Coach« wünscht. Lerntechniken können mit dem Jugendlichen eingeübt und Freunde als Modell mit einbezogen werden. Bei größeren Problemen sind schriftliche Verträge mit einer bestimmten Gültigkeitsdauer oft hilfreich, die klare Ziele und Aufgaben von Jugendlichen und Eltern definieren und festschreiben.

Bleiben Sie als Eltern, so ein weiterer Rat von uns, bitte stets realistisch. Bei Kindern mit Lernschwierigkeiten sind Sie als Mutter und Vater in Sachen Schule länger gefordert als andere Eltern. Ihre Kinder überschätzen häufig ihre eigenen Möglichkeiten. Sie sollten deshalb ein wachsamer Begleiter, Trainer und Coach Ihrer Kinder sein. Als gut funktionierendes Team können Sie ihr Kind schrittweise zum (Lern-)Erfolg führen. Treffen Sie mit Ihren Kindern Vereinbarungen, geben Sie ihnen strukturierende Hilfen, bewahren Sie sich eine wohlwollende und hartnäckige Grundhaltung und versäumen Sie schließlich bitte nicht, die Bemühungen und Anstrengungen Ihrer Kinder anerkennend zu würdigen.

3. Grundprinzipien der äußeren Strukturierung

a) Erleichterung schaffen – Vereinbarungen im Voraus treffen

Sie kennen vielleicht die folgende Situation: Sie sind gerade mit dem Spülen fertig und haben ein paar Minuten freie Zeit, stürmen in das Zimmer Ihres Kindes und »überfallen« es mit den Worten: »Jetzt üben wir!« Die natürliche Folge wird darin bestehen, dass Ihr Kind, dass sich mit seinen Gedanken und seinem Handeln vielleicht gerade ganz wo anders befindet, sofort in Opposition gehen wird und nicht mitmachen will. Ein Konflikt mit Ihrem Sohn oder Ihrer Tochter ist vorprogrammiert.

Um Situationen wie die oben beschriebene zu vermeiden, die bei Kindern meist zu oppositionellem Verhalten führen, raten wir nachdrücklich dazu, Lernanforderungen in Form von gemeinsamen Vereinbarungen bereits **im Voraus** zu treffen.

Eine Vereinbarung im Voraus zu treffen bedeutet beispielsweise beim Mittagessen festzulegen, wie sich der Nachmittag mit den Hausaufgaben, der Freizeit und auch dem zusätzlichen Lernen gestaltet. Diese Vereinbarungen müssen klar umrissene Ziele enthalten, d.h. hier wird festgelegt, *wann* (z.B. vor oder nach dem Abendessen), *wie viel* (z.B. 5 oder 7 Minuten/x-Anzahl von Kärtchen) und *mit wem* (der Teampartner) gelernt wird. Vereinbarungen in diesem Sinne schaffen Transparenz und Überschaubarkeit für Ihr Kind. Dieses wird jetzt eher bereit sein, sich auf ein verbindliches und, sofern notwendig, zusätzliches Lernen einzulassen. Eine Voraussetzung dafür, dass solche Vereinbarungen funktionieren, besteht natürlich darin, dass auch Sie sich als Eltern an diese halten.

Je älter Kinder werden, umso wichtiger ist es, sie bei der Vereinbarung aktiv miteinzubeziehen. Geben Sie Ihrem Kind das Gefühl, mitentscheiden zu dürfen. Als Mutter und Vater sind Sie es, die den grundsätzlichen Rahmen abstecken. Dies bedeutet beispielsweise, dass feststeht, dass zusätzlich geübt wird. Diskutieren Sie darüber mit ihrem Kind nicht. Ihre Tochter bzw. Ihr Sohn kann jedoch innerhalb dieses Rahmens mitentscheiden, wann und wie viel geübt wird. (»Möchtest du vor oder nach dem Abendessen lernen; wie viel traust du dir heute zu, zusätzlich im Rechnen zu wiederholen, 5 oder 7 Minuten? Etc.«). In Entscheidungen aktiv mit einbezogen zu werden, fördert die Motivation Ihrer Kinder.

Sie können davon ausgehen, dass alle Kinder unter schlechten Schulleistungen leiden. Jedes Kind möchte besser werden und ist anfangs auch gerne in die Schule gegangen. An diesem Punkt können Sie Ihr Kind »abholen«. Versuchen Sie es mit dem sog. »Ja-Set«, wenn Sie eine Vereinbarung treffen. »Willst du wirklich besser werden? – Bist du dir ganz sicher? – Willst du wirklich ein bisschen was investieren, um besser zu werden? – Bist du sicher, dass du bereit bist, jeden Tag ein bisschen zu lernen?« Sie können danach mit dem konkreten Aushandeln einer Vereinbarung fortfahren: »Wie viel Zeit würdest du investieren? – Oh, eine halbe Stunde erscheint mir viel zu viel, 10 Minuten wären schon enorm!, – 15 Minuten willst du machen, das ist prima! Also, wir vereinbaren: 10 Minuten zusätzlich üben, wenn du viele

Hausaufgaben auf hast, und 15 Minuten, wenn du nicht so viel auf hast. Die Zeit legen wir immer beim Mittagessen fest. Abgemacht?«

Als zusätzliches Motto hilft in diesem Zusammenhang der alte Spruch: »Erst die Arbeit, dann das Vergnügen«. Viele Eltern räumen ihren Kindern bereits vor der Erledigung des Lernens oder der Hausaufgaben Belohnungen ein, indem sie ihre Kinder bereits vorher z. B. Videos schauen oder Computer spielen lassen. Führen wir uns die Gesetze der klassischen Lerntheorie vor Augen: Dort heißt es, dass die positiven Konsequenzen, d.h. die Belohnungen auf das erwünschte Verhalten erfolgen sollten und nicht umgekehrt. Sie »verschenken« also sozusagen positive Verstärker, wenn Sie Ihrem Kind vorzeitig, d.h. vor Erledigung der Aufgaben, die Belohnungen zugestehen. Auch Ihnen dürfte es im Übrigen vermutlich schwer fallen, ein spannendes Buch aus der Hand zu legen, um sich dann mit der anstrengenden Steuererklärung auseinanderzusetzen.

> Vereinbarungen zwischen Eltern und Kindern im Voraus zu treffen bedeutet, immer wieder neue Diskussionen und nervenaufreibenden Streit zu vermindern und stattdessen alltägliche Rituale und Routinen einzuführen. Ein klar strukturierter und verbindlicher Lernrahmen reduziert den Reibungsverlust und erleichtert den Familienalltag erheblich.
>
> Wichtig ist es, dass Sie Ihrem Kind für seine Lernaufgaben eindeutige, genau umschriebene und vor allem bewältigbare Anforderungen stellen. Nur so können Kinder Erfolge erleben! Und vergessen Sie nicht, Ihr Kind für seine Fortschritte und Erfolge zu würdigen.

b) Zeit- und Lernmanagement in Abhängigkeit vom Lebensalter der Kinder

Wer schlecht lernt, hat häufig auch Schwierigkeiten mit der zeitlichen Einteilung. Oft wird der Fehler gemacht, dass in zu großen Zeiteinheiten gearbeitet wird bzw. dass man sich zu große Lernportionen vornimmt. Die Phasen, in denen Kinder konzentriert lernen können, sind in der Regel sehr kurz, sie dauern häufig nur wenige Minuten an. Im Laufe der Entwicklung kann diese Zeit innerhalb bestimmter Grenzen ausgedehnt werden. Nicht selten beträgt jedoch auch dann die Obergrenze für konzentriertes Lernen und Einprägen eine Viertelstunde. Nur durch eine Pause kann dann das Kind wieder in die Lage versetzt werden, erneut – und häufig dann etwas kürzer – konzentriert zu lernen.

Im Hinblick auf eine positive Lernbereitschaft sind kürzere Lernphasen von Vorteil, da mit den meisten Kindern eine regelmäßige tägliche Lernzeit – z.B. von zunächst 10–12 Minuten und in einer zweiten späteren Phase von 12–20 Minuten – ohne größere Probleme zu vereinbaren ist. Wenn Kinder dies mithilfe ihrer Eltern dauerhaft durchhalten, darf zu Recht mit Erfolgen gerechnet werden.

Wie lange können Kinder *durchschnittlich* konzentriert lernen?

Alter	durchschnittliche Konzentrationsdauer (ohne Pausen)
7 Jahre	15 Minuten
8–9 Jahre	20 Minuten
10–12 Jahre	25–30 Minuten
13–18 Jahre	30–45 Minuten

c) Kinder sind nicht die besseren Erwachsenen – zur Einhaltung von Lernanforderungen

Selbstverständlich wollen sich die meisten Kinder immer wieder vor dem lästigen Wiederholen drücken. Lernarbeit ist eben anstrengend. Geben Sie als Eltern hier nicht einfach auf oder erwarten Sie von Ihrem Kind nicht, dass es das Lernen von alleine in Angriff nimmt. Seien Sie nicht enttäuscht, wenn Ihre Tochter oder Ihr Sohn nicht selbständig lernt. Diese Erwartung ist eine große Falle. Können wir denn wirklich von unseren Kindern Dinge verlangen, die uns selbst als Erwachsene schwer fallen? Und können wir vor allem von Kindern mit einer Teilleistungsschwäche gerade das einfordern, selbständig zu tun, was ihnen am schwersten fällt? Sie müssen sich als unterstützende Eltern im Lern- und Übungsprozess mit Ihren Kindern darüber im Klaren sein, dass es *Ihr* konsequentes Vorgeben von Lernstrukturen und *Ihr* hartnäckiges Durch- und Einhalten sind, die notwendig und hilfreich sind. Sie stehen hier als Eltern in der Pflicht und Verantwortung, wenn Ihr Kind schulisch besser werden soll. Ihre Aufgabe als Mutter und Vater besteht im regelmäßigen Begleiten, Kontrollieren und Überprüfen der Anforderungen, die Ihrem Kind gestellt werden. Seien Sie hierfür zu Hause *präsente* Eltern und richten Sie danach Ihr Handeln aus, anstatt nur darüber zu sprechen.

Möglicherweise werden Sie von manchen Lehrkräften in diesem Zusammenhang mit Äußerungen verunsichert wie z.B.: »Ihr Kind ist alt genug, es muss das (zusätzliche) Üben alleine hinbekommen«, oder »Ihr Kind muss selbständig werden. Wenn Sie mit ihm lernen, verhindern Sie dies.« Solche allgemeinen Aussagen, bei denen unreflektiert nicht zwischen Ziel und Weg unterschieden wird, drücken aus unserer Sicht nicht unbedingt pädagogische Kompetenz aus. Weder wird die »Individuallage«, d.h. die individuellen Voraussetzungen des Kindes berücksichtigt, noch wird sich die Mühe gemacht, für das jeweilige Kind seinen besonderen Weg zu Selbständigkeit und auch zum Lernerfolg zu entwickeln, was die eigentliche pädagogische Aufgabe darstellt.

Sie als Eltern erleben tagtäglich, was bei Ihrem Kind möglich und hilfreich ist und was nicht. Es besteht also kein Grund, sich durch solche Äußerungen verunsichern zu lassen.

Andererseits werden Sie aber auch erleben, dass Sie von engagierten Lehrerinnen und Lehrern in Ihrem hartnäckigen Bemühen unterstützt werden. Am hilfreichsten für Ihr Kind ist hier eine enge Kooperation, bei der die Hausaufgaben und die spezifischen Lernbemühungen individuell den Voraussetzungen Ihrer Kinder angepasst werden.

4. Loben – aber richtig

Loben Sie Ihr Kind vor allem, wenn dieses beim Üben mitmacht und sich bemüht. Gestalten Sie weiterhin die Anforderungen so, dass Erfolgserlebnisse möglich sind.

Grundlage des Lobs, einer klassischen Form positiver Verstärkung, sind also Ihre realistischen Erwartungen und Zielsetzungen. Zu hohe Anforderungen führen bei Ihrem Sohn oder bei Ihrer Tochter zum Scheitern und damit zur Frustration.

Ihr Ziel sollte es stets sein, Ihrem Kind eine positive Rückmeldung zu seinem Verhalten zu geben. Beachten Sie bitte dabei, dass nicht die erzielte Note in der Lernzielkontrolle der Grund zum Loben sein sollte, sondern die Tatsache, dass Ihr Kind beim Üben mitmacht, sich anstrengt. Dieses Bemühen und die damit gezeigte Lernbereitschaft gilt es zu würdigen.

Darüber hinaus wird Ihr Kind auch durch die Sache selbst »gelobt«. Durch seine Erfolgserlebnisse, die es aufgrund des Lernens hat, kann es die Erfahrung machen: »Ich hab es geschafft, ich werde immer ein kleines bisschen besser«. Aus diesem Grunde sollten Lernmethoden so konzipiert sein, dass der Erfolg sofort erlebbar wird, vom Kind auch als solcher wahrgenommen und beobachtet werden kann.

Loben bedeutet auch, die richtigen Worte zu finden. Wir machen immer wieder die Beobachtung, dass Kinder es manchmal als unangemessen, ja sogar als unangenehm erleben, wenn sie mit Lob »überschüttet« werden. Das heißt für Sie als Eltern: Loben ja, unbedingt, aber bitte richtig. Wenige Worte sind dabei zumeist hilfreicher als lange Ausführungen. Knappe Bemerkungen zur Sache, wie »prima«, »gut gemacht« oder »es hat mich gefreut« kommen hier meistens besser an.

5. Der Punkteplan als zeitlich begrenzte »Notmaßnahme« zur Motivationsverbesserung

Manchmal reicht es aber nicht aus, wenn Eltern loben und ermutigen, vor allem in solchen Fällen nicht, wenn Kinder »ganz unten sind« und ihr Widerstand zu groß ist. Hier bietet sich die Arbeit mit einem Belohnungssystem, dem Punkteplan an. Über die vergebenen Punkte erhält das Kind eine unmittelbare positive Rückkopplung. Dies wird mit einem Anreiz verbunden, der zu einem späteren Zeitpunkt eingelöst werden kann.

Schritte bei der Erstellung eines Punkteplans

Konkrete Beschreibung des erwünschten Lernverhaltens z. B. des Übens (was genau)	
erreichbares, »realistisches« Zielverhalten (was genau, wie oft, wie lange, wie intensiv …)	
Auswahl der eintauschbaren Belohnungen	
Regeln für die Vergabe von Punkten	
Regeln für den Eintausch der Punkte in Belohnungen	
Art der Registrierung der Punkte	

Sie vereinbaren mit Ihrem Kind ganz konkrete, positiv umrissene Ziele, die Sie schriftlich auf einem entsprechenden Protokollbogen festhalten. Solche Ziele können z. B. sein:

1. Ich schaffe es, 10 Minuten täglich Einmaleins-Aufgaben mit meinem Vater bzw. meiner Mutter zu wiederholen.
2. Ich schaffe es, meiner Mutter bzw. meinem Vater am Abend 10 Minuten vorzulesen.

Für »normale« Ziele empfehlen wir einen Punkt zu vergeben, für schwierige Anforderungen, wie z. B. das zusätzliche Lernen, zwei Punkte. Jeden Tag vergeben Sie die entsprechenden Punkte durch Eintrag in einen Protokollbogen. Am Ende der Woche kann eine maximale Punktzahl erreicht werden. Im Voraus legen sie gemeinsam mit Ihrem Kind fest, bei welcher Punktzahl was eingetauscht werden kann. Erwarten Sie nicht zu viel, d. h. lassen Sie sich darauf ein, dass bereits bei 70 % der Maximalpunktzahl ein Verstärker erworben werden kann. Diese Verstärker müssen von Ihrem Kind selbst aus einem von Ihnen vorgegebenem Rahmen an Möglichkeiten ausgewählt werden können. Vielleicht erfreut sich Ihr Kind an einem Eis, einem Schwimmbadbesuch mit dem Papa, dem Anschauen der Lieblingssendung am Sonntag oder ähnlicher Verstärker. Diese äußeren Anreize sind gerade in verfahrenen Situationen ein wichtiger Motivationsfaktor, um Ihre Kinder zum Mitmachen zu bewegen, um dann wieder eine gewisse Regelmäßigkeit und Routine in den Alltag einzuführen.

Punktepläne sollten immer eine Zeitbegrenzung haben. Vereinbaren Sie von Anfang an eine Durchführung des Punkteplanes von zunächst nur maximal zwei Wochen. Anschließend können Sie die Ziele verändern oder den Punkteplan für eine gewisse Zeit aussetzen, damit er seine Attraktivität nicht auf Dauer verliert.

6. »Fallen« für Eltern bzw. Lehrerinnen und Lehrer

Es gibt drei große Fallen in Ihren Vorstellungen, Reaktionen und Äußerungen, die dazu führen, dass Ihre Kinder weiter entmutigt werden können. Sie haben als Eltern und auch als Lehrer eine große Bedeutung für Ihre Kinder, dies gilt für positive Reaktionen und mindestens genauso für negative Reaktionen.

a) Ärger

Sie zeigen Ihrem Kind Ihren Ärger: »Warum hat er/sie denn in der Probe nicht …?« Ihr Kind kommt mit einer schlechten Note nach Hause, fühlt sich deprimiert und bekommt dann noch Ihren Ärger zu spüren.

Ihr Ärger als Mutter oder Vater ist nachvollziehbar, denn Sie sind maßlos enttäuscht über die schlechte Note, haben Sie doch zuvor sehr viel Zeit und Nerven für das Üben mit Ihrem Kind aufgewendet. Laut ausgesprochene Gedanken wie »jetzt haben wir doch so viel geübt, das kann doch wirklich nicht wahr sein, dass du das immer noch nicht auf die Reihe kriegst« bedeuten für Ihr Kind neben der schlechten Note eine zusätzliche Form von Bestrafung – auch im Hinblick auf das zuvor erfolgte anstrengende Üben.

b) Enttäuschung

Jede Mutter, jeder Vater hat ganz bestimmte Erwartungen, wie das eigene Kind sein sollte. Dies ist völlig normal. Da uns allen solche Idealziele im Hinterkopf herumspuken, ist die Enttäuschung groß, wenn die Tochter oder der Sohn schlechtere Leistungen zeigt – es genügt unseren Anforderungen und Erwartungen einfach nicht.

Häufig sind Eltern enttäuscht, wenn die Kinder ihren Vorstellungen nicht genügen. Hinzu kommen dann Beobachtungen, die ihre Verunsicherung und Enttäuschung noch verstärken: »Zu Hause hat er/sie es doch gekonnt, warum in der Klassenarbeit nicht?« Vorwürfe sind oft die Folge. Es ist jedoch ganz normal, dass man in einer Prüfungssituation nicht alles, was man vorher in einer stressfreien Situation leisten konnte, vollständig umsetzen kann. Unsere möglicherweise schon misserfolgsorientierten Kinder gehen oft bereits mit sehr negativen Erwartungen und Ängsten in die Prüfungssituation hinein, was sie zusätzlich sehr stark beeinträchtigt. Ist das Ausmaß ihrer Angst zu groß, sind sie nicht mehr in der Lage, die entsprechenden »Schubladen« in ihrem Gedächtnis aufzuziehen und so die Aufgaben angemessen zu lösen. Der Abbau dieser Prüfungsängstlichkeit bzw. der negativen Gedanken braucht Zeit. Kinder und Eltern benötigen hier gemeinsam Geduld und vor allen Dingen möglichst zunehmende Erfolgserlebnisse, damit sich die Leistungsblockaden auflösen können.

c) Sorgen – Schonen

Oft sind bei Eltern auch Gedanken wie der folgende zu hören: »Unser Sohn/unsere Tochter weint doch so häufig beim Lernen, ist die Schule nicht ohnehin schon eine große Quälerei für ihn/sie? Da kann ich ihm/ihr doch nicht noch zusätzlich zu den Hausaufgaben etwas zumuten.«

Eltern (und Lehrer) sind manchmal zu »verständnisvoll«: Sie versetzen sich in ihr Kind hinein, leiden mit ihm, erleben, wie es sich im Umgang mit den Anforderungen quält, und wollen es entlasten. Zusätzliches Üben wird nicht mehr eingefordert, da die Kinder ja schon mit den Hausaufgaben zu sehr belastet sind. Dieses Schonverhalten wird in der Psychologie negative Verstärkung genannt, und führt dazu, dass sich das Kind zukünftigen Anforderungssituationen immer mehr entziehen wird. Seine Wissenslücken werden damit natürlich ständig größer, Schule wird als noch leidvoller und belastender erlebt. Die »Wunde« des Nicht-Könnens, des »Schlecht-Seins« wird so bei Ihrem Kind nicht heilen können.

Kapitel 8: Einfache und erfolgreiche Lernmethoden in Mathematik zum Erlernen der Basisfertigkeiten

Einleitende Gedanken

Dieses Kapitel versucht nicht nur Hilfen für Kinder mit Schwierigkeiten im Rechnen anzubieten, sondern möchte für alle Schüler im Grundschulbereich leichtere Lernwege aufzeigen.

Wie Sie sehen werden, propagiert die Mathematikdidaktik ohne jegliche empirische Absicherung Vorgehensweisen, die unter »gehirntechnischen« und lernpsychologischen Gesichtspunkten sehr fragwürdig sind. Die negative Entwicklung der Leistungen der Schüler in Mathematik seit 2011 legt ein deutliches Zeugnis ab. Es soll noch einmal, wie in Kapitel 2 aufgezeigt wurde, daran erinnert werden, dass sich die Leistungen deutscher Schüler seit 2011 (IQB) bzw. 2012 (PISA) kontinuierlich verschlechtert haben. Besonders bedeutsam für den Grundschulbereich sind die Ergebnisse der IQB-Studien: Bei den Viertklässlern nahm der Anteil der Schüler, die den Mindeststandard in Mathematik nicht erreichen konnten, von 11,9 % im Jahr 2011 über 15,4 % im Jahr 2016 auf 21,8 % im Jahr 2021 kontinuierlich zu.

Es stellt sich die Frage, ob die »moderne« Mathematikdidaktik mit ihren Vorgaben nicht fast zwangsläufig bei einem Teil der Schüler eine Rechenschwäche bewirkt, da sie von den Schülern ein Lernen fordert, das neurowissenschaftlich betrachtet als Fehlweg einzuschätzen ist, wenn man als Ziel den Lernerfolg anstrebt. Deswegen wäre zu untersuchen, ob die Mathematikdidaktik nicht durch unpassende und komplizierte Vorgaben den Lernprozess bei den Schülern erschwert oder ob sie teilweise gar Fehlstrategien für den Erwerb der Basisfertigkeiten fordert.

Lassen Sie uns dies in langsamen Schritten genauer betrachten und gleichzeitig der Frage nachgehen, ob es nicht einfachere, weniger anstrengende und effektivere Lernwege als die postulierten gibt.

1. Probleme von Schülern im Rechnen

Schauen wir uns zunächst den schwersten Fall von Problemen in Mathematik genauer an: die Dyskalkulie (Rechenstörung). Auf diese Weise wird es möglich, die Bereiche, in denen Gefahrenstellen für das Erlernen des Rechnens liegen, besser in den Blick zu bekommen.

Einen ersten Hinweis liefert das Klassifikationssystem über Krankheitsbilder der Weltgesundheitsorganisation (WHO). Im letzten Klassifikationssystem ICD-10 der WHO wird die Rechenstörung unter F 81.2 den sog. »Entwicklungsstörungen schulischer Fertigkeiten« zugeordnet. Der Kern der Beeinträchtigung von Rechenfertigkeiten, wird darin im Erlernen der Basisfertigkeiten gesehen: »Das Defizit betrifft vor allem die Beherrschung grundlegender Rechenfertigkeiten, wie Addition, Subtraktion, Multiplikation und Division, weniger die höheren mathematischen Fertigkeiten, die für Algebra, Trigonometrie, Geometrie oder Differential- und Integralrechnung benötigt werden.« (Auszug aus der ICD-10 (Weltgesundheitsorganisation (WHO): F81.2 Rechenstörung))

Im aktuellen Klassifikationssystem wird dies allgemeiner formuliert, betrifft aber weiterhin besonders den Bereich der Basisfertigkeiten: Der Kern sind »significant and persistent difficulties in learning academic skills related to mathematics or arithmetic, such as number sense, memorization of number facts, accurate calculation, fluent calculation, and accurate mathematic reasoning«. (Auszug aus der ICD-11 (Weltgesundheitsorganisation (WHO): A03.2 Developmental learning disorder with impairment in mathematics))

Zusammenfassend kann festgestellt werden: Am Anfang des Lernprozesses in Mathematik entstehen beim Kind deutliche und überdauernde Defizite im Bereich der Basisfertigkeiten Addition, Subtraktion, Multiplikation und Division. Gleichzeitig bestehen Schwächen im Zahlenverständnis und beim Erinnern von numerischen Fakten, wobei vor allem letzteres in nachvollbeziehbarer Weise dazu führt, dass das richtige (fehlerfreie) und flüssige (schnelle) Rechnen nicht gelingt. Damit fällt letztlich auch das richtige mathematische Verständnis besonders im Anwendungsbereich schwer.

Einen weiteren Zugang zum Kernbereich der Rechenstörung und damit auch der Rechenschwäche als leichter Form der Beeinträchtigung liefert die empirische Forschung. Landerl, Vogel und Kaufmann (2017, S. 111 f.) stellen in ihrem Standardwerk »Dyskalkulie« fest:

»Das am konsistentesten belegte Symptom bei Dyskalkulie besteht in einer deutlichen Beeinträchtigung von Aufbau und Abruf des arithmetischen Faktenwissens … Der Übergang vom zählenden Rechnen zum direkten Abruf von arithmetischen Fakten aus dem Gedächtnis gelingt offenbar nicht. … Offenkundig ist **zählendes Rechnen** die einzig verfügbare Strategie, solange kein ausreichendes Faktenwissen vorhanden ist.«

Hasselhorn und Gold (2022) erläutern in ihrem Standardwerk »*Pädagogische Psychologie*« wie die Entwicklung der Rechenfertigkeit im Normalfall abläuft. Die allgemeine Entwicklungssequenz basaler Strategien zur Lösung einfacher Additions- und Subtraktionsaufgaben beginne mit *Fingerzählen und verbalen Zählstrategien* und führe dann zu Strategien des Wissensabrufs und zu Zerlegungsstrategien: »Mit zunehmender Vertrautheit einfacher Additionsaufgaben kommt es zur strategischen Nutzung des *Wissensabrufs aus dem Langzeitgedächtnis*. Ist die Lösung einer Aufgabe bereits bekannt (d.h. in der Wissensbasis repräsentiert), so kann sie unmittelbar abgerufen werden und die Anwendung aufwendiger Lösungsprozesse erübrigt sich. […] Zusätzlich und damit überlappend bilden sich *Zerlegungsstrategien* heraus, wenn die Lösung einer Aufgabe zwar nicht direkt aus der Wissensbasis extrahiert werden kann, wenn aber Wissen über verwandte oder ähnliche Aufgaben genutzt wird, um zur Lösung zu gelangen. […] So kann – um ein einfaches Beispiel zu wählen – die Aufgabe 5+7 über das direkt abrufbare Wissen um die Gleichung 5+5=10 leichter gelöst werden: Durch Zerlegung der Aufgabe ergibt sich nämlich: 5+7=5+5+2=10+2=12.« (Hasselhorn und Gold 2022, S.194)

Weiterhin verweisen sie darauf, »dass Erstklässler mit einer Rechenstörung länger bei der Strategie des Fingerzählens verharren […]. Selbst in der 3. Klassstufe nutzen sie weiterhin die sehr *rudimentäre Strategie des Fingerzählens* […]. Auch die Fähigkeit, einfaches *arithmetisches Faktenwissen* (Basic Arithmetic Facts) abzurufen, verbessert sich bei rechengestörten Kindern im Verlauf der Primarschuljahre kaum […]. Zudem ist bei Kindern mit Dyskalkulie eine *deutlich verzögerte Entwicklung der Strategienutzung* bei einfachen Arithmetikaufgaben festzustellen.« (2022, S.194)

Übereinstimmend wird festgestellt, dass beim Erlernen der Basisfertigkeiten der Aufbau des arithmetischen Faktenwissens bzw. des »memorization of number facts« bei den betroffenen Schülern nicht gelingt. Damit zeichnet sich hier die Hauptfrage ab: Wie stellt sich die Mathematikdidaktik den Aufbau des numerischen Faktenwissens grundsätzlich vor und welche Lernwege werden dabei propagiert? Wie soll ganz konkret der Schritt vom zählenden Rechnen zur Automatisierung des numerischen Faktenwissens erreicht werden?

Landerl, Vogel und Kaufmann beschreiben den »Übergang vom zählenden Rechnen zum Abruf von arithmetischen Fakten« aus didaktischer Sicht folgendermaßen:

»Mit entsprechender Übung werden einfache Rechnungen, deren Ergebnis wiederholt ›errechnet‹ wurde, als *arithmetische Fakten* im Langzeitgedächtnis gespeichert. Dies gilt insbesondere für einfache Additionen (z.B. 2+3) sowie für das kleine Einmaleins.« (Landerl u.a. 2017, S.82) Sie stellen dann einschränkend fest: »Wie lange es dauert, bis ein Kind über ein einigermaßen umfangreiches Faktenwissen verfügt, hängt von verschiedenen Faktoren ab. Wesentliche Einflussgrößen sind hier vermutlich ein gutes Verständnis für die durchgeführten arithmetischen Operationen sowie das symbolische Wissen über Zahlenmengen und deren Ordinalität. Des Weiteren tragen verbale Funktionen, Arbeitsgedächtnisfunktionen und exekutive Funktionen sowie Übung wesentlich zum Aufbau des Faktenwissens bei. Wie genau diese Faktoren zusammenspielen, ist bisher wenig untersucht und Gegenstand aktueller Forschungsbemühungen.« (ebd., S.82 f.)

Bezeichnend bei diesem Zitat ist, dass gemäß der gängigen Denkweise der Schüler oder die Schülerin dafür verantwortlich ist, wenn ein Lernweg nicht zum Erfolg führt. Deswegen muss man dann allein bei ihm bzw. ihr suchen, woran dies liegen könnte. Nicht reflektiert wird, ob die Lernmethode überhaupt funktionieren kann und es deswegen vielleicht an der Lernmethode liegen könnte.

Das Grundmotto wird deutlich: Der Schüler muss sich den Lernmethoden anpassen.

Bei einer kompetenten pädagogischen Vorgehensweise sollte es eigentlich genau umgekehrt sein: Die Lernmethoden sind für das Schulkind da und müssen sich dem Schulkind und besonders der Funktionsweise seines Gehirns anpassen.

Lernmethoden in Mathematik zum Erlernen der Basisfertigkeiten

Lassen sie uns die These, dass man durch wiederholtes zählendes Rechnen arithmetisches Faktenwissen aufbauen kann, unter neurowissenschaftlicher Perspektive einmal genauer überprüfen. Was passiert im Arbeitsgedächtnis beim zählenden Rechnen?:

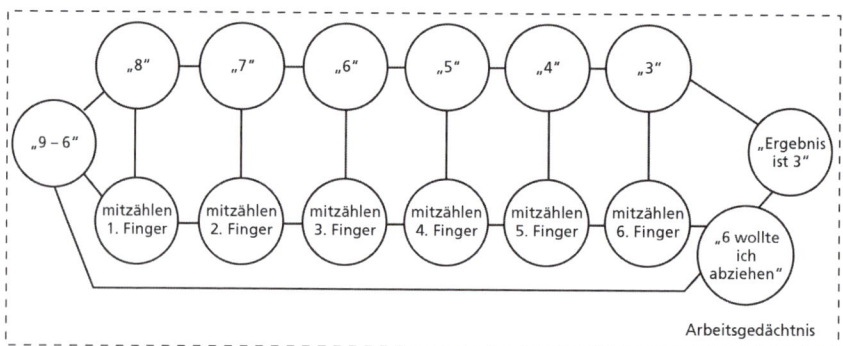

Abb. 8.1: Denkvorgänge beim zählenden Rechnen im Arbeitsgedächtnis

Hier drängt sich uns sofort die Standardfrage in Bezug auf die Vorgaben der Mathematikdidaktik auf: »Wie soll das funktionieren? Das Schulkind hat doch ein Gehirn.« Das Gehirn macht durch seine Funktionsweise Vorgaben, die man nicht unberücksichtigt lassen kann.

Wird der obige Rechenweg immer wieder durchgeführt, wird genau dieser zählende Rechenvorgang bei den zugehörigen synaptischen Verbindungen im Gehirn immer »dicker« verdrahtet und das Schulkind wird bei diesem speziellen Rechenvorgang zunehmend schneller.

Ziel beim arithmetischen Faktenwissen ist aber die direkte, »dicke« synaptische Verbindung zwischen Aufgabe und Ergebnis. Bei der Aufgabe 9−6 ist blitzschnell und ohne einen weiteren Denkvorgang das Ergebnis im Arbeitsgedächtnis verfügbar.

Abb. 8.2: »Direkte« Verdrahtung zwischen Aufgabe und Ergebnis beim automatisierten arithmetischen Faktenwissen

Wie soll nun angesichts der begrenzten Kapazität des Arbeitsgedächtnisspeichers und den vielen zusätzlichen Informationen zwischen Aufgabe und Ergebnis beim zählenden Rechnen eine »direkte« Verdrahtung entstehen können? Als Eltern und Lehrer machen Sie deswegen auch die Erfahrung, dass Aufgaben wie z.B. 3+2, die eine geringere Anzahl von zusätzlichen Informationen beim Ausrechnen erfordern, leichter zum Faktenwissen werden können. Erhebliche Schwierigkeiten bestehen jedoch, wenn das Kind beim zählenden Rechnen zu viele Informationen zwischen

Aufgabe und Ergebnis benutzen muss. Viele Kinder schaffen es dann nicht, die »direkte« Verdrahtung herzustellen.

Im Standardwerk »Dyskalkulie« von Landerl, Vogel und Kaufmann (2017, S. 221) ist auch eine alternative Möglichkeit zu finden, wie das arithmetische Faktenwissen aufgebaut werden kann: »Insbesondere arithmetisches Faktenwissen muss konsequent eingeübt werden, weil nur durch schnellen und automatisierten Abruf von Faktenwissen wertvolle Arbeitsgedächtnisressourcen frei werden, die für die Lösung komplexer arithmetischer Aufgaben dringend benötigt werden. Drilltraining kann also … eine effektive Interventionsmethode sein.«

»Als Drilltraining bezeichnet man das wiederholte schematische Üben von Aufgaben mit dem Ziel, diese Lerninhalte abzuspeichern … Aktuelle Lerntheorien stimmen darin überein, dass Drilltraining, wie beispielsweise das Einüben von arithmetischen Fakten, unter bestimmten Umständen effektiv sein kann. Ein effizienter Abruf von gelernten Inhalten aus dem Gedächtnis stellt geringe Anforderungen an die Arbeitsgedächtnisleistungen, wodurch Arbeitsgedächtnisspeicher frei wird für das Verarbeiten von anderen Lösungsschritten (wie z. B. nötig beim Lösen mehrstelliger schriftlicher Rechenaufgaben).« (ebd., S. 182)

Die Begrifflichkeit ist schon aufschlussreich: »Drill« ist etwas, das in der Pädagogik verpönt ist. Das systematische Einüben und Auswendiglernen von arithmetischen Fakten wird deswegen auch nicht praktiziert bzw. sogar von didaktischer Seite abgelehnt.

Sie werden im Abschnitt 12 sehen, wie leicht, einfach und ohne sich sehr anstrengen zu müssen, Ihr Kind das Faktenwissen schrittweise automatisieren kann. Wenn die ersten »direkten Verdrahtungen« beim Kind erstmals aufgebaut worden sind, ist es unerlässlich, diese in für das Kind bedeutungsvollen Anwendungen, d. h. in alltagsnahen Sachaufgaben, zu verankern.

Hier ein Beispiel aus der Therapiearbeit, nachdem das Kind erstmals mit Hilfe der Lernkärtchen 9 – 6 = 3 sicher abgespeichert hat:

»Stell dir vor, du hast 9 Gummibärchen
und du isst 6 davon.
Wieviel hast du noch?«
Kind sofort: »3«
Tp: »Stimmt! Aber lass uns das noch einmal überprüfen. Hier sind …«

Auf diese Weise kann die Bedeutung der vorher Erlernten in alltagsnahen Aufgaben verankert werden. Die Aufgaben können dann durch unterschiedliche »Einkleidungen« variiert werden, bei denen es um für das Kind bekannte Sachverhalte wie wegnehmen, abschneiden, aussteigen usw. geht.

> Jens Holger Lorenz geht davon aus, dass das Kind in Bezug auf Addition und Subtraktion über Vorstellungsbilder verfügt, welche die Bedeutung dieser Operationen beinhalten: »Die vorgestellten Bilder sind die Prototypen des kindlichen Denkens für die arithmetischen Operationen. Diese Vorstellungsbilder sind häufig vage, unscharf, unpräzise und selten numerisch. Diese Unbestimmtheit

> macht ihre Kraft bei Problemlöseprozessen aus, da sie hierdurch auf ähnliche Situationen und Gegebenheiten übertragen werden können.
> Für die meisten von uns ist die Addition mit der Vorstellung verbunden, eine Menge wird vergrößert (wobei die Menge amorph und unscharf bleibt), es wird *vermehrt, angeklebt, verlängert, angenäht oder ähnlich*. Die Subtraktion wird mit Wegnehmen, Verlieren, Absägen, Abhacken, Abschneiden, Weggeben und Ähnlichem mehr gekoppelt […] Alle diese Vorstellungen sind numerisch unpräzise, aber eben deshalb können sie bei beliebigen Zahlen in unserem Kopf hervorgerufen werden, wenn nur die Handlung für sie passend ist.« (Lorenz 2005, S. 174)

2. Neurowissenschaftliche Reflexionen zum Grundkonzept der deutschen Mathematikdidaktik

Die zentrale Forderung der Mathematik ist, dass das Verstehen im Mittelpunkt des mathematischen Lernprozesses zu stehen habe. Dagegen ist zunächst einmal nichts einzuwenden. Die Mathematikdidaktik definiert dann aber dieses Verstehen in einer sehr spezifischen Art und Weise. Verantwortlich dafür sind Theoretiker, die am Schreibtisch festlegen,

- **wie ein** Lernweg sein muss, ohne diesen **bezüglich** des Erlernens der Basisfertigkeiten praktisch überprüft zu haben, und
- **ohne dessen Erfolg auch nicht im Vergleich zu anderen Wegen überprüft zu haben.**

Schauen wir uns an, welche Kernkomponenten dieses Verständnis der vorherrschenden Mathematikdidaktik von »Verstehen« enthält:

Maßgeblichen Einfluss hatte hierbei der amerikanische Kognitionspsychologe Jérôme Bruner. Er sah sich als Vertreter einer progressiven und modernen Erziehung, in der das selbstentdeckende Lernen und das »Verstehen« eine zentrale Bedeutung einnehmen (vgl. Hasselhorn und Gold 2022, S. 280 f.).

Er stellte die These auf, dass für jedes Problemlösen oder Lernen die drei Darstellungsebenen *enaktiv, ikonisch* und *symbolisch* von entscheidender Bedeutung sind und möglichst im selbst entdeckenden Lernen eingesetzt werden sollen. Was bedeutet die Ebenen jeweils?

- enaktiv: Erfassung von Sachverhalten durch eigene Handlungen
- ikonisch: Erfassung von Sachverhalten durch Bilder
- symbolisch: Erfassung von Sachverhalten durch Symbole (Text, Ziffern, Zeichen etc.)

Nach Bruner ist es zunächst wichtig, dass der Mensch die drei Arten der Darstellung von Wirklichkeit angemessen zu nutzen und jede Darstellungsebene zu schätzen lernt und in der Lage ist, zwischen diesen drei Ebenen zu wechseln. Er vertritt die Überzeugung, dass die drei Ebenen aufeinander aufbauen und dass das enaktiv-praktische Veranschaulichen und Bearbeiten und dessen ikonische bildhafte Darstellung das Verstehen auf symbolischer Ebene erleichtern.

Mit kleinen unterschiedlichen Variationen führt dies im Bereich der Mathematikdidaktik dazu, dass das »Verstehen« in einer sehr spezifischen Art und Weise gesehen und definiert wird, die letztlich den Lernweg festlegen. Angestrebt wird der Aufbau eines umfassend ausgebildeten Verständnisses für Operationen.

Wodurch zeichnet sich nun dieses umfassend ausgebildete Verständnis für Operationen konkret aus? Es werden meist vier Hauptmerkmale propagiert, die letztlich den Lernweg festlegen:

a) Das Verfügen über flexible Operationsvorstellungen (Grundvorstellungen). Die Fähigkeit, zwischen verschiedenen Darstellungen einer Rechenoperation wechseln und eine Darstellung in eine andere übersetzen zu können, stellt einen Indikator für flexible Operationsvorstellungen dar.
b) Die Fähigkeit zum Wechsel der Darstellungsebenen (z. B. von der Ebene der Anschauungsmaterialien zur Ebene der grafischen Darstellung).
c) Das Erkennen und Nutzen von Beziehungen und Strukturen zwischen Aufgaben untereinander (einfache und schwierige Aufgaben) und zwischen den verschiedenen Rechenoperationen. Die Auswirkungen dieses Postulats werden wir beim Aufbau des arithmetischen Faktenwissens im Bereich der Multiplikation noch genauer anschauen.
d) Die drei Ebenen enaktiv, ikonisch und symbolisch bauen aufeinander auf.

Die Mathematikdidaktiker beherrschen dies aufgrund ihres automatisierten mathematischen Grundwissens auch und schlussfolgern daraus, die Schüler müssten es genauso verstehen. Ihr propagierter Weg sieht dann so aus, dass die Schüler zunächst die vielfältigen Möglichkeiten auf der Ebene der Arbeitsmaterialien bzw. der Veranschaulichungsmittel und der grafischen Gestaltungen in Bezug auf Grundgesetzlichkeiten verstanden haben müssen. Letztlich sollen sie dann über den vielfältigen Gebrauch der Veranschaulichungsmittel und der grafischen Darstellungen und über zählendes Rechnen bzw. Errechnen die einfachen Automatismen des Faktenwissens aufbauen.

> Um die Problematik bei diesen Vorstellungen noch einmal in deutlicher Weise zu veranschaulichen, mag folgende kleine Anekdote dienen:
> Nach einer zweitägigen Fortbildung kommt ein alter Montessorilehrer auf uns zu und sagte: »Ich verstehe jetzt, warum am Tag der offenen Tür die Erwachsenen vom Montessorimaterial begeistert sind. Der Grund liegt anscheinend darin, dass sie über die Automatismen verfügen und sie dann im Material wiedererkennen. Ich verstehe jetzt aber auch, warum ich über die vielfältigen Materialien die jeweiligen Automatismen bei vielen Schülern nicht oder nur in erschwerter Weise aufbauen kann.«

Die Problematik in Bezug auf den Gebrauch unterschiedlicher Arbeitsmaterialien und des Darstellungswechsels beschreibt der inzwischen emeritierte Professor für Mathematik und ihre Didaktik an der Pädagogischen Hochschule Heidelberg, Jens Holger Lorenz, sehr anschaulich: »Zum anderen ist aber die gleichzeitige Verwendung mehrerer Materialien insbesondere bei leistungsschwächeren Schülern problematisch. Die Handlungen, die für eine Rechenoperation an einem Veranschaulichungsmittel durchgeführt werden, fallen bei dem nächsten anders aus. … Die Handlungen sind nicht übertragbar, sie sind grundverschieden. Überspitzt formuliert lässt sich sagen, dass ein Veranschaulichungsmittel eine Sprache darstellt, mit Hilfe derer arithmetische Beziehungen im Unterricht repräsentiert werden, sie sind ein Kommunikationsmedium. In diesem Sinne muss jedes Veranschaulichungsmittel neu gelernt werden. Handlungen von einem auf andere Materialien zu übertragen, beinhaltet Übersetzungsprozesse, die bekanntlich äußerst schwierig sind. … leistungsschwächere Schüler entwickeln Lernprobleme, wenn sie von einem auf ein anderes Veranschaulichungsmittel umlernen müssen.« (2003, S. 35 f.)

Dies spiegelt auch die neurowissenschaftliche Sichtweise wider, dass jedes Arbeitsmaterial und jede grafische Darstellung und die Umgangsweise damit in einem eigenen spezifischen neuronalen Netzwerk abgespeichert wird. Damit es dauerhaft den Schülern verfügbar ist, müssen die relevanten Informationen zu jedem Arbeitsmaterial und zu jeder grafischen Darstellung zusätzlich *ausreichend* wiederholt werden. Da dieses ausreichende Wiederholen normalerweise nicht stattfindet, bleiben nur abgespeicherte Bruchstücke im Gehirn vieler Schüler zurück. Hinzu kommt, dass auch wenn dies abgespeichert sein sollte, man immer noch sehr weit von den einfachen Automatismen auf der symbolischen Ebene, dem Rechnen mit Ziffern und dem arithmetischen Faktenwissen, entfernt ist.

Schauen wir uns die Mathematikschulbücher der ersten Klasse an. Sie werden gemäß des »Verstehensanspruches« eine Vielfalt von Darstellungsformen finden. Für diese unterschiedlichen Darstellungsformen gilt das gleiche, das Lorenz schon für unterschiedliche Anschauungsmittel aufgezeigt hat. Weiterhin fällt auf, dass zählendes Rechnen bei den Darstellungsformen sehr lange und intensiv gefordert wird.

Die Problematik eines übermäßigen, zu lange durchgeführten zählenden Rechnens wurde oben schon aufgezeigt. Der systematische Aufbau eines sicheren Faktenwissens ist, wenn überhaupt, nur ansatzweise erkennbar. Es besteht ja die irrige Vorstellung, dass bei allen Kindern über das zählende Rechnen das arithmetische Faktenwissen aufgebaut werden kann.

Da dieser Lernweg nicht erfolgreich ist bzw. nicht erfolgreich sein kann, verfügen die Schüler nicht über ein ausreichend automatisiertes Faktenwissen, was wiederum das Erlernen darauf aufbauender Rechenprozeduren erschwert bzw. verunmöglicht: »So setzt das Lernen halbschriftlicher und schriftlicher Rechenverfahren ein sicheres und müheloses Abrufen von Eins-Plus-Eins-Fakten sowie von Einmaleinsfakten voraus. Wenn das Kind sich aber noch auf der Stufe des Abzählens mit Hilfe seiner Finger bewegt, kann es diese komplexeren Verfahren nicht erlernen.« (Wellenreuther 2010, S. 20, vgl. auch Hasselhorn und Gold 2022, S. 194)

Es bleibt aber nicht bei den mathematischen Defiziten. Wir erleben ständig in der Therapiesituation, welches Leid diese nichtfunktionierenden Lernvorgaben verursachen und u.a. Ängste (dafür gibt es sogar den Fachbegriff »mathematic anxiety«), depressive Tendenzen, ausgeprägte Selbstwertprobleme und psychosomatische Beschwerden nach sich ziehen. Sie spüren vielleicht, dass bei uns an dieser Stelle auch eine starke gefühlsmäßige Komponente mitschwingt.

> Auszug aus der E-Mail einer Mutter, die bei ihrer Tochter (Anfang der 3. Klasse) die Problematik beschreibt:
> »… ich kenne das Gefühl der Verwirrung mit all diesen Zahlen sehr gut. Einen Teil dieser Verwirrung glaube ich seit ca. 1,5 Jahren auch bei unserer Tochter wahrzunehmen. Sie hat immer wieder mal Verzweiflungs-Anfälle mit Weinen und ›Ich kann das einfach nicht!‹, ›Ich hasse Mathe!‹ und ähnlichem. Den Großteil der Hausaufgaben erledigt sie im Hort, manchmal klappt in Mathe alles gut, manchmal müssen wir abends nochmal komplett nacharbeiten. An den durchradierten Seiten sehe ich dann, wie oft sie schon erfolglos war. Die Ergebnisse stimmen häufig, allerdings klingen ihre Rechenwege manchmal recht verworren (wenn ich sie danach frage, was ja nicht immer der Fall ist). Sachaufgaben sind eher schwierig für sie.«

Wie verunsichert die etablierte Mathematikdidaktik?

Die Konsequenzen des von der Mathematikdidaktik propagierten Lernweges (»flexible Operationsvorstellungen«) sind:

- Eltern erleben Mathematik als komplizierte »Geheimwissenschaft« und fühlen sich überfordert.
- Lehrer folgen den Lehrplänen und Mathematikbüchern, ohne tiefergehend reflektieren oder ihren Erfahrungen trauen zu können.

> Um eine kritische Reflexion anzuregen, mag folgende provokative Veranschaulichung dienen: Das Geschehen um die Mathematikdidaktik erinnert uns an das Märchen »Des Kaisers neue Kleider«. Aus unsichtbarem Garn *(empirisch nicht belegten Postulaten und Setzungen)* werden herrliche Stoffe gewoben und zu einem prachtvollen Gewand *(Theoriegebäude)* verarbeitet. Alle Untertanen des Königs stehen davor, und bewundern dessen wunderschöne Kleidung. Bis ein kleiner Junge …

Von der Mathematikdidaktik, die von ihrem Weg absolut überzeugt ist, erfolgen dementsprechend immer wieder folgende Standardäußerungen:

»Das ist doch nur mechanisches Lernen!«

»Das Kind muss Mathematik doch verstehen!«

> **Fazit**
>
> Das didaktische Konzept in der Mathematik wurde zwar nicht vor der Einführung im schulischen System im Hinblick auf Lernwirksamkeit überprüft. Durch die PISA-Studien und besonders durch die IQB-Studien erfolgte aber eine externe Überprüfung. Die Ergebnisse dieser Studien belegen eine negative Entwicklung des Leistungsstandes deutscher Schüler seit 2011 bzw. 2012. Die negative Entwicklung begann also schon lange vor den Auswirkungen der Flüchtlingskrise und der Coronapandemie.
>
> Die neurowissenschaftlichen Reflexionen, die auch den empirisch abgesicherten Erkenntnisstand der Lernpsychologie einbeziehen, erhellen die Schwachstellen des didaktischen Konzepts und erklären zumindest einen Teil der negativen Entwicklung im Bereich des Leistungsstandes der deutschen Schüler: Ein Viertel der Viertklässler erfüllt die Mindeststandards in Mathematik zur Zeit nicht.

3. Weitere Gefahrenstellen im Lernprozess

Wir wollen hier auf einige ausgewählte Aspekte eingehen, bei denen wir der Ansicht sind, dass sie den Lernprozess beim Erwerb der Basisfertigkeiten im mathematischen Bereich deutlich beeinträchtigen können.

Arbeitsmaterialien

Im Gegensatz zu den Vorstellungen der flexiblen Operationsvorstellungen, bei der der Wechsel von einer Darstellungsform bei den Arbeitsmaterialien zu anderen geradezu gefordert wird, vertreten Landerl u.a. (2017) unter »pragmatischen Aspekten« eine deutliche Einschränkung ihrer Anzahl und des Wechsels zwischen den Materialien: »Empfehlenswert für den Einführungsunterricht ist die Verwendung einheitlicher Materialien. Weiterhin sollte nicht zu schnell von einem zum anderen Material gewechselt werden. Die Verwendung sehr heterogener Materialien kann dazu führen, dass besonders rechenschwache Kinder, die ohnehin keine oder sehr unzuverlässige mentale Repräsentationen von Zahlengrößen (Numerositäten) und vom Zahlenraum haben, durch ein zu reichhaltiges Angebot an Anschauungshilfen eher verwirrt werden.« (Landerl u.a. 2017, S.189)

> Bei den Veranschaulichungsmitteln gilt ähnlich wie im medizinischen Bereich: Bei jedem Wirkstoff entscheidet die Dosis darüber, ob er zum Heilmittel oder zum Gift wird.

Lorenz weist auf eine weitere Gefahr hin: »Die Veranschaulichungsmittel werden … zu häufig und gerade von leistungsschwächeren Schülern als Zählhilfe« verwendet. (2003, S. 34)

In der schulischen Praxis findet man häufig:

- Das Zählen mit den Fingern wird unterbunden. Die Kinder dürfen aber weiterhin mit den Anschauungsmaterialien arbeiten und als erlaubtes Mittel für das zählende Rechnen benutzen.
- Bei Kindern mit Rechenschwächen wird empfohlen – und dies kann man auch in Wortgutachten der Zeugnisse lesen –, dass sie zur Verbesserung ihrer Schwäche noch häufiger und intensiver ihre Arbeits- und Veranschaulichungsmaterialien benutzen sollen.

Der Effekt ist, dass das Hauptsymptom der Rechenschwäche bzw. -störung weiter verstärkt und das Kind auf der Stufe des zählenden Rechnens zurückgehalten wird.

Schulbücher

Im Grundschulbereich finden Sie in den Schulbüchern, besonders in den beiden Anfangsjahren, auf jeder Seite eine *bunte Vielfalt* grafischer Darstellungen und auch an Darstellungsformen der Rechenaufgaben, z.B. Rechenpyramiden, Rechentrauben, Rechenmauern, Rechendreiecken, Rechentabellen, Operatorenmodelle usw. Später, in höheren Klassen, wird dies zusätzlich noch vermischt mit wortreichen Erklärtexten und Sachaufgabentexten. Diese bunte Vielfalt verhindert, dass sich dem Schulkind in prägnanter Weise auf einen Blick der zentrale Kern der jeweiligen Rechenoperation auf Ziffernebene, die jeweiligen Rechenregeln bzw. -schritte erschließen. Für die unterschiedlichen grafischen Darstellungsformen gilt das Gleiche, das oben schon im Hinblick auf unterschiedliche Veranschaulichungsmaterialien aufgezeigt wurde.

> Zu bedenken gilt: Die Weichen werden am Anfang gestellt:
> Im Gegensatz zu einer bunteren Vielfalt im »Mathebuch 1« des Mildenberger Verlags (Höfling u. a. 2021) sind in der Neubearbeitung der »Welt der Zahl 1« des Westermann Verlags (Rottmann und Träger 2020) eine klarere Struktur und ruhige, übersichtlich gestaltete Seiten mit jeweils wenigen Inhalten zu finden. Beiden Schulbüchern gemeinsam ist aber, dass über die grafischen Gestaltungen dem zählenden Rechnen eine entscheidende Bedeutung beigemessen wird. Unklar bleibt, ob und wie das arithmetische Faktenwissen erreicht werden soll.

Schwierigkeiten im Behalten entstehen auch häufig, wenn dem Schulkind »flexible«, d.h. unterschiedliche Rechenwege vermittelt werden. So werden bei der Einführung des Zehnerübergangs bei der Addition im Mathebuch 1 des Mildenberger Verlags vier Rechenprozeduren vorgestellt, die wiederum mit grafischen Darstellungen veranschaulicht werden (vgl. Höfling u. a. 2021, S. 104 ff.) Dem Kind fällt es deutlich schwerer, vier Rechenprozeduren im Vergleich zu einer, die es immer anwenden kann, in präziser Weise abzuspeichern. Zudem steht es bei der Anwendung immer vor der Entscheidung: Welche der vier Rechenprozeduren setze ich ein?

Bei der Einführung der schriftlichen Subtraktion dreistelliger Zahlen untereinander werden im Mathebuch 3 des Mildenbergerverlags (welches hier beispielhaft für die meisten Mathematikschulbücher aufgeführt wird) ebenfalls vier Rechenprozeduren eingeführt (vgl. Finke u.a. 2023, S.102 ff.). Bei jeder Prozedur wird die Vorgehensweise durch Entbündeln von Zehnersträngen in Einerwürfeln bzw. dem Entbündeln von Hunderterplatten in Zehnersträngen veranschaulicht. Diese Veranschaulichung und nicht die Rechnung auf Ziffernebene wird in Sprechblasen verbalisiert. Gleichzeitig wird die Vorgehensweise des Rechnens auf Ziffernebene dargestellt.

Beim Einprägen der Vorgehensweise wird die Kapazität des Arbeitsgedächtnisses (fünf Informationseinheiten) systematisch überlastet:
Das Kind soll Folgendes gleichzeitig verarbeiten:

a) Grafische Darstellung des Rechnens mit Hunderterplatten, Zehnersträngen und Einerwürfeln, dem Entbündeln von Hunderterplatten und Zehnersträngen usw.
b) Verbalisierung des Rechnens mit Hunderterplatten, Zehnersträngen und Einerwürfeln
c) Darstellung des Rechenwegs auf Ziffernebene

Der Hintergrund für diese Vielfalt an Informationen ist der Anspruch der Didaktik, dass das Kind zu jedem Zeitpunkt des Lernprozesses verstehen soll (grafische Darstellungen des Rechnens mit den Materialien und Verbalisierung des Hantierens mit Materialien), was es in der jeweiligen Rechenprozedur auf Ziffernebene rechnet.

In deutschen Mathematikschulbüchern kommt ein schneller Wechsel von einem Thema zum anderen hinzu, was wiederum sehr oft aufgrund der nicht ausreichenden Wiederholungen dauerhaftes Behalten und Beherrschen schwer oder gar nicht möglich macht.

Die Problematik bei den deutschen Schulbüchern soll im Folgenden durch den Vergleich mit den Schulbüchern aus den Ländern, die bei internationalen Vergleichsstudien deutlich besser abschnitten als Deutschland, verdeutlicht werden.

Am Beispiel des Bruchrechnens vergleicht Wellenreuther (2009, S.97 ff.) deutsche und asiatische Schulbücher. Die deutsche Schulbuchseite ist voller unterschiedlicher Inhalte und ausgestattet mit viel Erklärungstext. In Japan und Singapur sieht man das Gegenteil: »Die Inhalte werden in elementarer Form an einem Beispiel entwickelt« (S.103). Eine einzige, einfache und sehr übersichtliche Veranschaulichung anhand des Kuchenmodells zeigt auf, was es bedeutet einen Bruchteil weiter aufzuteilen (1/4 von 2/3) (vgl. S.101).

Dann wird exemplarisch die einfachste Rechenprozedur für 1/4 x 2/3 dargestellt. Grundsätzlich ist die »*Informationsdichte* pro Seite ... in den asiatischen Schulbüchern in der Regel erheblich niedriger« (S.103). Es fällt dabei auf, dass durch die wenigen Inhalte und sehr viel weiße Fläche auf einer Seite das Wichtige sofort prägnant ins Auge springt. »Die asiatischen Erklärungen berücksichtigen Gesichtspunkte der Begrenztheit des Arbeitsgedächtnisses in höherem Maße als das deutsche Schulbuch.« So zählt Wellenreuther auf der Erklärseite des deutschen Schulbuches 236 Wörter, auf der Seite aus Japan 76 und aus Singapur 44 Wörter (vgl. S.102). »Eine Erklärseite, die alle wesentlichen Informationen in kohärenter Weise unter Berücksichtigung der Belastbarkeit des Arbeitsgedächtnisses enthält, wird von den Schülern eher positiv bewertet als eine Seite, die sehr viele Informationen enthält.« (S.105)

Nach diesem Aufzeigen der Rechenprozedur erfolgt sowohl im Schulbuch aus Japan als auch im Schulbuch aus Singapur ein »Einüben der neu gelernten Prozedur« (S.103). Nach diesem Einüben der Prozedur anhand relativ weniger Rechenaufgaben schließen sich schnell Sachaufgaben an, bei denen »eine Verankerung des Gelernten in relevanten Sachsituationen« (S.103) angestrebt wird. Dabei können die Schüler durch »die systematische Manipulation der Konstruktion der Sachaufgabe« »vielfältige Möglichkeiten, die verschiedensten Abwandlungen einer Aufgabe kennen ... lernen« (S.96).

Wellenreuther konstruiert japanische Schulbuchseiten nach und überprüft in mehreren Experimenten deren Lernwirksamkeit im Vergleich zu deutschen Schulbuchseiten (S.103ff.). Er stellt dabei fest, dass »die Schüler bei schwierigen Inhalten ... deutlich mehr gelernt« (S.109) haben und damit von einer »höheren Lernwirksamkeit« (S.109) des japanischen Schulbuches auszugehen ist. Gleichzeitig wird von den Schülern »die Arbeit mit dem japanischen Schulbuch als erheblich angenehmer und effektiver eingeschätzt als die Arbeit mit dem deutschen Schulbuch« (S.111).

> **Fazit:**
>
> Deutschen Schulbüchern mangelt es grundsätzlich an der empirischen Überprüfung der Lernwirksamkeit. Unter »gehirntechnischen« Aspekten fehlt angesichts der Vielfalt der Gestaltungen die Berücksichtigung der »Kapazitätsgrenzen des Arbeitsgedächtnisses« und deren »Begrenztheit« (Wellenreuther 2009, S.117 und S.110) vollständig, wodurch jeder Lernprozess deutlich erschwert wird. Zudem ist nicht erkennbar, dass von didaktischer Seite besonderer Wert auf ein automatisiertes arithmetisches Faktenwissen gelegt wird. Der schnelle Themenwechsel ist zudem nicht hilfreich, wenn ein dauerhaftes Behalten und Beherrschen angestrebt wird.
>
> Im Gegensatz wird in asiatischen Schulbüchern ein Themengebiet in sehr einfacher, prägnanter und übersichtlicher Weise aufgebaut und entwickelt:
>
> a) Die Bedeutung eines Rechenprozesses wird in elementarer Form an einem Beispiel veranschaulicht.
> b) Die neu zu lernende Rechenprozedur wird in ihrer einfachsten Form dargestellt und anschließend eingeübt.
> c) Nach dem Üben des Rechenweges erfolgt schnell eine Verankerung des Gelernten in Anwendungen in relevanten Sachsituationen. Dabei wird die Grundaufgabenstellung bzw. das Grundschema systematisch variiert.

Didaktische Fehlwege am Beispiel der Hundertertafel

Am Beispiel der Hundertertafel, die in keinem Mathematikschulbuch fehlt, soll exemplarisch aufgezeigt werden, dass im Bereich der Didaktik entwickelte Vorstellungen und Übungsformen den mathematischen Lernprozess in erheblicher Weise behindern und erschweren können. In bewusst provokativer Weise vertreten wir folgende These:

Wenn ich beabsichtige, das Zahlenverständnis und das Verständnis vom Aufbau des Zahlenraumes des Grundschulkindes systematisch zu beeinträchtigen, biete ich ihm gleichzeitig den Zahlenstrahl und die Hundertertafel an.

Selbst von Professoren der Mathematikdidaktik bestehen erhebliche Einwände gegen den Einsatz der Hundertertafel: »Die ersten 100 Zahlen sind in der Tafel in zehn Reihen mit jeweils zehn Zahlen geordnet. Dies bedeutet aber, dass damit für eine Zahlenraumvorstellung in Form einer linearen Fortschreitung keine Unterstützung angeboten wird. Im Gegenteil: Die Beziehung zwischen Zahlen in Form von Abständen, das heißt von geometrischen Relationen wird hierbei zerstört. Die Zahl 10 ist von der Zahl 11 viel weiter entfernt als von der Zahl 20 oder auch der 30. Halbierungen und Verdopplungen können kaum geometrisch gedeutet und damit in der Vorstellung vorgenommen werden.« (Lorenz 2003, S. 31)

Die Hundertertafel »unterstützt den Aufbau des Zahlenraumes in der Vorstellung nicht. Daher kommt es häufig zu Fehlvorstellungen von Grundschülern über die Struktur der Hundertertafel. Sie wissen, dass die Zahlen dort in einer Reihenfolge stehen, es ist aber selbst nach langem Gebrauch keineswegs gesichert, dass sich jeweils zehn Zahlen in einer Reihe befinden, dass die Einer in einer Spalte identisch sind etc.« (Lorenz 2003, S. 31)

Kaufmann und von Aster (2012, S. 768) weisen auf die Bedeutung des »mentalen Zahlenstrahls« hin:

»Mit der Sprachentwicklung beginnt dann die Fähigkeit zu sprachlicher Symbolisierung von Anzahlen durch Zahlworte (zum Beispiel [Ab]Zählfertigkeiten, arithmetisches Manipulieren von Mengen/Anzahlen). Eine zweite Form der Symbolisierung von Zahlen erfolgt im Vor- und Grundschulalter mit dem Kennenlernen der arabischen Zahlenschreibweise, die eine eigene und von der deutschen Zahlensprechweise verschiedene Grammatik hat. Das arabische Stellenwertsystem ermöglicht einerseits die sehr ökonomische Symbolisierung von Zahlen und ermöglicht andererseits das rechnerische Operieren mit diesen Zahlen: Parallel zu den Prozessen der sprachlichen und arabischen Symbolisierung und den damit verbundenen operativen Möglichkeiten entwickelt sich schließlich eine zahlenräumliche Vorstellung (mentaler Zahlenstrahl), in der mit Zahlsymbolen operiert werden kann. Der mentale Zahlenstrahl scheint grundlegend zu sein für das rechnerische Denken und das Kopfrechnen.«

Landerl u. a. (2017) belegen, dass die Herausbildung des »linearen Zahlenstrahls« bei Kindern mit Dyskalkulie beeinträchtigt und »zeitlich deutlich verzögert« (S. 152) ist. Bei diesen Kindern »scheint ihr mentaler Zahlenstrahl nicht mit dem gleichen Grad an Präzision und Automatisierung aktivierbar zu sein« (ebd.). Das

Anbieten und das Stellen von Aufgaben zur Hundertertafel verstärkt an dieser Stelle die ohnehin schon bestehende Schwäche bei diesen Kindern. Aus unserer Sicht stellt der Einsatz der Hundertertafel deswegen einen pädagogischen Kunstfehler dar. Aber auch bei den anderen Kindern erzeugt die Hundertertafel eher Verwirrung und Fehlvorstellungen über den Aufbau des Zahlraumes.

> Einschätzung von Lehrern (2023) nach einer Fortbildung in Südtirol zu Aufgaben zur Hundertertafel in ihrem Mathematikbuch:
> »Die hier gestellten Arbeitsaufträge fördern unserer Meinung nach nicht den Aufbau der Zahlvorstellung im Zahlenraum 100 oder die Herstellung von Zahlbeziehungen im Zahlenraum 100.«

4. Woran Sie eine Rechenschwäche bei Ihrem Kind erkennen können

In Anlehnung an Dehaene (1999) gilt es im Bereich der Mathematik in der Grundschule drei Teilbereiche zu beherrschen, in diesen Automatisierungen herbeizuführen und für diese bei den Kindern gleichzeitig auch eine positive gefühlsmäßige Bewertung zu erreichen:

- Das basale Zahl- und Mengenverständnis
  Hierbei wird ein grundlegendes Verständnis dafür erworben, was Zahlen bedeuten und für was sie stehen. Es entwickelt sich in den Köpfen der Kinder eine Art mentaler Zahlenstrahl. Die Schüler sollen beispielsweise erkennen können, dass 71 mehr als 59 und 600 deutlich mehr als 199 ist.
- Das arithmetische bzw. numerische Faktenwissen
  Hier gilt es, das Einspluseins und das Einmaleins dergestalt zu automatisieren, dass die Kinder das richtige Ergebnis einer Aufgabe sofort, d.h. innerhalb einer halben Sekunde erinnern.
- Arithmetische Prozeduren
  Das Lernziel besteht hierbei darin, die richtige Reihenfolge von nacheinander durchzuführenden Rechenschritten – wie z.B. beim Zehnerübergang oder beim schriftlichen Malnehmen – korrekt zu beherrschen.

Zu diesen drei Teilbereichen muss noch ein weiterer hinzukommen:

- Verankerung in alltagsnahen Sachaufgaben

Das arithmetische Faktenwissen und die arithmetischen Prozeduren sind kein Selbstzweck an sich, sondern die Schüler müssen wissen, welche Sachprobleme sie damit quasi wie mit einem Handwerkszeug lösen können. Damit bekommen das Faktenwissen und die Prozeduren »Sinn« und eine vertiefte Bedeutung.

Wenn Ihr Kind das Faktenwissen und die arithmetischen Prozeduren nicht oder nicht ausreichend beherrscht, wird es Schwierigkeiten haben, wenn es versucht, sie in Sachaufgaben einzusetzen.

Meist führen Schwierigkeiten auf einer tieferen Ebene zu ausgeprägten Problemen bei darauf aufbauenden Stufen. Verfügt ein Kind z.B. nicht über ein angemessenes numerisches Faktenwissen, fällt es ihm schwer, die Abfolge der Schritte auf der Ebene der arithmetischen Prozeduren sicher abzuspeichern. Wenn das Kind im Zehnerbereich bei Additions- und Subtraktionsaufgaben nicht sofort das Ergebnis aus dem Gedächtnis sicher abrufen kann, ist es sehr wahrscheinlich, dass es auf der Ebene der arithmetischen Prozeduren auch keinen sicheren Weg abspeichern kann, mit dessen Hilfe es 10er- oder 100er-Übergänge bei Additions- und Subtraktionsaufgaben errechnen kann.

Eine Rechenschwäche ist leicht erkennbar, wenn das Kind gehäuft und wiederholt **Fehler** bei mathematischen Aufgaben macht. Neben diesem sehr offensichtlichen Kriterium zeigen sich Hinweise auf eine Rechenschwäche auch dann, wenn das Kind Aufgaben zwar richtig ausrechnet, aber **sehr lange Zeit** dafür braucht. Ist Letzteres der Fall, deutet dies zumeist darauf hin, dass das Kind **Fehlstrategien** benutzt. Wenn das Kind beispielsweise im Zehnerraum bei der Aufgabe 9−7 für das Ergebnis 30 Sekunden benötigt, ist in aller Regel davon auszugehen, dass es innerlich zählt oder die Finger beim Zurückzählen benutzt.

Ähnliches gilt für die Multiplikation. Eine Fehlstrategie liegt vor, wenn Kinder z.B. am Ende der 3. Klasse bei der Aufgabenstellung 4x8 längere Zeit brauchen und ihre Mund-, Finger- oder auch Augenbewegungen darauf hinweisen, dass sie innerlich »rechnen«. Ein Kind zählt z.B. bei der Aufgabe 4x8 seriell hoch – »8, 16, 24 und 32« – und benutzt dabei die Finger. Ein anderes Kind setzt eine weitere Fehlstrategie ein, indem es zunächst 5x8 ausrechnet und sodann 1x8 abzieht.

All diese Fehlstrategien im Bereich der Multiplikation führen auf der Ebene der arithmetischen Prozeduren zu massiven Problemen, so zum Beispiel, wenn Schüler zwei dreistellige Zahlen miteinander multiplizieren möchten. Im Rahmen solcher Aufgaben sind die Kinder darauf angewiesen, diese basalen Fehlstrategien anzuwenden, da sie ansonsten keine Möglichkeit haben, zum Ergebnis zu gelangen. Die Rechenoperation dauert auf diesem Weg sehr lange, überlastet das Arbeitsgedächtnis und ist somit sehr störanfällig.

Genauso wichtig wie die Rechenfertigkeiten an sich sind die Gedanken und Gefühle, die Ihr Kind mit dem Lernen in Mathematik verbindet. Nicht ausreichende Rechenfertigkeiten führen zu Misserfolgen. Wenn sich diese häufen, verbindet Ihr Kind mit Mathematik negative Gedanken und Gefühle. Schlechte Noten oder der Vergleich mit Mitschülern, die besser sind, können zu Gedanken wie »ich bin dumm« oder »das schaffe ich nie« führen. Selbstzweifel und Selbstwertprobleme können entstehen. Gleichzeitig mit den negativen Gedanken verbinden sich negative Gefühle mit Mathematik. Diese können von ausgeprägter Abneigung bis hin zu Angst reichen.

In welcher Häufigkeit verbinden deutsche Grundschüler Angst mit dem Schulfach Mathematik? Die IQB-Studie (Stanat u. a. 2022a, S. 225) gibt Auskunft über die aktuell schwierige Ausgangslage für den Lernprozess im Fach Mathematik. Demnach erleben 60 % der Kinder in der vierten Klasse eine hohe bis mittlere Ängstlichkeit im Fach Mathematik. Der Anteil **hoher Ängstlichkeit** im Fach Mathematik liegt bei den Viertklässlern bei 23 % (20 % der Jungen und 25 % der Mädchen).

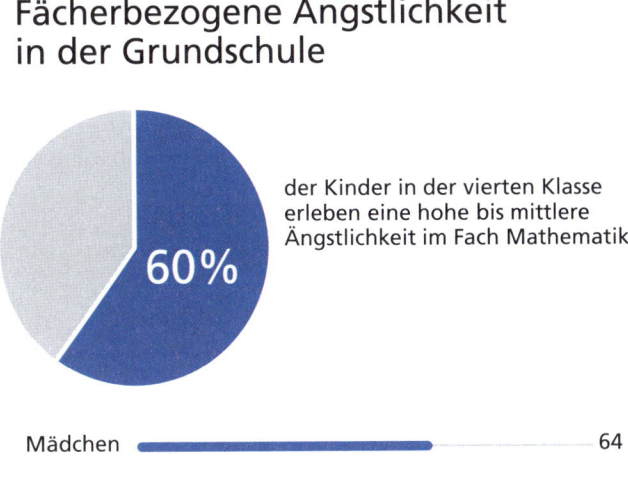

Fächerbezogene Ängstlichkeit in der Grundschule

60 % der Kinder in der vierten Klasse erleben eine hohe bis mittlere Ängstlichkeit im Fach Mathematik

Mädchen ──────────── 64

Diese Besetzung des Faches Mathematik mit negativen Gedanken und Gefühlen führt zu einer zunehmenden Beeinträchtigung des mathematischen Lernprozesses. Zum Beispiel reduzieren Ängste oder eine starke Abneigung die Aufmerksamkeitsfähigkeit und die Kapazität des Arbeitsgedächtnisses und erschweren den Zugriff auf das Langzeitgedächtnis. Mit zunehmender Angst verlängert sich die Bearbeitungszeit und die Fehlerrate beim Lösen von Aufgaben steigt. Die Misserfolgserlebnisse nehmen zu. Leicht nachzuvollziehen ist, dass das Kind Motivation und Anstrengungsbereitschaft verliert und es zunehmend Vermeidungsverhalten und Blockaden entwickeln. Diese führen zu Übungsdefiziten und weiteren Misserfolgen: Ein sich immer schneller drehender Teufelskreis.

»Kinder mit Rechenstörung haben wegen der wiederholten schulischen Misserfolgserlebnisse häufig einen hohen Leidensdruck, der zu negativen Einstellungen zum Rechnen bis hin zu Rechen- und Schulangst führen kann. Rechenängste zeigen eine Tendenz zur Chronifizierung und behindern die Fertigkeitsentwicklung nachhaltig. Ihre Auswirkungen sind meist auf der physiologischen Ebene (Herzklopfen, Schweißausbrüche), kognitiven Ebene (Gedanken der Hilflosigkeit, reduziertes Arbeitsgedächtnis) und der Verhaltensebene (Vermeidung) beobachtbar«. (Kaufmann und von Aster 2012, S. 772)

Aus diesem Grund ist es besonders wichtig, dass Sie achtsam beobachten, welche Gedanken und Gefühle Ihr Kind mit Mathematik verbindet. Sie sind, wenn sie im negativen Bereich liegen, das aussagekräftigste Warnzeichen und erfordern ein Gegensteuern.

Wichtige, hilfreiche Fragen zum Erkennen einer Rechenschwäche

1. Hat mein Kind eine starke Abneigung gegen Mathematik oder hat es Angst vor Mathematik? Zeigt es ausprägte negative Gefühlsausbrüche und/oder verbindet es negative Gedanken mit Mathematik?
2. Braucht mein Kind in einem bestimmten Rechenbereich immer längere Zeit, bis es zum (richtigen) Ergebnis kommt?
(Sehe ich z. B. Augen-, Mund- oder Fingerbewegungen als Hinweis auf fehlende Automatismen bzw. auf Fehlstrategien beim arithmetischen Faktenwissen?)
3. Macht mein Kind in einem bestimmten Rechenbereich bei bestimmten Rechenaufgaben immer wieder Fehler?
4. Hat mein Kind Schwierigkeiten beim Lösen von Textaufgaben? Traut es sich nicht an Textaufgaben heran bzw. meidet es Textaufgaben?

Um Fehler bzw. die häufigsten Fehlstrategien im Bereich der Rechenfertigkeiten angemessen einschätzen zu können, und zwar abhängig vom Alter bzw. von der Klassenstufe des Kindes, sollten folgende Kriterien berücksichtigt werden:

Welche Rechenschwierigkeiten weisen auf eine mögliche Rechenschwäche hin?

Hinweise auf Rechenschwäche in der 1. Klasse
Am Ende des ersten Grundschuljahres verlangen jene Schüler besonderes Augenmerk, die die Additions- und Subtraktionsaufgaben im Zahlenraum bis 10 noch nicht automatisiert haben. Besonders muss dabei auf diejenigen Kinder geachtet werden, die mit den Fingern (oder auch mit Anschauungsmaterialien) zählen oder innerlich hoch- bzw. zurückzählen und damit die häufigste Fehlstrategie (»zählendes Rechnen«) benutzen, die zu einer Rechenschwäche führt.

Hinweise auf Rechenschwäche in der 2. Klasse
Mitte der zweiten Klasse ist auf jene Kinder zu achten, die noch Schwierigkeiten mit dem Zehnerübergang haben und analoge Verallgemeinerungen (8+5, 18+5, 28+5 etc.) nicht nachvollziehen können.

In Abhängigkeit vom Bundesland sollten die Kinder am Ende der 2. Klasse bzw. Anfang der 3. Klasse Additions- und Subtraktionsaufgaben im 100er-Raum mit zweistelligen Zahlen (43+38, 72−28) sicher und zügig lösen können.

Hinweise auf Rechenschwäche in der 3. Klasse
In der Mitte der 3. Klasse sollten jene Kinder Beachtung finden, die das Einmaleins »rechnen«, d.h. die bei Einmaleins-Reihen seriell hochrechnen oder »Ankeraufgaben« benutzen, auch wenn genau dieses Vorgehen in manchen Lehrplänen gefordert wird.

Das Einmaleins sollte am Ende der 3. Klasse vollständig, d.h. ohne das Zurückgreifen auf Fehlstrategien, automatisiert sein.

Hinweise auf Rechenschwäche in der 4. Klasse
Hier sollten vor allem am Ende der 4. Klasse die Kinder beachtet werden, die Schwierigkeiten beim schriftlichen Malnehmen und Teilen zeigen.

In *jeder Klassenstufe* sollte das Kind bei ausreichend ausgebildeter Lesefähigkeit **Sachaufgaben** zu den jeweils schon gelernten Rechenoperationen lösen können.

Wenn ein Kind an manchen Tagen überwiegend richtige, an anderen Tagen häufiger falsche Ergebnisse »errechnet«, ist dies ein deutlicher Hinweis darauf, dass es die notwendigen Automatisierungen bzw. die richtige Abfolge der Rechenschritte noch nicht ausreichend gesichert hat.

Zwischen Können und Automatisierung besteht ein großer Unterschied. Es reicht nicht aus, wenn das Kind anfänglich z.B. $9-7=2$ gelernt hat und ihm das Ergebnis sodann innerhalb von einer halben Sekunde einfällt. Ähnliches gilt z.B. für das Einmaleins oder für einfache Geteiltaufgaben, z.B. $6\times7=42$ oder $48:6=8$. Bis zu dem Zeitpunkt, an dem das Kind die Aufgaben noch nicht in ausreichender Weise wiederholt hat, wird es das entsprechende numerische Faktenwissen wieder vergessen. Wenn es sich jedoch nicht mehr an das Ergebnis erinnert, bleibt es darauf angewiesen, Fehlstrategien einzusetzen, d.h. das Ergebnis zu »errechnen«. Genauso schnell kann das Kind die korrekte Abfolge der Rechenschritte bei komplexeren arithmetischen Prozeduren vergessen. Typisch hierfür, z.B. nach den Sommerferien am Anfang der 5. Klasse, ist die Überlegung des Kindes: »Muss ich beim schriftlichen Malnehmen bei der ersten Zahl vorne oder hinten anfangen?«

Wortgutachten – Beispiele für weitere Hinweise auf eine Rechenschwäche

Auszug aus dem Wortgutachten von Svens Halbjahreszeugnis der 2. Jahrgangsstufe
»Im erweiterten Zahlenraum bis 100 löst Sven einfache Plusaufgaben. Bei Minusaufgaben treten Unsicherheiten auf. Gerade beim Rechnen über die Zehner, beim Zerlegen und Ergänzen von Zahlen und beim Durchschauen von Rechengeschichten hat er große Schwierigkeiten.«

Auszug aus dem Wortgutachten von Paulas Jahreszeugnis der 2. Jahrgangsstufe
»In Mathematik beherrscht Paula die Einmaleins-Reihen recht gut und kann sie in den verschiedenen Aufgabenstellungen anwenden. Anders ist es mit den Plus-/Minusaufgaben im Zahlenraum bis Hundert. Hier rechnet Paula bisweilen unsicher, häufig auch recht langsam, besonders die Zehnerüberschreitung und die Platzhalteraufgaben muss sie weiter tüchtig üben.«

5. Testpsychologische Diagnostik bei Rechenschwäche bzw. Rechenstörung

Um Rechenschwächen genauer abzuklären, bieten sich standardisierte, nach dem Jahr 2000 entwickelte Rechentests an, deren Norm sich am Wissensstand der jeweiligen Klassenstufe bzw. am jeweiligen Alter der Schüler orientiert. Solche Testverfahren erlauben, insbesondere über die Auswertung einzelner Subtests, auch eine qualitative Erfassung der Rechenleistung. Für den Grundschulbereich liegt beispielsweise die DEMAT-Reihe (Deutscher Mathematiktest) vor, die sich an der Analyse der Lehrpläne der 16 Bundesländer orientiert: DEMAT 1+ (Krajewski, Küspert und Schneider 2002), DEMAT 2+ (Krajewski, Liehm und Schneider 2002), DEMAT 3+ (Gölitz, Roick und Hasselhorn 2006), DEMAT 4 (Gölitz, Roick und Hasselhorn 2006)

Der Heidelberger Rechentest (HRT 1–4) versucht, elementare Mengen- und Rechenoperationen zu erfassen, die kulturübergreifend für die Entwicklung komplexerer mathematischer Fertigkeiten von Bedeutung erscheinen (Haffner u.a. 2005).

Weitere Rechentestverfahren, die als qualitativ gut eingeschätzt werden können, sind die Folgenden (vgl. AWMF 2018, S.22):

- CODY-M 2-4 (Kuhn, Schwenk, Raddatz, Dobel und Holling 2017)
- MBK 1+ (Ennemoser, Krajewski und Sinner 2017)
- BADYS 1-4+ (R) (Merdian, Merdian und Schardt 2015)
- ERT 3+ (Holzer, Schaupp und Lenart 2010)
- ERT 2+ (Lenart, Holzer, & Schaupp, 2003)
- ERT 4+ (Schaupp, Lenart, & Holzer, 2010)

Unseres Erachtens lässt bei allen Testverfahren die Speed-Komponente auf den Grad der Automatisierung der Rechenfertigkeiten schließen. Verfälschungen könnten jedoch in niedrigeren Klassenstufen dadurch auftreten, dass manche Kinder besonders schnell in »Fehlstrategien« wie z.B. dem inneren Zählen sind. In der Diagnostik gilt es stets herauszufinden, wie das Kind zu dem Ergebnis kommt, und nicht nur, ob das Kind zum (richtigen) Ergebnis kommt. Der qualitative Zugang liefert zusätzliche Hinweise auf Fehlstrategien, die in höheren Klassenstufen mit komplizierteren Rechenprozessen zu Schwierigkeiten führen. Uns erscheint es deswegen sehr wichtig, stets den qualitativen Aspekt in der Diagnostik mit zu berücksichtigen, da nur durch dessen Einbezug angemessene Fördermöglichkeiten entwickelt werden können.

Zusätzlich ist es notwendig, einen differenzierten Intelligenztest durchzuführen, um die Rechenleistungen vor dem Hintergrund der Begabung des Kindes besser bewerten zu können. Gegebenenfalls ist auch eine mögliche Aufmerksamkeitsproblematik abzuklären sowie die Kapazität des Arbeitsgedächtnisses zu erfassen (vgl. AWMF 2018, S.20).

6. Lernziele – was soll in Mathematik eigentlich gelernt werden?

Neben dem Lesen gehört das Rechnen zu den Grundfertigkeiten, auf deren Erwerb alle Kinder in unseren Schulen Anspruch haben. Nach den Ergebnissen der großen Schulvergleichsstudien ist der Prozentsatz derjenigen Schüler, die dieses Ziel nicht erreichen, jedoch leider unverhältnismäßig hoch: Etwa 30 % der 15-Jährigen sind in Deutschland nach der PISA-Studie 2022 nicht in der Lage, einfache rechnerische Anforderungen zu bewältigen, die sie beispielsweise im Rahmen einer weiterführenden beruflichen Ausbildung benötigen (s.o.). Im Bereich der Grundschule können ca. 22 % der Viertklässler die Mindestanforderungen in Mathematik nicht erfüllen.

Im Mathematikunterricht der Grundschule besteht ein wesentliches Lernziel darin, die Grundrechenarten sicher zu beherrschen. Dabei bildet die Automatisierung der Grundrechenarten eine der entscheidenden Voraussetzungen, komplexere Rechenanforderungen lösen zu können (vgl. Hasselhorn und Gold 2022, S. 133).

> »Wer früh über ein vollständiges und hoch automatisiert nutzbares Wissen hinsichtlich der Ergebnisse der Additionen, Subtraktionen, Multiplikationen und Divisionen zweier Ziffern verfügt, besitzt einen enormen Vorteil beim Bewältigen komplexerer Rechenanforderungen.« (Hasselhorn und Gold 2022, S. 133)

Als Grundlage für mathematische Operationen gilt es, ein basales Zahlen- und Mengenverständnis zu entwickeln. Es beinhaltet das Wissen, das Zahlen für Größen stehen und dass es so etwas wie einen basalen inneren (mentalen) Zahlenstrahl gibt. Auf dessen Grundlage kann man dann z.B. einschätzen, ob eine Zahl größer oder kleiner als eine andere Zahl ist.

Aufbauend auf dem numerischen Faktenwissen, d.h. der Automatisierung im Bereich des Einspluseins und des Einmaleins, können arithmetische Prozeduren erworben werden. Diese beziehen sich auf eine Abfolge von hintereinander durchzuführenden Rechenschritten, wie bei Additions- und Subtraktionsaufgaben mit 10er- bzw. 100er-Übergängen oder beim schriftlichen Teilen.

Die Grundrechenfertigkeiten sind als **Handwerkszeug** zu verstehen, dessen Bedeutung und Vermögen sich beim Lösen von Sachaufgaben zeigt. Nur wenn wir dieses Werkzeug sicher beherrschen, sind wir in der Lage, komplexere Sachaufgabenstellungen zu lösen.

Neben dem numerischen Faktenwissen und den darauf aufbauenden arithmetischen Prozeduren benötigen unsere Kinder beim Lösen von Sachaufgaben weitere Kompetenzen wie allgemeines Weltwissen (z.B. was bedeutet eine Ratenzahlung in der Textaufgabe?) und die Fähigkeit zur Übersetzung von sprachlich dargebotenen Problemstellungen in Rechenoperationen, d.h. lösungsstrategisches Wissen.

> In der Schule kommt es letztlich darauf an, den Kindern eine Vielzahl angemessener Lösungskonzepte für unterschiedliche Typen mathematischer Probleme zu vermitteln. Voraussetzung dafür ist ein **basales Zahlen- und Mengenverständnis**, das **automatisierte numerische Faktenwissen**, die darauf aufbauenden **arithmetischen Prozeduren** und das dauerhafte Beherrschen vieler **Lösungsgrundmuster für unterschiedliche Typen von (alltagsnahen) Sachaufgaben**.

7. Praktizierte Fördermaßnahmen bei Rechenschwäche und Rechenstörungen – Mythen oder gesicherte Erkenntnisse?

In der Förderpädagogik werden bis heute hartnäckig bestimmte Grundannahmen und Vorgehensweisen vertreten, die vor dem Hintergrund der Ergebnisse der jüngeren empirischen Forschung für sich keine wissenschaftliche Berechtigung beanspruchen können. Mit vier solcher »Mythen« möchten wir uns im Folgenden im Detail auseinandersetzen.[1]

a) »Bei einer Rechenschwäche muss zuerst eine basale Förderung erfolgen, um zunächst einmal die Voraussetzung für den eigentlichen Lernprozess zu schaffen«

Das Modell der sensorischen Integrationstherapie von Jean Ayres (1984) dürfte das in diesem Zusammenhang am weitesten verbreitete Förderkonzept sein. Diese Therapie wird bis heute in vielen schulischen Förderkursen (so z.B. durch die Akademie für Lehrerfortbildung und Personalführung 2006[3]) oder auch in der Einzelbehandlung durch Ergotherapeuten und Heilpädagogen eingesetzt. In dem Modell von Jean Ayres wird insbesondere das Training der einzelnen Wahrnehmungsfunktionen sowie deren Koordination und Integration als unabdingbare Voraussetzungen für jedes schulische Lernen angesehen. Empirische Studien (z.B. Höhn und Baumeister 1994) haben jedoch bis heute keinerlei Belege für die Effektivität der sensorischen Integrationstherapie bei Kindern mit Lernschwächen gefunden. Dies wird auch durch die Einschätzung amerikanischer Schulpsychologen bestätigt. Deren nationale Vereinigung (National Association of School Psychologists, NASP) kam bereits 2002 zu folgender Schlussfolgerung:

---

1 Eine ausführliche Auseinandersetzung mit den Mythen im Bereich der Förderdidaktik finden Sie in unserem Buch »Kinder mit Rechenschwäche erfolgreich fördern«, 6. Auflage, 2020, S. 95–131

> »There is one small problem. The problem is that it does not work. There is no evidence that SI-Therapy is or has ever been an effective treatment for children with learning disabilities, autism, or any other developmental disability.«
> (NASP Communiqué: »Sensory Integration Therapies: Promise, Possibility, and the Art of Placebo«, October 2002)
> »Es gibt ein kleines Problem. Das Problem besteht darin, dass sie [die sensorische Integrationstherapie] nicht funktioniert. Es gibt keinen wissenschaftlichen Beleg, dass die sensorische Integrationstherapie eine effektive Behandlung für Kinder mit Lernschwierigkeiten, Autismus oder andere Entwicklungsproblemen ist oder jemals war.« (Übersetzung A. B.)

Diese kritische Einschätzung kann letztlich auf alle Fördermaßnahmen im sog. basalen Bereich wie z. B. Übungen zur taktil-kinästhetischen und visuellen Wahrnehmung, zur Koordination, zu Körperschema und Lateralität oder zur Fein- und Grobmotorik ausgeweitet werden. So wird in einer aktuellen großen deutschen Metaanalyse zu Lernförderstudien festgestellt, dass »Konzepte der Motoriktherapie oder des Wahrnehmungstrainings (sensorische Integration) [zur] Förderung der Psychomotorik oder der Wahrnehmung […] im günstigsten Fall relativ geringe Verbesserungen bewirken, im ungünstigen [jedoch] schaden« (Grünke 2006, S. 251).

Analog zur Lese-Rechtschreib-Therapie setzt sich aufgrund des empirischen Forschungsstandes auch in der mathematikdidaktischen Literatur die Erkenntnis durch, dass **basale Trainings** im taktil-kinästhetischen Bereich, in der auditiven und visuellen Wahrnehmung und im Bereich der sog. »Intermodalität«, die defizitäre Fähigkeiten der Kinder und damit auch implizit ihre Schulleistungen optimieren sollen, keine Verbesserung erbringen und deswegen auch nicht zu empfehlen sind. Diese »allgemeinen Förderprogramme zur modalen, intermodalen und serialen Wahrnehmung«, so z. B. Lorenz, stellen sich als **»wenig effizient«** und somit als **»Irrtum«** (2005, S. 171) heraus. Auch Krajewski und Schneider fordern den Verzicht auf Förderansätze, die unspezifische Fähigkeiten trainieren: »Wer mathematische Einsichten fördern will, wird dies kaum über Bewegungsübungen erreichen.« (Krajewski und Schneider 2007, S. 112; vgl. auch S. 103)

> Wie im Bereich der Lese-Rechtschreib-Förderung heißt es für Lehrer und Eltern, sich in der Förderung rechenschwacher Kinder an folgenden Grundsatz zu halten: Man trainiert das, was man trainiert. Je direkter man das trainiert, was man verbessern möchte, umso effektiver ist der Übungsvorgang.

b) »Bei einer Rechenschwäche braucht es noch mehr Veranschaulichungen!«

Ein zweiter häufig immer noch praktizierter förderpädagogischer »Mythos« besteht darin, Kinder mit Lernschwierigkeiten mit immer wieder neuen Veranschaulichungsformen zu konfrontieren. Dieser fördermethodische Ansatz wird bis heute vielerorts auch gerade bei rechenschwachen Schülern angewandt. Damit ist die Vorstellung verbunden, dass auf diese Weise grundlegende Rechenoperationen besser verstanden und *gleichzeitig* gelernt würden.

Grundlage dafür ist, dass in der vorherrschenden Mathematikdidaktik, wie schon oben aufgezeigt wurde, das Verstehen in sehr spezieller und sehr einseitiger Weise mit flexiblen Operationsvorstellungen verknüpft wird. Letzteres bedingt, dass es für das Verstehen unerlässlich ist und dieses nur besteht, wenn das Kind auf der enaktiven und ikonischen Ebene einen Rechenvorgang von einem Material in ein anderes, von einer grafischen Darstellungsform in eine andere und auch zwischen Material und Darstellungsform übersetzen kann. Bereits vor Jahren wurden Zweifel in Bezug auf diesen Ansatz geäußert und hervorgehoben, dass vielgestaltige Veranschaulichungen nur einen langen und wenig erfolgreichen Umweg zur Rechenfertigkeit unserer Kinder darstellen. Jens Holger Lorenz, Professor für Mathematik und ihrer Didaktik an der Pädagogischen Hochschule Heidelberg, setzte sich beispielsweise mit der Vielgestaltigkeit an Anschauungsmaterialien sehr kritisch auseinander. Wie oben schon aufgezeigt wurde, gelangt er letztlich zu der Schlussfolgerung, dass gerade leistungsschwache Schüler hiervon nicht nur nicht profitieren, sondern dass für diese Kinder zu viele Veranschaulichungsmittel geradezu schädlich sein können. Weil dieser Ansatz bei rechenschwachen Kindern immer noch von Lehrerseite empfohlen und im Förderbereich praktiziert wird, werden seine Grundaussagen an dieser Stelle noch einmal wiederholt:

> »In Untersuchungen zeigt sich immer wieder, dass die leistungsstarken Kinder die Veranschaulichungsmittel nicht mehr benötigen und die Übersetzung ihrer Lösungswege an diese Materialien eher als lästig und als zusätzliche Aufgabe ansehen, und dass leistungsschwache Schüler vom Umgang mit den Materialien auch nach häufigem Gebrauch nicht profitieren.«
>
> »Zum anderen ist aber die gleichzeitige Verwendung mehrerer Materialien insbesondere bei leistungsschwächeren Schülern problematisch. Die Handlungen, die für eine Rechenoperation an einem Veranschaulichungsmittel durchgeführt werden, fallen bei dem nächsten anders aus. […] Die Handlungen sind nicht übertragbar, sie sind grundverschieden.
>
> Überspitzt formuliert lässt sich sagen, dass ein Veranschaulichungsmittel eine Sprache darstellt […] In diesem Sinne muss jedes Veranschaulichungsmittel neu gelernt werden. Handlungen von einem auf andere Materialien zu übertragen, beinhaltet Übersetzungsprozesse, die bekanntlich äußerst schwierig sind. … leistungsschwächere Schüler entwickeln Lernprobleme, wenn sie von einem auf ein anderes Veranschaulichungsmittel umlernen müssen.« (Lorenz 2003a, S. 94 u. 35 f.)

Lorenz macht deutlich, dass verschiedene Veranschaulichungsmittel für die betroffenen Kinder den Charakter unterschiedlicher »Sprachen« haben, die jeweils einzeln zu lernen sind. Arbeiten Lehrer oder Eltern mit diesem methodischen Ansatz, muss das rechenschwache Kind entweder »äußerst schwierige Übersetzungsprozesse« durchführen oder aber es bleibt mit einem »Sprachenwirrwarr« verunsichert zurück. Des Weiteren sei eine Automatisierung der Grundrechenfertigkeiten mit Veranschaulichungsmitteln schwierig, da gerade schwächere Kinder Veranschaulichungsmittel als Zählhilfen »missbrauchen«. Durch das »Hängenbleiben« an diesen »Hilfen«, nicht zuletzt deswegen, weil Lehrer diese auch immer wieder anbieten, wird die Hauptfehlstrategie des zählenden Rechnens geradezu zementiert.

c) Im Lernprozess einer Rechenprozedur muss immer die verstehende Veranschaulichung von den Schülern mitgedacht werden.

Ein weiterer Mythos besteht darin, die Bedeutung des Verstehens, d. h. der Einsichtsprozesse während des Rechenprozesses zu überschätzen. Obwohl wir meist die Rechenprozedur automatisiert haben, denken wir Erwachsene während des Rechnens nicht an die Bedeutung dessen, was wir gerade tun.

> Auch die Neurowissenschaft stellt diese Haltung durchaus kritisch in Frage. So weist Dehaene, einer der ersten Gehirnforscher im Bereich der Mathematik, schon 1999 darauf hin, dass Rechenregeln abgespeichert und befolgt werden, ohne dass man sich zunächst um ihre Bedeutung kümmert.
>
> Aufschlussreich ist in diesem Kontext Dehaenes Aussage zum automatisierten Rechnen am Beispiel der Aufgabe:
>
> $$\begin{array}{r} 24 \\ + \underline{59} \end{array}$$
>
> »Zuerst werden die rechts stehenden Ziffern isoliert (4 und 9), dann addiert (4+9=13); 3 wird hingeschrieben, aber 1 gemerkt; dann werden die Ziffern links isoliert (2 und 5) und addiert (7); die gemerkte Zahl wird addiert (7+1=8) und 8 hingeschrieben. Während einer solchen Rechnung denken wir anscheinend niemals über die Bedeutung der durchgeführten Operationen nach. Warum haben Sie sich die 1 gemerkt und zur linken Spalte hinzugezählt? Wenn wir darüber nachdenken, fällt uns ein, dass diese 1 für 10 Einheiten steht und deshalb in der 10er-Spalte stehen muss. Aber daran denken wir nicht, während wir rechnen. Wenn das Gehirn schnell rechnen soll, muss es offenbar darauf verzichten zu wissen, was es tut.« (Dehaene 1999, S. 154)

Nicht nur beim Befolgen einer Abfolge von richtigen Denk- und Rechenschritten, sondern auch bei Rechenfehlern wird nach Dehaene (1999) deutlich, dass nicht nur geübte Rechner, sondern auch Kinder im Rahmen des Rechenprozesses »zwischen der mechanischen Ausführung einer Rechnung und ihrer Bedeutung« trennen, ja, dass dies für Kinder sogar »typisch« ist (S. 155). Besonders auch das Vorkommen absurder Fehler ist als Hinweis darauf zu deuten, »dass das Gehirn die Rechenvorschriften speichert und befolgt, ohne sich um ihre Bedeutung zu kümmern« (ebd., S. 156).

Elsbeth Stern, von 1997 bis 2006 Forschungsgruppenleiterin am Max-Planck-Institut für Bildungsforschung in Berlin und später Inhaberin einer Professur für Lehr- und Lernforschung an der ETH Zürich, betrachtet Automatisierungsprozesse als Voraussetzung für Verstehensprozesse. Sie vertritt dabei die Auffassung, dass Automatisierung als solides Fundament für sinnstiftendes Lernen notwendig ist.

> »Wir müssen eine anspruchsvolle Vor- und Grundschulerziehung etablieren. […] Ein Grund, früh damit anzufangen, besteht darin, die mit dem Lernen einhergehende ›Automatisierung‹ von Wissen besser und sinnvoller auszuschöpfen. … Automatisierung wird in allen Bereichen gefordert. Das Beherrschen des Einmaleins gehört ebenso dazu wie das Erkennen von Schaubildern oder das Vokabellernen in der Fremdsprache. Automatisierung ist die Folge von Übung in Teilschritten. Ein kapitaler Fehler der Bildungsreform der 60er und 70er Jahre bestand in der geringen Bedeutung, die dem Üben beigemessen wurde. Man solle Dinge verstehen und nicht auswendig lernen, hieß es. Damit wurden künstliche Widersprüche aufgebaut. Tatsächlich ist automatisiertes Wissen die Voraussetzung für Verstehensprozesse, eben weil man für Verstehensprozesse freie Kapazitäten braucht. Das teilweise durchaus stupide Üben in Teilschritten mit dem Ziel der Automatisierung hat seine Berechtigung, wenn es nicht dabei bleibt. Automatisiertes Wissen muss immer wieder in sinnstiftendes Lernen eingebettet werden. Aber Automatisierung braucht Zeit. *Je früher bestimmte Teilschritte automatisiert werden, umso eher kann man sich auf Sinnstiftung konzentrieren.*« (Stern 2003, S. 35)

Bei Sterns Aussage ist die begrenzte Kapazität des Arbeitsgedächtnisses mitzudenken. Wissenschaftlich gesichert ist die Erkenntnis, dass die Automatisierung unser Arbeitsgedächtnis entlastet und gerade damit freie Kapazitäten als Grundlage für höhere Einsichten ermöglicht. Möchten wir rechenschwache Kinder erfolgreich, und das heißt möglichst effektiv, fördern, sind wir dazu aufgefordert, uns intensiv Gedanken darüber zu machen, wie Automatisierungsprozesse einfach, schnell und wirksam erreicht werden können.

d) »Ein Kind mit Rechenschwäche muss (noch mehr) Aufgaben schriftlich üben«

Eine weitere »traditionelle« förderpädagogische Maßnahme, die aus unserer Sicht im Hinblick auf die Unterstützung rechenschwacher Kinder meist nicht hilfreich ist, besteht in der Überbetonung *schriftlicher* Übungen.

Das Kind hat eine Schwäche im Rechnen. Die Grundvorstellung kann dann sein: Es muss halt mehr üben. Um die Schwäche zu verbessern, bekommt es von der Lehrkraft, die das Kind unterstützen will, noch eine weitere Seite mit Rechenaufgaben zum Üben kopiert oder die Eltern geben ihrem Kind Zusatzaufgaben aus dem Mathematikbuch oder dem Übungsheft auf.

Wir sollten dabei aber bedenken: Beim schriftlichen Üben besteht normalerweise keine Kontrolle darüber, welche Gehirnprozesse im Kopf des Kindes stattfinden. Damit besteht auch keine Kontrolle darüber, was das Kind damit über die Wiederholung automatisiert.

Ein Kind mit einer Rechenschwäche wird sehr wahrscheinlich nicht über ein sicher eingeprägtes Faktenwissen verfügen und die einfachsten Rechenwege beherrschen. Schriftliches Üben führt so häufig zu einer Verfestigung der Fehlstrategien bzw. der individuellen Fehlermuster und zu einer Verunsicherung und Demotivierung des Kindes.

Diese Gefahr, Fehlstrategien weiter einzuschleifen, besteht bei rechenschwachen Kindern auch bei jeder schriftlichen Hausaufgabe. Solange nicht die richtigen Wege im Gehirn sicher eingeschliffen sind, können nur die Fehlwege verstärkt werden.

> Ein solches schriftliches Üben ist also nur sinnvoll, wenn vorher sichergestellt worden ist, dass das Kind im Rechnen die einfachsten Wege im Gehirn benutzt. Nur dann dient das Wiederholen beim Üben der Automatisierung der Grundrechenfertigkeiten.

8. Zentraler Aspekt beim Mathematiklernen: Die Bedeutung der Kapazität des Arbeitsgedächtnisses

Damit Kinder erfolgreich lernen können, müssen die neuropsychologischen Grundlagen der entsprechenden Lernprozesse berücksichtigt werden. Dies gilt auch für den Erwerb mathematischer Kompetenzen. In der Förderpädagogik finden zwei Komponenten bislang zu wenig Berücksichtigung: Es handelt sich zum einen um die Bedeutung des Arbeitsgedächtnisspeichers und seiner Kapazität, zum anderen um die Bedeutung der emotionalen Bewertung des Lerngegenstandes Mathematik für den Lernprozess (▶ Kap. 4).

Für ein rasches und effektives Lernen unserer Kinder ist es absolut notwendig, der geringen Kapazität des menschlichen Arbeitsgedächtnisses beim »Wie« des Lernens, d.h. beim Entwickeln und Durchführen von Lernwegen Rechnung zu tragen.

> Automatisierung durch gehirngerechtes Abspeichern und Verarbeiten von Informationen ermöglicht den Schülern, die mit den Aufgaben verbundene Informationsmenge drastisch zu reduzieren. Dies wirkt sich nachhaltig positiv sowohl auf eine gute Behaltensleistung mathematischer Inhalte aus als auch auf ein schnelles Rechnen. Kinder verändern infolgedessen ihre emotionale Bewertung des Lernstoffs insofern, als dass sie Rechnen als nicht mehr so »anstrengend« erleben und stattdessen das Gefühl spüren: »Ich kann es, es fällt mir zunehmend leichter«. Solche Erfahrungen bilden wichtige Erfolgserlebnisse, die unsere Kinder im Unterricht und bei den Hausaufgaben motivieren und anspornen.

Auch Rechenkünstler praktizieren übrigens keine »magische« Mathematik, sondern gründen ihre mathematische Schnelligkeit und Sicherheit darauf, dass sie ihr Arbeitsgedächtnis durch umfangreiches automatisiertes Faktenwissen und eine größtmögliche Vereinfachung der Rechenoperationen entlasten (vgl. Born und Oehler 2020, S.75 ff.). Voraussetzung für den Erfolg ist jedoch auch bei ihnen – wie bei allen Leistungssportlern und professionellen Musikern – alltägliches intensives Training.

a) Häufige Fehlstrategien beim Einspluseins und Einmaleins

Im Folgenden möchten wir darstellen, wie das Arbeitsgedächtnis durch Fehlstrategien be- und damit auch überlastet wird.

Was passiert genau, wenn ein Kind beispielsweise die Aufgaben 9 – 6 = 3 zählend, d.h. mit einer Fehlstrategie »rechnet«? Sie haben schon auf Seite 98 (▶ Abb. 8.1) abgebildet gesehen, in welchem Ausmaß die Kapazität des Arbeitsgedächtnisspeichers ausgelastet wird.

Den Schülern wird von schulischer Seite unter dem Motto »die Kraft der 5« eine Rechenstrategie angeboten, welche die Kapazität des Arbeitsgedächtnisses weniger belastet, aber immer noch deutlich komplizierter ist als die »direkte Verdrahtung« zwischen Aufgabe und Ergebnis beim arithmetischen Faktenwissen (▶ Abb. 8.2).

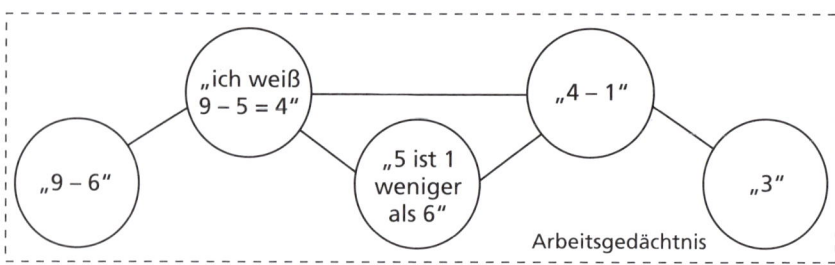

Abb. 8.3: Prozesse im Arbeitsgedächtnis, bei »9 – 6« mit Hilfe der Kraft der 5 zu rechnen

Eltern möchten ihr Kind beim Einmaleins unterstützen und trainieren mit ihm das »serielle Hochzählen«:

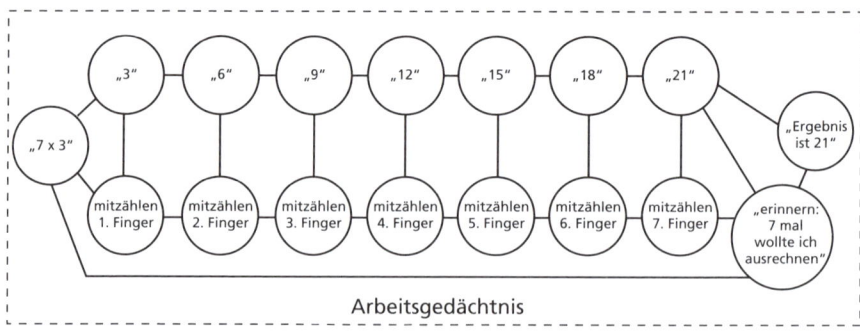

Abb. 8.4: Serielles Hochzählen »7 x 3« führt zu einer Überlastung des Arbeitsgedächtnisses

Auch von schulischer Seite werden den Schülern im Bereich der Multiplikation Strategien vermittelt, die, wenn sie dauerhaft von ihnen benutzt werden, zu einer Überlastung des Arbeitsgedächtnisses führen: Das Kind soll nur Kernaufgaben beherrschen und kann dann von diesen ausgehend durch Additions- bzw. Subtraktionsrechnung die weiteren Multiplikationsaufgaben ausrechnen.

Ein Beispiel: Ein Schüler hat die Kernaufgabe 5 x 3 automatisiert. Die Aufgabe 7 x 3 errechnet er über das Ergebnis der Aufgabe 5 x 3 und zählt dann noch zweimal 3 dazu.

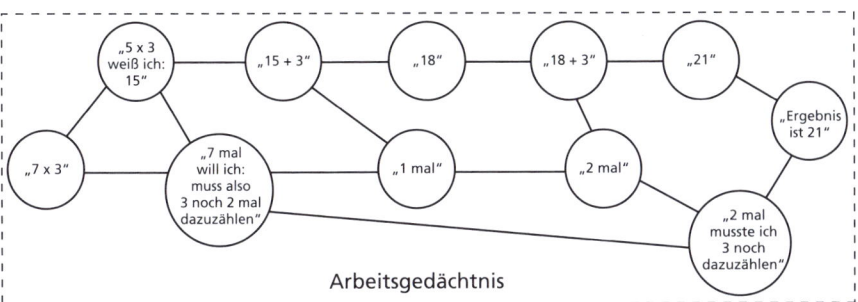

Abb. 8.5: Beispiel »7 x 3« errechnen – Wieder Überlastung der Kapazität des Arbeitsgedächtnisspeichers

Im aktuellen Mathematikschulbuch des Mildenbergerverlags (Höfling u. a. 2022) werden beim Ausrechnen sogar von den Kernaufgaben des 2er- und 5er- Einmaleinses ausgehend drei unterschiedliche Rechenstrategien eingesetzt: Verdoppeln, Nachbaraufgaben und Zusammensetzen aus dem 2er- und dem 5er-Einmaleins.

Aufgaben des 4er-Einmaleinses werden über das Verdoppeln des 2er-Einmaleinses und das 8er-Einmaleinses über das Verdoppeln des 4er-Einmaleinses ausgerechnet. Die folgenden Darstellungen sollen Ihnen einen Eindruck vermitteln, welche komplizierten Denk- und Rechenvorgänge im Arbeitsgedächtnis bei den einzelnen Ausrechenstrategien stattfinden:

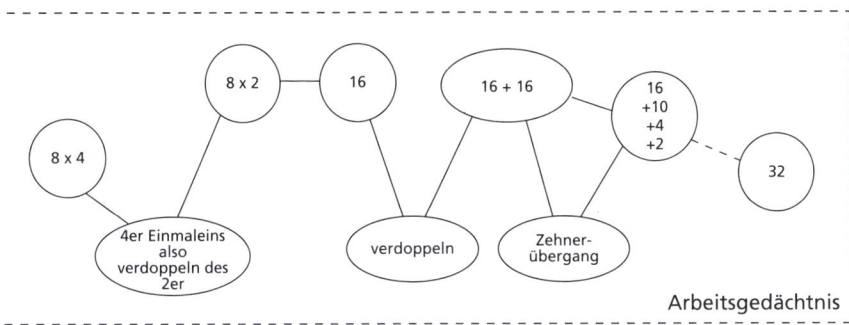

Abb. 8.6: Rechenstrategie »Verdoppeln«

Lernmethoden in Mathematik zum Erlernen der Basisfertigkeiten

Als »**Nachbaraufgaben**« wird das 3er-Einmaleins durch Addition aus dem 2er-Einmaleins, das 6er-Einmaleins aus dem 5er-Einmaleins abgeleitet. Das 9er-Einmaleins wird durch Subtraktion aus dem 10er-Einmaleins errechnet.

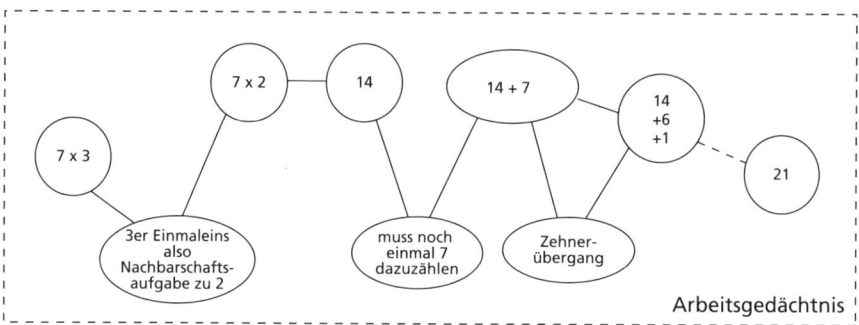

Abb. 8.7: Rechenstrategie »Nachbaraufgabe«

Das Ergebnis des 7er-Einmaleinses erhält man durch Zusammensetzen bzw. des Addierens des Ergebnisses des 2er- und 5er-Einmaleinses.

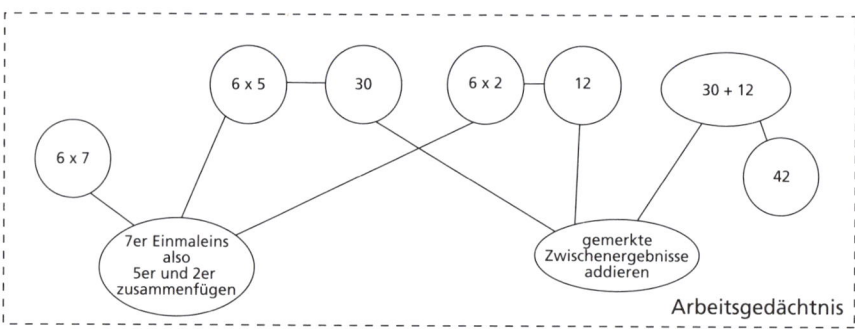

Abb. 8.8: Rechenstrategie »Zusammensetzen«

Die Schüler sollen das jeweilige Ergebnis dann so schnell ableiten, dass es wie »auswendig« funktioniert. Aber auch gut eingeschliffenes Ableiten belastet das Arbeitsgedächtnis in unnötiger Weise in einem erheblichen Ausmaß. Zusätzlich besteht immer die Gefahr, dass Schüler in diesem ableitenden Ausrechnen »hängen bleiben« und kein arithmetisches Faktenwissen erwerben.

Bei all diesen oben dargestellten »Fehlstrategien« wird ein neuronaler Umweg gebahnt. Sie erinnern sich, dass genau das, was im Gehirn aktiviert wird, auch gebahnt wird (▶ Kap. 5). Somit werden bei diesen Abzählstrategien Umwege eingeschliffen, die eine direkte Verdrahtung zwischen der Aufgabe 9 – 6 oder 7 x 3 und ihrem Ergebnis 3 bzw. 21 nicht entstehen lassen. Wenn wir uns vor Augen führen, dass die Abspeicherkapazität des Arbeitsgedächtnisses von Kindern nur ungefähr fünf Informationseinheiten umfasst, wird schnell deutlich, dass diese Kapazität bei solchen Fehlstrategien systematisch überschritten wird. Bei einfachen Aufgaben, wie z.B. 3 + 2 = 5, schaffen es Schüler aufgrund der wenigen Zähloperationen, d.h. der geringen Anzahl beteiligter Informationseinheiten gerade noch, die Verbindung zwischen Aufgabenstellung und Ergebnis im Arbeitsgedächtnis herzustellen und aufrecht zu erhalten. Bei schwierigeren Aufgaben ist dies nicht mehr möglich, da sie weiter zählen müssen und die Informationsmenge sowie die benötigte Zeit die Kapazität des Arbeitsgedächtnisspeichers überschreiten. Auf diese Weise wird, besonders bei Kindern, die Schwächen im Arbeitsgedächtnis aufweisen, eine angemessene »Verdrahtung« systematisch verhindert und somit eine mögliche Rechenschwäche grundgelegt.

Diesen Unterschied im Lernprozess können Sie selbst beobachten: Das Ergebnis einfacher Aufgaben »weiß« Ihr Kind sofort, schwierigere Aufgabe muss es immer wieder »errechnen« und schafft es nicht, das Ergebnis dauerhaft abzuspeichern.

> Ziel bei schwierigeren Aufgaben, wie z. B. 9 – 6 oder 7 x 3, muss es sein, im Gehirn unserer Kinder die direkte Verdrahtung zwischen Aufgabe und Ergebnis herzustellen, ohne die Kapazität des Arbeitsgedächtnisspeichers zu überschreiten.

Für das Kind ist immer die »*kürzeste*« und zugleich auch eine möglichst stabile »Verdrahtung« zwischen Aufgabenstellung und Ergebnis herzustellen:

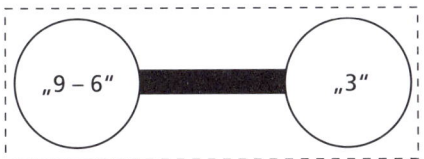

Abb. 8.9: »9 – 6« – Der direkte neuronale Weg zwischen Aufgabe und Ergebnis

Analog gilt für das Einmaleins:

Abb. 8.10: »7 x 3« – Der direkte neuronale Weg zwischen Aufgabe und Ergebnis

Neben der Entlastung des Arbeitsgedächtnisses durch die »direkte Verdrahtung« von Aufgabe und Ergebnis ergeben sich aufgrund der Einfachheit und der geringen Anstrengung auch positive emotionale Auswirkungen für unsere Kinder.

Beeindruckend in ihrer Deutlichkeit sind aktuelle Forschungsergebnisse z.B. von Ischebeck u.a. (2009) aus der Gehirnforschung. In deren Studie konnte anschaulich gezeigt werden, wie sich das Training bzw. die Wiederholung von Einmaleins-Aufgaben auf die Gehirnaktivitäten auswirkt. Mit Hilfe von bildgebenden Verfahren konnten die Unterschiede in den Gehirnaktivitäten zwischen »trainierten« und »untrainierten« Personen beim Lösen von einfachen Multiplikations- und Divisionsaufgaben aufgezeigt werden.

Die beiden farbigen Säulen in der Darstellung bilden diese Unterschiede ab. Säule 1 (rot bis weiß) spiegelt die zusätzlichen Gehirnaktivitäten bei untrainierten Personen wider, wobei die Farbe Weiß für ein sehr hohes Ausmaß an Aktivität steht. Säule 2 (blau bis hellgrün) steht für die zusätzlichen Gehirnaktivitäten bei trainierten Personen. Die untrainierten Probanden (Säule 1) weisen über beide Gehirnhälften deutlich mehr Hirnaktivität an unterschiedlichen Orten mit deutlich größerem Ausmaß auf (bis hin zu weiß) im Vergleich zu den trainierten Personen (blau). Bei letzteren zeigt sich die Hirnaktivität deutlich begrenzter in wesentlich weniger Gehirnorten und zusätzlich auch noch in geringerem Ausmaße.

Diese Ergebnisse verweisen somit darauf, dass bei »trainierten« Personen mit »Automatisierungen« erkennbar geringere Anforderungen an die Arbeitsgedächtnisleistungen gestellt werden (»blaues Gehirn«), wodurch Arbeitsgedächtnisspeicher frei wird für das leichtere Erlernen darauf aufbauender, komplexerer Rechenverfahren (vgl. auch Landerl und Kaufmann 2008, S. 179). »Untrainierte« weisen dagegen eine deutlich größere Auslastung ihrer Gehirnaktivitäten auf, so dass nur noch eine geringe Kapazität für das Erlernen weitergehender Rechenstrategien verfügbar ist, die z. B. beim Lösen mehrstelliger schriftlicher Multiplikationsaufgaben nötig sind.

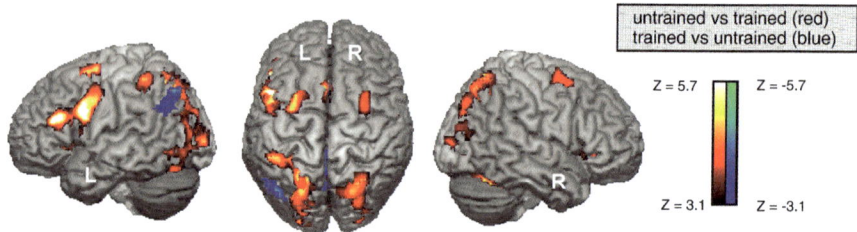

Abb. 8.11: Ischebeck A., Zamarian L., Schocke M., Delazer M.: Flexible transfer of knowledge in mental arithmetic – An fMRI study. NeuroImage 2009, S. 1103–1112

b) Unterschiedliche Rechenwege als Überlastung der Kapazität des Arbeitsgedächtnisses

Das folgende Beispiel von Felix zeigt, dass auch unterschiedliche Rechenwege auf der Ebene der arithmetischen Prozeduren (hier bei der Subtraktion) Rechenprobleme verstärken, da die mit den unterschiedlichen Wegen verbundenen Auswirkungen auf das Arbeitsgedächtnis (Stichwort: begrenzte Speicherkapazität) nicht berücksichtigt wurden.

> Felix, 3. Klasse, hat seiner Lehrerin und seiner Mutter zufolge das Problem, dass er bei Lernzielkontrollen in der Schule zu langsam sei und nicht in der zur Verfügung stehenden Zeit fertig werde. Tatsächlich schreibt Felix zunehmend Vierer und entwickelt dabei immer größere Angst vor den Klassenarbeiten. Ein Begabungstest bescheinigt Felix hingegen eine gute Intelligenz.
>
> Danach befragt, wie er Subtraktionsaufgaben im Hunderterraum im Mathetest löst, berichtet Felix, dass er drei unterschiedliche Wege der Subtraktion kennengelernt habe: »Ich muss mich ja erst einmal entscheiden, welchen Weg ich nun beim Abziehen benutze. Es fällt mir schwer, mich zu entscheiden, außerdem kostet es Zeit«. Felix, ziemlich »clever«, findet, es sei doch viel praktischer, nur einen Rechenweg zu haben und diesen dann immer zu benutzen, um schneller zu werden.

c) Die Erklärungsfalle

In Zusammenhang mit der Bearbeitung von Sachaufgaben tappen Eltern und auch Förderpädagogen immer wieder in die sog. Erklärungsfalle: Das Kind hat noch keinen Ansatzpunkt für den Lösungsweg gefunden. Um es auf den Lösungsansatz zu bringen, erklären die Erwachsenen mit vielen Worten den Sachverhalt immer wieder und auf unterschiedlichste Art und Weise. Nachteilig und einem effektiven Lernen abträglich ist an diesem Vorgehen, dass hierbei keine Komprimierung »Grundmuster – Lösungsweg« stattfindet. Im Gegenteil, eine Vereinfachung wird verhindert und stattdessen beim Kind zumeist eher ein Wirrwarr und Durcheinander erzeugt. Das Kind versteht den Sachverhalt weiterhin nicht und vergisst diesen schnell, da zu viele Worte benutzt wurden. Die damit verbundene Vielzahl unterschiedlichster Erklärungskomponenten (d. h. Informationseinheiten) bewirkt, dass die Kapazität des Arbeitsgedächtnisspeichers überschritten wird und dadurch zwangsläufig viele Erklärungs- und Lösungsansatzkomponenten wieder vergessen werden. Anstatt dass das Kind den Zusammenhang »Grundmuster – Lösungsweg« begreift (s. u.), entsteht in seinem Gehirn ein zunehmendes Chaos. Die Folgen sind dann Frustration, Selbstwert mindernde Gefühle, Vermeidung von weiteren Anforderungen oder gar Angst.

> Ein Zuviel an Veranschaulichungen, Erklärungen und an vermeintlich Einsicht stiftendem Lernen – z. B. bei Rechenoperationen und Sachaufgaben – verhindert bei rechenschwachen Kindern eher den Lernfortschritt als dass es ihn fördert. Leiten lassen sollten wir uns in der Schule und Zuhause von dem Grundsatz: »Das wahrhaft Pädagogische ist das Einfache«. – Vielen rechenschwachen Kindern hilft es anstelle von immer wieder neuen und letztlich verwirrenden Erklärungsansätzen mehr, wenn wir ihnen zeigen, wie eine Rechenoperation geht und wozu sie gut ist bzw. wie eine »Mustersachaufgabe« gelöst werden kann.

> **Eine kleine Parabel zum Mathematikunterricht**
>
> Ein Junge möchte Teile zusammenschrauben. Er geht zu einem Professor der Bautechnik. Dieser meint: »Bevor Du anfangen kannst, musst Du verstehen, was du tust«, und er fängt an, dem Jungen zu erklären: das Prinzip und die Wirkweise des Gewindes bei einer Schraube, die Hebelwirkung, die unterschiedlichen Eigenschaften der Materialien usw. Der Professor gibt sich viel Mühe, er erklärt es dem Jungen nicht nur, sondern zeigt ihm unterschiedliche Veranschaulichungsmodelle zur Erklärung. Der Junge weiß zum Schluss, dass das Zusammenschrauben ein sehr schwieriges Vorhaben ist, aber nicht so recht, wie er es bewerkstelligen kann.
>
> Der Junge geht sodann zu einem einfachen Handwerker. Dieser meint: »Ich zeige Dir, wie Du den passenden Schraubenschlüssel auswählen kannst, wie Du ansetzt und in welche Richtung Du den Schlüssel drehen musst.« Und der Junge fängt an zu schrauben. Nachdem er erlebt hat, wie einfach das Zusammenschrauben ist, beginnt er die unterschiedlichsten Werkstücke herzustellen. Der Junge freut sich, was er alles schaffen kann und auch darüber, wie leicht das Zusammenschrauben ist.« (Born und Oehler 2020, S. 44)

9. Anforderungen an Lernmethoden – nicht nur für das Rechnen

a) Einsicht und Automatisierung müssen in der Rechenförderung in ein ausgewogenes Verhältnis gebracht werden
Unsere Kinder müssen zunächst verstehen, was Zahlen und Rechenoperationen bedeuten. Die Basis für schnelles und fehlerfreies Rechnen bilden jedoch sodann Automatisierungsprozesse, die durch entsprechende Übung und Wiederholung angelegt werden müssen.

b) Weniger ist mehr
Um numerisches Faktenwissen im Gehirn unserer Kinder zu automatisieren, heißt es die Vielfalt der Darstellungsformen auf das Wesentliche zu reduzieren. Dabei sollten wir uns von folgendem Grundsatz leiten lassen: Besser *eine einfache* Methode *häufig* wiederholt, als zahlreiche Darstellungsformen und Rechenwege nur selten wiederholt.

c) Die Bedeutung des kurzfristig erlebten Erfolgs
Rechenschwache Kinder sind oft entmutigt, zeigen Vermeidungsverhalten, wenig hilfreiche Gedanken und starke negative Gefühle. Sie brauchen dringend kurzfristig erlebbare Erfolge. Lernmethoden müssen so angelegt sein, dass sie sehr schnell zu Erfolgserlebnissen führen, um Blockaden und Vermeidungsverhalten Schritt für Schritt abzubauen.

d) Realistische Zielsetzungen und langfristige Perspektiven

Wenn Kinder Schulprobleme zeigen oder Teilleistungsschwächen aufweisen, gilt es bei der Zielsetzung realistisch zu sein und ihre Möglichkeiten *und* Grenzen mit einzubeziehen. Dies ist oft für Eltern ein schmerzlicher Prozess – wir alle wünschen uns für unsere Kinder eine optimale, möglichst erfolgreiche Schullaufbahn. Aber nur dann, wenn Eltern und Lehrkräfte realistische Zielsetzungen und Perspektiven entwickeln, können Kinder die Erfolgstreppe hinaufsteigen. Unsere Perspektiven sollten dabei auch langfristiger Natur sein, z.B.: »Ich wünsche mir, dass mein Kind am Ende der Grundschulzeit ein solides Fundament im Bereich des Rechnens erworben hat«. Kurzfristiges Denken (und unbewusstes Drängen) hilft hier nur selten weiter. Schritt für Schritt gilt es stattdessen, das angestrebte Fundament gemeinsam in Ruhe zu erarbeiten.

e) Auf der niedrigsten fehlerbehafteten Ebene beginnen

Bevor Sie die Lernarbeit mit Ihrem Kind beginnen, ist es sehr wichtig, genau zu analysieren, an welcher Stelle sich die ersten Automatisierungslücken im Rechenlernprozess befinden. Stellen Sie bei Ihrem Jungen oder Mädchen fest, dass der *Zehner*übergang im Hunderterraum gar nicht oder nur über Fehlstrategien funktioniert und entsprechend langsam abläuft, obgleich Ihr Kind bereits im *Hunderter*raum rechnet, so ist es wichtig zurückzugehen: Überprüfen Sie zunächst den Zehnerübergang im Zahlenraum bis 20, dann den Zahlenraum bis 10. Liegen hier ähnliche Fehlstrategien vor, sollten Sie mit dem Aufbau der Automatisierung im Zahlenraum bis 10 beginnen, um das Fundament abzusichern und Ihrem Kind Erfolgserlebnisse zu ermöglichen. Das Motto muss hier sein: Ich kann, wie beim Hausbau, nicht am Dachstuhl arbeiten, wenn der Keller gravierende Mängel in der Statik aufweist.

f) Kleine Lernportionen – regelmäßig

Die geringe, begrenzte Kapazität des menschlichen Arbeitsgedächtnisses sollte bei der Konzeption von Lernmethoden berücksichtigt werden. Kleine Lernportionen sind nicht nur besser abzuspeichern und bleiben wesentlich prägnanter in Erinnerung. Sie bringen bei unseren Kindern zudem einen Motivationseffekt mit sich. Der »Berg« an Lernstoff ist deshalb in kleine Mengen aufzuteilen, die nacheinander nach dem Motto »Schritt für Schritt« abgearbeitet werden. Auch das regelmäßige Wiederholen gelingt Schülern mit kleinen Lerneinheiten wesentlich leichter und effektiver als mit großen, schwer überschaubaren Stoffmengen.

g) Kurze Wiederholungen über den Tag verteilt

Vereinbaren Sie mit Ihrer Tochter bzw. Ihrem Sohn die tägliche Wiederholung kurzer Lernsequenzen. Überschaubare Zeiteinheiten tragen bei Ihren Kindern positiv dazu bei, die eigene Konzentration und Lernbereitschaft leichter aufrecht zu erhalten bzw. zu steigern. Wiederholungen kleiner Lernportionen von jeweils drei bis fünf Minuten Dauer können an alltäglich wiederkehrende Abläufe im Alltag gekoppelt werden:

- Vor/nach dem Mittag- oder Abendessen
- Zum »Warmlaufen« des Gehirns vor dem Beginn der schriftlichen Hausaufgabe

- Als »Pause« während der schriftlichen Hausaufgaben
- dem Vater am Abend zeigen, was man schon kann

h) Mit nicht-schriftlichen Übungs- und Einprägemethoden beginnen

Das schriftliche Rechnen von Aufgaben eignet sich schlecht für den anfänglichen Prozess des Einprägens, sondern besser für die spätere Überprüfung von bereits erworbenem Wissen. Lassen wir unsere Kinder alleine schriftlich üben, so haben wir keine Kontrolle, wie sie zu ihrem Ergebnis kommen. So können sich leicht Fehlstrategien einschleifen. Ein weiteres Argument für nicht-schriftliche Übungsformen ist die Belastung des Arbeitsgedächtnisses durch den bei Schülern oft ungeliebten Schreibprozess, der zusätzliche Aufmerksamkeit und Kapazität erfordert. Diese fehlen sodann für den eigentlichen Prozess des Einprägens. Wenn Übungsformen nicht schriftlich erfolgen, können Kinder ihre ganze Aufmerksamkeit und Anstrengung auf den eigentlichen Lernstoff richten.

Sehr gute Erfahrungen haben wir – und bereits viele Eltern und auch Lehrer – mit der Arbeit mit **Lernkärtchen** gemacht, und zwar mit weißen, unlinierten Karteikarten der Größe DIN A7. Wir empfehlen Ihnen als Eltern, diese Kärtchen mit einem dicken schwarzen Stift zu beschriften, da Kinder oft eine eher schlechte Handschrift haben. Geben Sie den Kärtchen, z.B. Einmaleins-Aufgaben, eine »gute Gestalt«, damit der Lerninhalt von Ihren Kindern umso besser abgespeichert werden kann. Lernkärtchen haben auch den Vorteil, dass Ihre Kinder ihre Aufmerksamkeit wie einen Scheinwerfer selektiv auf den neuen abzuspeichernden Inhalt ausrichten.

i) Eltern und Kinder als gemeinsames Team

Ein weiterer Vorteil der Arbeit mit Lernkärtchen besteht darin, dass Sie als Eltern gemeinsam mit Ihrem Kind im »Team« arbeiten können. Lernen wird somit ein interaktiver Prozess, der sich motivationsfördernd auswirkt, da Sie Ihr Kind beim Lernen nicht alleine lassen, sondern ihm auch hierin Ihre Zuwendung schenken.

> Lernmethoden, die Kinder und Eltern gemeinsam als Team angehen, müssen derart gestaltet sein, dass sie einfach, überschaubar und möglichst leicht nachzuvollziehen sind. Für rechenschwache Schüler sollten es wenige, ausgewählte Methoden sein, die zwar sicher nicht den gesamten Bereich der Mathematik abdecken, aber doch deren zentrale Lerninhalte beinhalten. Die Methoden sollen wenig anstrengen, schnell zum Lernerfolg führen und kostengünstig sein!

k) »Mathe-Mütter« und »Mathe-Trainer« als zusätzliche schulinterne Fördermaßnahmen

In Analogie zu »Lese-Müttern«, die bereits im Kindergarten oder in den Grundschulen in die Förderpraxis mit eingebunden werden, könnte auch die Idee der »Mathe-Mütter« (und -Väter) greifen. Engagierte Eltern könnten dabei – wie im erfolgreichen Pisa-Studien-Land Finnland – einen besonderen Beitrag zur individuellen Förderung der Grundschulkinder im Fach Mathematik leisten. Eltern müssten dabei zunächst durch Lehrer mit den »passenden« Fördermethoden vertraut gemacht werden, um sodann sowohl in der Schule als auch zu Hause rechenschwache Kinder bei den entsprechenden Lernprozessen so kompetent wie möglich unterstützen zu können (vgl. Junglehrer Praxis 2006, S. 2).

Voraussetzung für ein erfolgreiches und effizientes Elternengagement ist dabei, dass sich Schulleitung, Lehrer und Eltern gemeinsam darüber verständigen, auf welche Faktoren und Mechanismen zu achten ist, um beim Rechnen Automatisierungsprozesse zu ermöglichen (Stichwort: dicke Synapsen!). Die Aufmerksamkeit aller Beteiligten ist insbesondere darauf zu legen, dass sich bei den Kindern keine Fehlstrategien, wie beispielsweise das unnötige innere Hochzählen, einschleifen.

> Eine Arbeitsgemeinschaft, die sich unter dem Namen und Motto »Rechenschwache Kinder angemessen fördern« aus Grund- und Mittelschullehrern gebildet hatte, stellte sich folgende Frage: »Wie können wir als Schule, sofern die Eltern unserer Schüler sich mit eigener Mitarbeit nicht einbringen können oder wollen, dennoch an unserem Ziel einer erfolgreichen Lernförderung festhalten?« Das notwendige Wiederholen, so die Erfahrung der Lehrer, lässt sich angesichts der Anzahl der betroffenen Förderschüler im Unterricht in der erforderlichen Häufigkeit parallel zum normalen Unterrichtsstoff nur sehr schlecht organisieren. Die Arbeitsgemeinschaft entwickelte daraufhin folgende Idee: Analog zur Ausbildung von sog. Streitschlichtern können Viertklässler zu sog. Mathe-Trainern ausgebildet werden, die sich für das restliche Schuljahr sodann als »Paten« für rechenschwache Schüler der zweiten Grundschulklasse einsetzen lassen. Zu festgelegten Zeiten könnten die Lernteams, die sich jeweils aus einem Mathe-Trainer und einem Förderkind zusammensetzen, täglich 10 bis 15 Minuten mit den entsprechenden Methoden Lernstoff einüben und wiederholen.

Sofern in Deutschland das Konzept der Ganztagsschule weiter an Bedeutung gewinnt, sollte sich der Förderansatz mithilfe der Mathe-Mütter (und -Väter) und von älteren Schülern als Mathe-Trainer und Paten (vgl. Kasten) vielerorts leichter in den Schulalltag integrieren lassen.

10. Vorstellungen zur Menge und zum Zahlenraum und erste Fertigkeiten im »Rechnen« als grundlegendes Fundament – Entwicklungen bis zur Einschulung

Wir Menschen sind von Geburt an »zum Zählen geboren« (Beck, Clarke 2023).

Hubert Preißl, der die Arbeitsgruppe »Metabolic Neuroimaging« am Helmholtz-Zentrum München leitet, belegt sogar, »dass Föten über ein einfaches Zahlenverständnis verfügen«. Sie haben »bereits im Uterus ein Basisverständnis für Zahlen von eins bis vier« (Hackenbroch und Koch 2024, S. 89):

»Preißl hat Föten im Abstand von einer Sekunde Tonfolgen aus zwei Tönen vorgespielt. Ab und zu jedoch waren es 4 Töne hintereinander. War diese seltenere Tonfolge zu hören, registrierte das Messgerät einen Ausschlag. Preißl deutet das als Überraschungsreaktion im Gehirn des Ungeborenen« (ebd.)

Erstaunlich ist weiterhin, dass schon Babys im Alter von 8 bis 12 Monaten erkennen können, wenn bei einfachen Rechnungen bis drei falsche Ergebnisse im Experiment angeboten werden (vgl. Lorenz 2012, S. 14 ff.) oder wenn sich eine gewohnte größere Mengenanzahl (bei willkürlicher Darstellung) verändert (Beck und Clarke 2023, S. 32 ff.). In beiden Fällen verlängert sich die Fixationsdauer beim Baby in deutlicher Weise.

> »Mit der Sprachentwicklung beginnt dann die Fähigkeit zu sprachlicher Symbolisierung von Anzahlen durch ein Zahlwort (zum Beispiel [Ab]Zählfertigkeiten, arithmetisches Manipulieren von Mengen/Anzahlen). Eine zweite Form der Symbolisierung von Zahlen erfolgt im Vor- und Grundschulalter mit dem Kennenlernen der arabischen Zahlenschreibweise, die eine eigene und von der deutschen Zahlensprechweise verschiedene Grammatik hat. … Parallel zu den Prozessen der sprachlichen und arabischen Symbolisierung und den damit verbundenen operativen Möglichkeiten entwickelt sich schließlich eine zahlenräumliche Vorstellung (mentaler Zahlenstrahl), in der mit Zahlsymbolen operiert werden kann. Der mentale Zahlenstrahl scheint grundlegend zu sein für das rechnerische Denken und das Kopfrechnen. Während die frühen basisnumerischen Fähigkeiten quasi sinnstiftend für die Prozesse der Symbolisierung (Zahlworte und arabische Zahlen) sind, stellt der mentale Zahlenstrahl gewissermaßen den semantischen Sinnbezug auf einem höheren abstrakten Niveau sicher.« (Kaufmann, von Aster 2012, S. 768)

Im Rahmen der Sprachentwicklung lernen die Kinder ab etwa zwei Jahren auch Zahlworte und beginnen Zahlwortreihen zunächst meist mit willkürlicher Anordnung aufzusagen. Schrittweise lernen sie Zahlen in ihre exakte Folge zu bringen. Zahlen werden dabei zunächst noch nicht mit Mengen in Verbindung gebracht, sondern nur aufgesagt.

Ungefähr ab dem Kindergartenalter erwerben Kinder ein Anzahlkonzept und verstehen, dass hinter Zahlen Anzahlen stehen. Sie beginnen mit dem Abzählen (parallele Zuordnung von Zahlwort (Ziffer) und Gegenstand). Es kommt zu genau ausgezählten Mengen. Lorenz weist an dieser Stelle darauf hin, dass »bekannt ist, dass für die Entwicklung des Zahlbegriffs offenbar Zählkompetenz und Mengenverständnis im Hinblick auf spätere schulische Leistungen von zentraler Bedeutung sind« (Lorenz 2012, S. 103).

Schon Dreijährige wissen, dass es Zahlen gibt, die mit einer kleinen Menge (»wenig«) korrespondieren, und dass andere Zahlen große Mengen (»viel«) oder sehr große Mengen (»sehr viel«) repräsentieren. Dabei werden aber mehrere Zahlen den groben Mengenkategorien gleichzeitig zugeordnet (z. B. sind 8 »viel« und auch 20 »viel«)

Etwa im Alter von vier Jahren kann das Kind irgendwo in der Reihe mit dem Zählen beginnen, später kann auch rückwärts gezählt werden. Das Kind beginnt, einfache Rechenoperationen bei Aufgaben in der Alltagssituation durchzuführen.

Unter neurowissenschaftlicher Perspektive lässt sich diese Entwicklung zahlenverarbeitender Hirnfunktionen als ein neuroplastischer Reifungs- und Lernprozess verstehen. Dieser lässt im Gehirn des Kindes immer komplexere und spezialisiertere neuronale Netzwerke entstehen (vgl. Kaufmann, von Aster 2012, S.768). Durch entsprechende Lernprozesse gefördert, sollten die oben angeführte Entwicklung eigentlich vor der Einschulung schon gesichert sein.

Was sollte das Kind bis zur Einschulung konkret lernen?

Günstig wäre, wenn das Kind Folgendes vor der Einschulung beherrschen würde:

- zählen (Zahlwortreihe richtig aufsagen) bis 20
- abzählen (parallele Zuordnung von Zahlwort und Gegenstand) bis 10
- von einer beliebigen Zahl ausgehend weiter zählen (vorwärts/rückwärts) im Zahlenraum bis 10
- Ziffern erkennen bis 10
- einfache Additions- und Subtraktionsaufgaben bis 5 im Anschauungsbereich über Abzählen lösen können

11. Aufbau eines grundlegenden Verständnisses für Mengen und Rechenoperationen in der Vorschule und nach der Einschulung

Sie erinnern sich? Kinder sollen in der ersten Phase des Rechenerwerbs ein grundlegendes Verständnis für Mengen und Rechenoperationen erlangen. Zum einen sollen sie eine Menge, z.B. fünf Murmeln, auf einen Blick erkennen, zum anderen ein Verständnis dafür erlangen, was bei der Addition und Subtraktion »passiert« und welches Ergebnis erzielt wird. Ziel ist es, eine »innere Landkarte«, d.h. eine innere Vorstellung eines Mengenbildes im Zahlenraum bis 10 aufzubauen.

Unser Kind muss also den Zahlenraum bis 10 zunächst auf der Veranschaulichungsebene erfassen und Rechenoperationen »verstehen«. Aber erst bei häufiger Anwendung der Rechenoperation auf Symbol- und Ziffernebene wird diese allmählich automatisiert und somit Kapazität für komplexere Aufgaben geschaffen. Die »Rechenoperation« im Bereich des arithmetischen Faktenwissens an sich sollte dann letztlich nicht länger als eine halbe Sekunde dauern: Klick – und das Ergebnis meiner jeweiligen Aufgabe (z.B. »4+5«) fällt mir sofort ein (»=9«). Nur dann, d.h. nur wenn ich bereits auf dieser niedrigsten Stufe im Rechenlernprozess Automatisierungsprozesse fördere (▶ Kap.5), wird die Voraussetzung für spätere Verstehensprozesse geschaffen. Unser Arbeitsgedächtnis wird dann wieder entlastet und frei für »sinnstiftendes Lernen« (vgl. Stern 2003) wie z. B. bei der Anwendung im Lösen von alltagsnahen Sachaufgaben.

> **Leitprinzipien im Bereich der Veranschaulichung**
>
> - Über Veranschaulichung ist die notwendige Automatisierung z. B. bei Additions- und Subtraktionsaufgaben oder beim Einmaleins nur in sehr begrenztem Umfang zu erreichen.
> - Mehrere unterschiedliche Veranschaulichungsformen verwirren das rechenschwache Kind mehr, als dass sie ihm helfen.
> - Veranschaulichungsformen sollten nur dosiert und eingedenk ihrer Grenzen eingesetzt werden.

Das im Folgenden dargestellte Steckbrett 1 sollte als Anschauungsmaterial möglichst schon vor der Einschulung oder kurz zu Beginn der ersten Klasse eingesetzt werden. *Damit wird angestrebt, dass das Kind eine Mengenvorstellung im Zehnerraum bis 10 entwickelt sowie die Bedeutung der Addition und Subtraktion erfasst.* Ist Ihr Kind schon länger in der Schule, braucht es im Normalfall das Steckbrett 1 als zusätzliches Anschauungsmaterial nicht mehr, da es von schulischer Seite in der Regel schon mehr als genügend Materialien und auch Darstellungsformen angeboten bekommen hat.

Das Steckbrett 2 dient vor allem zur Einführung des Zahlenstrahls, der dann in kurzen täglichen Zeiteinheiten systematisch eingeübt, um den Aufbau des Zahlenraums zu automatisieren.

a) Das Zehnersteckbrett 1

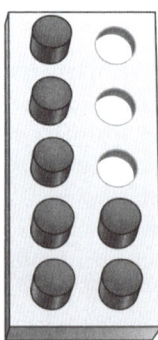

Abb. 8.12:
Visuelles Erfassen einer Zahl im 10er-Raum mithilfe eines Steckbretts[1]

---

1 Die Steckbretter können bezogen werden über: Mainfränkische Werkstätten GmbH, Tel. 0931/200220, Fax: 0931/2202225, E-Mail: info@mainfraenkische-werkstaetten.de. Die Mainfränkische Werkstätten GmbH ist eine gemeinnützige Gesellschaft, die ein umfassendes Angebot an Arbeitsplätzen für erwachsene Menschen mit Behinderung bereithält.

Aufbau eines grundlegenden Verständnisses für Mengen und Rechenoperationen

Vorschüler und Erstklässler tun sich meist schwer, ungeordnete Gegenstände wie Perlen oder Klötzchen in ihrer Anzahl direkt zu erfassen. Oft gelingt es den Kindern zwar, eine Anzahl von vier oder fünf Objekten auf einen Blick zu erkennen, alles, was jedoch darüber hinausgeht, ist meist nur »viel«. Hier benötigen die Kinder eine äußere Struktur, die sie als inneres Bild abspeichern können: Was bedeutet z.B. die Zahl »7«?

Die »7« hat eine bestimmte Gestalt (5+2 in Analogie zu unseren Händen). Bei der Arbeit mit dem Steckbrett, das auch für motorisch ungeschickte Kinder mit Rechenschwäche gut zu handhaben ist, sollte es nicht beim bloßen Hantieren und Experimentieren bleiben. Ziel ist das »Abfotografieren« der visuellen Gestalt der Menge, sodass ein inneres Bild der Menge entstehen kann.

> **Übungsformen**
>
> a) Eltern: »Steck mir 3, 5, 8, …!«
>   *Das Kind steckt zählend die vorgegebene Zahl in der richtigen Anordnung (▶ Abb. 8.12).*
> b) Eltern: »Welche Zahl ist das?«
>   *Die Eltern machen eine Vorgabe, indem sie im Steckbrett z. B. die Zahl 8 stecken, die das Kind sodann sofort erkennen muss.*

Durch häufiges Vorgeben, d.h. durch häufiges »Abfotografieren«, werden Gestalt und Menge auswendig gelernt.

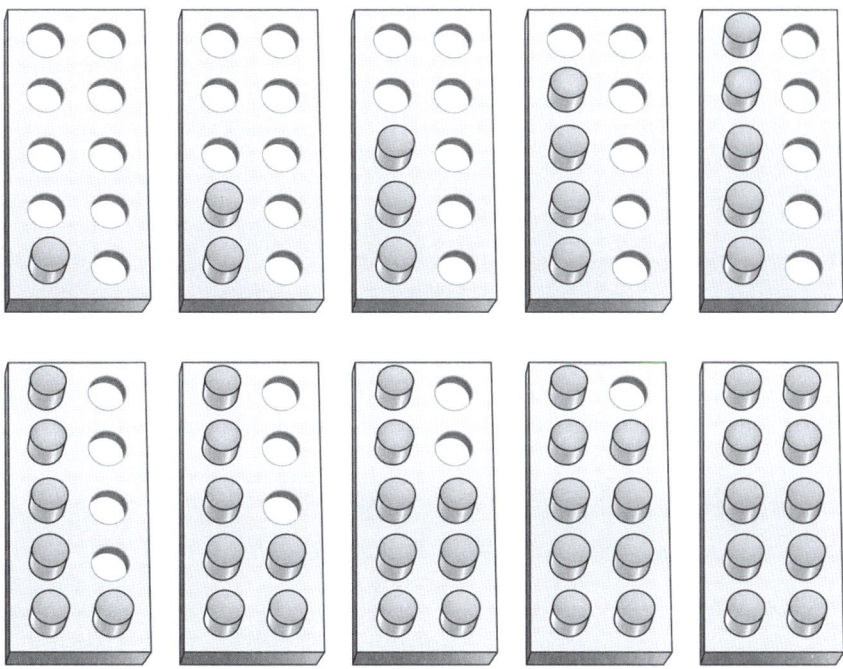

Abb. 8.13: Das Steckbrett – ein einfaches und taugliches Mittel, ein inneres »Bild« der Zahlen von 1 bis 10 zu entwickeln

Im nächsten Schritt wird der Rechenvorgang der Addition und Subtraktion veranschaulicht (▶ Abb. 8.14). Die Aufgabenstellung 6+2 (durch farbig unterschiedliche Darbietung) und das entsprechende Ergebnis »8«, erkennt das Kind sofort.

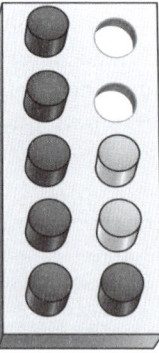

Abb. 8.14:
Additions- und Subtraktionsaufgaben im 10er-Raum lassen sich mit Hilfe des Steckbrettes leicht erfassen

> Das Zehnersteckbrett in der zuvor abgebildeten Form (▶ Abb. 8.10) ermöglicht es Kindern im Vorschulbereich und am Anfang der ersten Klasse, eine Anzahl von Objekten auf einen Blick zu erkennen. Die Kinder benötigen eine äußere Struktur, da es für sie schwierig ist, mehr als vier oder fünf Objekte auf einen Blick zu erfassen. Diese äußere Struktur, die mit dem Steckbrett visuell dargeboten wird, kann dann als inneres Bild abgespeichert werden. Das Steckbrett mit den parallel angeordneten 5er-Reihen entspricht in seiner äußeren Gestalt unseren Händen. Ziel für den Erstklässler ist hier also das Abfotografieren der visuellen Gestalt der Menge, sodass ein inneres Bild der Menge entstehen kann. Die Erfahrung zeigt: Diese Form der Darstellung ist für jüngere Kinder einfacher, da die Gestalt in Form der Parallelität bzw. der zwei Hände eine bessere Unterscheidung der Zahlen auf einen Blick ermöglicht.

b) Das Zehnersteckbrett 2

Ein zweites Steckbrett, bei dem die Zahlen der Reihe nach angeordnet sind und somit besser dem inneren Zahlenstrahl entsprechen, ist sozusagen eine Fortführung des ersten Steckbretts. Dieses Steckbrett (▶ Abb. 8.15) stellt daher den Übergang zur zweiten Veranschaulichungsmethode dar, nämlich der des Zahlenstrahls.

Abb. 8.15: Steckbrett 2

Wenn Sie ▶ Abb. 8.16 betrachten, sehen Sie in der Mitte zwischen den beiden 5er-Blöcken einen etwas größeren Abstand als zwischen den einzelnen Segmenten. Diese kleine Unterbrechung zwischen den zwei 5er-Reihen ist eine visuelle Hilfe, jedoch so gering, dass sie die Gleichförmigkeit der Anordnung nicht deutlich unterbricht. Die Zahl »7« ist weiterhin auf einen Blick erkennbar, da der kleine Einschnitt nach dem 5er-Segment den Beginn des neuen 5er-Segmentes andeutet. Wenn Ihr Kind mit diesem Steckbrett hantiert, liegt ein kleiner Trick darin, den Zeigefinger auf die Stelle zwischen der »5« und der »6«, die etwas breiter ist, zu legen, um dem Kind den Beginn des neuen Segmentes zu verdeutlichen.

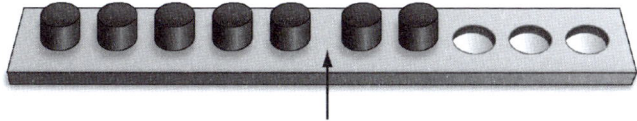

Abb. 8.16: Steckbrett 2 – Hilfe beim direkten Erfassen

Legt man zwei Steckbretter hintereinander, wird der Übergang zum Zahlenstrahl ersichtlich.

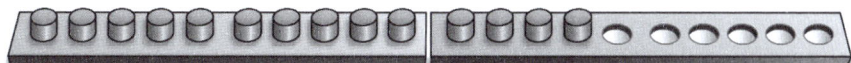

Abb. 8.17: Steckbrett 2 – der Übergang zum Zahlenstrahl

c) Der Zahlenstrahl

In der ersten Klasse müssen die Kinder, als Voraussetzung für die Durchführung mathematischer Operationen mit Ziffern und Rechenzeichen, eine Vorstellung über die serielle Anordnung der Zahlen im Zahlenraum erwerben.

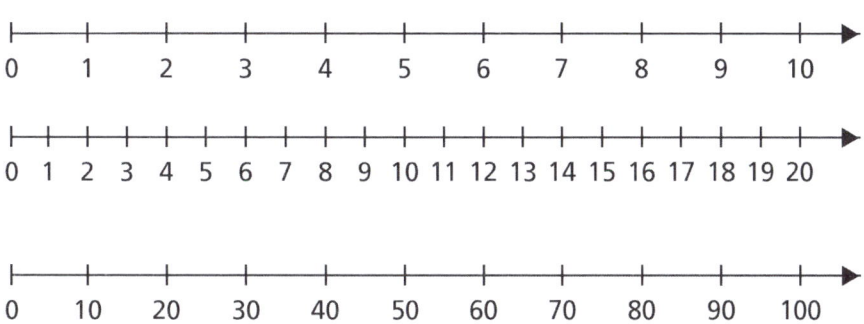

Abb. 8.18: Zahlenstrahle 0–10, 0–20 und 0–100

Es ist sinnvoll, mit dem Zahlenstrahl zu arbeiten. Mit seiner Hilfe lernen die Kinder, den Aufbau des Zahlenraums sicher zu automatisieren und z.B. Nachbarzahlen »auswendig« zu benennen und einzuordnen.

Übungsform

Eltern: »Wie heißen die Nachbarzahlen der Zahl 6?«

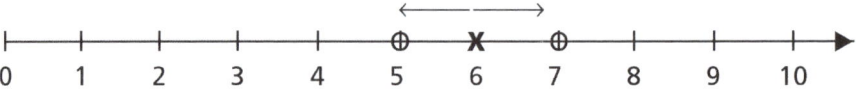

Abb. 8.19: Mit Hilfe des Zahlenstrahls 0–10 können die Nachbarzahlen der 6 visuell leicht erfasst werden.

Weitere Übungsformen (▶ Abb. 8.20)

a) Eltern: Wo liegt die 8? Mach dort ein Kreuz!
b) Eltern: Welche Zahl ist das?
   Die Eltern markieren eine unbenannte Stelle auf dem Zahlenstrahl durch ein Kreuz. Das Kind soll diese – sofort – benennen.

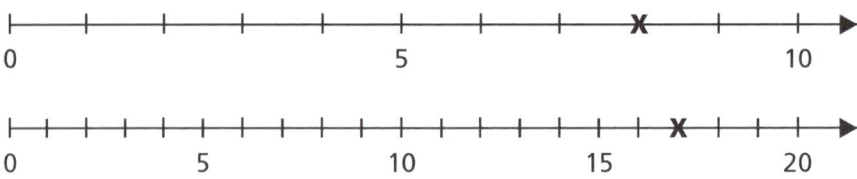

Abb. 8.20: Weitere Übungsformen mit dem Zahlenstrahl

Zahlenstrahl mit Rechenoperationen

Wenn das Kind das *arithmetische Faktenwissen automatisiert* hat, kann der Zahlenstrahl auch benutzt werden, um es in sinnvollen Bedeutungszusammenhängen zu verankern.

Übungsformen (▶ Abb. 8.21)

a) Zeichne mir ein: 6+2!
   Das Kind führt zeichnerisch auf dem Zahlenstrahl die Rechenoperation durch.
b) Zeichne mir ein: 8–3!
   Das Kind führt wiederum zeichnerisch auf dem Zahlenstrahl die Rechenoperation durch.

Das arithmetische Faktenwissen und die Grundrechenfertigkeiten automatisieren

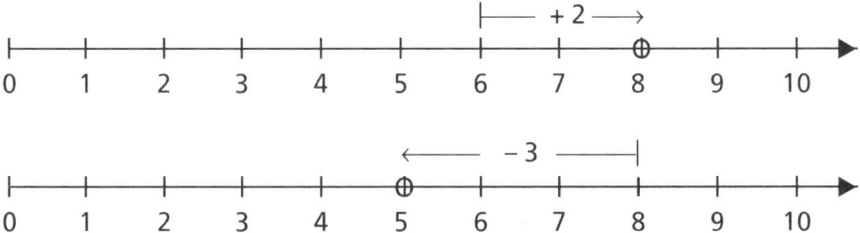

Abb. 8.21: Der Zahlenstrahl eignet sich gut zur Veranschaulichung von Additions- und Subtraktionsaufgaben

Wenn das Kind den Zahlenraum bis 20 beherrscht, kann der Zahlenstrahl bis 100 verlängert werden. Die Aufgabenstellung kann um die Frage nach den Nachbarzehnerzahlen erweitert werden: Welche Zehnerzahl kommt nach bzw. liegt vor meiner Zahl? Damit wird dann die Rechenprozedur beim Zehnerübergang vorbereitet.

Fazit: Bei einer Veranschaulichung von Rechenoperationen darf es in der frühen Stufe des Rechenlernprozesses nicht bleiben. Sinn und Zweck des Übens mit dem Steckbrett oder dem Zahlenstrahl ist es nicht, bei einfachen mathematischen Aufgaben »innerlich zu jonglieren« oder gar zu zählen. Nach der Einsicht bzw. dem Verstehen muss später durch weitere Lernschritte ein Automatisieren, d. h. ein auswendig gelerntes Beherrschen werden. **Veranschaulichungsmittel dürfen nicht zu Abzählhilfen werden!**

12. Das arithmetische Faktenwissen und die Grundrechenfertigkeiten automatisieren

Die folgenden Methoden helfen Ihrem Kind, seine jeweiligen Rechenoperationen im Zahlenraum Schritt für Schritt zu automatisieren. Wir fangen dabei so »tief wie nötig« an, um das Fundament zu sichern.

Von schulischer Seite wird immer mit vielen unterschiedlichen Darstellungen der »Anzahlen im Zehnerfeld« und mit »Zahlzerlegungen« begonnen. Besonders im Bereich der Zahlzerlegung werden Sie feststellen, dass es für rechenschwache Kinder häufig einfacher ist, Additions- und Subtraktionsaufgaben zu »verstehen« und zu lernen. Etwas dazuzutun oder etwas wegzunehmen, ist für Kinder einsichtiger als eine Menge bzw. Zahlen zu zerlegen. Deswegen sollten Sie die Mengenzerlegung, auch wenn Sie später mit Ihrem Kind nachlernen müssen, nicht wiederholen. Besucht Ihr Kind bereits die dritte oder eine höhere Klasse, möchten wir Ihnen sogar raten, zunächst mit der Automatisierung des Einmaleins (vgl. S. 159 ff.) zu beginnen. Dies ist häufig leichter zu erlernen, da die Fehlstrategien wie bei Plus und Minus (besonders das zu lange praktizierte zählende Rechnen) noch nicht so eingeschliffen sind. Damit ermöglichen Sie Ihrem Kind schnelle Erfolgserlebnisse und eröffnen zugleich die Möglichkeit, seine bisherige (in der Regel negative) emotionale Bewertung des Fachs Mathematik positiv »umzupolen«.

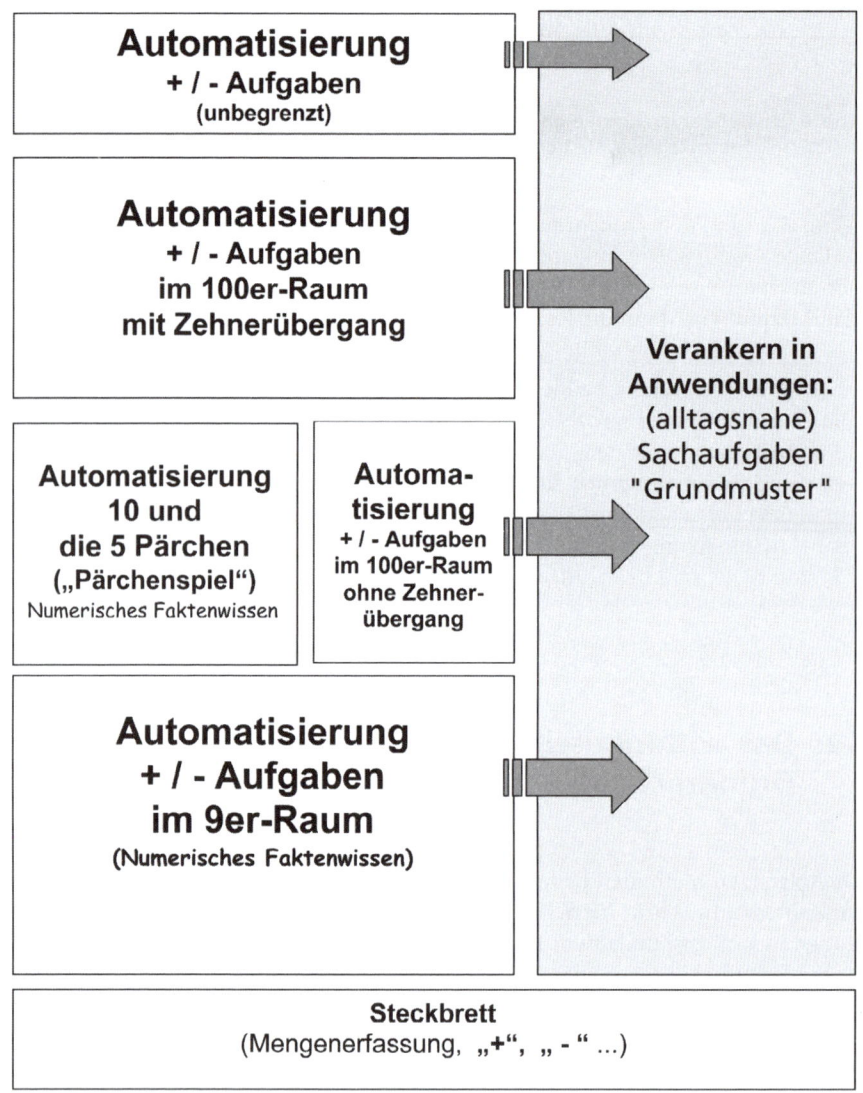

Abb. 8.22: Überblick über das Erlernen der Rechenfertigkeit Addition/Subtraktion

An dieser Stelle möchten wir noch einmal ausdrücklich hervorheben, dass eine erfolgreiche Automatisierung von einfachen Additions- und Subtraktionsaufgaben im Zehnerraum im Sinne einer positiven Weichenstellung nachhaltige Konsequenzen für weitere mathematische Kompetenzen mit sich bringt. Von einer erfolgreichen Automatisierung in diesem Zahlenraum ist abhängig, wie gut Ihr Kind später komplexe Plus- und Minusaufgaben bzw. die dabei durchzuführenden Abfolgen von Rechenschritten erlernen kann. Dies ist mit unmittelbaren Folgen für die gefühlsmäßige Grundhaltung Ihres Kindes zum Fach Mathematik (»Das mag ich nicht, ist sehr anstrengend …«) bzw. für seine Selbsteinschätzung der eigenen mathematischen Leistungsfähigkeit (»Ich bin gut«, »Ich bin nicht gut«) verbunden. Entscheidend werden dadurch Lernmotivation und Übungsdauer Ihres Kindes in Mathematik mitbestimmt. Das Ziel besteht in einer Sicherung des grundlegenden Fundaments, um das Arbeitsgedächtnis für komplexere Rechenaufgaben und Sachaufgaben zu entlasten. Dies geschieht durch die Etablierung neuronaler Netzwerke, welche die kürzeste Verbindung zwischen Aufgabenstellung und -ergebnis schaffen und lange Umwege durch zählendes Rechnen oder komplizierte Rechenoperationen im Zehnerraum vermeiden. Die Rechenfertigkeit ist als Handwerkszeug zu verstehen, welches später eingesetzt wird, um Sachaufgaben lösen zu können. Das nachfolgende Schaubild vermittelt einen Überblick über die aufzubauenden Grundfertigkeiten im Bereich der Addition und Subtraktion.

a) Additions- und Subtraktionsaufgaben im Zehnerraum

Welche Aufgaben muss das Kind noch lernen? Alle Aufgaben, bei denen Ihr Kind nicht unmittelbar, d.h. nicht innerhalb einer halben Sekunde das Ergebnis nennt und dieses stattdessen durch Rechenstrategien, meist durch Zählen, ermittelt, müssen nachgelernt werden.

Woran erkennen Sie die von Ihrem Kind angewandten Rechenwege? Braucht Ihr Kind zu lange Zeit, um zum Ergebnis zu gelangen? Bewegt es den Mund oder »flattern« seine Augen? Haben Sie den Eindruck, dass Ihr Kind zu »denken«, zu »rechnen« beginnt? Solche Beobachtungen sind Hinweise auf eingesetzte Fehlstrategien. Fragen Sie bei Ihrem Kind nach, wie es zu seinem – oftmals auch richtigen – Ergebnis gelangt ist. Nur so können Sie die oft sehr umständlichen, zeitaufwendigen und fehleranfälligen »Umwege« identifizieren.

Alle noch nicht beherrschten Additions- und Subtraktionsaufgaben im 9er-Raum werden mit Hilfe der Kärtchenmethode eingeprägt, alle Additions-, Subtraktions- und Ergänzungsaufgaben mit 10 mit Hilfe des »Pärchenspiels«. Als Hilfe zur Auswahl der noch zu automatisierenden Kombinationen im 9er-Raum kann Ihnen die folgende Überprüfungstabelle dienen:

Lernmethoden in Mathematik zum Erlernen der Basisfertigkeiten

+	1	2	3	4	5	6	7	8
1	2	3	4	5	6	7	8	9
2	3	4	5	6	7	8	9	
3	4	5	6	7	8	9		
4	5	6	7	8	9			
5	6	7	8	9				
6	7	8	9					
7	8	9						
8	9							

Abb. 8.23: Überprüfungstabelle zur Addition im 9er-Raum

Sie werden feststellen, dass es gar nicht so viele Kombinationen im Bereich der Addition im Zahlenraum bis 9 sind, die Ihr Kind noch nachzulernen hat. Viele Additionen der Tabelle beherrscht es bereits, z.B. die Aufgaben 1+... und ...+1. Es bleiben dann noch 21 Kombinationen übrig. Ihr Kind weiß vielleicht auch sofort das Ergebnis der Aufgabe 2+2, 3+3, 4+4, somit verbleiben nur noch 18 Kombinationen. Vielleicht beherrscht es ebenfalls bereits die Additionen 3+2 und 4+2, dann verbleiben nur noch 16 Kombinationen.

Analog verfahren Sie bei der Überprüfung der Kombinationen in der Subtraktion mit folgender Tabelle (▶ Abb. 8.24).

Auch hier verbleibt eine überschaubare Anzahl von Lernkombinationen. Kann Ihr Kind alle Aufgaben mit ...–1 lösen, verbleiben nur noch 28 Subtraktionen. Wenn ihr Kind zusätzlich alle Aufgaben mit dem Ergebnis 1, also 3–2, 4–3, 5–4, 6–5, 7–6, 8–7 und 9–8 beherrscht, sind es nur noch 21 zu automatisierende Kombinationen.

Das arithmetische Faktenwissen und die Grundrechenfertigkeiten automatisieren

−	9	8	7	6	5	4	3	2	1
1	8	7	6	5	4	3	2	1	0
2	7	6	5	4	3	2	1	0	
3	6	5	4	3	2	1	0		
4	5	4	3	2	1	0			
5	4	3	2	1	0				
6	3	2	1	0					
7	2	1	0						
8	1	0							
9	0								

Abb. 8.24: Überprüfungstabelle zur Subtraktion im 9er-Raum

> Vielleicht wussten Sie es schon vorher oder Sie werden es jetzt feststellen: Ihr Kind hat im Vergleich zu den Subtraktionsaufgaben schon mehr Additionsaufgaben automatisiert und weiß das Ergebnis sofort. Aufgaben mit kleineren Zahlen beherrscht ihr Kind besser als Aufgaben mit größeren Zahlen, bei denen für ihr Kind im Arbeitsgedächtnis mehr Zähl- bzw. Rechenschritte notwendig waren.

Nachdem Sie systematisch alle möglichen Kombinationen von Additions- und Subtraktionsaufgaben im 9er-Raum überprüft und diejenigen herausgefiltert haben, die das Kind noch nicht angemessen beherrscht, schreiben Sie diese Aufgaben auf Kärtchen: auf die Vorderseite die Aufgabe, auf die Rückseite das Ergebnis. Sie beginnen nun mit dem schrittweisen Automatisieren von Additions- und Subtraktionsaufgaben im 9er-Raum (▶ Abb. 8.25).

Für die Anzahl der neu hinzukommenden Aufgaben pro Tag sollten Sie grundsätzlich das Alter des Kindes und seine jeweilige Behaltensleistung berücksichtigen. Ältere Kinder, z.B. aus Klasse 3 und 4, können sich im günstigsten Fall zwei bis drei neue Kombinationen pro Tag einprägen. Bei Kindern, die die erste oder zweite Klasse besuchen, ist in der Regel nur eine neue Kombination pro Tag angemessen. Bei diesen jüngeren Kindern und solchen, die eine ausgeprägte Schwäche in der Kapazität ihres Arbeitsgedächtnisses aufweisen (was ggf. mittels entsprechender Testverfahren zu überprüfen ist), sollten Sie eine Überforderung unbedingt vermeiden.

Der erste Tag ist für das Lernen neuer Aufgaben besonders wichtig und erfordert eine ausreichende Anzahl von Wiederholungsdurchgängen. Hier wird eine erste Verknüpfung zwischen den Nervenzellen aufgebaut, die so stabil sein soll, dass sie am nächsten Tag noch besteht, so dass dann mit der »Verdickung« der Synapsen begonnen werden kann. Dies bedeutet konkret, dass das Kind am nächsten Lerntag das Ergebnis der Aufgabe vom Vortag noch erinnert.

Jedes Kind ist anders. Insofern müssen Sie ausprobieren, wie viele Wiederholungsdurchgänge in welchen Zeitabständen am ersten Lerntag notwendig sind, um das Ziel zu erreichen. Sinnvoll ist es, am ersten Lerntag immer wieder Wiederholungsdurchgänge in den Alltag einzubauen, z. B. »Weißt Du noch? 9 – 6?« oder »Wie heißt unsere Aufgabe, bei der als Ergebnis die 3 herauskommt?«.

Bei dieser Art des Lernens mit den Kärtchen werden beide Hauptsinneskanäle eingesetzt. Die Kinder sehen die Zahlen, d.h. sie können sie visualisieren, sie können aber auch die Aufgabenstellung noch einmal verbal wiederholen.

> Wichtig, ja entscheidend bei diesem Lernvorgang ist Folgendes: Kann Ihr Kind die Aufgabe nicht auf Anhieb beantworten, drehen Sie das Kärtchen sofort um und zeigen Sie ihm das Ergebnis. Dies ist wichtig, damit die halbe bis eine Sekunde zur Herstellung der Assoziation von Aufgabe und Ergebnis im Gehirn nicht überschritten wird. Würden Sie das Kärtchen nicht sofort umdrehen, bestünde zudem die Gefahr, dass Ihr Kind erneut zu einer Fehlstrategie greift, z. B. zum Zählen mit den Fingern oder dem inneren Hoch- und Zurückzählen. An die Stelle solcher mangelhafter Strategien sollte aber in Zukunft das auswendig beherrschte, das »verautomatisierte« Ergebnis treten.

Um die Behaltensleistung Ihres Kindes zu verbessern, verändern Sie in einem nächsten Schritt sowohl die Raumlage als auch die Reihenfolge der Karten. Schieben Sie drei bzw. vier Kärtchen hin und her und wiederholen Sie dieses mehrmals mit Ihrem Kind.

Sofern Sie nur eine neue Aufgabe pro Tag einführen, nehmen Sie einfach die Aufgaben der letzten beiden Tage hinzu, um die benötigten drei Aufgaben zur Veränderung der Raumlage zu erhalten. Lernt Ihr Kind täglich zwei neue Aufgaben, nehmen Sie die zwei Aufgaben vom letzten Tag hinzu und verändern mit den nun insgesamt vier Aufgaben deren Reihenfolge und Raumlage.

Zusätzlich gilt es, alle schon gelernten Kombinationen täglich ein bis zwei Mal im »Schnelldurchlauf« zu wiederholen. Dabei kommt es darauf an, dass Ihr Kind die Aufgaben, die Sie ihm zeigen, sofort mit dem richtigen Ergebnis beantwortet. Zum Schluss verfügen Sie über maximal 42 Aufgaben für diesen »Schnell-durchlauf«. Diese Aufgaben sollten Sie nicht alle hintereinander präsentieren, sondern z. B. in 10er-Blöcken abfragen. Dieses Vorgehen kostet Sie und Ihr Kind vielleicht nur eine Minute Zeit. Nutzen Sie anfangs immer die visuelle Darbietung mit den Kärtchen, statt die Aufgaben nur mündlich abzufragen. Sollen die Aufgaben wirklich sicher im Gehirn abgespeichert werden, lohnt es sich, die »Schnelldurchläufe« ein halbes Jahr lang regelmäßig durchzuführen.

Wichtig: Kein inneres Hoch- bzw. Zurückzählen!
Ziel: Lösung innerhalb einer Sekunde.

Kärtchen wird umgedreht/Lösung gezeigt, wenn erkennbar ist, dass das Kind innerlich zählt oder es länger als eine Sekunde dauert.

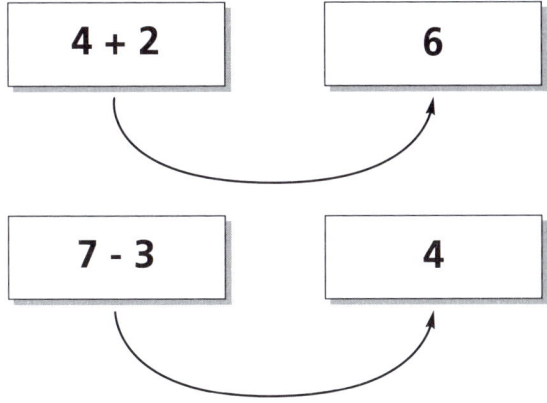

Übungsbeispiel

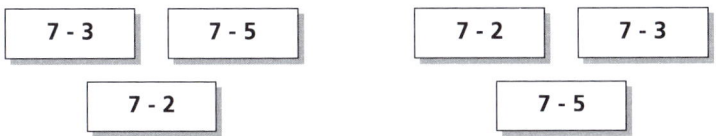

Einprägen des Ergebnisses möglichst in Dreierblöcken mit Wechsel der Raumlage und mehrmaligem/vielfachem Wiederholen.

Abb. 8.25: Zum schrittweisen »Verautomatisieren« von Additions- und Subtraktionsaufgaben im 9er-Raum

Noch ein paar weitere wichtige Hinweise: Um Aufgaben zu verautomatisieren, ist es sinnvoll, jeden Tag mehrere kleinere Übungseinheiten durchzuführen. Kinder lassen sich zumeist ohne Schwierigkeiten dazu bewegen, am Tag drei bis sieben

Sequenzen von z. B. ein bis drei Minuten pro Übungseinheit durchzuführen. Dies kann nach dem Mittagessen, zu Beginn, zur Halbzeit oder am Ende der Hausaufgaben oder vor oder nach dem Abendessen erfolgen. Ihre Anwesenheit als Mutter oder Vater ist jedoch wichtig. Sobald die Kinder alleine mit den Rechenkärtchen arbeiten, können sich wieder Fehlstrategien einschleifen.

Rechenaufgaben mit Lernkärtchen im 9er-Raum – ein Beispiel

Am Anfang kann man *einmal* die Aufgaben am Steckbrett veranschaulichen. Danach arbeitet man nur noch mit den Rechenkärtchen. Wenn sie beherrscht werden, müssen sie relativ zeitnah in Anwendungen, d. h. in alltagsnahen Sachaufgaben verankert werden.

Zur Lernarbeit mit den Rechenkärtchen:
Auf der Vorderseite steht die Aufgabe, auf der Rückseite das Ergebnis

Eltern:	»Hier siehst du die Aufgabe 3+2, weißt du das Ergebnis?«
Kind:	»5.«
Eltern:	drehen das Rechenkärtchen um und zeigen das Ergebnis 5. »Gut, prima. Nun, 3+4?«
Kind:	*(kurzes Zögern)* 7
Eltern:	drehen das Rechenkärtchen um und zeigen das Ergebnis/. »Richtig. Jetzt wieder 3+2, weißt du es noch?«
Kind:	»5.«
Eltern:	»Genau. Dann, 3+4?«

Auch im Folgenden drehen die Eltern nach der Antwort des Kindes das Rechenkärtchen um und zeigen zur Bestätigung noch einmal das Ergebnis.

Kind:	»7.«
Eltern:	»Stimmt. Jetzt 3+6?«
Kind:	*(Schweigen)*
Eltern:	drehen die Karte um
Kind:	»9.«
Eltern:	*(wiederholen die Aufgabe)* »3+6?, weißt du es noch?« *(und drehen die Karte um)*
Kind:	»9.«
Eltern:	*(drehen wieder die Karte um)* »Gut, und wie viel gibt 3+4?«
Kind:	»7.«
Eltern:	»3+6? Weißt du es noch?«
Kind:	»9.«
Eltern:	»Prima«

Die Eltern verändern die Raumlage und die Reihenfolge der Lernkärtchen.

Eltern:	»Ich werde jetzt versuchen, dich reinzulegen. Weißt Du noch, was 3+2 ergibt?«
Kind:	»5.«

> Eltern: »… und 3 + 6?«
> Kind: »9.«
> Eltern: »Hm, du hast dich nicht reinlegen lassen. Weißt du noch 3 + 4?«
> Kind: »7.«
> Eltern: »Genau, stimmt!«

Exkurs: Problematik im Grundschulunterricht

Im Hinblick auf die Geschwindigkeit, mit der Lehrer den Schülern den Lehrplanstoff darbieten, gibt es in der täglichen Schulpraxis zweifelsohne Unterschiede. Manche Lehrer gehen langsam vor und versuchen damit, vor allem auch bei schwächeren Kindern eine bessere Automatisierung des Lernstoffs zu erreichen. Nun können sie aber einen Kollegen in der Parallelklasse haben, der im Stoff schon wesentlich weiter vorangeschritten ist. Dies mag rasch zu der Frage führen: »Bin ich womöglich ein schlechter Lehrer?« Hinzu kommt für den betroffenen Lehrer häufig der Druck vieler Eltern, die mit Blick auf die weitere Schullaufbahn ihrer Kinder den Klassenlehrer bedrängen, im Unterrichtsstoff doch schneller voranzugehen.

»Schnelle« Lehrerinnen und Lehrer selbst haben möglicherweise folgende Einstellung: »Der Groschen wird schon noch fallen. Die Kinder werden den Stoff schon irgendwann können.« Dahinter verbirgt sich die Vorstellung, dass Kinder mit der Zeit »irgendwie« von alleine zu diesen Fertigkeiten gelangen. Die damit verbundene Haltung gründet sich zudem nicht selten auf Gedanken wie z.B.: »Ich kann doch nicht auf sie/ihn warten – ich muss meinen Lehrplan erfüllen«; »Wenn ich das bei jedem Kind machen würde, ich habe doch 29 Schüler …«; »Ich habe den Unterrichtsstoff doch methodisch vielfältig aufbereitet – das Kind ist halt einfach schwach in Mathematik.«

Besonders in der ersten und zweiten Grundschulklasse kommt den Lehrern eine überragende Bedeutung zu. Da in diesen beiden ersten Klassenstufen in vielfältiger Hinsicht die Weichen für den weiteren Schulweg gestellt werden, tragen sie eine große pädagogische Verantwortung. Zum einen wird in Mathematik mittels einer ausreichenden Automatisierung das unverzichtbare Fundament für spätere komplexere Rechenfertigkeiten gelegt. Besonders in den Eingangsklassen muss sich dabei der pädagogische Blick des Lehrers schärfen, um auch die Kinder zu erfassen, die mit ihren Fehlstrategien (z.B. inneres Hochzählen) gerade noch den Anforderungen genügen können. Diese Kinder bleiben in der Schule leider auch deswegen oft unbeachtet, weil die meisten Lehrer nur die ersten beiden Grundschulklassen unterrichten und deswegen oft nicht persönlich miterleben, welche Schwierigkeiten die Kinder später in den höheren Klassen entwickeln. Zum anderen prägen die Unterrichts- und Lernerfahrungen, die Kinder in den ersten beiden Klassen gesammelt haben, in hohem Maße ihre weitere emotionale Bewertung des Faches Mathematik und ihren individuellen mathematikspezifischen Attributionsstil im Sinne von »ich kann das« oder »ich bin zu dumm für Mathe«. An dieser Stelle möchten wir die »langsameren« Lehrer in ihrem Vorgehen ermutigen und sie darin bestärken, darauf zu achten, dass alle Schüler die notwendigen Automatisierungen beherrschen.

b) Rechnen im 20er- bzw. im 100er-Raum ohne Zehnerübergang

Zum »Begreifen« mehrstelliger Zahlen

Sie bereiten Kärtchen vor, auf denen Sie die Zehnerzahlen: 10, 20, 30 … schreiben. Nun halbieren Sie die Kärtchen und schreiben auf diese die Einerzahlen.

Zunächst werden die Kärtchen eingeführt und zweistellige Zahlen zusammengesetzt.

> **Ein Beispiel**
>
> »Die Zahl 16« – hier legen Sie die Karte 10 hin und decken dessen 0 mit der 6 ab – »besteht aus«– nun nehmen Sie die Karte mit der 6 wieder weg – »aus: 10 und 6; 10 und 6 ergibt wieder 16«. Ihr Kind kann die 6 nun selber auf die 10 legen. (Die Zahl 87 besteht analog aus der 80 und der 7.)

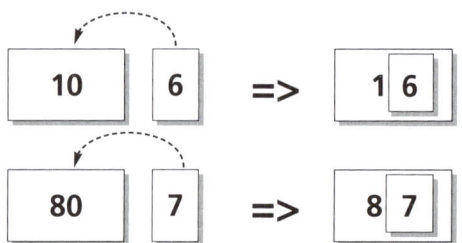

Abb. 8.26: Zum »Begreifen« von zweistelligen Zahlen

Das »Lesen« der Zahlen üben Sie, indem Sie beispielsweise, wenn Sie die Zahl 87 mit Kärtchen gelegt haben, zuerst die 7 hochnehmen und sprechen »sieben und …«, dann auf das verbleibende Kärtchen mit 80 zeigen »achtzig«.

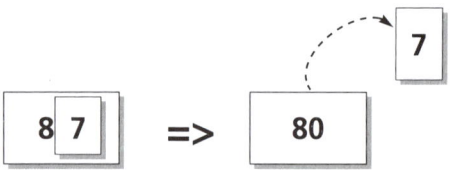

Abb. 8.27: Zum »Lesen« zweistelliger Zahlen

Das arithmetische Faktenwissen und die Grundrechenfertigkeiten automatisieren

Zum Rechnen im 20er-Raum ohne Zehnerübergang

> **Ein Beispiel**
>
> *Wie in ▸ Abb. 8.28 dargestellt, setzen Sie die Zahl 13 zusammen aus 10 und der Einerzahl 3, die Sie auf die 0 legen.*
> *»13 + 5, dies ist unsere Rechenaufgabe.«*
> *Sie ziehen nun die Karte mit der 10 unter der 3 hervor und schieben sie nach oben. Es verbleibt als Aufgabe: »3 + 5 ergibt?«*
> *Aus dem ersten Grundlagenschritt, Rechnen im Zahlenraum bis 9, weiß Ihr Kind: »8«.*
> *Sie legen die 8 auf die Zehnerzahl und erhalten das Ergebnis: »18«.*

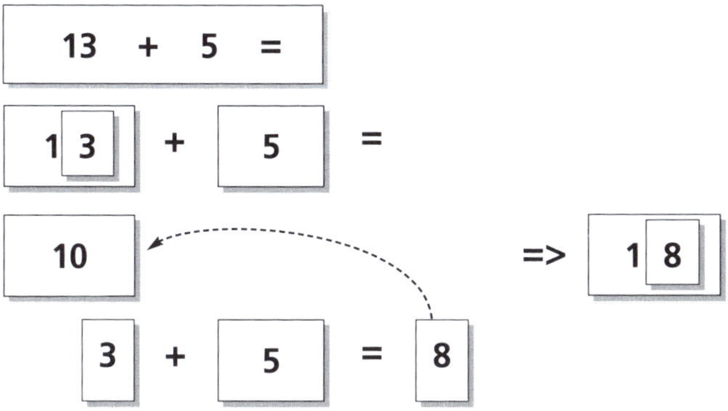

13 + 5 =

1 3 + 5 =

10 => 1 8

3 + 5 = 8

Abb. 8.28: Additionsaufgaben im 20er-Raum ohne 10er-Übergang

Analoges gilt bei der Subtraktion.

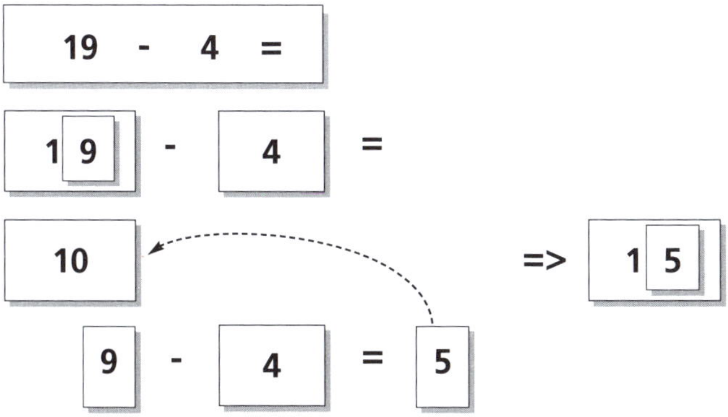

19 - 4 =

1 9 - 4 =

10 => 1 5

9 - 4 = 5

Abb. 8.29: Subtraktionsaufgaben im 20er-Raum ohne 10er-Übergang

Zum Rechnen im 100er-Raum ohne Zehnerübergang

Hier wendet man die gleichen Schritte wie im 20er-Raum an. Dabei sehen Sie noch einmal, wie wichtig die Verautomatisierung der ersten Stufe des Rechnens im Zahlenraum bis 9 für die Aufgaben ohne Zehnerübergang ist.

> **Bericht einer Therapeutin aus einer Trainingsgruppe für Kinder mit ADHS und Rechenschwäche**
>
> In der vierten Sitzung der Mathematik-Trainingsgruppe für Kinder mit einer Aufmerksamkeitsstörung wurde mit den Kindern unter anderem das Thema »Addition und Subtraktion im Zahlenraum bis 100 ohne Zehnerübergang« erarbeitet. Die Kinder hatten ihre Lernboxen mit den Karten für die Visualisierungstechnik von Additions- und Subtraktionsaufgaben im Zahlenraum bis neun mitgebracht.
>
> Um das neue Thema einzuführen, nahm die Kursleiterin eine bereits gut automatisierte Karteikarte aus Svens (8 Jahre, schwere »Dyskalkulie«) Karteikasten und fragte ihn nach der Lösung der Aufgabe »3+4«. Wie aus der Pistole geschossen kam die »7«, woraufhin der Erfolg ausgiebig gewürdigt wurde. Auf eine noch leere Karteikarte schrieb die Kursleiterin die Aufgabe »23+4« und fragte Sven, der sichtlich schockiert und ratlos beim Anblick der augenscheinlich schwereren Aufgabe war, nach dem Ergebnis. Da er die Aufgabe zunächst nicht lösen konnte, wurde sie noch einmal mit Zehner- und Einerkärtchen gelegt. Die Kursleiterin schob die Einerkärtchen nach unten und zeigte Sven – noch einmal mit Erfolg – die Aufgabenstellung »3+4« und legte das Ergebnis »7« auf die »0« der »20«. Dann wiederholte sie den Vorgang bei der Aufgabenstellung »53+4«.
>
> Man hörte den Groschen förmlich fallen, als Sven plötzlich herausplatze: »Aber das ist ja ganz einfach: 57!! Das ist ja babyeinfach!« Jetzt war auch die Aufgabe »73+4« kein Problem mehr für Sven, und begeistert dachte er sich selbst neue Aufgaben nach dem gleichen Prinzip aus, die mithilfe weiterer Karteikarten gelegt wurden.

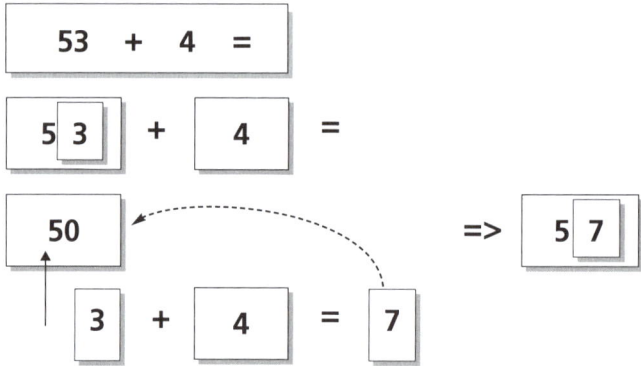

Abb. 8.30: Svens Erfolgserlebnis

c) Erste Sachaufgaben – Verankern in alltagsnahen Anwendungen

Wenn Sie mit Ihrem Kind das Einspluseins im Zahlenraum bis 9 automatisieren, sollten sie bald damit beginnen, die ersten Sachaufgaben einzubauen. Lernen Kinder frühzeitig und erfolgreich Sachaufgaben zu lösen, entwickeln sie in aller Regel von vorneherein keine Angst vor diesem (bei vielen anderen Kindern auch ungeliebten) Aufgabentypus. Zudem erlebt das Kind auf diese Weise schon von Anfang an, dass das Gelernte kein Selbstzweck, sondern ein Handwerkszeug darstellt, um damit Problemstellungen schnell lösen zu können. Die Rechenfertigkeit wird hier dann zur Rechenfähigkeit weiterentwickelt.

> **Übungsvorschlag**
>
> »Ich stelle dir jetzt eine Aufgabe.« Hier können Sie sich zunächst vom Mathematikbuch Ihres Kindes anregen lassen und später selber Sachaufgaben erfinden.
> Ein Grundmuster (Beispiel: 5+3 oder 9–7 im 10er-Raum) wird in einen Text eingekleidet. Diese Einkleidung erfolgt z. B. mit Begrifflichkeiten, wie
>
> »hinzufügen/hinzukommen« »wegnehmen/abnehmen«
> »um … größer werden« »um … kleiner werden«
>
> Aufgaben können sich z. B. auf folgende Themen beziehen:
>
> - beim Einkaufen – »Wie viel kostet etwas? Wie viel bleibt noch übrig?«
> - beim Ein- und Aussteigen von Kindern, in und aus einem Bus, Zug …
> - beim Sparen und Ausgeben
> - beim Auffüllen und Leeren
> - schon haben und dazubekommen
> - haben und abgeben
> - etc.
>
> Später können Sie fortfahren:
> »Ich stell' dir jetzt eine schwere Aufgabe.« Dies erfolgt nach dem gleichen Grundmuster. Nun werden allerdings die Zahlen 39–7, also im Hunderterraum, zunächst ohne Zehnerübergang in einen Text eingekleidet, den Sie sich selbst ausdenken.

Rollenwechsel: Das Kind wird zum Lehrer

Es darf durchaus auch einmal einen Rollenwechsel geben: Das Kind ist der Lehrer und erfindet eine Sachaufgabe und Sie müssen als Schüler die Aufgabe lösen. Lassen Sie sich also jetzt von Ihrem Kind eine solche Aufgabe im Zahlenraum bis 100 stellen. Das Kind diktiert, Sie sind die Sekretärin.

»Das muss ich mir jetzt erst einmal aufschreiben, was du dir da Schwieriges ausgedacht hast: In einem Zug sitzen 89 Personen. 7 Personen steigen aus.« Rechnen Sie exemplarisch vor: »89 – 7 = ?«

»Wie geht das noch einmal?« Benutzen Sie wieder die Kärtchen. »Jetzt lege ich mir erst einmal die 89 und die Rechnung hin!« (▶ Abb. 8.31)

Was wollen wir mit diesem spielerischen Umgang mit Textaufgaben erreichen sowie mit dem Rollenwechsel Ihres Kindes? In erster Linie soll hier die emotionale Bewertung der Textaufgaben, die ja sehr häufig Angst einflößend sind, verändert werden. Ihr Kind soll seine Berührungsängste mit Sachaufgaben verlieren. Rollenwechsel, wie »Ich darf sogar der Lehrer/die Lehrerin sein«, können dazu beitragen. Möglicherweise entsteht so bei Ihrem Kind auch der Gedanke: »Ich kann das erlernte Wissen ja auch brauchen.«

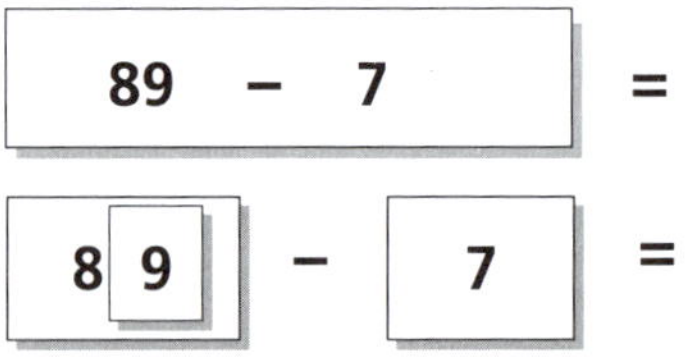

$$89 - 7 =$$

$$8|9 - 7 =$$

„Dann ziehe ich die 80 hervor."

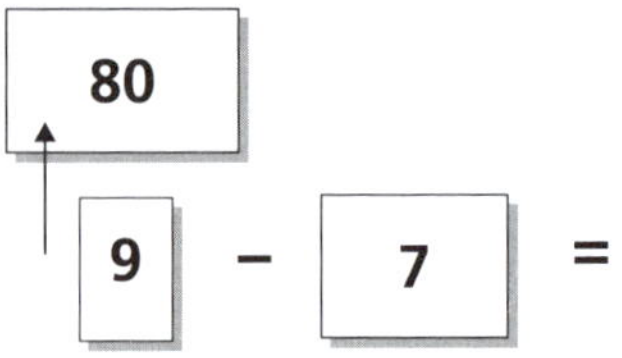

$$80$$
$$9 - 7 =$$

„Anschließend rechne ich 9 – 7. Ah, das weiß ich ja, das sind 2. Jetzt lege ich die 2 auf die 0 und schon habe ich das Ergebnis 82."

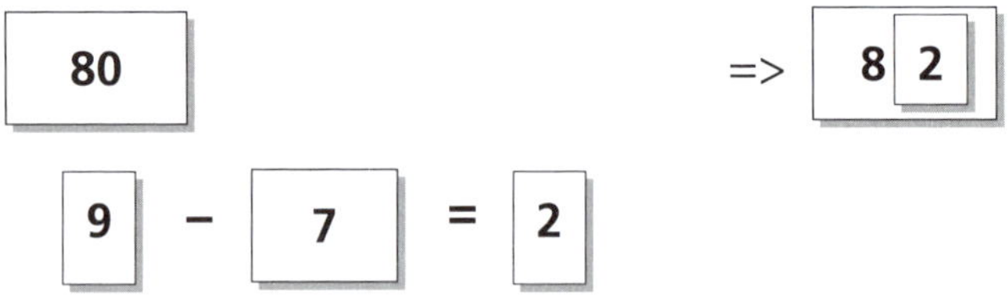

$$80 \quad\Rightarrow\quad 8|2$$
$$9 - 7 = 2$$

Abb. 8.31: Die Eltern rechnen modellhaft bei einer Sachaufgabe vor

Durch das häufige Üben von Textaufgaben in der zuvor aufgezeigten Art und Weise gewöhnt sich Ihr Kind an bestimmte Grundmuster in den Aufgabenstellungen, die es mit dem gelernten automatisierten numerischen Faktenwissen bzw. der gelernten einfachen arithmetischen Prozedur lösen kann. Immer mehr Erfolgserlebnisse stellen sich so ein. Die Barriere den Sachaufgaben gegenüber wird abgebaut. Durch den Rollentausch erlebt sich das Kind nicht mehr ausschließlich in der Schülerrolle, was ein Gefühl von Gleichberechtigung entstehen lässt. Zusätzlich muss Ihr Kind, wenn es für Sie als Eltern ähnliche Aufgaben erfindet, das jeweilige Grundmuster in den Sachaufgaben begriffen haben. Durch das tägliche Lehrer-sein-dürfen verinnerlichen sich diese Grundmuster und es kann eine innere Landkarte der Grundmuster entstehen. Außerdem gelingt es natürlich in den Proben auf diese Weise wesentlich schneller, die vertrauten Grundmuster in den von der Lehrkraft gestellten Sachaufgaben zu identifizieren und entsprechend zu lösen. Textaufgaben können somit Angst und Schrecken verlieren.

Beim »Erfinden« von Sachaufgaben und im Austausch darüber kann, mit Ihrer teilweise auch korrigierenden Hilfe, zusätzlich der »Realitätsbezug« für Ihr Kind gefestigt werden. Ihm kann es zunehmend besser gelingen, eine Verbindung zwischen der Größe einer Zahl und dem Alltagswissen herzustellen:

»Wie teuer sind bestimmte Gegenstände?; Wie viel Fahrgäste passen in ein Auto, Bus, Flugzeug?; Wie lang sind …?«

Häufig sind irrige Vorstellungen der Kinder über bestimmte Mengenangaben nicht zwangsläufig auf eine mangelhafte Zahlvorstellung, sondern auch auf ein fehlendes »Alltagswissen« zurückzuführen. Dieses Alltagswissen kann in Kombination mit Mengenangaben und damit Mengenvorstellungen genauso gelernt und wiederholt werden, wie jeder andere Wissensstoff.

d) Die Vorbereitung des Zehnerübergangs – das Pärchenspiel

Als Nächstes bereiten wir nun den Zehnerübergang vor, und zwar mithilfe des »Pärchenspiels« (▶ Abb. 8.32).

Um den Zehnerübergang vorzubereiten, müssen wir die Aufgaben, die das Ergebnis »10« haben, automatisieren. Hier lässt sich mit Zahlenpärchen arbeiten, von denen es nur fünf gibt. Wie in ▶ Abb. 8.32 dargestellt, können Sie nun mit Ihrem Kind alle Additions-, Subtraktions- und Platzhalteraufgaben einüben.

Wichtig für den Lernerfolg: Ihr Kind erinnert die Zahlenpärchen innerhalb von einer halben Sekunde. Überschreiten Ihr Kind und Sie diese Zeit, dann beginnt erneut das innere Hoch- und Zurückrechnen. Dies möchten wir vermeiden – deshalb das schnelle Umdrehen (und Erinnern) des Kärtchens.

Lernmethoden in Mathematik zum Erlernen der Basisfertigkeiten

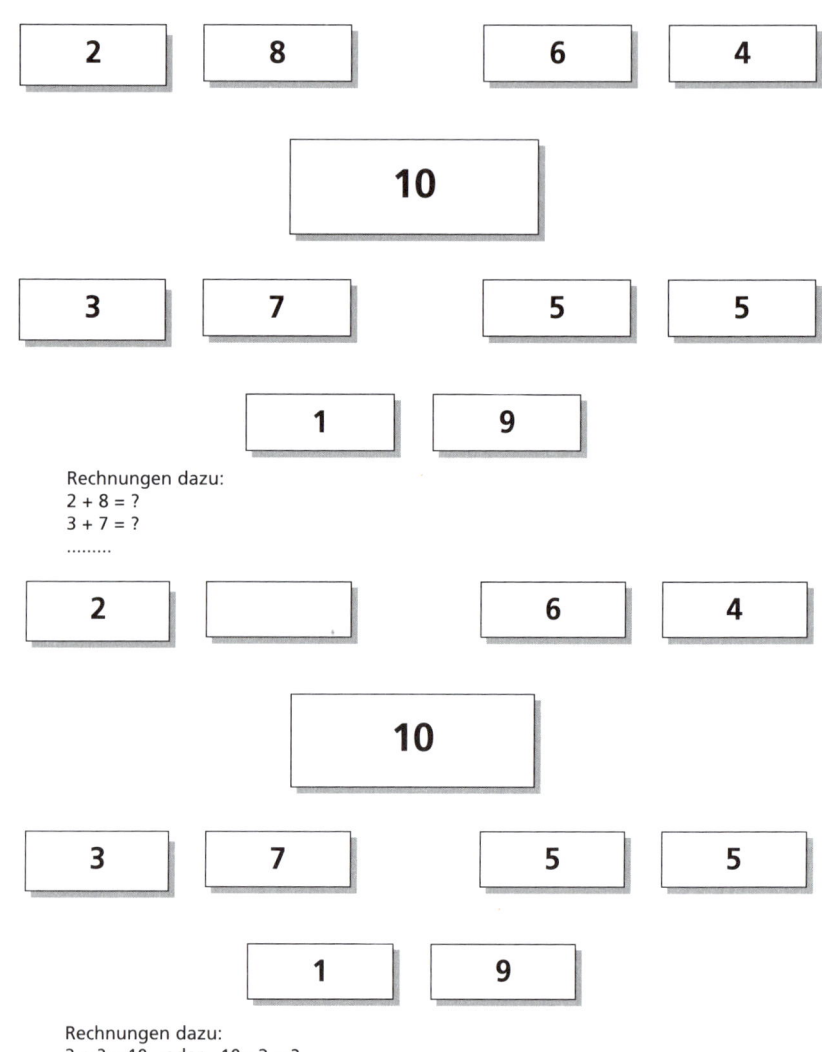

Rechnungen dazu:
2 + 8 = ?
3 + 7 = ?
....

Rechnungen dazu:
2 + ? = 10   oder   10 - 2 = ?

Abb. 8.32: Das Pärchenspiel – zur Vorbereitung des 10er-Übergangs

Das arithmetische Faktenwissen und die Grundrechenfertigkeiten automatisieren

Ein Beispiel: Das »Pärchenspiel«

Die »Pärchen« liegen immer nebeneinander. Vor jeder Aufgabenstellung wird das Kärtchen mit dem Ergebnis herumgedreht, nach der Antwort des Kindes wird das Ergebnis noch einmal gezeigt.

Eltern: »4+6?«
Kind: »10.«
Eltern: »Stimmt! *Die Kärtchen 4 und 6 werden vertauscht.* Und 6+4?«
Kind: »10.«

Das Kärtchen mit der 4 wird umgedreht.

Eltern: »10−6?«
Kind: »4.«
Eltern: »Richtig!« *Das Kärtchen mit der 6 wird umgedreht.*
»Und 10−4?«
Kind: »6.«
Eltern: »Richtig!« *Das Kärtchen mit der 4 wird umgedreht.*
»6 und wie viel ergibt 10?«
Kind: »4.«
Eltern: »Richtig!« *Das Kärtchen mit der 6 wird umgedreht.*
»4 und wie viel ergibt 10?«
Kind: »6.«
Eltern: »Stimmt! Gut und ...«
... jetzt wird ein neues Pärchen »durchgespielt«.

e) Rechnen im 20er- bzw. 100er-Raum mit Zehnerübergang

Additionsaufgaben im 20er-Raum mit Zehnerübergang

Durch das Pärchenspiel haben wir den Zehnerübergang schon vorbereitet. Nun kann Ihr Kind diesen selbst handelnd und auf anschauliche Weise ohne Schreiben üben (▶ Abb. 8.33).

> **Ein Beispiel**
>
> »Unsere erste Aufgabe heißt: 7+8.«
> *Die Aufgabe veranschaulichen Sie Ihrem Kind mithilfe der Kärtchen. Ihre erste Frage lautet:* »7 plus wie viel fehlt noch zum Zehner?«
> *Das haben die Kinder mittels des Pärchenspiels vorher trainiert, d. h. das Pärchen heißt in diesem Fall 7+3.*
> »Ich brauche die 3, stimmt.« *Sie legen nun die 3 unter die 8.* »Ich wollte aber 8 hinzuzählen, 3 habe ich schon hinzugezählt, wie viel muss ich noch hinzuzählen?«
> *Dies wissen die Kinder schnell und kommen dann auf die 5. Sie legen nun die 5 unter die 8.*
> »Jetzt kommt der Trick. Ich muss nicht zählen, sondern lege einfach die 5 auf meine Zehnerkarte, nämlich auf die 0, und erhalte das Ergebnis: 15.«

a) 7 + 8 =

b) „7 und wieviel ist 10?" (Sie erinnern sich: „Das Pärchenspiel"!)

   7 + 8 = 10
         3

c) „3 hab' ich schon dazu gezählt, 8 wollte ich aber. Wieviel fehlt jetzt noch?" (notfalls 8–3)

   „Ja, genau 5 muss ich noch dazu zählen"

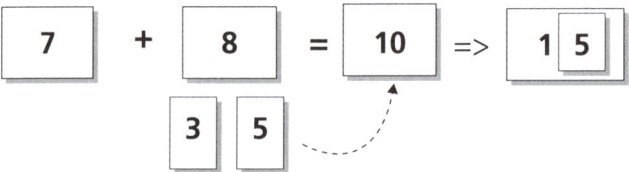

   7 + 8 = 10 => 1 5
         3 5

Abb. 8.33: Additionsaufgaben im 20er-Raum mit 10er-Übergang

Subtraktionsaufgaben im Zwanzigerraum mit Zehnerübergang

Nach dem gleichen Prinzip lässt sich bei den Minusaufgaben verfahren (▶ Abb. 8.34). Die Aufgabe wird auf ein längeres Kärtchen geschrieben und bleibt bis zum Lösen der Aufgabe oberhalb des Rechenvorgangs liegen.

Das arithmetische Faktenwissen und die Grundrechenfertigkeiten automatisieren

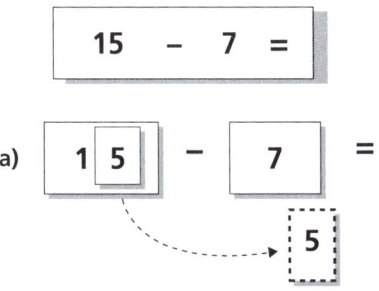

a)

b) „5 hab' ich schon weggenommen, ich wollte aber 7 abziehen. Wieviel muss ich noch?" (notfalls 7–5)

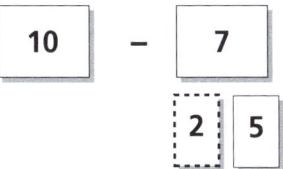

c) „Jetzt muss ich von der 10 nur noch die 2 abziehen"
(„Das Pärchenspiel"!)

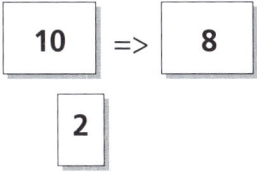

Abb. 8.34: Subtraktionsaufgaben im 20er-Raum mit 10er-Übergang

> **Ein Beispiel**
>
> »Habe ich eine Minusaufgabe, z.B. 15–7, kommt gleich am Anfang der Trick. Ich zähle nicht zurück, sondern nehme die 5 *(das halbierte Kärtchen, das auf der 0 von der 10 liegt)* von der 10 weg.«
> »5 habe ich schon weggenommen, ich wollte aber 7 wegnehmen. Wie viel muss ich noch wegnehmen?«
> »2«.
> »Richtig, 2« – *die 2 legen Sie dann wieder unter die 7, die 5 liegt bereits unter der 7.*
> »Als letzten Schritt muss ich nun von der 10 noch die 2 abziehen.«
> *Das Ergebnis wissen die Kinder sofort (Pärchenspiel!):* »8«
> »Genau, ich erhalte als Ergebnis 8!«

Mittels häufigen Wiederholens kann Ihr Kind auf diese Weise die richtige Abfolge der Rechenschritte automatisieren. Dies geschieht, ohne zu schreiben. Dabei kommt es nicht so sehr auf die Schnelligkeit der Ergebnisfindung an, sondern auf die Reihenfolge der richtigen Schritte. In einer Übergangsphase können Sie Ihr Kind abwechselnd eine Aufgabe mithilfe der Kärtchen und eine Aufgabe »im Kopf«, aber mit den gleichen Denkschritten lösen lassen.

Haben Kinder mit Rechenschwäche die Rechenschritte im 20er-Raum automatisiert, ist es für sie kein Problem mehr, auf den 100er-Raum überzugehen.

> **Ein Beispiel**
>
> *Statt der 10 legen Sie eine 60 hin und erhalten jetzt die Rechenaufgabe 67 – 9. Sie gehen in der gleichen Weise wie zuvor vor und nehmen wieder die Einerzahl 7 weg.*
>
> Eltern: »7 haben wir schon abgezogen, wir wollten aber 9 abziehen.«
> Kind: »Also muss ich noch 2 abziehen.«
> Eltern: »Genau, jetzt musst du von der 60 noch die 2 abziehen.«
>
> *(Notfalls als »Trick«: »Die nächst kleinere Zehnerzahl und der Pärchenpartner.«)*
>
> Kind: »Das Ergebnis heißt: 58.«
> Eltern: »Stimmt! Super!«

f) »>« und »<«

Bei den »> und <«-Relationen ist unser Kind vor zwei Probleme gestellt:

- Was bedeuten diese Zeichen »>« und »<«; was heißt das, eine Zahl ist größer oder kleiner als eine andere Zahl?
- Wie lese ich das Zeichen richtig?

Um die »> und <«-Relationen zu erfassen, muss der »Numbersense« bereits im Vorfeld mit dem Zahlenstrahl aufgebaut worden sein.

Um die Zeichen »> und <« richtig zu lesen, benötigt das Kind zusätzlich zur optischen Erfassung und Differenzierung der Zeichen eine verbale Assoziation.

Merksätze wie »Die Spitze ist die kleinere Zahl« oder »Spitze heißt kleiner« beim Kleinerzeichen oder beim Größerzeichen »Wo das Maul (des Krokodils) offen steht, steht die größere Zahl« sind hilfreich. Wichtig ist, dass die Kinder die Leserichtung beibehalten, denn nur so können sie die Größer-Kleiner-Relation korrekt erfassen.

Auch das Lesen will geübt sein: »4 > 3, 2 < 5«

> **Übungsform**
>
> Sie können **drei Beispiele** am Tag einüben. Schreiben Sie dazu Ziffern auf und lassen Sie Ihr Kind die Zeichen setzen und zusätzlich die Aufgabe laut vorlesen. Diese Übungen sollten über ca. 8 bis 12 Wochen erfolgen, wieder mit dem altbekannten Ziel: Automatisierung, in diesem Fall der »> und <«-Relation.

g) Das Doppelte – die Hälfte

Was bedeutet die Hälfte von …? Was bedeutet das Doppelte von …? Es ist günstiger, mit dem »Doppelten von« zu beginnen. Übernehmen Sie zu Hause eine Veranschaulichungsmethode, die das Kind im Unterricht gelernt hat. Diese sollte zunächst im 10er-Raum, später im 20er-Raum automatisiert, d.h. auswendig gelernt werden. Auch hier können Sie wieder mit Kärtchen arbeiten.

> Wählen Sie für die Zahlen zwei Farben, Ihr Kind darf die Farbe aussuchen, die jeweils das Doppelte bzw. die Hälfte von … bedeutet.
>
>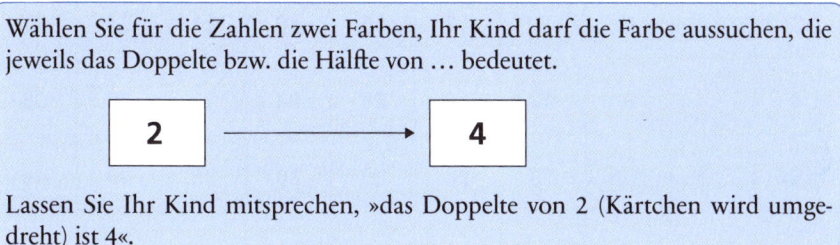
>
> Lassen Sie Ihr Kind mitsprechen, »das Doppelte von 2 (Kärtchen wird umgedreht) ist 4«.

Später gehen Sie dann zur »Hälfte von« über und verfahren in analoger Weise.

h) Einfache Multiplikations- und Divisionsaufgaben

Lehrpläne und Schulbücher sehen vor, dass sich die Kinder beim Erlernen des Einmaleins nur »Kernaufgaben« zu merken brauchen, um dann über unterschiedliche Rechenprozeduren die restlichen Einmaleinsaufgaben auszurechnen. Diese Vorgehensweise ist, wie wir oben gesehen haben, nicht nur wenig sinnvoll (▶ Abb. 8.4–8.8), sondern vielmehr gefährlich, da viele Kinder diese Rechenwege einüben und damit dann spätestens beim schriftlichen Malnehmen oder Teilen »Schiffbruch« erleiden werden. Unser Ziel muss stattdessen sein, die »kürzest mögliche Verdrahtung« zwischen Aufgabe und Ergebnis im Gehirn dauerhaft zu etablieren (▶ Abb. 8.10).

Welche Aufgaben muss Ihr Kind nun in der Multiplikation noch lernen? Mithilfe der folgenden Tabelle überprüfen Sie wiederum alle Kombinationen im Bereich des Einmaleins und achten darauf, welche Aufgaben noch nicht richtig automatisiert sind bzw. bei welcher Kombination Fehlstrategien eingesetzt werden.

Letztere erkennen Sie wiederum daran, dass der Rechenvorgang zu lange dauert (länger als eine halbe Sekunde), der Mund Ihres Kindes sich bewegt, seine Augen hin und her wandern oder Sie den Eindruck haben, dass Ihr Kind »denkt« oder »rechnet«.

Lernmethoden in Mathematik zum Erlernen der Basisfertigkeiten

x	1	2	3	4	5	6	7	8	9
1									
2		4	6	8	10	12	14	16	18
3		6	9	12	15	18	21	24	27
4		8	12	16	20	24	28	32	36
5		10	15	20	25	30	35	40	45
6		12	18	24	30	36	42	48	54
7		14	21	28	35	42	49	56	63
8		16	24	32	40	48	56	64	72
9		18	27	36	45	54	63	72	81

Abb. 8.35: Überprüfungstabelle zur Multiplikation im 9er-Raum

In dieser Tabelle sind bewusst die Ergebnisse der Multiplikation mit 1 und mit 10 weggelassen worden, da sie zu »leicht« sind und von den Kindern normalerweise beherrscht werden.

Auch bei Multiplikations- und Divisionsaufgaben geht es wiederum mithilfe der Kärtchen um das Verautomatisieren der Rechenoperationen innerhalb einer halben Sekunde. Hier lässt sich wie beim ersten Schritt, dem Rechnen im 9er-Raum, verfahren: D. h. wir arbeiten zunächst mit 3er-Päckchen bzw. bei Einprägeschwierigkeiten mit einem 2er-Päckchen.

Das arithmetische Faktenwissen und die Grundrechenfertigkeiten automatisieren

Wichtig: Kein inneres Hoch- bzw. Zurückzählen!
Ziel: Lösung innerhalb einer Sekunde.

Kärtchen wird umgedreht/Lösung gezeigt, wenn erkennbar ist, dass das Kind innerlich zählt oder das Errechnen länger als eine Sekunde dauert.

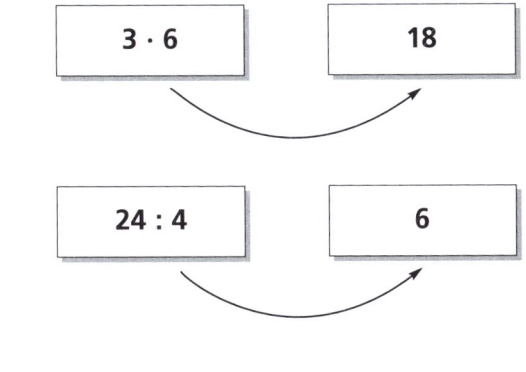

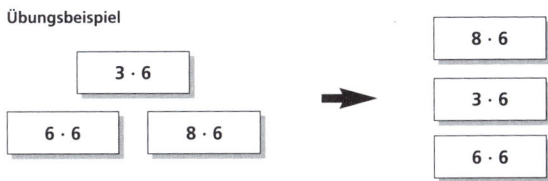

Einprägen des Ergebnisses möglichst in Dreierblöcken mit Wechsel der Raumlage und mehrmaligem Wiederholen.

Abb. 8.36: Zum schrittweisen »Verautomatisieren« von Multiplikations- und Divisionsaufgaben

---

Ein Beispiel

Eltern: »7 x 8, wie viel ist das?«
Wenn Ihr Kind zögert oder innerlich zu rechnen beginnt: »Nicht anstrengen!« Sie drehen sofort das Kärtchen um und zeigen das Ergebnis: 56. Sie drehen das Kärtchen nun wieder um und zeigen die Aufgabe erneut.

Eltern: »7 x 8. Weißt du das Ergebnis noch?«
Kind: »56.«
Eltern: »Genau, stimmt!«

Sie zeigen nochmals das Ergebnis.

Eltern: »Weißt du jetzt, wie viel 2 x 8 ergibt?«
Kind: »16.«
Eltern: »Richtig, das stimmt!«

Sie drehen die Karte um und zeigen das richtige Ergebnis.

Lernmethoden in Mathematik zum Erlernen der Basisfertigkeiten

> Eltern: »5 x 8?«
> Kind: »40.«
> Eltern: »Stimmt! Weißt du noch das Resultat von 7 x 8?«
> Kind: »56.«
> Eltern: »Sehr gut!«
>
> *Sie wiederholen die drei Aufgabenstellungen und verändern dabei immer wieder die Reihenfolge und Anordnung der drei Kärtchen.*

Auf diese Weise können Sie erst einmal mit Ihrem Kind innerhalb einer Einmaleins-Reihe systematisch üben, dann später durcheinander.
Bei Divisionsaufgaben verfahren sie analog.

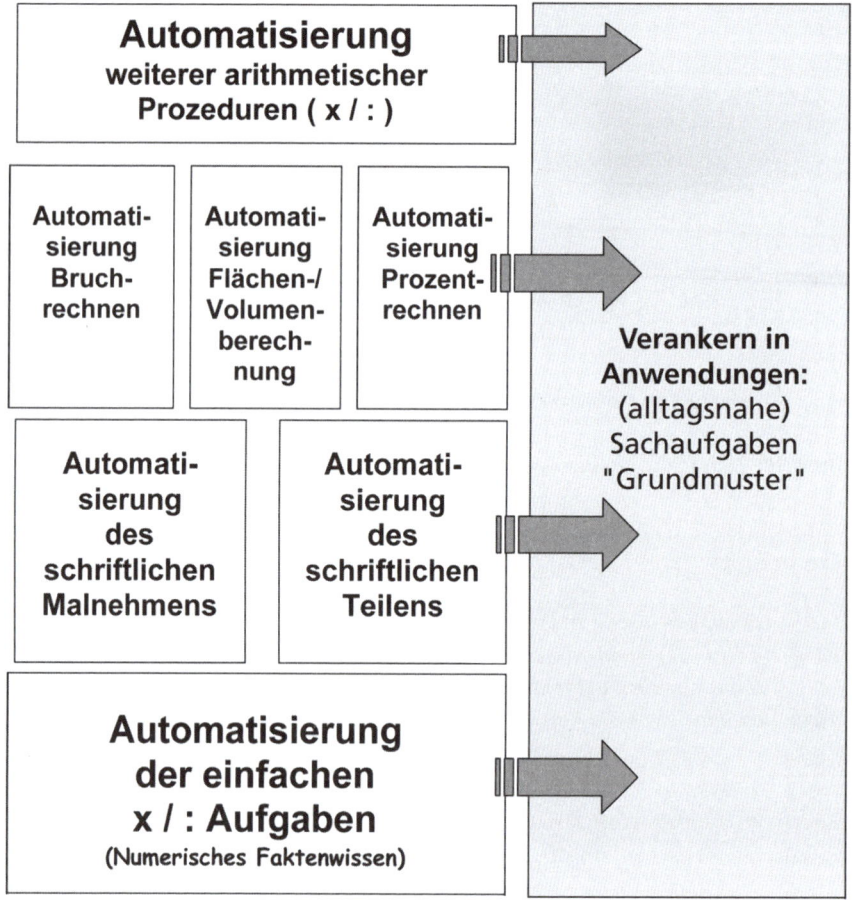

Abb. 8.37: Zum Erlernen der Rechenfertigkeit Multiplikation/Division

Das arithmetische Faktenwissen und die Grundrechenfertigkeiten automatisieren

Wie beim Erlernen des Faktenwissens von einfachen Additions- und Subtraktionsaufgaben müssen Sie wieder die Bedeutung des ersten Einprägetages beachten. Im »Schnelldurchlauf« wird erneut das Päckchen der gekonnten Aufgaben täglich ein- bis zweimal wiederholt.

Hat Ihr Kind die Mal- und Geteiltaufgaben erfolgreich automatisiert, haben Sie bei ihm ein sicheres Fundament für komplexere Multiplikations- und Divisionsaufgaben gelegt. Diese Rechenfertigkeit ist wiederum als solides Handwerkszeug zu verstehen, mit dessen Hilfe Sachaufgaben gelöst werden können. Aus diesem Grund sollten Sie möglichst bald mit dem Erlernen von einfachen Grundmustern in Sachaufgaben beginnen, die jetzt mit dem zusätzlichen Instrumentarium der Multiplikation und Division gelöst werden können. ▶ Abb. 8.37 vermittelt einen Überblick über komplexere arithmetische Prozeduren, die auf dem automatisierten Faktenwissen des Einmaleins aufbauen.

i) Die Magie des »Sich-nicht-anstrengen-dürfens«

In unserem Beispiel zur Arbeit mit den Einmaleins-Kärtchen (7x8=56) haben wir erläutert, dass Sie sofort das Kärtchen mit dem Ergebnis 56 umdrehen sollen, wenn Ihr Kind die Antwort nicht sofort weiß, also längere Zeit zur Lösung der Aufgabe benötigt. Denken Sie immer an die berühmte halbe Sekunde. Ihr Kind soll das Ergebnis auswendig lernen und die Fehlstrategie des Hochzählens oder komplizierten Rechnens vermeiden.

> Sie können mit dem schnellen Herumdrehen der Antwortseite des Kärtchens (56) zudem eine Motivationshilfe verbinden. Zögert Ihr Kind bei der Präsentation der Aufgabe 7x8, heben Sie deutlich die Hand und sagen: »Nicht anstrengen!« und drehen dabei das Kärtchen sofort um. Von diesen zwei Worten geht eine gewisse Magie aus, eine Überraschung für Kinder, da »Nicht anstrengen!« eine Leichtigkeit beim Lernen signalisiert, die im Gegensatz zum bisher zumeist sehr mühevollen Lernprozess steht. Die Kinder sind erst einmal verblüfft und machen eine gänzlich neue Erfahrung: Lernen soll nun ohne Anstrengung ablaufen. Dies erscheint für die Kinder zunächst paradox. Die Magie des »Sich-nicht-anstrengen-dürfens« hat große Auswirkungen auf die Motivation der Kinder. Lernen wird hier möglicherweise in einen neuen, »leichteren« und entlastenderen Kontext eingebunden.

> *Besonders eindrucksvoll zeigt sich die Wirkung dieser Vorgabe im folgenden Beispiel:* Ein Junge mit ausgeprägter Rechenschwäche berichtete nach der Therapiesitzung seinem älteren Bruder in Anwesenheit der Mutter und der Therapeutin begeistert: »Du, ich darf mich beim Lernen fei nicht mehr anstrengen!«

Die meisten Eltern beherrschen das Einmaleins besser als ihre Kinder, da die Schule früher mehr Wert auf das »Einschleifen«, das »Pauken«, legte. Ihnen als Eltern fällt das Ergebnis in der Regel deshalb sofort ein. Die gleiche Schnelligkeit gilt es, bei Ihrem Kind zu erreichen.

13. Sachaufgaben

Vor allem bei Sachaufgaben machen sich die besonderen Voraussetzungen bemerkbar, die Kinder mit Rechenschwächen zum Lernen mitbringen. Oft sind Sachaufgaben durch gefühlsmäßige Blockaden belegt, da hier die meisten Misserfolgserlebnisse erlebt werden. In der Folge entwickeln die Kinder rasch die Einstellung: »Das kann ich nicht – das schaff' ich eh' nicht – du musst mir helfen«.

Eine häufige Fehlerquelle bei Kindern mit Rechenschwächen ist das flüchtige, oberflächliche Lesen des Textes und das Bearbeiten des Zahlenmaterials. Eltern und Lehrern fällt damit zunächst die Aufgabe zu, die Kinder dafür zu gewinnen, sich überhaupt auf die Sachaufgabe einzulassen.

Wir müssen Zuversicht bei unseren Kindern erzeugen, da sie bereits überzeugt sind, Sachaufgaben nicht rechnen zu können. *Wie kann dies gelingen?*

> **Ein Beispiel**
>
> »Du weißt ja, mit den Kärtchen hast du schon ganz große Fortschritte gemacht, du hast ganz toll gelernt, mit Plus und Minus, Mal und Geteilt zu rechnen. Du hast dies geschafft, weil wir regelmäßig gelernt haben, du erinnerst dich, jeden Tag unsere kleinen Portionen, so bist du gut geworden. Genauso machen wir es jetzt auch bei den Sachaufgaben.«
>
> Eine weitere Hilfestellung kann sein: »Du brauchst wieder nicht viel Schreiben, ich helfe dir dabei.«
>
> Wenn Sie zuvor auf den einzelnen Stufen der Automatisierung der Grundrechenfertigkeiten begonnen haben, wechselseitig Sachaufgaben zu erfinden, ist Ihr Kind schon mit den »Grundmustern« an Aufgabenstellungen vertraut. Darauf aufbauend können Sie die Sachaufgaben aus dem Rechenbuch übernehmen und an die bisher erlebten Erfolge erinnern: »Du weißt, wir haben schon so viele Aufgaben erfunden. Lass uns zu den Aufgaben im Buch wieder neue Aufgaben erfinden – ich eine und du eine. Ich muss dir auch wieder die Aufgabe vorrechnen, die du erfunden hast. Du passt dann auf, ob ich es richtig mache, ob ich es genauso kann, wie ihr es in der Schule machen müsst.«

Im folgenden Schaukasten sehen Sie sechs Schritte zum Lösen von Sachaufgaben. Diese Anleitung ist für Kinder der dritten und vierten Klasse häufig zu lang. Hier ist es günstig, wenn die Eltern die Anweisung schrittweise vorlesen und auf diese Weise langsam einüben. Hilfreich kann auch die Frage sein: »Magst du lieber Trick 1, Trick 2 oder Trick 3 benutzen?«

Da Kinder mit Rechenschwäche oft über geringe metakognitive Strategien verfügen, handeln sie sehr häufig unsystematisch und nach dem Versuchs- und Irrtumsprinzip. Die sechs Schritte (siehe Schaukasten) helfen ihnen, eine systematische Struktur zum Lösen von Sachaufgaben aufzubauen. Die Aufgabe wird in kleine handhabbare Portionen zerlegt und so besser durchdacht als in einem impulsiven »Zahlenmix«.

Lassen Sie Ihr Kind die Abfolge der sechs Lösungsschritte jeden Tag an ein bis zwei Sachaufgaben üben. Dadurch wird es die Schrittabfolge verinnerlichen, verautomatisieren. Durch die neuen Erfolgserlebnisse verlieren die Aufgaben für Ihr Kind ihre Angst einflößende Qualität. Stattdessen erlebt es, dass es Sachaufgaben immer besser und schneller lösen kann.

> **Sechs Schritte zum Lösen von Sachaufgaben**
>
> *Schritt 1:* Ich lese mir die Sachaufgabe mehrmals langsam und genau durch. Was ist gegeben?
>
> *Schritt 2:* Ich achte dabei besonders darauf …
> - Welche Zahlen stehen in der Aufgabe?
> - Ich finde auch die Zahlen, die als Wort und nicht als Ziffer geschrieben sind (z. B. das Achtfache).
> - Ich unterstreiche alle Zahlen. Ich schreibe (bzw. Mama schreibt) sie mit den jeweiligen Benennungen heraus.
>
> *Schritt 3:* Was soll ich suchen, was soll ich ausrechnen?
> - *Trick 1:* Es kann helfen, wenn ich die Aufgabe meiner Mutter oder meinem Vater noch einmal erkläre.
> - *Trick 2:* Es kann helfen, eine kleine Zeichnung zu machen, um zu veranschaulichen, was gegeben ist.
> - *Trick 3:* Vielleicht weiß ich, wie die Antwort lauten muss? Aus der Antwort kann ich ganz leicht die Frage bilden.
>
> *Schritt 4:* Mit welchen Rechenzeichen muss ich die Zahlen verbinden?
> - *Trick 4:* Es gibt nur vier Rechenzeichen. Ich überlege der Reihe nach durch, welches Rechenzeichen am besten passt.
> - Muss ich die Zahlen …
>   – zusammenzählen   – malnehmen,
>   – voneinander abziehen   – durcheinander teilen
>   oder ist es ein kompliziertes Rechenmuster mit mehreren Rechenschritten?
> - *Trick 5:* Kenne ich schon ähnliche Aufgaben? Welches Rechenmuster kann ich dann anwenden?
>
> *Schritt 5:* Wenn es ein kompliziertes Rechenmuster ist: Wie gehören die Zahlen zusammen? Welche Zahlen muss ich zusammenzählen, voneinander abziehen, miteinander malnehmen oder durcheinander teilen?
> - a) + ?/– ?/x ?/: ? ………………………………
> - b) + ?/– ?/x ?/: ? ………………………………
> - c) + ?/– ?/x ?/: ? ………………………………
>
> *Schritt 6:* Wenn ich mit der Aufgabe fertig bin, frage ich mich: »Stopp! Kann das Ergebnis überhaupt stimmen?« (Wenn zum Beispiel 8 Äpfel 640 Euro kosten sollen, dann schaue ich nach, ob ich mich nicht verrechnet habe.)

Bitte beachten: Unserer Erfahrung nach helfen die sechs Lösungsschritte in erster Linie bei den besser begabten Kindern mit Rechenschwächen. Sie sind in der Lage, die einzelnen Schritte nachzuvollziehen. Es gibt aber auch Kinder mit Rechenschwäche, die mit der Schrittabfolge überfordert sind. Ihnen hilft es, wenn einer einzelnen Aufgabenstellung zunächst eine Abfolge von Rechenschritten für ein ganz bestimmtes **Muster** von Sachaufgaben vorgegeben wird.

Zeigen Kinder Schwierigkeiten beim Lösen von Sachaufgaben, besteht eine gefühlsmäßig stärkere Abneigung gegen sie oder hat das Kind Gedanken wie »das schaffe ich nicht, das ist zu schwer für mich«, ist es wichtig, ihm auf einfachste Weise Erfolgserlebnisse zu vermitteln. Ein gutgemeintes Erklären der Aufgabe bewirkt meist das Gegenteil (vgl. s.o.) Ein zentrales Problem verbaler Erklärungen besteht gerade, besonders wenn noch eine negative emotionale Bewertung hinzukommt darin, dass durch sie das akustische Arbeitsgedächtnis schnell überlastet wird und dann nur noch bruchstückhaft bestimmte Informationen aufgenommen werden können.

Deswegen ist es wichtig, dem Kind beispielhaft **zu zeigen**, zu visualisieren, vorzurechnen, wie die Aufgabe geht. Anschließend wird das Grundmuster, das in dieser Aufgabe enthalten war, herausgearbeitet und gezeigt, dass die weiteren Aufgaben nur eine jeweils unterschiedliche Einkleidung des Grundmusters sind. Der Grundlösungsweg bleibt dabei aber gleich.

Grundsätzlich ist zu bedenken: »Das Langzeitgedächtnis kann fast unbegrenzt Informationen speichern. Diese Informationen setzen sich nicht nur aus isolierten Fakten zusammen, sondern umfassen auch komplexe Interaktionen und Prozeduren. Die Begrenztheit des Arbeitsgedächtnisses zeigt sich daran, dass Menschen beim Bearbeiten komplexer Informationsmengen versagen, solange diese nicht im Langzeitgedächtnis in Schemata verankert sind.« (Wellenreuther 2009, S.29) Auch bei Sachaufgaben gilt, die »Fähigkeit zur Bewältigung komplexer Aufgaben« entwickelt sich, »indem Elemente niedrigerer Schemata zu höheren, komplexeren Schemata kombiniert werden« (Wellenreuther 2009, S.17).

Hat das Kind die Grundmuster bzw. die Grundschemata, die hinter der konkreten Aufgabe stecken, eingeübt, so kann es ähnliche Aufgaben deutlich einfacher und schneller und auch fehlerfrei lösen. Selbst bei »viel komplexeren Transferaufgaben« ist der »zeitliche Unterschied beim Lösen der Transferaufgabe ... beträchtlich« und das Kind macht »weniger grundlegende Fehler« (Wellenreuther 2009, S.32). Das Lösen solcher schwierigen Transferaufgaben kann erleichtert werden, indem man, wie es im asiatischen Raum praktiziert wird, die Grundmuster bei den Aufgabenstellungen systematisch variiert und einübt.

> **Ein Beispiel**
>
> Lena geht in die vierte Grundschulklasse und hat eine »6« in Mathematik. Sachaufgaben kann Lena überhaupt nicht lösen, sie sind für sie ein rotes Tuch, sie hat Angst vor ihnen.
>
> Lenas Mutter bringt eine Beispielaufgabe mit: Ein Schwimmbad, in das 1.000 hl Wasser hineinpassen, soll mittels eines Schlauches gefüllt werden. Durch den Schlauch laufen pro Sekunde 10 l Wasser. Wie lange dauert es, bis das Schwimmbad gefüllt ist?

Zunächst bekommt Lena die Abfolge der durchzuführenden Rechenschritte langsam gezeigt und vorgerechnet:

1. Du musst Hektoliter in Liter umrechnen, denn sonst kannst du nicht teilen.
2. Die Gesamtmenge, das Volumen, ist durch die Anzahl der Liter zu teilen, die pro Sekunde durch den Schlauch fließen.
3. Ich bekomme ein Ergebnis in Sekunden heraus, die Sekunden muss ich dann in Minuten umwandeln, d. h. ich muss durch 60 teilen. Wenn ich Stunden herausbekommen will, muss ich noch einmal durch 60 teilen.

Mit dieser fest vorgegebenen Abfolge von Schritten ist Lena in der Lage, die Aufgabe zu lösen.

In diesem Lernvorgang wird auch die begrenzt Aufnahmekapazität des Arbeitsgedächtnisses angemessen berücksichtigt: Die wichtigsten Schritte werden anschließend noch einmal gezeigt, verbal abgekürzt und komprimiert wiederholt:

»Zuerst Hektoliter in Liter umrechnen –
Gesamtvolumen durch Liter teilen –
Zeiteinheiten umrechnen.«

Der zweite Schritt besteht in einer Sachaufgabe mit genau dem gleichen Rechenmuster: Ein Weinfass wird gefüllt. In dieses Weinfass passen 9 hl Wein. Durch den Schlauch laufen 15 l pro Sekunde. Wie lange dauert es, bis das Weinfass gefüllt ist?

Bei der zweiten Aufgabe gibt Lenas Mutter Hilfestellungen, die einzelnen Rechenschritte in ihrer Abfolge zu rekonstruieren: »Lena, erinnerst du dich noch, wie wir das bei der Aufgabe mit dem Schwimmbad gemacht haben?« Lena erinnert sich, dass zuerst hl in l umgerechnet werden müssen. »Weißt du noch Lena, wie das geht? Ach ja richtig, du musst zwei Nullen dranhängen.«

Anschließend gehen Lena und ihre Mutter die Abfolge der vorherigen Rechenschritte noch einmal durch – übertragen auf diese Sachaufgabe.

Bei der dritten Aufgabenstellung, wieder einer Sachaufgabe mit dem gleichen Rechenmuster, passiert das Verblüffende: Lena kann diese nun ganz alleine lösen, und zwar in der richtigen Reihenfolge der Rechenschritte, die sie vollständig erinnert.
    Die dritte Rechenaufgabe war Folgende: Der Milchtank eines LKWs soll entleert werden. Der Tank fasst 72,6 hl Milch. Pro Sekunde fließen 30 l aus dem Tank. Wie lange dauert es, bis der Milchtank leer ist?

    Lena gelingt es, das allgemeine Aufgabenmuster auf diese spezielle Aufgabe zu übertragen und alle Rechenschritte selbst und korrekt durchzuführen. Für Lena bedeutet dies ein riesiges Erfolgserlebnis.

Eine sinnvolle Hilfestellung ist es, parallel zum Lösen jeder Aufgabe eine Zeichnung oder eine kleine Skizze anzufertigen. Für die Beispielaufgaben im Fall Lena heißt dies, ein Schwimmbad, ein Weinfass und einen Milchtank mit Zu- und Ablauf zeichnen.

Kritisch lässt sich gegenüber unserer vorgeschlagenen Verfahrensweise einwenden, dass die Kinder mit Rechenschwäche dabei lernen, nach einem »Kochrezept« vorzugehen. Stelle sich ein Problem anders dar – so kann man argumentieren – drohen die Kinder, neuerlich zu scheitern. Obgleich die Schlussfolgerung richtig ist, kann der Einwand den Sinn der vorgeschlagenen Methode nicht in Frage stellen, denn: Nur dadurch, dass die Kinder viele »Kochrezepte« lernen, kann ihr Denken auch ein bisschen flexibler werden. Vor allen Dingen kann ihr Zutrauen, Sachaufgaben lösen zu können, größer werden, wenn sie viele »Kochrezepte« beherrschen.

> Ihr Kind lernt in besonderer Weise, wenn es eine vorgegebene Sachaufgabe nachkonstruiert. Lassen Sie Ihr Kind, soweit dies möglich ist, immer wieder Sachaufgaben selbst erfinden. Dadurch werden »Berührungsängste« sehr effektiv abgebaut. Ihr Kind ist den Sachaufgaben nicht mehr »ausgeliefert«, sondern ist vielmehr »Herr über die Sachaufgabe«. Gleichzeitig wird es immer vertrauter mit den Grundmustern der Aufgabenstellungen. Motivierend wirkt sich auch aus, wenn das Kind Lehrer sein darf und Sie beim Rechnen kontrolliert. Wenn Sie beim Lösen der Aufgabe »laut« mitdenken, wiederholen Sie gleichzeitig die richtigen Lösungswege auf eine für das Kind sehr einprägsame Art.

Auch im Unterricht ist es sicherlich möglich, die Schülerinnen und Schüler regelmäßig Sachaufgaben »erfinden« zu lassen. Beispielsweise können sich Kinder in 4er-Gruppen, die in zwei 2er-Gruppen unterteilt werden, zusammentun. In einer 2er-Gruppe werden die Sachaufgaben für die jeweils andere 2er-Gruppe erstellt, sodann gegenseitig ausgetauscht, nach Lösungen gesucht, gerechnet und von den 2er-Gruppen wechselseitig kontrolliert. Die Schülergruppen sollten nicht größer sein, da es darauf ankommt, alle Kinder intensiv zu beteiligen, damit in deren jeweiligen Gehirnen die einzuübenden Denkprozesse tatsächlich stattfinden. Die Anwendung einzuüben und deren Automatisierung zu trainieren, schafft Erfolgserlebnisse und steigert die Motivation eines jeden Kindes. Lehrer sollten neben den Kontrollen, die die Schüler durchführen, selbst noch einmal deren Resultate und die dazugehörigen Lösungswege überprüfen.

Sollten Schüler Schwierigkeiten mit Sachaufgaben haben, ist eine genaue Fehleranalyse von Lehrern und Eltern notwendig, um die Kinder dort »abzuholen«, wo sie stehen. Es ist unrealistisch, aus jedem Kind einen großen Mathematiker machen zu wollen, aber wenn Kinder auf der Grundlage sinnvoller Lernmethoden üben, werden sie in der Schule viele Aufgaben lösen und sich verbessern können. Dies bedeutet für die Kinder – wie für ihre Eltern und Lehrer – einen großen Fortschritt.

Wir erleben immer wieder, dass Schülerinnen und Schüler auf der Grundlage einer positiven emotionalen Bewertung des Lerngegenstandes Mathematik eine erstaunliche Entwicklung vollziehen. Im Laufe der Jahre speichern sich in den Köpfen der Kinder nicht nur Muster von vergangen Aufgaben und Lösungen, sondern es können sich die Elemente, aus denen die Muster »gewirkt« sind, zu weiteren Mustern zusammenfügen.

> **Leitprinzipien zum Lösen von Sachaufgaben:**
>
> - Nicht erklären, sondern zeigen, wie es geht.
> - Mathe ist einfach – Komprimierung auf und systematisches Einüben von Grundmustern und Schemata und deren Variation.
> - Kind erlebt: Ich schaffe es, sogar schwierige Sachaufgaben.
> - Jedes »Verstehen«, jede Einsicht setzt sich aus kleinen, erlernbaren Bausteinen bzw. Grundschemata zusammen.

14. Weiterführende Gedanken

Die Schüler sollen in Mathematik aber nicht nur das Rechnen und dessen Anwendung in Sachaufgaben erlernen. Im Grundschulbereich kommen weitere Themenbereiche wie z.B. das Spiegeln oder die Benennung und die Eigenschaften von Körpern hinzu. Die Grundprinzipien beim Erlernen des Rechnens gelten dabei für alle mathematischen Lerninhalte.

Hilfreich ist – entsprechend der »kognitiven Meisterlehre« (vgl. Hasselhorn und Gold 2022, s.o.) – folgende Abfolge:

a) Einführung des neuen Themas durch eine Erklärung und/oder Veranschaulichung
b) Zeigen bzw. Vormachen der mathematischen Prozedur
c) Einüben der mathematischen Prozedur
d) Verankern in Anwendungen z.B. in alltagsnahen Sachaufgaben und Variation deren Grundaufgabenstellung

Ziel bei diesem Lernvorgang sollte immer das dauerhafte Behalten und Beherrschen bzw. die Automatisierung sein. Dies wird nicht erreicht, wenn der Schüler den Lerninhalt nur »verstanden« hat. Ein systematisches und gehirngerechtes Einüben in ausreichend **vielen Wiederholungsdurchgängen** in **kleinen Portionen** pro Tag bleibt zusätzlich unerlässlich (vgl. Landerl u.a. 2017, S.221).

Kapitel 9: Lesen Lernen – Hilfreiche Strategien für den Leselernprozess

In diesem Kapitel beschäftigen wir uns mit der Frage, wie Sie den Leselernprozess Ihres Kindes effektiver gestalten können. Gleichzeitig zeigen wir auch auf, welche Vorgehensweisen nicht so hilfreich sind bzw. Ihrem Kind sogar schaden können.

Zur Einführung

Es ist höchst beeindruckend, zu welchen Leistungen unser Gehirn beim Lesen imstande ist. Wenn eine Automatisierung des Leseprozesses erreicht ist, kann es folgende Texte und Wörter lesen. Lassen Sie uns ein Experiment machen.

Können Sie folgenden Text lesen?

> Ehct ksras! Gmäeß eneir Sutide eneir Uvinisterät, ist es nchit witihcg, in wlecehr Rneflogeie die Bstachuebn in eneim Wrot snid, das ezniige was wcthiig ist, das der estre und der leztte Bstabchue an der ritihcegn Pstoiin snid. Der Rset knan ein ttoaelr Bsinöldn sien, tedztorm knan man ihn onhe Pemoblre lseen. Das ist so, wiel wir ncith jeedn Bstachuebn enzelin leesn, snderon das Wrot als gzeans enkreenn. Ehct ksras! Das ghet wicklirh! Und dfüar ghneen wir jhrlaeng in die Slhcue!
>
> (Goschke 2013, S.7)

Nach einer kurzen Phase, in der Ihr Gehirn sich auf den Text eingestellt hat, merken Sie, dass sie den Text wahrscheinlich relativ mühelos lesen können.

Als nächstes ein noch schwierigerer Text. Gold weist darauf hin, »dass geübte Leser sogar eine Textoberfläche wie die folgende »aonnrdug vOn bhesbtucAn, diE vlilög uSniinng eRishenct, lseEn Kneönn« (2018, S.24).

Und als absolute Steigerung: Können Sie auch folgenden Text, bei dem teilweise Buchstaben durch Ziffern ersetzt worden sind, lesen?

D45 G3HT J4 W1RKL1CH!
D1353 M1TT31LUNG Z31GT D1R, ZU W3LCH3N GRO554RT1G3N L315TUNG3N UN53R G3H1RN F43H1G 15T!
4M 4NF4NG W4R 35 51CH3R NOCH 5CHW3R, D45 ZU L353N, 483R M1TTL3RW31L3 K4NN5T DU D45 W4HR5CH31NL1CH 5CHON G4NZ GUT L353N, OHN3 D455 35 D1CH W1RKL1CH 4N5TR3NGT.
D45 L315T3T D31N G3H1RN M1T 531N3R 3NOM3N L3RNF43H1G31T. 8331NDRUCH3ND, OD3R?
DU D4RF5T D45 G3RN3 KOP13R3N, W3NN DU 4UCH 4ND3R3 D4M1T 83D31ST3RN W1LL5T.

(Goschke 2013, S. 8)

Nach dieser beindruckenden Erfahrung drängt sich die Frage auf: Wie schafft unser Gehirn diese Leistung? Was passiert im Gehirn beim Lesen?

1. Prozesse im Gehirn beim Lesen

Bei geübten Leser werden folgende Gehirnareale in Millisekunden und in folgender Reihenfolge aktiviert:

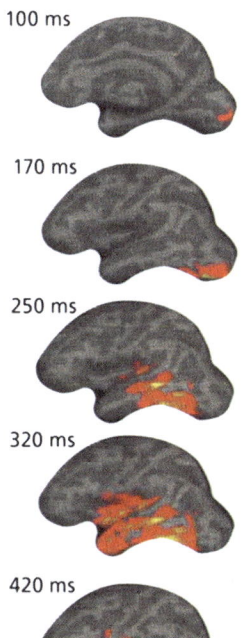

Abb. 9.1:
Zeitliche Abfolge der beteiligten Gehirnareale während des Leseprozesses (nach Dehaene 2010)

171

Nach 100 ms treffen vom Auge kommend die visuellen Signale im Gehirn ein. Nach 170 ms beginnt das wichtigste Areal beim Leseprozess, das Wortformareal, mit seiner Arbeit. Dieses Areal bleibt bis zum Ende des Leseprozesses auf hohem Niveau aktiviert: Gelb drückt ein höheres Aktivierungsniveau aus als Orange. Im Wortformareal wird das Wortbild entschlüsselt und identifiziert und nach 250 ms in die Areale weitergeleitet, welche die Bedeutung des Wortes erschließen. Nach 320 ms werden die Areale miteinbezogen, welche die Umsetzung in die Aussprache des Wortes bestimmen. Nach 420 ms wird der Frontalhirnbereich, die bewusste Steuerzentrale unseres Gehirns, mitaktiviert. Hier werden abschließend »die visuell aufgenommenen und phonetisch rekodierten Informationen in der phonologischen Schleife des Arbeitsgedächtnisses präsent gehalten« (Gold 2018, S.16).

In dem folgenden Schaubild kann nachvollzogen werden, welche Funktionen die schrittweise hinzukommenden aktivierten Gehirnareale haben.

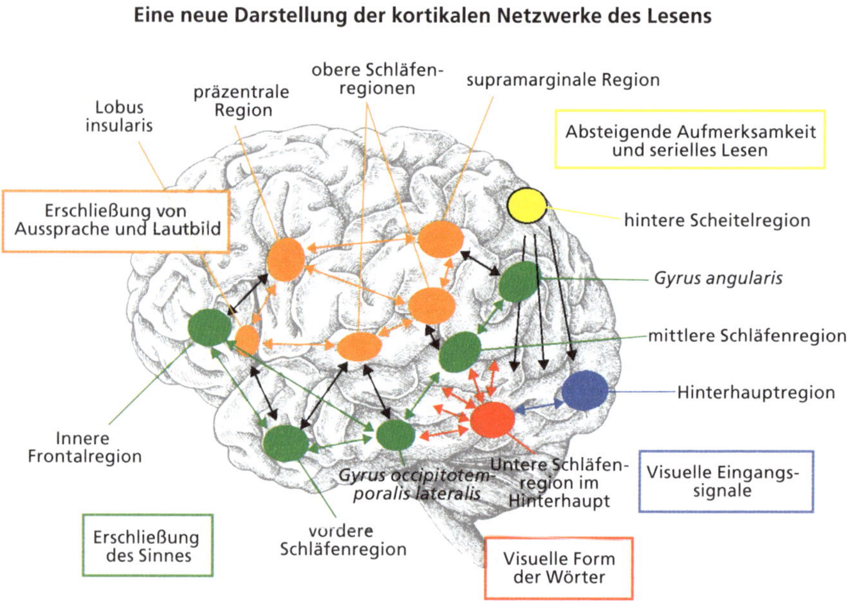

Eine neue Darstellung der kortikalen Netzwerke des Lesens

Abb. 9.2: Beteiligte Gehirnareale und ihre Funktionen beim Leseprozess (nach Dehaene 2010, rawpix.com/Freepik)

Was passiert nun in der zentralen Stelle im Gehirn, im visuellen Wortformareal, das während des gesamten Lesevorgangs in starkem Maße (gelb!) (▶ Abb. 9.1) aktiviert ist? Gold beschreibt diesen neuronalen Prozess beim Lesen in differenzierter Weise: Zunächst erfolgt im visuellen System mit Hilfe der »Mustererkennung« eine Identifizierung von Buchstaben. Diese Wahrnehmungsleistung »wird von übergeordneten kognitiven Prozessen top-down beeinflusst, z.B. davon, wie verlässlich der Prototyp eines Buchstabens bereits im Gedächtnis gespeichert ist und davon, ob sich ein Buchstabe im Kontext eines (sinnvollen) Wortes befindet. Als Wortüberlegenheitseffekt bezeichnet man in diesem Zusammenhang den Umstand, dass wir einzelne Buchstaben schneller erkennen, wenn sie in einem Wortkontext stehen. Weil es ein ›visuelles Lexikon‹ gibt, in dem die Schriftwörter, die wir bereits kennen, als Sichtwörter abgelegt sind, kommt es zu diesem Vorteil. Damit ist die dritte Wahrnehmungsleistung – die Worterkennung – bereits angesprochen.

Wer schon lesen kann, erkennt im visuellen Wortformareal des Hinterhauptlappens, einem der höheren sekundären visuellen Areale, das als Sitz des visuellen Lexikons gilt, die Abfolge aus Buchstaben auf einen Blick – als Wort. ... Nach diesem Grundprozess erarbeitet das Gehirn, dass »das Wort eine Bedeutung hat und dass sich die Wortbuchstaben mit Sprachlauten verbinden lassen« (Gold 2018, S. 18).

Während des Leselernprozesses werden im »orthographischen Lexikon« im Wortformareal »zunehmend Sichtwörter gespeichert, das sind Wörter, die man schon oft gelesen hat. Sie werden künftig aufgrund ihres Erscheinungsbildes auf dem direkten Zugangsweg erkannt« (Gold 2018, S. 32).

Jetzt können wir auch verstehen, warum wir als geübte Leser in unserem Experiment oben eine an sich »sinnlose« Buchstabenfolge relativ flüssig lesen konnten. Wenn wir sie Buchstabe für Buchstabe zu erlesen versucht hätten, hätten wir uns dabei »die Zunge gebrochen«. Da wir aber im Wortformareal so etwas wie Erkennungsschablonen für Wörter in einem Lexikon abgespeichert haben, konnten wir in blitzschneller Wechselwirkung und Überprüfung mit den Arealen im Gehirn, die Bedeutung zuordnen, diese sinnlosen Wörter sinnvoll erlesen.

Nachdem wir uns ein grundlegendes Verständnis des Leseprozesses erarbeitet haben, wollen wir uns wieder wie beim Rechnen den Anzeichen bei unserem Kind zuwenden, die auf besondere Schwierigkeiten hinweisen.

2. Kennzeichen, Häufigkeiten und Auswirkungen einer Lesestörung bzw. -schwäche

Woran kann ich als Eltern oder Lehrer eine Leseschwäche erkennen?

Hellhörig sollten Lehrer und Eltern werden, wenn eine Sprachentwicklungsverzögerung beim Kind bestand, Lese- und Rechtschreibschwächen familiär gehäuft auftreten und sich Schwierigkeiten beim Lesen bereits relativ früh am Anfang der Grundschulzeit zeigen. Bereits in den ersten Wochen der ersten Klasse können betroffene Kinder auf Anforderungen, die Leseübungen beinhalten, ablehnend reagieren, zum Teil aggressiv und oppositionell, zum Teil auch traurig und vermeidend, oft verbunden mit Bauch- oder Kopfschmerzen.

Wenden wir uns nun den genaueren Beschreibungen der Kinder mit sehr ausgeprägten Problemen beim Lesen, den Kindern mit einer Lesestörung, zu. Welche Merkmale weisen sie auf?

Die WHO verweist im ICD 11 bei einer Lesestörung (»developmental learning disorder with impairment in reading«) auf folgende drei Bereiche: Wortlesegenauigkeit, Leseflüssigkeit und Leseverständnis (»word reading accuracy, reading fluency, and reading comprehension«). In diesen Bereichen liegt die Leseleistung der jeweiligen Person deutlich unter dem, was für das chronologische Alter und das Niveau der intellektuellen Leistungsfähigkeit zu erwarten wäre.

In ähnlicher Weise beschreiben Schulte-Körne und Galuschka eine Lesestörung. Sie »äußert sich durch sehr viele Fehler beim lauten Vorlesen sowie eine deutlich herabgesetzte Lesegeschwindigkeit von Wörtern und Texten. Dadurch ist das Leseverständnis beeinträchtigt und alle Alltagsanforderungen, für die entsprechende Lesefähigkeiten erforderlich sind« (2019, S.1).

Die Weichen für eine Lesestörung zeichnen sich direkt nach der Einschulung ab: »Die Symptome der Lesestörung äußern sich häufig bereits in den ersten Wochen des Erstleseunterrichts.« (ebd.) Den betroffenen Kindern fällt es schwer, die Buchstabe-Laut-Verbindung herzustellen bzw. diese abzuspeichern. Die Kinder lesen daher »sehr stockend und fehlerhaft«. »Im weiteren Verlauf der Leseentwicklung ist das automatisierte Lesen durch mangelnde Gedächtnisrepräsentationen und einen verzögerten Abruf von Wörtern und Wortteilen aus dem Gedächtnis oftmals verlangsamt und fehlerhaft. Durch das langsame und ungenaue Lesen erreichen die Betroffenen häufig auch kein altersgerechtes Leseverständnis und aus dem Gelesenen können nur schwer Zusammenhänge erkannt werden.« (ebd.)

Lesestörungen und -schwächen können sich neben der verlangsamten Lesegeschwindigkeit weiterhin in folgenden Einzelsymptomen äußern:

- zögerndes, stockendes Lesen von Wort zu Wort, aber auch von Buchstabe zu Buchstabe
- Auslassungen von Buchstaben oder Wortteilen (z.B. Fahrten statt Fahrkarten)
- Ein- bzw. Hinzufügen von Buchstaben, Wortteilen oder Wörtern
- Nennen des ersten oder der ersten Buchstaben, dann Raten eines Wortes
- Verdrehungen (Reversionen) bzw. Veränderungen der Reihenfolge von Buchstaben im Wort oder Vertauschen von Wörtern im Satz
- fehlerhaftes Zusammenfügen von Satzteilen
- Startschwierigkeiten beim Vorlesen
- Verlieren der Zeile im Text
- fehlende sinnentsprechende Betonung
- unzureichende Fähigkeit, das Gelesene wiederzugeben und aus dem Gelesenen Schlüsse zu ziehen

(vgl. Schulte-Körne und Galuschka 2019, S.2; Warnke und Schulte-Körne 2007, S.153 f.; Suchodoletz 2007, S.22)

Lesestörungen wurden oft erst spät erkannt. Einer österreichischen Längsschnittstudie zur Folge (Klicpera u.a. 1998) wurden Lese-Rechtschreib-Störungen zum Ende der ersten Klasse bei nur 6 % der Kinder, am Ende der 2. Klasse bei 16 % der Kinder sowie am Ende der 4. Klasse bei 20 % der Kinder erst richtig erkannt und diagnostiziert. In Deutschland wurde »der größte Teil der Schülerinnen und Schüler der Risikogruppe«, die nicht einmal die niedrigste Kompetenzstufe im Lesen erreichen konnten und 10 % der 15-Jährigen ausmachen, »von den Lehrkräften nicht erkannt« (Deutsches Pisa-Konsortium 2001, S.120). Die Autoren sind skeptisch, ob sich dieser Sachverhalt in der Zwischenzeit deutlich verbessert hat.

Wie häufig tritt eine Lesestörung bzw. eine -schwäche auf?

Nach Schulte-Körne und Galuschka liegt der Anteil bei einer »isolierten Lesestörung« bei »4 bis 7 % einer Schulpopulation«. Zusätzlich haben noch 2–6 % eine »kombinierten Lese-Rechtschreibstörung« (2019, S.9).

Man kann also davon ausgehen, dass ca. 10 % der deutschen Schüler eine ausgeprägte Störung im Lesen haben. Hinzukommen aber noch die Schüler, die das Kriterium für eine Störung noch nicht erfüllen und im »Schwächebereich« liegen. Dann erhöhen sich die Zahlen noch einmal deutlich. Nach der PISA-Studie 2022 liegt der Anteil dieser »Risikogruppe« bei 25,5 % der repräsentativ untersuchten 15-Jährigen in Deutschland (Lewalter u.a. 2023, S.9).

In den wichtigen Studien für den Grundschulbereich wurden folgende Anteile in Bezug auf die Risikogruppe festgestellt:

In der IGLU-Studie 2021 betrug der Anteil dieser Risikogruppe im Lesen 25,4 %: »Ein Viertel der Viertklässlerinnen und Viertklässler in Deutschland erreicht nach internationalem Standard Kompetenzstufe III nicht – diese wird als relevante Voraussetzung erachtet, um die Anforderungen im weiteren Verlauf der Schulzeit bewältigen zu können.« (McElvany u.a. 2023b, S. 10)

In der Bildungstrend-Studie 2021 des IQB erreichten 18,8 den Mindeststandard nicht (vgl. Stanat u.a. 2022, S.58).

Allen Studien ist gemeinsam, dass sich der Anteil der Risikogruppe seit 2006, 2011 bzw. 2012 deutlich erhöht hat (vgl. s.o.):

PISA-Studie (2012–2022):   14,5 → 25,5
IGLU-Studie (2006–2022):   13,2 → 25,4
IQB-Studie (2011–2021):   12,4 → 18,8

Bei diesen Zahlen ist zu bedenken, dass sich die Leseschwäche über die Zeit hinweg während des weiteren Lebens meist wenig verändert: Leseleistungen »zeigen sich ab der ersten Klasse sehr stabil« (Schulte-Körne und Galuschka 2019, S.17).

»Landerl und Wimmer (2008) stellten bei 70 % der Schülerinnen und Schüler mit Leseflüssigkeitsdefiziten in der ersten Klasse noch schwache Leseleistungen in der achten Klasse fest. Die Lesegeschwindigkeit bleibt bis ins Erwachsenenalter stark verlangsamt.« (ebd., S.18)

Welche Auswirkungen hat eine Lesestörung bzw. -schwäche für die Betroffenen?

Leseschwache Schüler werden mit für sie kaum bewältigbaren Leistungsanforderungen beim Lesen konfrontiert. Trotz ihrer Lernbemühungen erleben sie immer wieder Misserfolge, was bei den betroffenen Kindern zu gravierenden Versagensängsten und negativen Fähigkeitsselbstkonzepten führen kann (vgl. Schulte-Körne und Galuschka 2019, S. 17). In der Folge entwickeln Betroffene dem Lesen gegenüber häufig eine Abneigung und neigen eher zu Vermeidungsstrategien (vgl. ebd.). Auch psychische Probleme – sowohl »internalisierende Störungen« wie z.B. gedrückte, depressive Stimmung, Ängste, Selbstzweifel, Somatisierungen und Schlafprobleme als auch »externalisierende Verhaltensauffälligkeiten«– können auftreten (vgl. ebd.).

Zudem wird die schulische und berufliche Laufbahn sehr häufig beeinträchtigt. Von Lesestörung Betroffene gehen öfter ohne Abschluss von der Schule ab oder erreichen niedrigere Qualifikationen (vgl. Schulte-Körne und Galuschka 2019, S. 19).

Im alltäglichen Leben des Erwachsenen können immer dann Schwierigkeiten auftreten, wenn (längere) Texte gelesen und verstanden werden müssen. Aufgrund seiner Lesetechnik und der verlangsamten Lesegeschwindigkeit kann »das Leseverstehen stark beeinträchtigt« (Schulte-Körne und Galuschka 2019, S. 18) sein.

3. Ursachen und Störungsmodell bei einer Lesestörung bzw. -schwäche

Lassen sie uns wieder auf die Suche nach den Ursachen gehen, um das Entstehen einer Leseschwäche besser verstehen zu können.

Wir möchten folgendes Grundlegendes, das für das Verständnis wichtig ist, vorausschicken: Wenn in der empirischen Forschung mittlere bzw. hohe Korrelationen zwischen zwei Faktoren ermittelt werden, bedeutet dies nicht, dass man einen Ursache-Wirkungszusammenhang zwischen den beiden Faktoren gefunden hat. Sie weisen nur daraufhin, dass die beiden Faktoren häufig bzw. sehr häufig gleichzeitig auftreten. Immer wieder wird dies außer Acht gelassen. Selbst Schulte-Körne und Galuschka (2019) sprechen z.B. in diesem Kontext von Ursachen: »Eine wiederholt bestätigte Ursache der Lese- und/oder Rechtschreibstörung sind Defizite in der phonologischen Bewusstheit« (S. 14).

Schauen wir uns an, welche *zusätzlichen Erschwernisse* bei leseschwachen Schülern bestehen. Die meisten – aber nicht alle – leseschwachen Kinder weisen auf drei Ebenen der phonologischen Verarbeitung Defizite auf (Hasselhorn und Gold 2022, S. 187 ff.):

a) Defizite in der phonologischen Bewusstheit

Die phonologische Bewusstheit bezeichnet die Fähigkeit zur Lautanalyse und Lautsynthese und die Unterscheidung von Sprachreizen. Im erweiterten Sinne umfasst sie auch das Erkennen von Silben, Wörtern und Reimen. Entsprechende Schwächen lassen sich bereits im Vorschulalter diagnostizieren. Defizite der phonologischen Bewusstheit beeinträchtigen im Leseprozess in erster Linie die *Genauigkeit* der Worterkennung.

b) Erschwernisse in der verbalen Informationsverarbeitung (»phonetisches Rekodieren«) im Arbeitsgedächtnis

Die Funktionstüchtigkeit des phonologischen Arbeitsgedächtnisses kann aufgrund seiner verminderten Kapazität beeinträchtigt sein (vgl. Hasselhorn und Gold 2022, S. 188). Auch Klicpera u.a. (2003) weisen auf einen engen Zusammenhang zwischen »Maßen für die Geschwindigkeit des stillen (subvokalen) Wiederholens«, d.h. der Kapazität der phonologischen Schleife, und der »Lesefähigkeit« hin (vgl. Klicpera u.a. 2003, S. 184). Diese Funktionsbeeinträchtigungen im Arbeitsgedächtnis erschweren bestimmte Wege im Leselernprozess, die wir uns später noch genauer anschauen wollen.

c) Beeinträchtigung des Abrufs phonologischer Kodes aus dem Langzeitgedächtnis

Der Zugriff auf die Aussprache und Betonung von Buchstaben, Zahlen und Wörtern, die in der Wissensbasis einer Person bereits repräsentiert sind, scheint ebenfalls beeinträchtigt zu sein. Es ist wohl vor allem die Geschwindigkeit dieses Prozesses, d.h. des Abrufs der phonologischen Kodes aus dem Langzeitgedächtnis, die reduziert ist und damit kann die Lesegeschwindigkeit verlangsamt sein (vgl. Hasselhorn und Gold 2022, S. 190).

Es bestehen aber bei leseschwachen Kindern nicht nur im Bereich der phonologischen Verarbeitung gleichzeitig noch zusätzliche Erschwernisse, sondern noch in weiteren Bereichen.

d) Beeinträchtigungen im Bereich der Aufmerksamkeit

Als weitere wichtige Komponente neben den Defiziten im phonologischen Bereich kommen als vierter wichtiger Faktor sehr häufig Probleme im Bereich der Aufmerksamkeit hinzu. Studien belegen eine »Komorbidität der Lese-Rechtschreibstörung mit Aufmerksamkeits- bzw. Hyperaktivitätsproblemen« (Hasselhorn und Gold 2022, S. 191; vgl. auch Schulte-Körne und Galuschka 2019, S. 18).

e) Zusätzliche Schwierigkeiten bei ADHS-Kindern: Das Problem sogenannter erratischer Blickbewegungen

Um ein Wort beim Lesen richtig zu erfassen, bedarf es einer optimalen »Landeposition« der Augen. Werden zu viele Blicksprünge vollzogen, die zusätzlich häufig korrigiert werden müssen, wird die optimale Landeposition oft verfehlt. Eine sinnvolle Informationsverarbeitung wird erst durch eine präzise Koordination und Umschaltung zwischen gut gesteuerten Augenbewegungen und Fixationen ermöglicht (vgl. Gold 2018, S. 12 f.).

Zusammenfassend kann festgestellt werden, dass leseschwache Schüler häufig noch zusätzliche Schwierigkeiten aufweisen, die aber nicht mit Ursachen verwechselt werden dürfen. So zeigen Untersuchungen, dass zusätzliche Seh-, Hör- oder Bewegungsprobleme keinen ursächlichen Zusammenhang mit einer Lese- und Rechtschreibstörung aufweisen. Sie können, wie auch bei nicht betroffenen Kindern, zusätzlich bestehen, sind aber nicht die Ursache. Zu diesem Ergebnis kam das Autorenteam von Frank Ramus und Kollegen, welches mehrere Studien zum Zusammenhang von Lesestörungen und anderen Störungen durchgeführt hatte: »Diese Studien bestätigten, dass ein gewisser Anteil (je nach getesteter Stichprobe zwischen 10 und 60 Prozent) der dyslektischen Kinder zusätzlich Seh-, Hör- oder Bewegungsprobleme hatte. Doch dies galt interessanterweise auch für manche nicht dyslektischen Kinder, und viele dyslektische Kinder hatten keine solchen Probleme. Mehr noch, als die Lesekompetenz von dyslektischen Kindern mit zusätzlichen sensorischen und motorischen Problemen mit der Lesekompetenz von dyslektischen Kindern ohne solche Probleme verglichen wurde, war kein Unterschied festzustellen. So frustrierend die zusätzlichen Probleme also auch sind, sie kommen zur Dyslexie einfach noch hinzu und sind nicht ihre Ursache.« (Blakemore und Frith 2006, S. 127)

Die Beeinträchtigungen reichen also nicht aus, um das Entstehen einer Lesestörung oder -schwäche zu erklären. Die Studien bestätigten jeweils, dass ein größerer Anteil der dyslektischen Kinder in unterschiedlichen Mischungsverhältnissen Defizite in diesen fünf Bereichen (vgl. a bis e) aufweisen. Doch dies galt interessanterweise auch für manche Kinder ohne Lesebeeinträchtigung. Andererseits entwickeln auch nicht alle Kinder mit diesen Defiziten eine Lesestörung oder -schwäche (ebd.). Damit kommt dem Leselernprozess und dem Umgang mit den erschwerenden Voraussetzungen eine mitentscheidende Bedeutung zu.

Auf der Suche nach »ungünstigen« Leselernstrategien

Im Hinblick auf die Entstehungsbedingungen einer Leseschwäche stellen Schulte-Körne und Galuschka (2019, S. 16) fest: »Die schulischen Methoden des Erstlese- und Schreibunterrichts können ebenfalls ein wichtiger Einflussfaktor sein.« Abhängig von der Art des »Anfangsunterrichts« kann die »Anzahl der Schülerinnen und Schüler mit unterschiedlichen Lese- und Rechtschreibleistungen« variieren.

Was sind nun aber die bedeutsamen Einflussfaktoren, die zu diesen unterschiedlichen Auswirkungen führen? Hinweise können uns vielleicht empirische Forschungsbefunde aus zwei unterschiedlichen Bereichen geben, in denen die Unterschiede zwischen guten und schlechten Lesern untersucht worden sind:

In Gehirnscans konnten deutliche Unterschiede bei den Hauptaktivitätsbereichen im Gehirn von schlechten und guten Lesern festgestellt werden (vgl. Paulesu u.a. 2001). Deutlich erkennbar ist (▶ Abb. 9.3 und ▶ Abb. 9.4), dass gute und schlechte Leser vorrangig unterschiedliche Gehirnbereiche beim Lesen aktivieren.

Was unterscheidet schlechte

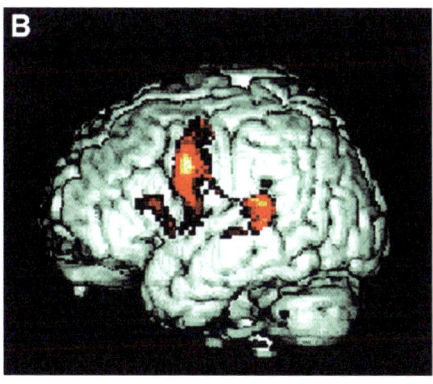

Abb. 9.3: aus Paulesu, E., Démonet, J. F., Fazio, F., u.a.: Dyslexia: cultural diversity and biological unity. Science 291 (5511, March 2001), S. 2165–2167

von guten Lesern?

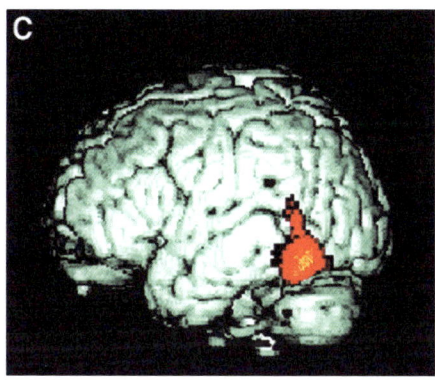

Abb. 9.4: aus Paulesu, E., Démonet, J. F., Fazio, F., u.a.: Dyslexia: cultural diversity and biological unity. Science 291 (5511, March 2001), S. 2165–2167

Schauen wir uns an, was in diesen Gehirnarealen jeweils vorrangig verarbeitet wird:

Entsprechend ihrer Lesestrategie benutzen gute Leser im Unterschied zu schlechten Lesern besonders Bereiche im visuellen Wortformareal. Schlechte Leser dagegen benutzen den Bereich, in dem es um Laut- und Sprachverarbeitung geht.

Dieses Forschungsergebnis aus der Gehirnforschung wird weiter erhellt durch Ergebnisse aus der Legasthenieforschung: Klicpera u.a. (2003) belegen die Bedeutung der Lesestrategien. Die Unterschiede in den Lesestrategien zwischen schlechten und guten Lesern sind schon früh erkennbar. In einer Untersuchung stellten die Autoren der Studie fest, dass am Ende der ersten Klasse die Methoden des gedehnten Erlesens von Wörtern von den schwachen Lesern bei 53 % der Wörter eingesetzt wurde, bei den guten Lesern aber nur noch bei 23 % der Wörter (S.138). Weiterhin konnten schwache Leser nur ein Fünftel der Wörter spontan, d.h. ohne Pause lesen, während dies den guten Lesern bei zwei Drittel der Wörter gelang (S.137).

Die unten gezeigten Gehirnscans spiegeln die von Klicpera gefundene Bedeutung der Lesestrategie wider: Schwache Leser mit einer gedehnten, zusammenschleifenden Lesestrategie benutzen vorrangig entsprechende Gehirnareale der Laut- und Sprachverarbeitung, während gute Leser die Wörter »auf einen Blick« erkennen, schwerpunktmäßig also entsprechende visuelle Areale benutzen.

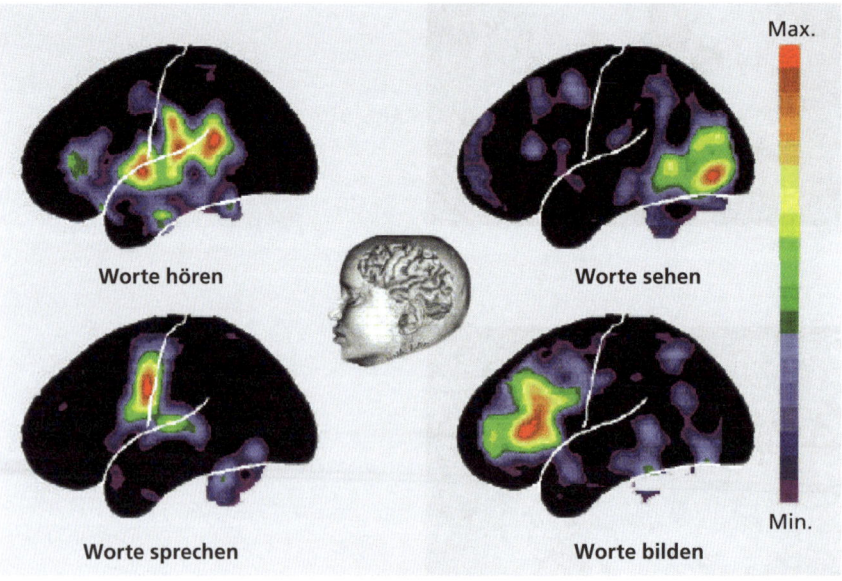

Abb. 9.5: Gehirnareale und ihre vorrangigen Funktionen (nach Beck und Mang 2005, zitiert nach Jansen)

Folgendes theoretisches Erklärungsmodell kann unser Verständnis der Problematik weiter vertiefen:

Modell der zweifachen Zugangswege

Nach diesem Modell stehen dem Leser zwei Zugangsmöglichkeiten zur Verfügung. Der erste Zugang besteht in einer sofortigen Wortidentifikation, wobei über den so genannten orthographischen Kode (»Erkennungsschablone«) im Gehirn ein direkter, d.h. unmittelbarer Kontakt mit einem lexikalischen Eintrag hergestellt wird. Ist der Eintrag ermittelt, weiß der Leser die Aussprache des Wortes. Bei unbekannten Wörtern ist dagegen eine Wortidentifikation nicht möglich, da hier kein lexikalischer Eintrag im Gehirn vorhanden ist. In diesem zweiten Fall erfolgt eine Rekodierung der einzelnen Buchstaben bzw. Buchstabengruppen in eine sprech-/sprachliche »phonologische« Form. Grapheme (Einzelbuchstaben bzw. kleine Buchstabengruppen wie »sch«) werden als Einheiten beim phonologischen Dekodieren und Zusammenfügen verwendet. Nun ist die Aussprache der

Wörter möglich. Diese so genannte phonologische Dekodierung erfolgt vor dem Zugang zum Lexikon. (vgl. Gold 2018, S.19f.).

Fazit: Entweder kann sich der Leser an das Wortbild erinnern, weil er es zuvor schon abgespeichert hat. Ist dies nicht der Fall, muss er sich das Wort Buchstabe für Buchstabe bzw. Laut für Laut zusammenziehend erlesen. Beide Prozesse können gleichzeitig nebeneinander stattfinden.

> Wie bei einer Schwäche im Rechnen das automatisierte arithmetische Faktenwissen fehlt, so fehlt leseschwachen Schülern ein automatisiertes Lexikon an »Sichtwörtern«, die direkt und sofort erkannt und identifiziert werden können. Da das automatisierte Lexikon nicht aufgebaut und es ihnen so auch nicht zur Verfügung steht, müssen sie – wie im Rechnen das zählende Errechnen – beim Lesen das gedehnte, zusammenschleifende Lesen benutzen. Entscheidend ist hier wiederum, in welchem Ausmaß von schulischer Seite das zusammenschleifende Lesen gefordert und eingeübt wird. Wird wie beim Rechnen darauf vertraut, dass über das wiederholte zusammenschleifende Lesen dann (irgendwie) ein automatisiertes Lexikon an Sichtwörtern entsteht oder wird gezielt und systematisch an dessen Aufbau gearbeitet.

Veranschaulichen wir uns weiterhin die Prozesse, die im Arbeitsgedächtnis beim gedehnten, zusammenschleifenden Lesen stattfinden:

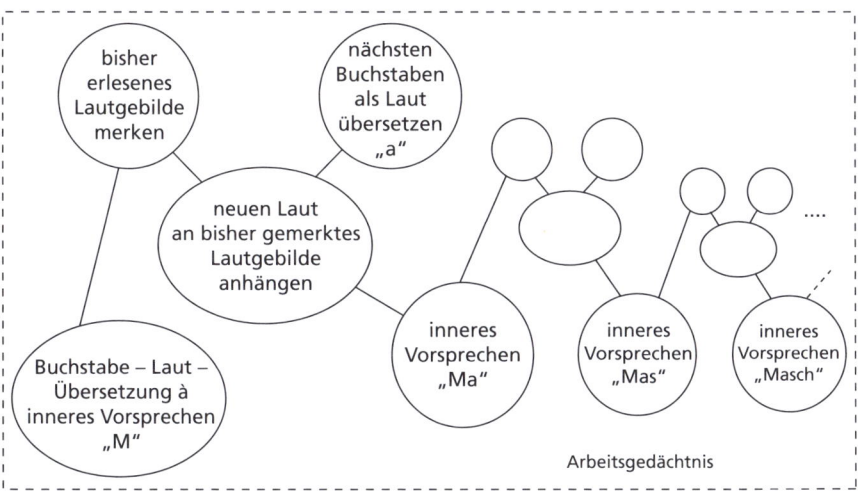

M – Ma – Mas – Masch – ...
Bisher erlesenes Lautgebilde merken + nächsten Buchstaben als Laut identifizieren und an das gemerkte Lautgebilde anhängen

Abb. 9.6: Lautsynthese bzw. Zusammenschleifen am Beispiel des Wortes »Maschine«

Wenn betroffene Schüler ein längeres Wort lautierend erlesen müssen, lässt sich das mit einem Rechner vergleichen, der die Frage: »Wie viel ist 7 x 8?« nicht sofort mit 56 beantworten kann, sondern 8 + 8 + 8 + 8 + 8 + 8 + 8 rechnen muss.

Bei diesem Prozess wird die Kapazität des Arbeitsgedächtnisspeichers häufig überschritten: Der akustische Arbeitsgedächtnisspeicher »tillt« bzw. der Schüler muss den Rest erraten. Erinnern Sie sich an die oben beschriebenen Merkmale, die jetzt vielleicht besser zu verstehen sind:

- zögerndes, stockendes Lesen von Wort zu Wort, aber auch von Buchstabe zu Buchstabe
- Auslassungen von Buchstaben oder Wortteilen (z. B. Fahrten statt Fahrkarten)

Auf jeden Fall führt diese Lesetechnik dazu, dass

a) das Lesen sehr langsam geschieht,
b) es für den Schüler sehr anstrengend ist, er schneller ermüdet und er insgesamt weniger üben dürfte und
c) das Leseverstehen aufgrund der Überlastung des Arbeitsgedächtnisspeichers und des häufigeren »Verlesens« deutlich erschwert ist.

> »Ein im Lesen ungeübter Mensch muss jeden Buchstaben in einen Laut übertragen und daraus mühsam ein Wort konstruieren. Es wird Arbeitsspeicherkapazität gebunden, die für das Sinnverständnis verloren geht. ... Der Leseprozess ist so wenig automatisiert, dass die gesamte Aufmerksamkeit absorbiert wird und für das Stiften von Sinnzusammenhängen nichts übrig bleibt.« (Stern 2003, S. 35)

Exkurs: Netzwerkmodell

Wahrscheinlich sind die Verarbeitungsprozesse im Gehirn noch bedeutend komplexer. Das Netzwerkmodell entspricht am ehesten der aktuellen Forschung über die Arbeitsweise des Gehirnes mit seinen vernetzten Strukturen. Nach diesem Modell wird die Aussprache von Wörtern dadurch möglich, dass der Leser durch tausendfache Übung die Zuordnung von Buchstaben- und Phonemfolgen gelernt hat, ohne dabei explizite Regeln zu benötigen. Die Zuordnungsbeziehung ist jetzt nur noch ein quasi regelhaftes Verhältnis. Natürlich gibt es immer Ausnahmen, so dass die Häufigkeit des Übens eine große Rolle spielt. Wissenschaftler nehmen an, dass die verschiedenen Informationen, die wir über Worte haben, in verschiedenen getrennten Netzwerken gespeichert werden, die über Zugangswege miteinander verbunden sind. Wörter werden möglicherweise in sich überlappende Sequenzen von Buchstaben zerlegt. Ein Wort kann eine große Anzahl an inneren orthographischen Repräsentationseinheiten aktivieren. Das Aktivitätsmuster als komplexes Netzwerkssystem erlaubt dann in seiner Gesamtheit eine sichere Identifikation der Buchstabenfolge eines Wortes. Die innere Repräsentation der orthographischen Struktur von Wörtern und damit das Wissen um ihre Aussprache geschieht also nicht durch Eins-zu-Eins-Regeln, sondern durch so genannte probabilistische Verbindungen. Der Leser lernt, wie bestimmte Buchstabenfolgen (z.B. einzelne Bausteine eines Wortes wie Silben) in Phonemfolgen übersetzt werden.

Die Worterkennung stellt also einen Suchprozess dar. Während dieses Suchprozesses werden unterschiedliche Speicher nach Vertrautem und Bekanntem durchsucht und mit dem Unbekannten in Beziehung gesetzt. Ein Wort, welches nicht als Ganzes erkannt werden kann, wird in handhabbare Einheiten untergliedert. Die segmentierten Einheiten werden dann im Langzeitgedächtnis mit bereits vorhandenen Quasiwörtern, Wortfragmenten oder Merkmalslisten verglichen und auf Bekanntheit überprüft. Der so genannte Resynthetisierungsprozess sorgt für das Zusammenfügen der Segmente zu einer Einheit, welche der Leser in visuelle, phonologische und semantische Kategorien einordnet. Es finden also insgesamt viele Transferprozesse statt, die über eigene individuelle Strategien, die Unbekanntes mit Bekanntem vergleichen, ablaufen.

Ein Beispiel: Wie kann ein Leser das ihm unbekannte Wort »Spaziergang« erlesen?

Vorausgesetzt werden darf, dass der Leser in seinem Wortspeicher, d. h. im Langzeitgedächtnis, schon Wörter oder Wortfragmente abgespeichert hat. Außerdem besitzt er Erfahrungen im Abgleichen von Bekanntem und Unbekanntem. Zunächst setzt im Gehirn des Lesers ein Segmentierungsprozess ein.

Ein sehr geübter Leser wird das Segment »spazier« im Wort »Spaziergang« wiedererkennen, das Wort »gang« wird ihm auch bekannt vorkommen, so dass er nur noch beide Segmente zu einem Ganzen zusammenfügen muss. Der weniger geübte Leser wird vielleicht das kleinere Segment »sp« erkennen, außerdem das »ie«, das »ng« und den Rest des Wortes nur als Einzelbuchstaben identifizieren. Er muss dann die Einzelteile, Laut für Laut, zusammenfügen.

Der Geübte braucht also nur zwei »Bausteine« zu verbinden, während der Ungeübte acht Teilschritte benötigt, um das Wort zu erkennen bzw. zu bilden. Da diese Informationsmenge von acht Teilschritten die Arbeitsspeicherkapazität bei den »ungeübten« und damit schlechteren Lesern deutlich überschreitet, führt dies zu dem häufig zu beobachtenden Erraten bei längeren »unbekannten« Wörtern. In der Konsequenz bedeutet dies, dass es für das Lesen neuer unbekannter Wörter viel einfacher und schneller ist, möglichst viele größere Einheiten in einem Wort, wie z.B. Silben, »auf einen Blick« (Gold 2018, S.18) erkennen zu können und diesen Vorgang automatisiert zu haben

Die Bedeutung der Wiederholung im Leselernprozess

Hasselhorn und Gold (2022, S.130) haben mit folgender Aussage in Bezug auf den Leselernprozess zwar Recht: »Wie beim Erwerb jeder Expertise ist dabei ein hinreichendes Ausmaß an Wiederholung und Übung erforderlich, bis das Dekodieren von Wörtern hinreichend automatisiert vonstattengeht.«

Ergänzt werden muss aber, dass neben der Anzahl der Wiederholungen auch entscheidend ist, was genau wiederholt wird. Wird gedehntes zusammenschleifendes Lesen wiederholt, werden die Schüler besser in dieser Lesestrategie, ohne dass ein guter Teil von ihnen »Sichtwörter« im »orthografischen Lexikon« automatisiert? Deswegen muss das Üben vor allem darauf ausgerichtet sein, letzteres gezielt und systematisch aufzubauen.

Der Teufelskreis Leseschwäche

Ausgestattet mit den oben beschriebenen erschwerenden Voraussetzungen und vielleicht auch noch durch ungünstige Vorgaben von schulischer Seite geraten Kinder sehr schnell in einen Teufelskreis. Dadurch, dass leseschwache Kinder noch sehr lange die serielle Informationsverarbeitung beim Erlesen benutzen, benötigen sie mehr Aufmerksamkeit und größere Arbeitsspeicherkapazität, was sie schnell ermüdet. Durch die Auslastung des Arbeitsgedächtnisses beim gedehnten, d.h. zusammenschleifenden Erlesen verbleiben entsprechend geringere Kapazitäten für die Sinnentnahme des Textes. In Zusammenhang mit häufig ineffizienten oder gar falschen Leselernstrategien verlieren leseschwache Kinder sehr schnell die Lust am Lesen. Sie erleben Lesen als anstrengend und frustrierend: In der Folge lesen sie sodann immer weniger, was – im Vergleich zu anderen Kindern – wiederum zu geringeren Wissensbeständen im »orthografischen Lexikon« führt.

4. Ziele im Leselernprozess

Ziel im Leselernprozess ist das flüssige und verstehende Lesen, was eine Kette von Lernprozessen und viel Zeit benötigt. Grundlegende Teilkompetenzen des flüssigen Lesens sind das Erkennen und Wiedererkennen von Phonemen, das Decodieren von Wörtern, das Erkennen von Wortbedeutungen und das Integrieren von Wörtern zu einem Satz (vgl. Hasselhorn und Gold 2022, S. 130 ff.). Wie beim Rechnen auch gilt es beim Lesen, den Grad der Automatisierung zu erhöhen.

In den ersten Grundschuljahren besteht bei den Schülern das Hauptziel des Leselernprozesses darin, zu einer »größeren Geläufigkeit und Automatisierung beim Lesen« zu gelangen (Klicpera u.a. 2003, S. 138).

Schnelle Leser unterscheiden sich von langsamen dadurch, dass sie größere Einheiten eines Wortes »auf einen Blick« erkennen. Diese stehen dann zum Abgleich eines neuen Wortes mit bereits abgespeicherten Wörtern zur Verfügung. Die schnelle Erfassung von komplizierten Wörtern, wie »Mississippidampfschifffahrtsgesellschaftskapitän« (vgl. Stern 2003) verdanken wir als gute Leser einem hochgradigen Automatisierungsprozess. Wir erkennen aufgrund unserer automatisierten Erkennungsschablonen in dieser sehr langen Buchstabenkette die enthaltenen einzelnen Wörter. Stellen Sie sich den Unterschied vor, wenn ein Kind ein solches

Wort zusammenschleifend erlesen sollte. Es müsste jeden Buchstaben in einen Laut übertragen, Laut für Laut zusammenschleifen und daraus wiederum mühsam und langsam ein Wort konstruieren. Dieser Prozess verbraucht sehr viel selektive Aufmerksamkeit und Arbeitsgedächtniskapazität. In diesem Fall dürfte beides überfordert werden. Sie stehen dann für das Erfassen des Inhalts nicht mehr zur Verfügung.

Welche Teilkompetenzen beinhaltet das sinnerfassende Lesen?

a) Dekodieren von Wörtern
Dieser Prozess meint das Übersetzen von Schriftsymbolketten in Klangstrukturen. Schriftsymbol und Sprachklang müssen also zusammengeführt werden. Hier ist es wichtig, zu Beginn des Leselernprozesses im Blick zu behalten, dass das eigentliche Ziel der Aufbau eines orthografischen Lexikons mit »Sichtwörtern« bzw. mit Erkennungsschablonen ist. Das gedehnte, zusammenschleifende Lesen als Kennzeichen des schlechten Lesers darf dabei nur ein vorübergehendes kurzes Anfangs- bzw. Zwischenstadium sein, in dem das Kind nicht hängen bleiben darf. Von Anfang an sollte das automatisierten ganzheitlichen Erfassen von Wortbausteinen und später von Wörtern angestrebt werden.

b) Rekodieren – Bedeutungsübersetzung der dekodierten Wörter
Ein verstehendes Lesen erfordert die Bedeutungsübersetzung der dekodierten Wörter, also das Erkennen von Wortbedeutungen. Das Erkennen der Wortbedeutung hängt wiederum von dem verfügbaren Wortschatz und vom Weltwissen des Lernenden ab.

c) Integrieren von Wörtern zu einem Satz und das Verstehen dieses Satzes
Nach der Bedeutungserkennung einzelner Wörter müssen diese zu einem Satz integriert werden. Auch der Satz muss inhaltlich verstanden werden.

d) Erschließung komplexer Informationen aus Texten
Voraussetzung zur Erschließung komplexer Informationen aus Texten, insbesondere nach der Grundschulzeit, ist das schnelle automatisierte De- und Rekodieren, um größere Sinnzusammenhänge verstehen und behalten zu können.

Am Anfang des Leselernprozesses steht das De- und Rekodieren im Mittelpunkt. Das folgende Schaubild mag die Komplexität der Verarbeitungsprozesse im Gehirn andeuten.

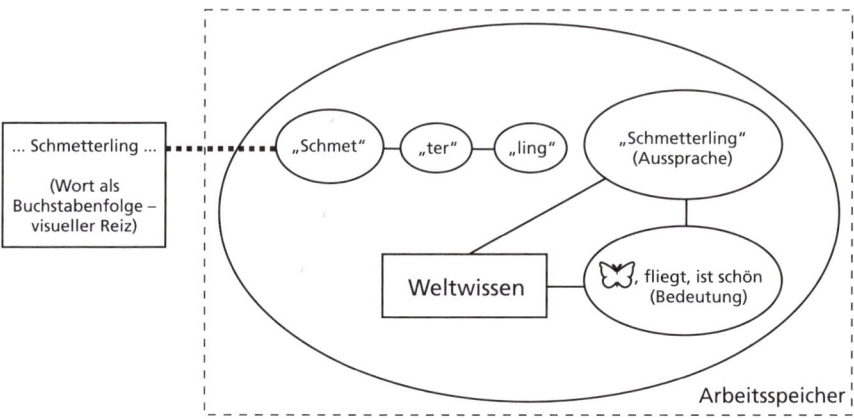

Abb. 9.7: De- und Rekodieren am Beispiel des Wortes »Schmetterling

5. Fördermaßnahmen in der Diskussion

Im Versuch, Schüler im Leselernprozess zu unterstützen, werden unterschiedlichste Fördermaßnahmen benutzt bzw. propagiert. Wir werden auf die Suche gehen und überprüfen, inwieweit sie für den von uns angestrebten Leselernprozess hilfreich bzw. effektiv sind.

a) Training basaler Grundfunktionen

Fördermaßnahmen können danach unterschieden werden, wo sie ansetzen. Bis heute wird immer wieder davon ausgegangen, dass es bei der Lesestörung spezielle Defizite in der Wahrnehmung und in der Verarbeitung auditiver und visueller Informationen gibt. Ein Ansatz in der Förderpädagogik besteht deswegen darin, diese Defizite zu behandeln, allgemeine Wahrnehmungstrainings aber auch Trainings zur besseren Koordination der Wahrnehmungsfunktionen und sogar zur Verbesserung der Motorik durchzuführen und dadurch die vermeintlichen Voraussetzungen für den Erwerb der Schriftsprache zu verbessern.

Schon 2003 fasst Gerd Mannhaupt, Hochschullehrer in Erfurt für Grundschulpädagogik und Kindheitsforschung, Interventionsstudien zur Lese-Rechtschreibförderung dahingehend zusammen, dass »es wenig hilfreich erscheint, gegenstandsferne, allgemeine oder kognitive neurologische Ansatzpunkte für die LRS-Förderung zu wählen. Keine der vorliegenden Studien in denen die allgemeinen Funktionen, aber auch unspezifische motorische Unterstützung das Zentrum der Förderung waren, konnten positive Effekte feststellen. Selbst dann, wenn z.B. die allgemein emotionale Unterstützung hinzukam, führte dies meist nicht zur Verstärkung der Effekte, sondern eher zum Gegenteil. Insofern ist LRS-Förderung, die sich klar auf schriftspezifische Lerninhalte und Lernstrategien ausrichtet, die erfolgversprechendste Vorgehensweise.« (2003, S.102f.).

Nach Klicpera u.a. (2003) sollte Skepsis bei den Therapieangeboten angebracht sein, die als Modeerscheinungen im pädagogisch-therapeutischem Bereich auftauchen und »Abenteuerliches« versprechen. Hierzu zählen die Autoren u.a. kinesiologische Übungsverfahren, Verfahren zur Schulung der akustischen Ordnungsschwelle, das neurolinguistische Programmieren oder die Davis-Methode.

Ise u.a. (2012, S.130) stellten in ihrer Metaanalyse zur »Wirksamkeit deutschsprachiger Förderansätze«, fest, dass die »Effektivität der Funktions- und Wahrnehmungstrainings ... nicht statistisch abgesichert« ist.

Schulte-Körne und Galuschka (2019, S.21) rechnen »auditive, visuelle und audiovisuelle Verarbeitungs- und Wahrnehmungstrainings« den »umstrittenen Fördermaßnahmen« zu: Es gibt »für diese Interventionen keine belegte Wirksamkeit hinsichtlich einer Verbesserung«.

Auch für weitere Förder- und Hilfsmaßnahmen wie »Neuropsychologisches Hemisphärenstimulationstrainings« oder »Irlen-Linsen« und »Prismenbrillen« ist die Wirksamkeit »nicht belegt«. (ebd., S.22)

> Zusammenfassend ist festzuhalten, dass das Training allgemeiner Basisfunktionen bei leseschwachen Kindern nicht zum Ziel führt und damit keinen Sinn macht.

b) Übungsformen zur phonologischen Bewusstheit im Vorschulalter und in der Grundschulzeit

Sehr oft werden im Vorschulbereich und teilweise auch im Grundschulbereich Förderprogramme eingesetzt, die auf eine Verbesserung der phonologischen Bewusstheit abzielen. Deswegen wollen wir uns ausführlicher damit auseinandersetzen.

Bei dem Training der phonologischen Bewusstheit geht es darum, die Fähigkeit zu verbessern, den Lautstrom gesprochener Sprache in Wörter, Silben sowie einzelne Laute zerlegen zu können. Da Risikokinder mit ihren häufigen Schwierigkeiten in der phonologischen Verarbeitung hierbei häufig Misserfolge erleben und aus unserer Sicht auch auf einen falschen Lernweg gebracht werden, ist es wichtig, dass wir uns anschauen, was dabei gemacht wird und welche Bedeutung diesen Programmen für sie zukommt.

Neben dem aufmerksamen Zuhören und dem Erkennen von Wörtern werden hauptsächlich folgende drei Bereiche mit unterschiedlichen Übungsformen trainiert:

Silbengliederung

Grundübung: Das Silbenklatschen
Die Kinder zerlegen Wörter in Silben und klatschen bei jeder Silbe mit: To – ma – te
Aufbaustadium: Erkennen und Abzählen der Anzahl der Silben in einem Wort

Erkennen von Lauten und Klanggleichheiten

Reime
Übungsformen können so z.B. sein: Welche Wörter gehören hier zusammen? Reimt sich das Wort Haus mit Hose oder Maus? Wildes Reimen: Hier darf wild drauf los gereimt werden, die Wörter müssen keine Bedeutung haben: Kuh-Muh-Suh ...

Anfangslaute
Hier geht es um das Erkennen von Wörtern mit gleichem Anfangslaut. Wieder kann gefragt werden: »Welche Wörter gehören hier zusammen?« Igel – Katze – Iltis (Igel und Iltis)

Erkennen von Lauten in einem Wort
In einem Wort lässt sich ein Laut leichter oder schwerer erkennen. Hier bestehen unterschiedliche Schwierigkeitsstufen:

Schwierigkeitsstufen im Hinblick auf die Stellung des Lautes im Wort

a) Am leichtesten ist es für Kinder zumeist, den Anfangslaut zu erkennen: »Was ist der erste Laut von ›Oma‹, ›Apfel‹, ›Sonne‹?«
b) Von der Schwierigkeitsstufe her folgt die Frage nach einem Mittellaut: »Ist ein ›o‹ in Sonne?«, »Ist ein ›i‹ in Sonne?«
c) Die Frage nach dem Schlusslaut ist am schwierigsten: »Ist ein ›e‹ oder ein ›a‹ der letzte Laut in Sonne?«

Schwierigkeitsstufen im Hinblick auf die Art des Lautes

a) Selbstlaute sind für Kinder meist am leichtesten zu erkennen, aber es ist schwer, ähnliche kurze Selbstlaute (o – u, i – e) zu unterscheiden.
b) Bei den Mitlauten lassen sich die dehnbaren wie z.B. m, n, r, s, f, l, z, w und sch meist am leichtesten erkennen.
c) Kurz anklingende Laute wie b, p, d, t, g, k lassen sich am schwersten erkennen.

Laute verbinden

Bei diesen Übungsformen ist zu berücksichtigen, dass deutsche Vorschulkinder im Normalfall zwar Lautfolgen verbinden können, allerdings nur bei Aufgaben, die Silben oder Einheiten beinhalten, die einen Vokal enthalten. Die Phonemsynthese allgemein (d.h. die Verbindung der einzelnen Laute eines Wortes) gelingt ihnen meist jedoch noch nicht.

Was passiert im Alltag?

Kindergärtnerinnen führen z.B. das Förderprogramm »Hören, lauschen, lernen« (Küspert und, Schneider 2018) durch. Dabei stellen sie besonders bei »Risikokindern« häufig fest, dass das Kind aufgrund von Problemen im Bereich der phonologischen Verarbeitung und der Aufmerksamkeit und auch aufgrund eines möglicherweise kleineren und störanfälligeren akustischen Arbeitsgedächtnisses die Anforderungen des Programms nicht erfüllen kann. In einem Elterngespräch wird dies dann problematisiert mit der Konsequenz, dass die Eltern stark verunsichert sind. Noch schlimmer sind aber die Auswirkungen bei den Kindern. Neben der Erfahrung, dass andere Kindergartenkinder besser sind als sie selbst, erleben sie negative Rückmeldungen der Erwachsenen in Bezug auf ihre Lernleistungen. Die bei den betroffenen Kindern anstehende Einschulung kann dann schon negativ emotional besetzt werden.

Wenn ihr Kind bei diesem Förderprogramm mitkommt und keine Auffälligkeiten zeigt, ist alles gut. Zeigt es dagegen Auffälligkeiten, lassen Sie sich nicht beunruhigen. Da diese Förderprogramme einseitig propagiert werden und den Kindergärtnerinnen nur die Förderprogramme, aber nicht die wissenschaftliche Basis beigebracht werden, können sie auch nicht einschätzen, wie relevant diese für den späteren Lernprozess im Lesen und Rechtschreiben sind.

Leistungen im Bereich der phonologischen Bewusstheit stehen zwar *im Durchschnitt* in signifikanter Relation mit der späteren Lese- und Rechtschreibleistung, aber das Ausmaß ist nicht sehr hoch: Damit kann, wenn überhaupt, nur ein geringer Anteil der späteren Lesefertigkeit erklärt werden:

»Insgesamt sind aus dem deutschsprachigen Raum die Ergebnisse von Evaluationsstudien zur Effektivität einer Förderung der phonologischen Bewusstheit widersprüchlich. Übereinstimmend wurden kurzfristige Verbesserungen der unmittelbar trainierten Fähigkeiten beobachtet. Positive Effekte auf den Schriftspracherwerb wurden nur in einigen Studien gefunden und dies insbesondere bei unauffällig entwickelten Kindern. Kinder mit Sprachentwicklungsstörungen, die ein hohes LRS-Risiko tragen, scheinen kaum von einer derartigen Förderung zu profitieren.« (Suchodoletz 2010, S. 119 f.)

Befunde aus der Schriftspracherwerbsforschung weisen sogar darauf hin, dass die Bedeutung des Konstrukts der phonologischen Bewusstheit als wichtige Vorläuferfertigkeit mit Vorhersagekraft für den Verlauf des Schriftspracherwerbs generell überschätzt wird und auch noch zahlreiche andere Faktoren eine Rolle spielen, wie z. B. besonders die Art und Weise des Lesen- und Schreibenlernens (vgl. Walter 2002, Rothe 2007, Rackwitz 2009, Valtin 2010, Blaser u. a. 2010).

Kindergärtnerinnen sind vertraut mit dem Grundprogramm »Hören, lauschen, lernen«. Sie kennen zumeist aber nicht das zusätzlich entwickelte Förderprogramm »Hören, lauschen, lernen 2« (Plume und Schneider 2004). In letzterem erkennen die Entwickler, dass die »reine« phonologische Bewusstheit »besonders bei schwachen Vorschulkindern« nicht ausreicht und ein »Buchstaben-Laut-Training« für diese »effektiv« ist. Deswegen werden im *Hören, lauschen, lernen 2* die »häufigsten« Buchstaben A – E – M – I – O – R – U – S – L – B – T – N gelernt. Damit nähert sich dieses ursprünglich aus dem Bereich des Trainings der phonologischen Bewusstheit stammende Programm Förderprogrammen an, die direkt beim Leseprozess ansetzen und wie z. B. das von Naegele und Valtin (2007) herausgegebene Programm »Das schaffe ich« im Vorschulbereich die Kinder die »leichtesten« Buchstaben A – E – F – I – L – M – N – O – R – S – U – W erlernen lassen.

Ziel beider Vorgehensweisen ist es, den Kindern das *Zuordnungsprinzip Buchstabe-Laut* zu verdeutlichen und somit beziehen sie sich dabei auf den eigentlichen Lernbereich beim Lesen.

> **Auszüge aus »Hören, lauschen, lernen 2«, die meist nicht bekannte Ergänzung zu »Hören, lauschen, lernen«:**
>
> »Das Prinzip der **Buchstaben-Laut-Zuordnung** bildet die Grundlage unseres alphabetischen Systems und ist somit eine wesentliche Voraussetzung für den Schriftspracherwerb. Viele Forschungsarbeiten haben gezeigt, dass Kinder, die gegen Ende des Kindergartenalters und zu Beginn der Schulzeit kaum Buchstaben kennen, später überzufällig oft Schwierigkeiten beim Lesen- und Schreibenlernen erfahren. …
>
> Vorschulkinder mit Defiziten im Bereich der phonologischen Bewusstheit profitieren nachweislich besonders gut von einer *kombinierten Förderung*, die sowohl die phonologische Bewusstheit als auch die Buchstaben-Lautkenntnis trainiert. Sie geraten dann weitaus weniger in Gefahr, später Lese-Rechtschreibprobleme in der Schule zu entwickeln …
>
> Am besten vorbereitet waren diejenigen **Risikokinder**, die im Kindergarten an der kombinierten Förderung teilgenommen hatten, die also sowohl hinsichtlich der phonologischen Bewusstheit als auch der Buchstaben-Lautkenntnis gefördert worden waren. Die optimale Vorbereitung auf den Schriftspracherwerb erfordert demnach zum einen eine Verbesserung der phonologischen Bewusstheit und zum anderen die Kenntnis der Buchstaben-Laut-Zuordnung. Besonders schwache Kinder profitieren enorm von einer expliziten Einführung in das Prinzip der Verknüpfung von Lauten und den dazugehörigen Buchstaben, da sie meist große Schwierigkeiten haben, diese Entwicklungsstufe selbstständig zu erreichen. Nicht selten beginnen Lese-Rechtschreibdefizite bereits mit Problemen beim Erlernen der Buchstaben.
>
> Das Buchstaben-Laut-Training ist eine sinnvolle und effektive Ergänzung der Förderung der phonologischen Bewusstheit, wie sie mit ›Hören, lauschen, lernen‹ von Küspert und Schneider (2003[4]) trainiert wird. ›Hören, lauschen, lernen 2‹ eignet sich für den Vorschulbereich und für den anfänglichen Lese-Rechtschreibunterricht. Die Förderung sollte insbesondere schwachen Schülern zugute kommen, die Schwierigkeiten haben, sich die Buchstaben und Laute einzuprägen. Die **systematische Einübung der Verknüpfung von Buchstaben und Lauten** bildet eine wichtige Grundlage, um weitere Fördermaßnahmen im Lesen und Rechtschreiben anzuschließen.« (Plume, Schneider, 2004, S. 4 ff.)

Es scheint also so zu sein, dass obwohl es sehr häufig propagiert wird, phonologische Trainings im Vorschulalter nicht in großem Umfang auf den Leselernprozess vorbereiten und besonders Risikokinder kaum davon profitieren. Für sie scheint das Training des Verarbeitungsweges beim eigentlichen Leseprozess, Hinschauen und Buchstaben sofort zu identifizieren und auszusprechen, hilfreicher zu sein. Wir bedauern, dass dieser Ansatz nicht weiterverfolgt worden ist und zusätzlich zu den Buchstaben erste einfach zu lesende Silben mit einbezogen worden sind. Diese Silben könnten aus dehnbaren Mitlauten wie m, s, oder l und einem Selbstlaut gebildet werden. Damit könnte bestimmten Kindern, die am Anfang nur langsam lesen lernen, eine gezielte und gehirngerechte Vorbereitung vermittelt werden da sie als Leseanfänger oft schon Probleme damit haben, Buchstabenverbindungen in Lautverbindungen zu übersetzen, also zwei Laute rasch und sicher zusammenzuziehen. Sie würden von Anfang an trainieren, diese wenigen und einfachen Silben auf einen Blick zu erkennen.

Schulte-Körne und Galuschka (2019, S.14) führen in diesem Kontext an, dass »die phonologische Bewusstheit vor allem für das lautierende Lesen von Bedeutung« ist, also für die Lesestrategie, in der die Kinder mit Leseschwächen »hängen bleiben«.

> **Bedenkenswertes zu Förderprogrammen zur phonologischen Bewusstheit als Vorbereitung des Lesens im Vorschulalter**
>
> - Lautliche Analyse/Phonemanalyse beim Phonologietraining und die »Übersetzung« von Graphemen in Laute und deren Synthese beim Lesen sind grundsätzlich unterschiedliche Prozesse und finden auch in unterschiedlichen Arealen des Gehirns statt.
> - Misserfolgserlebnisse bei den Risikokindern vermindern deren Lernmotivation. Ängste/Befürchtungen bei den Eltern verunsichern die Kinder.
> - Gehirnscans belegen, dass bei der Verarbeitung von gesprochenen Wörtern die wichtigsten Gehirnbereiche beim Lesen, besonders das »visuelle Wortformareal«, nicht aktiviert werden (vgl. z. B. Abb. 2.3, 2.14 und 2.15 ohne Seitenangabe im Anhang von Dehaene 2010). Weitere Studien (z. B. Paulesu u. a. 2001) belegen zudem die überragende Bedeutung besonders dieses Bereichs bei guten Lesern, der bei den Trainings zur phonologischen Bewusstheit überhaupt nicht aktiviert wird. Ein isoliertes Training der phonologischen Bewusstheit ist damit nicht notwendig, es kann sogar Kinder im Leselernprozess in erheblichem Maße behindern.
> - Eine Förderung sollte direkt im Bereich des Schriftspracherwerbs ansetzen. Eine gezielte Vermittlung (schrift-)spezifischer Vorkenntnisse scheint aus unserer Sicht besonders auch bei Risikokindern deutlich effektiver als das Training der phonologischen Bewusstheit ohne direkten Bezug zu schriftsprachlichen Gegenständen zu sein.

Für die Grundschule ist die Frage wichtig: In welchem Ausmaße kann ein phonologisches Training die Schüler im Leselernprozess unterstützen?

Eine Metaanalyse zur Wirksamkeit deutschsprachiger Förderansätze von Ise, Engel und Schulte-Körne (2012) belegt, dass ab dem ersten Schuljahr Phonologietrainings nicht die Leseleistung der Kinder verbessern: »Die Wirksamkeit von Phonologietrainings konnte hingegen nicht bestätigt werden. ... So zeigen Trainingsstudien, dass Erstklässler, die zusätzlich zum regulären Erstleseunterricht ein Phonologietraining erhalten, sich hinsichtlich der Lese-Rechtschreibleistungen nicht unterscheiden von Kindern, die ausschließlich am regulären Unterrichtsprogramm teilnehmen.« (Ise u. a. 2012, S. 132)

In der »Subgruppen-Analyse für den Bereich Lesen« in dieser Metaanalyse (Ise u.a. 2012, S.133) wird zusätzlich folgender Sachverhalt aufgezeigt: Bei der »Trainingsmethode Phonologietraining« reicht bei einem mittleren Wert von −0,01 die Bandbreite in der Effektstärke in den Einzelwerten von −0,63 (deutliche Verschlechterung) bis hin zu +0,61 (deutliche Verbesserung) (vgl. ebd.). Zum Vergleich liegt bei einem Durchschnittswert von +0,64 bei der »Trainingsmethode Lesetraining« die Bandbreite zwischen +0,32 und +0,96 – also durchgängig im positiven Bereich. (vgl. ebd.). Bei einem Durchschnittswert von −0,01 und der sehr großen Bandbreite der Effektstärken beim Phonologietraining muss es rein rechnerisch eine Subgruppe an Schülern geben, deren Leseleistungen bei dieser Fördermethode deutlich verschlechtert werden. Aus unserer Sicht liegt es nahe, dass es wahrscheinlich die Gruppe der schlechten Leser sein könnte, die (empirisch nachgewiesen) neben den Problemen beim Erlernen des Lesens häufig auch Probleme im Bereich der phonologischen Verarbeitung aufweisen.

> Für die Autoren ist es schwer nachzuvollziehen, in welchem Ausmaß solche phonologischen Trainings eingesetzt und propagiert werden.
> Das Zerlegen von Klanggebilden und »Auf einen Blick«-Erkennen von Bausteinen eines geschriebenen Wortes sind äußerst unterschiedliche Gehirntätigkeiten, die in unterschiedlichen Gehirnarealen stattfinden (s. o.).
> Betrachten wir diese Fördermethode unter neurowissenschaftlichen Aspekten, dann muss man feststellen, dass dabei in Gehirnarealen trainiert wird, in denen schlechte im Gegensatz zu den guten Lesern beim Lesen vermehrte Aktivitäten aufweisen. Die Bereiche im Gehirn, die charakteristisch sind für gute Leser, werden durch diese Fördermethode jedoch nicht angesprochen bzw. aktiviert. Wenn überhaupt ein positiver Effekt zu erwarten ist, dann bei der Lesestrategie der schlechten Leser, dem gedehnten, zusammenschleifenden Lesen. Zudem gibt es Hinweise, dass durch ein Phonologietraining der Leselernprozess bei einer größeren Subgruppe von Schülern negativ beeinflusst werden könnte.

c) Kritisch zu bewertende Hilfsmittel und Strategien im Erstleseunterricht

Der Erstleseunterricht in der Grundschule baut in vielen Bundesländern leider noch zusätzliche Hürden für Kinder auf, die ungünstige Voraussetzungen für das Lesenlernen mitbringen. Hierzu zählt z.B. die sog. Anlauttabelle, mit deren Hilfe die Kinder inhaltliche Verknüpfungen wie z.B. »a« wie »Affe«, »b« wie »Bär«, »e« wie »Elefant« oder »p« wie »Papagei« lernen sollen.

Die häufig eingesetzte Anlauttabelle kommt unseres Erachtens bei diesen Kindern einem pädagogischen Kunstfehler gleich. Es handelt sich um eine »Merkhilfe«, die die Automatisierung behindert und verlangsamt sowie das phonologische Arbeitsgedächtnis systematisch überlastet. Das Schaubild zeigt, welche komplizierten Umwege im Gehirn des Kindes stattfinden müssen, um ein Wort zu erlesen.

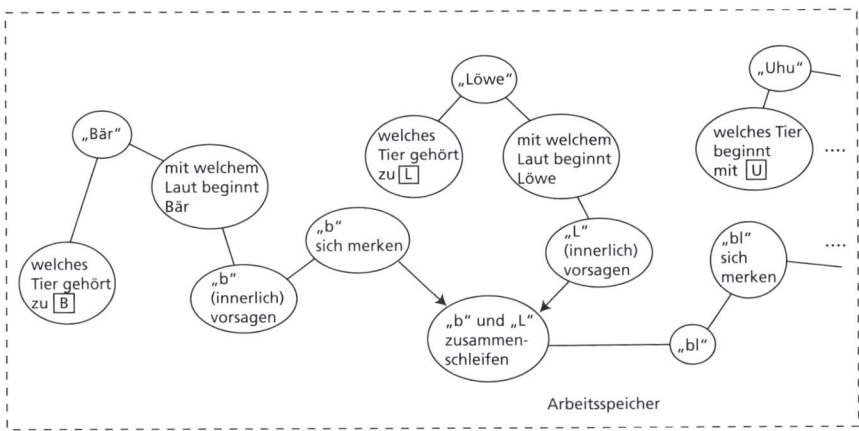

Abb. 9.8: Erlesen des Wortes »Blume« mit *Hilfe* der Anlauttabelle – komplizierter Umweg führt zur Überlastung der Kapazität des Arbeitsgedächtnisses

Auch die Methode des sog. »Buchstabenaufbauens« über verschiedene Sinne, die häufig in der Grundschule, aber auch in der Ergotherapie praktiziert wird, führt unserer Erfahrung nach nicht zu einer Verbesserung des Leselernprozesses. Buchstaben kneten, ertasten, malen, erfühlen etc. bedeutet, jedes Mal unterschiedliche Verknüpfungen zwischen der graphischen Gestalt eines Buchstabens, einer Vielzahl unterschiedlichster Sinneserfahrungen und letztlich auch dem Laut herzustellen. Stellen Sie sich nur einmal vor, welch unterschiedliche Inhalte sich im Arbeitsgedächtnis tummeln, wie diese zu seiner Überlastung führen und was dadurch letztlich überhaupt abgespeichert werden kann. Ein Buchstabe bzw. eine Buchstabengruppierung als graphische Gestalt sollte von Anfang an stattdessen nur mit einem Laut verknüpft werden und dies in immer gleicher Weise.

Auch für die Effektivität von Handzeichen bzw. von Lautgebärden als Hilfen für das Behalten der Buchstabenlautzuordnung im Leseunterricht gibt es keine empirischen Belege (vgl. Klicpera u.a. 2003, S.91). Auch sie dürften den Arbeitsgedächtnisspeicher unserer Kinder in der Regel nur unnötig belasten. Gerade im Förderbereich wird diese Methode zwar gerne und häufig eingesetzt, dennoch dürfte sie – wenn überhaupt – nur für ein kleine Subgruppe von Kindern tatsächlich hilfreich sein.

Silbenbogen, wie sie im Unterricht oft als (vermeintliche) Lesehilfe angeboten werden, sind unseres Erachtens ebenfalls nicht hilfreich, da sie zusätzliche visuelle Ablenkungen von dem eigentlichen Wortbild bzw. dem Wortbaustein darstellen.

In der Schule häufig eingesetzte »Merkhilfen« wie die Anlauttabelle, Handzeichen und Lautgebärden oder auch das Prinzip »Buchstaben mit allen Sinnen lernen« bedeuten für Kinder keine Hilfe, sondern nur eine zusätzliche und un-

> nötige Belastung des Arbeitsgedächtnisses. Sie erschweren dadurch den Automatisierungsprozess und damit das Lesenlernen.

Nachdem wir Fördermethoden analysiert haben, die sehr wahrscheinlich für unsere Kinder nicht besonders hilfreich sind bzw. die ihnen sogar schaden können, wollen wir uns den Methoden zuwenden, die in empirisch nachgewiesen positive Effekte erzielen.

6. Hilfreiches für leseschwache Schüler

Wie kann man sie im Leselernprozess am besten unterstützen?

Eine einfache Grundregel lautet: Man trainiert das, was man trainiert. Wenn man Lesen trainieren und verbessern will, muss man das Lesen trainieren und nicht irgendetwas anderes.

So weisen auch in der »Metaanalyse zur Wirksamkeit deutschsprachiger Förderansätze« die Lesetrainings, obwohl sie unterschiedlich konzipiert waren, die höchste Effektstärke auf. Bei ihnen liegt die mittlere Effektstärke bei +0,64. In der »Subgruppenanalyse« liegt die die Bandbreite zwischen +0,32 und +0,96 – also durchgängig im positiven Bereich (vgl. Ise u.a. 2012, S.133).

Passende Struktur, Geschwindigkeit des Leselernprozesses und Umfang und Intensität des Übens

Ein erfolgreicher Ersthalt Erstleseunterricht zeichnet sich durch seine klare Struktur und seinen konsistenten Aufbau aus. Die Geschwindigkeit des Leselernprozesses sollte dabei nicht zu hoch sein, wie z.B. Schabmann in einer Studie belegt: »Der Anteil von Schülern mit sehr schwachen Leistungen liegt in den Klassen mit *schneller* Vorgangsweise bei über 31 %, bei Klassen mit *langsamerem* Vorgehen bei etwa 10 %.« (2007, S.69) Auch das zeitliche *Ausmaß* der Leseaktivitäten ist im Rahmen des Erstleseunterrichts zu beachten: Nicht nur in der Schule, sondern auch zu Hause sollte das Lesen regelmäßig geübt und dadurch automatisiert werden. Schabmann (2007) z.B. stellte fest, dass in Klassen, deren Schüler daheim wenig übten, der Anteil von sehr schwachen Lesern mit 47 % deutlich erhöht war (ebd.).

Aber nicht nur im Erstleseunterricht, sondern auch bei der gezielten Förderung ist die Dauer und der Umfang des Übens ein entscheidender Faktor:
»Die mittlere ES (Effektstärke) von Studien, in denen die Förderung mehr als 20 Wochen umfasste ..., ist fast doppelt so hoch wie die ES der Studien mit kürzerer Förderdauer ... Ein ähnliches Bild zeigt sich in Bezug auf den Umfang der Förde-

rung. Mit steigendem Umfang der Förderung zeigt sich eine deutliche Zunahme der Effektivität.« (Ise u.a. 2012, S.130)

Inhalte der Leseförderung

Was genau sollen leseschwache Schüler üben, um eine bestmögliche Verbesserung zu erreichen?
Um diese Frage zu beantworten, müssen wir uns daran erinnern, wie das Gehirn bei guten Lesern arbeitet. Gute Leser benutzen vor allem das visuelle Wortformareal, in dem durch sehr viele Wiederholungsdurchgänge ein »orthograhisches Lexikon« mit »Sichtwörtern« (Gold 2018, S.18) bzw. von Erkennungsschablonen für Wörter aufgebaut worden ist. Die Frage ist also, wie kann man bei unseren Kindern dieses Lexikon am effektivsten aufbauen. Zwar liegt das Training mit der Ganzwortmethode nahe. Es hat sich aber empirisch gezeigt, dass dies wenig hilfreich ist.

Viel effektiver dagegen ist es, systematisch Bausteine von Wörtern wie z.B. Silben zu »verautomatisieren«. Schulte-Körne und Galuschka (2019) stellen so auch unter der Überschrift »Evidenzbasierte Förderansätze« d.h. Förderansätze, die bei empirischen Überprüfungen nachgewiesen haben, dass sie wirksam sind, Folgendes fest:

»Die Leseflüssigkeit und Lesegeschwindigkeit kann durch Aufgaben verbessert werden, in welchen Wörter in kleinere sprachliche Einheiten (Silben, Morpheme) untergliedert, Wortteile … wiederholt erlesen oder zu Wörtern zusammengefügt und zusammenhängend gelesen werden müssen. Teilweise werden auch Graphemfolgen, die eine hohe Vorkommenshäufigkeit in Wörtern aufweisen und schwierig zu erlesende … Konsonantenverbindungen enthalten als Übungsmaterial verwendet. Dies kann das automatische Erkennen größerer Wortteile als Ganzes verbessern. Durch die Anwendung sub-lexikaler Einheiten an Stelle von ganzen Wörtern soll ein Transfereffekt und eine Generalisierung erwirkt werden, was zu einer allgemeinen Steigerung der Lesegeschwindigkeit führen kann.« (S.100f.)

Hilfreiche Fördermethoden streben also als vorrangiges Ziel an, immer größere Wortteile »auf einen Blick« zu erkennen. So entlastet z.B. Silben auf einen Blick zu erkennen und zu identifizieren, den oft begrenzten und störanfälligen Arbeitsgedächtnisspeicher unserer Kinder. Die beiden folgenden Schaubilder sollen den Unterschied in der Belastung des Arbeitsgedächtnisses beim zusammenschleifenden Lesen und beim Silbenlesen verdeutlichen.

Lesen Lernen – Hilfreiche Strategien für den Leselernprozess

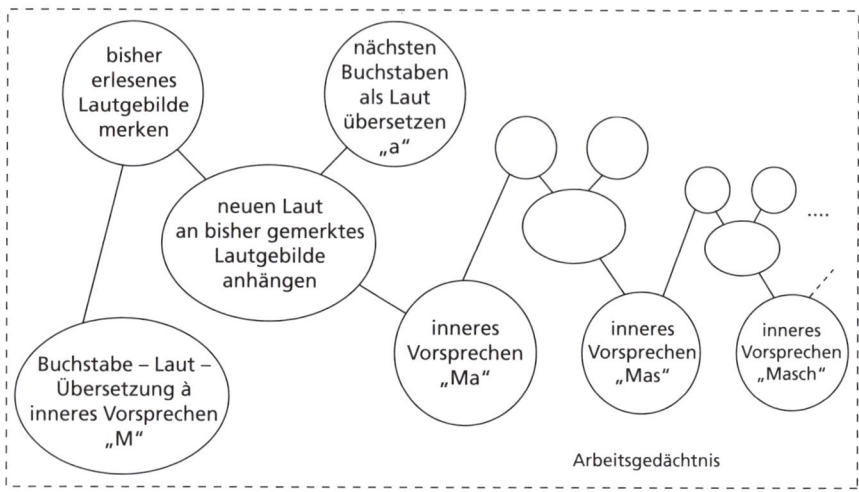

M – Ma – Mas – Masch – ...
Bisher erlesenes Lautgebilde merken + nächsten Buchstaben als Laut identifizieren und an das gemerkte Lautgebilde anhängen

Abb. 9.9: Lautsynthese bzw. Zusammenschleifen am Beispiel des Wortes »Maschine«

Wird die zu erlesende Buchstabe-Laut-Kombination jedoch mühselig identifiziert und dann gemerkt, zum nächsten Buchstaben übergegangen und dieser wiederum als Laut identifiziert und an das gemerkte »Lautgebilde« angehängt etc., dann wird das phonologische Arbeitsgedächtnis von Grundschulkindern chronisch überlastet.

Günstiger erscheint es also, größere Wortteile, z.B. Silben, auf einen Blick zu erfassen und dann zusammenzufügen. Das »Erkennen« der Silben auf einen Blick ist deswegen ein wichtiger Schritt auf dem Weg zum automatisierten Lesen.

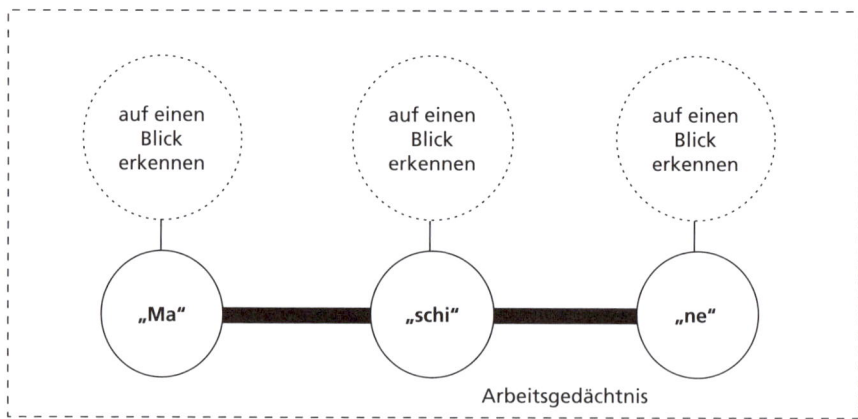

Abb. 9.10: Erkennen der Silben auf einen Blick am Beispiel des Wortes »Maschine«

7. Der Leselernprozess – ein Grundprogramm

Der Lernprozess beginnt vorrangig auf der sogenannten alphabetischen Entwicklungsstufe (Frith 1985). Buchstabe-Laut-Zuordnungen, d.h. Graphem-Phonem-Zuordnungen, müssen geübt werden. *Wichtig ist es jedoch, möglichst schnell zu größeren Einheiten, also den Silben quasi als Grundbausteinen, überzugehen.*

Sollte Ihr Kind relativ schnell nach der Einschulung Probleme beim Lesenlernen zeigen und Sie stellen fest, dass der Leseunterricht nicht darauf abzielt, systematisch größere Einheiten im Wort »auf einen Blick« zu erkennen, können Sie auf die unten dargestellte schrittweise Vorgehensweise für einen effektiven Leselernprozess zurückgreifen.

Meist ist es jedoch so, dass Sie erst im weiteren Verlauf der 1. Klasse oder sogar noch später auf Leseprobleme bei Ihrem Kind aufmerksam werden. Sie bemerken, dass Ihr Kind dann immer noch langsam Buchstabe für Buchstabe, Laut für Laut zusammenschleift bzw. »gedehnt« und langsam liest. Spätestens jetzt sollten Sie damit beginnen, die speziellen Automatisierungslücken anhand der dargestellten Systematik zu ermitteln, um dann gezielt auf dieser Stufe zu üben. Sie wissen, Ziel dieser wiederholten Übungen ist es immer, Automatisierungen und damit deutliche Erleichterungen im Leseprozess zu erreichen.

Der Leselernprozess sollte einer gut strukturierten Systematik folgen. Wie ein solcher systematischer Aufbau aussehen könnte, soll im Folgenden exemplarisch dargestellt werden.

a) Erster Schritt: Selbstlaute automatisieren

Die Buchstabe-Laut-Zuordnung (▶ Abb. 9.11) soll direkt und intensiv eingeübt werden. Bewährt hat sich hierfür die **Kärtchenmethode**. Beschriften Sie die Kärtchen, wie im Schaubild dargestellt, mit großen und kleinen Druckbuchstaben und lassen Sie Ihr Kind den entsprechenden Buchstaben benennen bzw. lautieren.

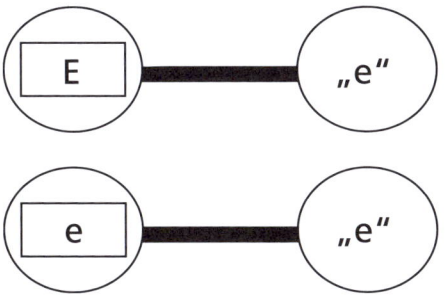

Abb. 9.11: Kärtchen mit Selbstlauten »erlesen«

b) Zweiter Schritt: Silben erlesen (Mitlaut-Selbstlaut-Kombinationen)

Auf dieser Stufe sollte mit den »leichtesten« Mitlauten, den dehnbaren Mitlauten wie z.B. »m«, »n«, »r«, »s«, »f«, »l«, »z« und »w« begonnen werden. Nachdem die Mitlaute (kurz) eingeführt worden sind, werden möglichst schnell Selbstlaute an die Mitlaute gehängt. Das Kind soll sie sofort zusammenschleifen und automatisieren, d.h. diese ersten kleinen Silben auf einen Blick durch häufiges Wiederholen »erlesen« lernen.

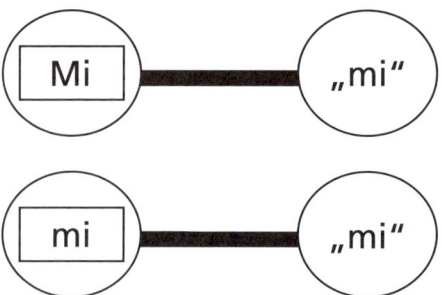

Abb. 9.12: Silben »erlesen«

Im Anschluss daran folgen die kurz anklingenden Mitlaute wie »b«, »p«, »d«, »t«, »g«, »k«. Die Groß- und Kleinschreibung der Mitlaute sollte gleichzeitig geübt werden.

In Kapitel 5 haben wir darauf hingewiesen, wie wichtig für Ihr Kind der erste Übungstag zur Festigung der entsprechenden Neuronenverbindungen ist. Sie sollten als Lehrer in der Schule und als Eltern zu Hause also *anfangs* höchstens zwei bis drei Silben pro Tag neu einüben. Diese sollten dafür jedoch häufig, d.h. *mehrmals* an einem Tag und auch über die Tage hinweg *regelmäßig* eingeübt werden. Wichtig ist immer, dass Ihr Kind die Kopplung von Mitlaut und Selbstlaut sicher beherrscht. Sie wissen ja, das Motto lautet: »Ja nicht anstrengen – hinschauen – erkennen«. Später können Sie die Anzahl der neuen Silben dem Lernvermögen Ihres Kindes entsprechend steigern.

Übungsmöglichkeiten:

Übung 1: Sie legen die Kärtchen mit den unterschiedlichen Silben auf den Boden und fordern Ihr Kind auf: »Gib mir das »me«, »gib mir das »mo«, »gib mir das »mu« etc. – Ihr Kind zeigt auf das jeweilige Kärtchen.

Übung 2: Sie fordern Ihr Kind auf, »lies, was ich dir zeige« und deuten auf die einzelnen Silbenkärtchen. Ihr Kind liest »mo«, »me«, »mi« etc.

Übung 3: Silbenteppich. Ihr Kind liest Arbeitsblätter mit verschiedenen Silben vor.

Übung 4: Silbenschieber (vgl. S. 201 ff.)

c) Dritter Schritt: Automatisieren häufiger Endsilben

Zunächst wiederholen Sie alle Silben aus dem zweiten Lernschritt, die aus einem Mitlaut und »e« bestehen: »me«, »ne«, »re«, »se«, »fe«, »le« … »te«. Hiermit haben Sie schon erste Endsilben automatisiert.

Diese Endsilben kann man nun mit den weiteren im zweiten Lernschritt gelernten Silben verbinden. Ihr Kind kann damit schon ganze Wörter lesen, wie z.B. »Nase«, »Rose«, »male«. Diese können Sie mit Hilfe von Kärtchen zusammenstellen oder über schwarz-grau-Formatierungen am Computer gestalten, um die Silben kenntlich zu machen. Darauf aufbauend kann als nächster Schritt eingeübt werden, Endsilben, die aus drei Buchstaben bestehen wie z.B. »men«, »nen«, »ren«, »sen«, »fen«, »len«, »gen« … »ten« einzuüben.

Abb. 9.13: Wörter als Verbindung von Silben

Gelingt es Kindern, ganze sinnhafte Wörter zu erlesen, erfahren sie in aller Regel im Leselernprozess einen starken Motivationsschub. Um Ihren Kindern weitere Erfolgserlebnisse zu ermöglichen, können Sie nun aus der ersten Silbe und den neu gelernten Endsilben Wörter bilden: »malen«, »legen«, »sehen«, »gehen«, »raten«, »nagen«, »fegen«, »Rosen«, »Rasen« …

Zusätzlich können Sie einzelne Wörter wie z.B. Eigennamen oder Füllwörter einüben, um erste Sätze zum Lesen erstellen zu können.

d) Vierter Schritt: »Längere« Silben erlesen (Mitlaut-Selbstlaut-Mitlaut-Kombinationen)

In einem vierten Schritt werden Mitlaut-Selbstlaut-Mitlaut-Kombinationen gelernt: »mer«, »mar«, »mor«… »las«, »lan«, »lam«, »lap«, »lat«.

Damit werden Ihre Kinder in der Lage sein, Wörter zu bilden und erste kleinere Texte zu erlesen.

e) Fünfter Schritt: Um- bzw. Doppellaute

Nun werden die Um- bzw. Doppellaute »ä«, »ö«, »ü«, »ei«, »ie«, »au«, »eu«, »äu« systematisch eingeführt und anschließend als Silben mit vorangestellten Mitlauten gebildet: »mä«, »mö«, »mü«, »mei«, »mie«, »mau«, »meu«, »mäu«.

Auch jetzt können Sie zu Hause oder in der Schule wieder Wörter aus einer solchen ersten Silbe und den bereits eingeführten Endsilben bilden.

f) Sechster Schritt: Selbstlaut-Mitlaut-Kombinationen

In einem nächsten Schritt sind Selbstlaut-Mitlaut-Kombinationen einzuführen, die Ihre Kinder zusammenschleifen und automatisieren sollten: »am«, »im«, »em«, »um«, »om«.

g) Siebter Schritt: »Längere« Silben mit zwei und mehr Mitlauten am Anfang erlesen (mehrere Mitlaut-Selbstlaut-Kombinationen)

Jetzt ist der Zeitpunkt für Ihr Kind gekommen, mehrere Mitlaute und einen Selbstlaut zu kombinieren. Das damit verbundene Lernziel besteht darin, schwierige Mitlautkombinationen und einen Selbstlaut auf einen Blick erlesen zu können:

- ausgewählte Mitlaute (»f«, »b«, »p«, »d«, »t«, »k«) mit »r« und Selbstlaut, Um- bzw. Doppellaut: »fra«, »fre«, »fri«, »fro«, »fru«, »freu«, »fru«, »frau«, »frie« etc.
- ausgewählte Mitlaute (f«, »b«, »p«, »b«, »k«) mit »l« und Selbstlaut, Um- bzw. Doppellaut: »fla«, »fle«, »fli«, »flo«, »flu«, »flei«, »flie« etc.
- »sch«, »schr«, »schl« und Selbstlaut, Um- bzw. Doppellaut, z.B.: »schla«, »schle«, »schli«, »schlo«, »schlu«, »schlau«, »schleu«, »schlie«, »schlei«
- »sp«, »spr« und Selbstlaut, Um- bzw. Doppellaut, z.B.: »spra«, »spre«, »spri«, »spro«, »spru«, »sprei«, »sprie«

> Wichtig ist es, dass Sie als Eltern bzw. Lehrer das Leselern- und Förderprogramm als Grundprogramm mit einer konsistenten, aufeinander aufbauenden Struktur verstehen. Dessen übergeordnetes Lernziel besteht dabei darin, Ihrem Kind zu ermöglichen, systematisch eingeübte, größere Wortteile immer schneller *»auf einen Blick«* zu erkennen. Ihr Kind soll *nicht* der Fehlstrategie verhaftet bleiben, mühsam Buchstabe für Buchstabe in Laute zu übertragen und daraus wiederum mühevoll und langsam ein Wort zu konstruieren.

Kinder mit Leseschwäche zeigen Schwierigkeiten, phonologische bzw. verbale Informationen in ihrem Arbeitsgedächtnis, das eine verminderte Kapazität aufweist, zu verarbeiten. Bei ihnen ist der Abruf phonologischer Kodes aus dem Langzeitgedächtnis beeinträchtigt. Aus diesen Schwierigkeiten folgt, dass Ihre Kinder – im Vergleich zu nicht betroffenen Mädchen und Jungs – gerade zu Beginn des Leselernprozesses deutlich *mehr Wiederholungsdurchgänge* benötigen, um flüssiger lesen und schließlich auch den Sinn des Gelesenen erfassen zu können.

> Für das Erlernen des Lesens gelten letztlich viele Grundregeln, die auch dem sorgfältigen, gründlichen Erlernen eines Musikinstruments oder einer Sportart zugrunde liegen: In allen drei Bereichen wird das Lernen, sofern es nachhaltig erfolgreich sein soll, aus einem Prozess des tausendfachen Übens und Wieder-

holens bestehen. Sie als Eltern und Lehrer sollten Ihre Kinder hierbei stets mit Gelassenheit, Geduld und Hartnäckigkeit begleiten. Eine solche Haltung wird dazu führen, dies belegt die Erfahrung, dass sich Ihre Kinder gemeinsam mit Ihnen über ihre Fortschritte und Erfolgserlebnisse freuen werden.

Ziel der Begleitung Ihres Kindes im Leselernprozess sollte zum einen das Erreichen der Automatisierung auf den jeweiligen Stufen sein, zum anderen sollte auch stets das Wecken der Lesefreude durch entsprechendes Lesematerial und -bücher angestrebt werden.

8. Übungsmaterialien zur Automatisierung von Silben

Im Folgenden fassen wir noch einmal die Übungsmaterialien auf den verschiedenen Stufen im Leselernprozess zusammen:

a) Die Kärtchenmethode

Kärtchen

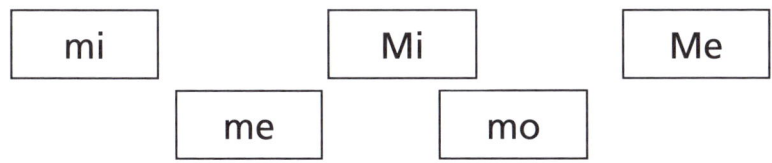

Abb. 9.14: Beispiele für Silbenkärtchen

b) Der Silbenschieber

Die Karte wird an den dargestellten Stellen zweimal eingeschnitten. Der Mitlaut, wie z. B. in der nachstehenden Abbildung das »m«, wird neben den linken Rand des Einschnittes geschrieben. Die Selbstlaute werden sodann auf einen Längsstreifen in entsprechendem Abstand geschrieben. Wichtig ist, dass diese am linken Rand stehen, so dass später der Abstand zwischen dem Mitlaut (»m«) und dem Selbstlaut so klein ist, dass eine zusammengehörige Gestalt, das Bild einer Silbe entsteht. Bei den meisten käuflich zu erwerbenden Silbenschiebern stehen die Buchstaben so weit auseinander, dass diese Gestalt in der Wahrnehmung des Kindes nicht entstehen kann.

Sie stecken nun in einem nächsten Schritt den Längsstreifen in die Grundkarte mit dem Selbstlaut, so dass immer eine Silbe wie »ma«, »me«, »mi«, »mo«, »mu« zu lesen ist, wenn Sie den Streifen langsam herunterziehen.

Abb. 9.15: Ein von einer Mutter selbst gebastelter Silbenschieber

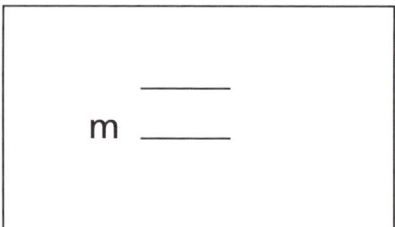 

Abb. 9.16: Silbenschieber I

Analog verfahren Sie bei der Einübung von Mitlauten und Endungen: »men«, »nen«, »ren«, »sen«, »fen«, »len«, »ten« etc. – Nun müssen Sie »en« an den rechten Rand und die Mitlaute auf den Streifen schreiben und links durch den Spalt ziehen, so dass für Ihr Kind eine deutlich zusammengehörige Silbe beim Durchziehen des Streifens lesbar ist.

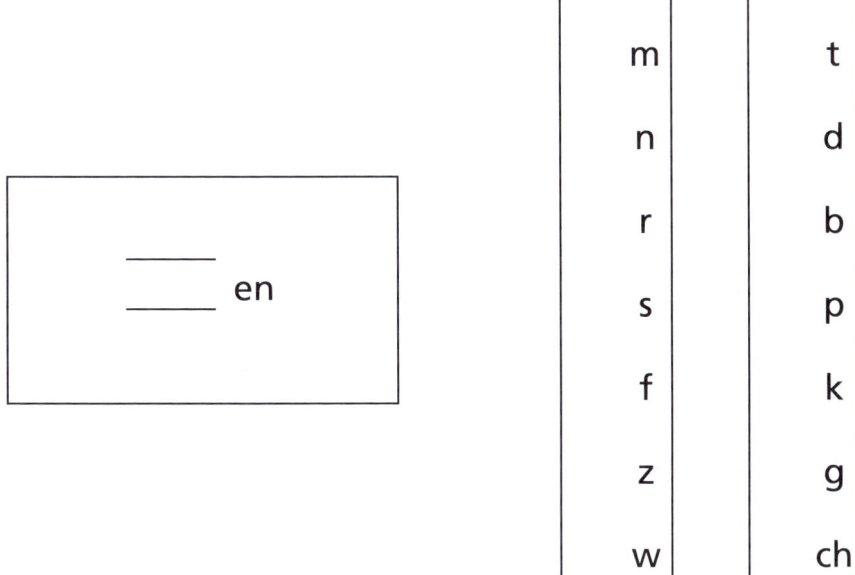

Abb. 9.17: Silbenschieber II

Der Silbenschieber empfiehlt sich auch bei schwierigeren Mitlautkombinationen wie z.B. »tr«, »dr«, »fr«, »kr«, »gr«, »kl«, »gl« etc. Besonders hilfreich ist er bei Kombinationen mit drei oder vier Mitlauten wie z.B. »pfl«, »schr«, schl« oder »schw«. Diese Mitlautkombinationen schreiben Sie an den linken Rand und ziehen den Streifen mit den Selbst- und Umlauten rechts durch den Spalt.

Wichtig ist, dass ihr Kind hinschaut, »auf einen Blick« die Silbe identifiziert und sofort als ganze Silbe ausspricht.

c) Silbenteppiche

Den Silbenteppich können Sie vielleicht gemeinsam mit Ihrem Kind am Computer erstellen. Anschließend können Sie in kurzen Zeiteinheiten das Lesen bzw. »Erkennen« der Silben mit Ihrem Kind auf den jeweiligen Stufen einüben.

Lesen Lernen – Hilfreiche Strategien für den Leselernprozess

M m	ma	me	mi	mo	mu
	Me	Mo	Mu	Mi	Ma
L l	la	lu	le	lo	li
	Lo	Le	La	Li	Lu
R r	ru	ra	re	ro	ri
	Ra	Re	Ri	Ru	Ro

Abb. 9.18: Beispiel für einen Silbenteppich I

Im Silbenteppich können Sie die Schwierigkeitsgrade variieren. So können Sie z.B. die Mitlaute variieren und die jeweiligen Selbstlaute beibehalten – oder sowohl Mitlaute als auch Selbstlaute verändern.

ma	ra	la	re	me	le
lu	mu	ru	mo	lo	ro

ma	re	li	ru	mo	le
lu	lo	me	la	ri	mu

Abb. 9.19: Beispiel für einen Silbenteppich II

Wenn Ihr Kind schon weiter fortgeschritten ist, können Sie auch gezielt schwierige Mitlautkombinationen wie z.B. »schl« oder »pfl« in Verbindung mit Selbst- und Umlauten trainieren.

schla	schle	schli	schlu	schlo	schlau
schlie	schlä	schleu	Pfla	Pfli	Pflu

Abb. 9.20: Beispiel für einen Silbenteppich III

> Vielleicht noch ein kleiner Hinweis: Nach unserer Erfahrung üben Kinder, besonders am Anfang des Leselernprozesses, häufig lieber mit dem selbst gebastelten Silbenschieber als mit dem selbst entworfenen Silbenteppich. Setzen Sie die Übungsform ein, die Ihr Kind bevorzugt. Ziel bleibt das automatisierte Erkennen der Silbe auf einen Blick, das durch die entsprechend ausreichende Anzahl an Wiederholungsdurchgänge erreicht wird.

d) Weitere hilfreiche Materialien: Leselernbücher und -texte

Als weitere hilfreiche Materialien zum Leselernen empfehlen wir für die Klassenstufe 1 und 2 die von Rosemarie Handt und Klaus Kuhn verfassten Werke »ABC der Tiere. Lesen in Silben«, »ABC der Tiere. Lesezirkus« und »ABC der Tiere. Lesen in Silben. Lesebuch«.[2] In diesen Büchern sind die Silben farblich schwarz-rot gekennzeichnet. Viele Leselernbücher haben diese Silbenkennzeichnung inzwischen übernommen z. B. Tiergeschichten mit Mia und Mio (10 Bände) von Erdmann und Hecht (2022).

In einem späteren Stadium erscheint uns die Hervorhebung der Silben durch eine schwarz-graue Gestaltung zum Üben noch besser. Diese Übungstexte können Sie als Eltern mithilfe Ihres Computers zu Hause selbst erstellen. So können Sie Texte über ein Texterkennungsprogramm als Word-Datei einscannen. Anschließend lässt sich der Text umformatieren, in dem Sie jede zweite Silbe grau markieren. Anfangs wählen Sie Graustufe 50 %, später können Sie die Graustufe noch dunkler machen. Das Wortbild bleibt dann möglichst »realitätsgetreu« erhalten und wirkt nicht so zerstückelt.

Geschichten vom kleinen Tobias

Tobias und seine Freunde bauen im Garten ein Baumhaus. Sie schrauben Balken und Bretter zusammen und streichen sie mit roter, grüner und brauner Farbe. Der Vater hilft ihnen, ein Fenster einzusetzen.

Abb. 9.21: Lesen lernen mit Hilfe eines selbstgestalteten »Silbentextes«

Wenn Kinder auf diese Weise Wörter, die in Silben gegliedert sind, erlesen, empfinden sie dies häufig als weniger anstrengend, da die Wörter optisch vorstrukturiert und damit übersichtlicher sind. Gleichzeitig vermindert sich unserer Erfahrung nach, gerade bei längeren Wörtern, das falsche Erraten und damit auch der erleb-

---

2 Erhältlich sind diese Bücher, die im Mildenberger Verlag erschienen sind, über den Buchhandel.

te Misserfolg, da die Kinder das Zergliedern zunehmend besser beherrschen. Liest Ihr Kind dann später einen normalen, visuell unstrukturierten Text, können Sie es durch einen kurzen Hinweis (wie z.B. »zerlege«) auf die effektive Lesetechnik hinweisen.

> Das Ziel der Leseübungen ist es, häufig vorkommende Silben »auf einen Blick« zu erfassen. Hierfür ist systematisches Üben und Automatisieren durch vielfaches Wiederholen unerlässlich.

e) Standardisierte Leselernprogramme

Ein unserer Auffassung nach nur eingeschränkt zu empfehlendes Programm zur Förderung der Lesefähigkeit ist der »Kieler Leseaufbau« (Dummer-Smoch und Hackethal 2011, Dummer-Smoch 1996). Dieses baut ebenfalls auf der Silbenmethode auf, bezieht aber auch Strategien mit ein, die unserer Erfahrung nach die Kapazität des Arbeitsgedächtnisses der Kinder unnötig belasten (so z.B. Lautgebärden).

Ein weiteres Leselernprogramm stammt von Fritz Jansen, Uta Streit und Angelika Fuchs (2007).[3] Die Autoren betonen vorrangig die Notwendigkeit der Automatisierung im Leselernprozess. In ihrem Programm werden in einer ersten Stufe die Buchstaben-Laut-Zuordnungen geübt. In einer zweiten Stufe wird das schnelle Erkennen von Silben systematisch eingeschliffen. Bei diesem Programm ist die Betonung der Automatisierung des Leseprozesses als sehr positiv zu bewerten. Leider erfolgt das Üben des Erlesens von Silben relativ spät. Aus unserer Sicht wäre es hilfreicher, sehr viel früher damit zu beginnen, da die Weichen zum Erkennen von Wortbausteinen auf einen Blick dann rechtzeitig gestellt werden.

Inzwischen werden unterschiedliche Leselernsoftwareprogramme angeboten. Sie als Hauptfördermethode einzusetzen, scheint jedoch nicht zu empfehlen zu sein:

»Die Nutzung von Lernsoftware bietet Potentiale, dennoch lässt sich dadurch eine professionelle Therapie und schulische Förderung nicht ersetzen. … Unabhängig von einer professionellen schulischen Förderung oder außerschulischen Förderung sollten Computerförderprogramme nur bei leichten Schwierigkeiten im Lesen … eingesetzt werden« (Schulte-Körne und Galuschka 2019, S. 108). Lernsoftware kann jedoch als ergänzende Maßnahme eingesetzt werden. (vgl. ebd.)

f) Professionelle Therapie und schulische Förderung

Professionelle Therapie und schulische Förderung sind grundsätzlich sehr zu empfehlen. Da aber in diesen Bereichen teilweise Konzepte benutzt werden, die für leseschwache Schüler kurz-, mittel- und langfristig nicht so günstig sind bzw. ihnen sogar schaden können, ist es wichtig, die Qualität der Förderung zu überprüfen.

---

3 Erschienen im Springer Verlag unter dem Titel »Lesen und Rechtschreiben lernen«.

Die Qualität einer professionellen Therapie und einer schulischen Förderung können Sie daran erkennen,

- inwieweit diese mehr ideologisch basiert sind oder die Erkenntnisse der Gehirnforschung und der Lernpsychologie mit einbeziehen,
- inwieweit Ihr Kind und Sie erklärt bekommen, warum was genau geübt werden soll und was dabei im Gehirn passiert,
- ob neben dem eigentlichen Lesetraining noch zusätzlich Wahrnehmungs- und Phonologietrainings durchgeführt werden sollen,
- ob vorrangig zusammenschleifendes Lesen oder das Erkennen von Bausteinen eines Wortes auf einen Blick geübt werden soll und
- ob Sie als Eltern in das Üben einbezogen werden.

9. Förderung durch die Eltern

Mehrere empirische Untersuchungen belegen, dass Eltern sehr wohl in der Lage sind, ihre leseschwachen Kinder im Leselernprozess wirkungsvoll zu fördern (vgl. z.B. Tacke 1998/99, Schulte-Körne 2004). Unserer Auffassung nach ist es ratsam, ja geradezu notwendig, Eltern in den Leselernprozess ihrer Kinder aktiv mit einzubeziehen, da Lesen nur durch tägliches Üben gelernt werden kann. Eltern in der Förderung ihrer Kinder sozusagen zum »Teampartner« zu machen, wird insbesondere von Pädagogen häufig kontrovers diskutiert. Klinische Erfahrungen und empirische Studien zeigen jedoch, dass Mütter und Väter ihre Kinder sehr gut und spezifisch fördern können, sofern sie nur passende und genaue Anleitungen bekommen (vgl. z.B. Klicpera u.a. 2003, S.114f., v. Suchodoletz 2007, S.82ff.).

Wissenschaftliche Studien und unsere eigenen Erfahrungen machen deutlich, dass ein wohl durchdachtes und richtig praktiziertes Eltern-Kind-Training sowohl die Beziehung zwischen Eltern und Kindern deutlich verbessern als auch das Selbstwertgefühl der betroffenen Kinder steigern kann.

> Lernen und üben Sie als Mutter und/oder Vater täglich in kleinen Portionen mit Ihrem Kind, wenden Sie sich Ihrem Kind auch täglich gezielt zu. Damit schenken Sie Ihrer Tochter oder Ihrem Sohn positive Aufmerksamkeit: Sie ermutigen und unterstützen dabei Ihre Kinder und führen diese letztlich an Erfolgserlebnisse heran.

Aus unserer Sicht ist auch der Einsatz von »Lesemüttern« bzw. »Lesevätern« oder »Lesegroßmüttern« bzw. »Lesegroßvätern« in der Grundschule eine sehr hilfreiche und sinnvolle Maßnahme. Diese üben während des Unterrichts gezielt mit einzelnen Kindern, die zusätzlichen Übungsbedarf haben. Es erscheint uns jedoch sehr wichtig, »Leseeltern« und »Lesegroßeltern« insbesondere im Hinblick auf die »richtige« Lesetechnik und passende Übungsmethoden zu schulen. Sie müssen Fehlstrategien der Kinder erkennen können, um sie – entsprechend ihres Entwicklungsstandes im Leselernprozess – angemessen unterstützen zu können. Eine entsprechende Initiative kann sich z.B. nach einem Elternabend entwickeln, in dem die Lehrkraft die Eltern über den Leselernprozess informiert hat.

10. Zusätzliche Möglichkeiten für Eltern, die Lesetechnik Ihrer Kinder gezielt zu verbessern

a) Schwierige Wörter systematisch üben

Ihr Kind liest ein Wort, es stockt und macht einen Fehler. Für diesen Fall empfehlen wir eine Grundübung, die darin besteht, das entsprechende Wort im Hinblick auf seine spezifische Schwierigkeit zu analysieren: »Was genau ist an diesem Wort schwierig?« Vielleicht erkennen Sie in der Folge selbst, dass es sich beispielsweise um eine besonders komplizierte Buchstabenverbindung handelt, beispielsweise von »Pfl« und »a/e/i/o/u/au«. Genau diese Kombination »Pfl« + Selbstlaut heißt es sodann mit Ihrer Tochter oder Ihrem Sohn gezielt zu üben.

Ihr Kind soll dabei wissen und erfahren, dass es sich hierbei um eine besonders schwierige Buchstabenverbindung handelt, die anfangs tatsächlich noch schwer ist, im Laufe des Übens durch Automatisierung jedoch immer weniger anstrengend wird und schließlich auf einen Blick erkannt werden kann. Hilfreich kann hier wieder die Benutzung von entsprechenden Kärtchen sein, oder Sie basteln sich den Silbenschieber oder erstellen den entsprechenden Silbenteppich.

Die Kärtchen können Sie in der Lernbox (siehe S.190f.) systematisch durchgehen und einüben. Eine schwierige Buchstabenverbindung wie z.B. »Pfla« oder »Pflu« muss mindestens zehn Tage regelmäßig geübt werden, wobei der erste Tag der wichtigste ist. Sie erinnern sich, dass die spezifische Verbindung der Neuronen am ersten Tag besonders intensiv aufgebaut und über die Tage hinweg stabilisiert werden muss. Denken Sie immer daran: »Einmal gekonnt, ist nicht dauerhaft beherrscht«.

Eine Aufbaumethode kann darin bestehen, besonders schwierige Wörter in einem Text mit einem Punkt über dem Wort mittels eines Bleistiftes zu markieren. Diese markierten Wörter werden systematisch in einer willkürlichen Reihenfolge wiederholt. Sie lesen also mit Ihrem Kind einen Text und stellen fest, dass es mehrere Wörter fehlerhaft bzw. stockend liest und markieren diese mit einem Bleistift. Am Ende der Übungseinheit wiederholt Ihr Kind die markierten Wörter drei bis fünf Mal in willkürlicher Reihenfolge. Die Kinder erleben dabei, dass sie immer schneller werden und es ihnen immer leichter fällt, die anfangs für sie schweren Wörter zu erlesen. Diese Wörter werden auch noch in den nächsten Tagen zwei bis drei Mal gelesen. In der Arbeit mit den Kindern nennen wir dieses Üben: »Jetzt setzen wir den Beschleuniger ein!«

> »Um eine größere Geläufigkeit im Lesen zu erzielen, ist ein wiederholtes Lesen der gleichen Wörter als Hilfe zur Steigerung der Lesegeschwindigkeit nicht wegzudenken.« (Klicpera u. a. 2003, S. 370)

b) Zur Dauer der Übungseinheiten

Weiter oben haben wir bereits darauf hingewiesen, wie wichtig es ist, dass Ihr Kind im Leselernprozess täglich übt. Die Dauer der Übungseinheiten sollten Sie selbst aufgrund Ihrer persönlichen Erfahrungen festlegen. Die meisten Kinder zeigen bereits nach kurzer Zeit des Lesens deutliche Erschöpfungsanzeichen, im weiteren Verlauf des Übens fällt es ihnen immer schwerer, ihre Aufmerksamkeit aufrecht zu erhalten und auf den Lerngegenstand auszurichten. In diesem Fall dürfen Sie von einer Fortsetzung des Übens keinen Lernerfolg erwarten. Ratsamer, da viel effektiver, sind hier stattdessen täglich drei bis fünf kürzere Leseeinheiten z. B. mit einer Länge von jeweils 4–7 Minuten.

Andere Kinder wiederum kommen erst nach einigen Minuten richtig in den Leseprozess hinein. Bei diesen Kindern – die allerdings die Minderheit bilden – ist es möglich, etwas längere Übungseinheiten beispielsweise für die Dauer von 10–15 Minuten durchzuführen.

> Denken Sie als Mutter und Vater bitte stets daran, Ihr Kind nicht durch zeitlich zu lange Übungsphasen an einem Stück zu überfordern. Dies erweist sich im Hinblick auf den erwünschten Lernerfolg nur als kontraproduktiv.

Das tägliche Üben sollte im Grundschulalter *insgesamt* mindestens 15–20 Minuten betragen (vgl. Klicpera u. a. 2003). Hierbei bieten sich auch Variationsmöglichkeiten dergestalt an, dass man am Nachmittag mit der Mutter üben kann und dem Vater am Abend das Geübte noch einmal vorliest. Dies kann auch in Form eines festen Bestandteils des Abendrituals beim Zubettgehen geschehen.

c) Hauptgefahren vermeiden – ein zu kurzer Übungs- und Wiederholungszeitraum und demotivierende Gedanken

Wir haben weiter oben bereits erklärt, weshalb der Leselernprozess darauf abzielt, möglichst große Einheiten – wie längere Buchstabenfolgen, Wortteile etc. – sofort beim Lesen (»auf einen Blick«) zu erfassen (vgl. S. 196). Diese Stufe des Leselernprozesses kann nur durch sehr häufiges Wiederholen kleiner Übungsportionen über einen langen Zeitraum, der teilweise Jahre dauern kann, erreicht werden. Erfolgt kein Üben, erfolgt keine Automatisierung des Lesens.

In dieser Zeit, die bei leseschwachen Kindern wie gesagt sehr langwierig sein kann, sollten Sie als Eltern in besonderer Weise darauf achten, Ihren Kindern gegenüber keine demotivierenden Gedanken zu entwickeln: »Warum kannst Du immer noch nicht …?«, »Das darf doch nicht wahr sein!«, »Es ist mit Dir einfach aussichtslos!«, »Ich sehe bei Dir gar keine Fortschritte«, »Das wird doch nie was!«, »Die anderen Mitschüler können doch auch schon …!« – Solcherart Gedanken können rasch in konkrete Aussprüche münden, wie z.B.: »Das haben wir doch schon hundertmal gelesen, das müsstest Du doch jetzt endlich können!« Damit würde aber die für die Kinder sehr anstrengende Lernarbeit entwertet und ihre Lesebereitschaft vermindert werden.

d) Motivation wecken, Erfolge erlebbar machten

Hilfreicher als die obigen demotivierenden Gedanken ist es, sich der schrittweisen erzielten Fortschritte bewusst zu sein und dies auch gegenüber dem Kind zu äußern: »Merkst du, wie du durch den ›Beschleuniger‹ jetzt die fünf schweren Wörter ganz schnell lesen kannst? Sie sind jetzt auch gar nicht mehr schwierig und anstrengend für dich.«

Motivation zum Lesenüben kann bei leseschwachen Kindern nicht vorausgesetzt werden – das Gegenteil ist zumeist der Fall. Wie kann ich bei ihnen Motivation zum Wiederholen und Üben wecken? Am besten gelingt es dadurch, dass die Kinder den Lernfortschritt selbst erleben.

Eine empfehlenswerte Methode besteht darin, dass Ihre Kinder immer wieder einmal einen für sie unbekannten Text lesen und ihn dabei mit dem Handy aufnehmen. Wochen bzw. Monate später lassen Sie Ihre Kinder noch einmal den geübten Text und einen unbekannten Text der gleichen Schwierigkeitsstufe lesen und aufnehmen. Beide Texte werden dann zum Vergleich vorgespielt. Kinder können nun die Erfahrung machen: »Was konnte ich vor einem, vor drei … Monaten und was kann ich jetzt?« Gerade für Leseübungen ist dies besonders wichtig, da der Lernerfolg beim Training zum schnelleren Lesen sonst nicht ausreichend wahrgenommen wird. Auf diese Weise können Sie bei Ihren Kindern die Motivation zum regelmäßigen Weiterüben stärken.

Eine zweite Methode besteht darin, mithilfe einer Stoppuhr im Abstand von zwei bis drei Monaten zu messen, wie viele Wörter, Zeilen oder Seiten ein Kind in einer bestimmten Zeit gelesen hat. Auf diese Weise können Sie Ihrem Kind seine zunehmende Geschwindigkeit beim Lesen verdeutlichen.

> Als Eltern müssen Sie sich grundsätzlich darauf einstellen, dass Sie bei einer Leseschwäche Ihres Kindes die notwendigen Übungen über einen langen Zeitraum durchführen müssen, der mitunter durchaus mehrere Jahre betragen kann. Um Ihrem leseschwachen Kind nicht die Motivation für das langwierige Üben zu nehmen, sollten Sie als Mutter und Vater unbedingt demotivierende Gedanken (und Äußerungen!) vermeiden. Achten Sie stattdessen vielmehr auf die kleinen Fortschritte und würdigen sie diese.

11. Noch mehr Hilfreiches für den Leselernprozess

a) Lesefreude fördern

Lesegemütlichkeit verhilft zu Lesefreude
Regen Sie Ihre Tochter oder Ihren Sohn dazu an, im eigenen Zimmer oder auch im Wohnzimmer eine schöne, gemütliche Leseecke einzurichten. Ein solcher selbst gestalteter Ort, der Ihrem Kind gefällt, schafft eine für den Lernprozess günstige Verknüpfung zwischen dem Lesen und einem positiven Grundgefühl des sich Wohlfühlens.

Interessante Bücher
Öffentliche Büchereien bieten heute ein großes (und kostengünstiges) Angebot an Büchern. Für leseschwache Kinder sind zumeist Bücher mit vielen Bildern, z.B. auch Sachbücher mit kurzen Texten, zunächst die »interessanteren«. Auch über Sachthemen oder spannende Geschichten wie Kinderkrimis lässt sich bei vielen Kindern Lesefreude wecken.

»Erst ich ein Stück, dann du!«
Empfehlenswert sind auch Bücher, die so aufgebaut sind, dass Sie als Mutter oder Vater mit Ihrem Kind abwechselnd laut lesen. In solchen Büchern ist der Text, der von Ihrer Tochter oder Ihrem Sohn zu lesen ist, in größerer Schrift gedruckt und damit leichter zu lesen. Die Passagen der Eltern sind dagegen inhaltlich differenzierter und erlauben es somit, spannendere Geschichten zu entwickeln (vgl. z.B. Schröder 2007).

b) »Passend« Fehler korrigieren

Eine pädagogische »Falle« beim lauten Leseüben kann die Fehlerkorrektur durch den Erwachsenen sein. Lassen Sie sich als Eltern mit einer solchen Korrektur Zeit, damit Ihr Kind eine Möglichkeit hat, seinen Fehler noch selbst zu korrigieren. Auch ist es für Ihr Kind im Hinblick auf ein erfolgreiches Lernen nicht hilfreich, wenn Sie als Eltern sein fehlerhaftes Lesen allein durch das korrekte Aussprechen des betreffenden Wortes verbessern. Wirksamer ist es, Ihr Kind das fehlerhaft vorgelesene Wort selbst korrigieren zu lassen und ihm dabei konkrete Hilfen zu geben wie z.B. den Hinweis »Zerlege (in Silben)«.

> **Ein »Trick« zur passenden Fehlerkorrektur**
>
> Um die Frustration Ihrer Kinder möglichst gering zu halten, sollten Sie als Eltern diesen die Möglichkeit geben, Lesefehler selber zu verbessern. Weisen Sie Ihr Kind dabei durch *nonverbale, d.h. nichtsprachliche Zeichen* auf den betreffenden Fehler hin. Verbale (sprachliche) Interventionen der Eltern dagegen demoti-

> vieren Kinder häufig. Wie solche nonverbalen Zeichen im Einzelnen aussehen, können Sie bereits im Voraus mit Ihren Kindern vereinbaren. Beispiele hierfür könnten sein: »Ich nehme Dich etwas fester in den Arm, wenn …«, »Ich hebe meine Hand an, wenn …« oder »Ich drücke leicht deinen Unterarm, wenn Du noch einmal genauer lesen sollst«.

c) Im Voraus Vereinbarungen treffen

Wir raten Ihnen als Eltern dazu, schon *im Voraus* mit Ihren Kindern eine Vereinbarung darüber zu treffen, wie viel (bzw. lange) und wann täglich in kleinen Portionen gelesen wird. Fordern Sie als Mutter und Vater das vereinbarte tägliche Übungspensum auch tatsächlich ein, gehört dieses mit der Zeit für Ihren Sohn bzw. Ihre Tochter zum normalen Alltag. So kann es im Laufe der Schulzeit zu einem angenehmen Ritual werden, über das nicht mehr diskutiert werden muss.

d) Flüsternd vorlesen

Günstig kann es sein, leseschwache Kinder *flüsternd* vorlesen zu lassen. Durch diesen Trick werden sie nicht mehr durch ihre eigene »laute Stimme im Kopf« irritiert und abgelenkt.

Wichtig ist dabei, dass Sie es noch verstehen können. Nach Gold (2018, S.79) wird »durch zusätzliche Kontroll- und Korrekturelemente sichergestellt, dass nicht nur wiederholt, sondern auch korrekt gelesen wird.« Dies ist die notwendige Ergänzung zur »Wiederholung (Übung), die zur Steigerung des Sichtwortschatzes, zur Automatisierung der Worterkennung und damit zu einer höheren Leseflüssigkeit führen soll.« (ebd., S.78)

e) Ungünstige Übungsformen vermeiden

Lesen Sie als Eltern Ihren leseschwachen Kindern vor, ist es wenig hilfreich, diese hierbei »mitlesen« zu lassen – sie lernen nichts dabei. Auch immer wieder das Gleiche zu lesen, ist wenig effektiv, da es die Gefahr des Auswendiglernens in sich birgt.

12. Verbesserung des Leseverständnisses und der Sinnentnahme

Kinder, deren Leseprozess noch nicht automatisiert ist, haben Schwierigkeiten, den Sinn des Gelesenen zu verstehen. Erst wenn ihr Kind gelernt hat, flüssiger zu lesen, sollten Sie beginnen, sein Leseverständnis wie folgt zu trainieren.

a) Fragen zum Text

Nachdem Sie mit Ihrem Kind einen kürzeren Textabschnitt gelesen haben, stellen Sie ihm Fragen, die aus dem Text heraus zu beantworten sind. Alternativ hierzu bitten Sie Ihr Kind, den Textabschnitt zusammenzufassen. Im Rahmen dieser Übung können folgende Fragen hilfreich sein: »Was hast Du gerade gelesen?«, »Was weißt Du noch von dem, was wir gerade gelesen haben?«, oder gezielter: »Welche Personen kommen in dem Text vor?«, »Welches ist die Hauptperson?«, »Was hat sie getan?«, »Was haben die anderen getan?« etc. Danach bitten Sie Ihr Kind, einzelne Wörter oder unklare Textstellen zu erläutern: »Was ist gemeint mit …?«, »Was bedeutet …?« etc. Anschließend können Sie Ihre Tochter oder Ihren Sohn fragen, wie der Text weitergehen könnte. Damit wecken Sie vielleicht die Neugier und die Motivation für den nachfolgenden Text, der dann möglicherweise aufmerksamer gelesen und behalten werden kann.

b) Trainieren von »Reinlegefragen«

Viele Kinder im Grundschulalter haben Schwierigkeiten, schriftliche Fragestellungen – wie z.B. bei Grammatiktests oder im Rahmen des Sachkundeunterrichts – zu beantworten. Sofern Sie als Eltern feststellen, dass Ihr Kind den Inhalt der Fragestellung oft nur unzureichend erfasst, dass es häufig zu flüchtig oder ungenau liest oder manche Ausdrücke nicht versteht, sollten Sie nach wirksamen Hilfestellungen suchen. Auf der Grundlage gesammelter kopierter Sachkunde- oder Grammatiktests können Sie die Lese- und oft auch Aufmerksamkeitsschwächen Ihrer Kinder gezielt angehen. Bitten Sie Ihr Kind, z.B. eine Woche vor einer neuen Lernzielkontrolle, täglich eine schriftliche Fragestellung mit einer sog. »Reinlegefrage« zu bearbeiten. Lassen Sie Ihr Kind dabei »Detektiv« sein und alle für die Beantwortung der Frage wesentlichen »Signalwörter« benennen und (mit einem Textmarker) markieren.

c) Komprimieren des Inhalts mit Hilfe von »Signalwörtern«

Um den Sinn längerer Texte oder komplexerer schriftlicher Fragestellungen verstehend lesen zu lernen, besteht für Ihre Kinder eine bewährte Methode darin, Signalwörter zu identifizieren und zu markieren. Inhalte werden auf diese Weise komprimiert, wodurch die Kapazität des Arbeitsgedächtnisspeichers im kindlichen Gehirn entlastet und der Einprägeprozess erleichtert wird. Später kann der Lernstoff mithilfe der Signalwörter z.B. beim Abfragen auch besser erinnert werden. Sie werden dabei die Erfahrung machen, dass jedes Signalwort im Gehirn Ihres Kindes meist mit einem »Bedeutungshof« verbunden ist.

Lernfächer: Informationen komprimieren

Abb. 9.22: Das Komprimieren von Wissensstoff

Kapitel 10: Förderung bei Schwierigkeiten im Rechtschreiblernprozess

Im Bereich der Basisfertigkeiten kommt aus unserer Sicht dem Erlernen des Rechnens und des Lesens die größte Bedeutung zu. Das Erlernen der korrekten Rechtschreibung erscheint uns nicht so wichtig zu sein. Zwar kann durch ein einfaches Trainingsprogramm, das wenig Zeitaufwand erfordert und das gleichzeitig wenig anstrengend für das Kind ist, eine Sicherheit in der Rechtschreibung aufgebaut werden (s.u.). Aber zu bedenken ist, dass unsere Kinder in der Zukunft noch mehr computergestützte Diktier- und Überprüfungsmöglichkeiten zur Verfügung haben dürften.

Während der Schulzeit ist es in den meisten Bundesländern mit Hilfe eines Legastheniegutachtens möglich, dass von schulischer Seite Rücksicht auf die Schwierigkeiten der betroffenen Kinder genommen wird: Es kann sowohl ein Nachteilsausgleich als auch Notenschutz gewährt werden.

Exkurs: Zum Nachteilsausgleich bzw. Notenschutz an deutschen Schulen

Um die Schullaufbahn der Kinder mit Rechtschreib- und auch Lesestörungen zu erleichtern, können – im Gegensatz zur Dyskalkulie/Rechenstörung – für diese Kinder Erleichterungen besonders in Prüfungssituationen beantragt werden. Abhängig vom jeweiligen Bundesland bestehen unterschiedliche schulrechtliche Bestimmungen zu Diagnostik, schulischer Förderung und Gewährung von Nachteilsausgleich bzw. Notenschutz.
Im Einzelnen kann der **Nachteilsausgleich** u. a. beinhalten:

- Zeitverlängerung/Ausweitung der Bearbeitungszeit bei schriftlichen Proben und Prüfungen
- Vorlesen der Aufgabenstellungen oder Instruktionen
- Einsatz technischer Hilfsmittel (z. B. Computer)

Beim **Notenschutz** kann bei der Leistungsfeststellung im schriftlichen Bereich in allen Fächern auf die Bewertung der Lese-/Rechtschreibleistung verzichtet werden und eine stärkere Gewichtung der mündlichen Leistung erfolgen (vgl. Schulte-Körne und Galuschka 2019, S. 113 ff.).

1. Zur Definitionsklärung

Schauen wir uns wieder zunächst an, was eine Rechtschreibstörung ausmacht, um sensibler für die Gefahrenstellen und die wichtigen Lernaufgabenstellungen bei unseren Kindern sein zu können.

In der internationalen Klassifikation für psychische Störungen der Weltgesundheitsorganisation (WHO), der ICD-11, wird die Rechtschreibstörung als Krankheitsbegriff aufgeführt: *Developmental learning disorder with impairment in written expression (6A03.1)*. Laut ICD-11 ist die Entwicklungsstörung des Lernens mit Beeinträchtigung des schriftlichen Ausdrucks gekennzeichnet durch erhebliche und anhaltende Schwierigkeiten beim Erlernen schulischer Fähigkeiten im Zusammenhang mit dem Schreiben, wie Rechtschreib-, Grammatik- und Interpunktionsgenauigkeit, sowie bei der Erstellung einer planmäßigen Gliederung und des Zusammenhangs von Ideen beim Schreiben. Sie ist wiederum nicht auf eine Beeinträchtigung der Intelligenz, eine unzureichende Beschulung, Seh- oder Hörstörungen oder auch neurologische Erkrankungen zurückzuführen.

Auffällig bei dieser Definition ist, dass sie sich nicht mehr nur auf Defizite im Bereich der Rechtschreibung beschränkt, sondern auch das schriftliche Ausdrucksvermögen mit einbezieht. Zu welchen konkreten Auswirkungen diese Erweiterung besonders auch im schulischen Bereich führen wird, ist derzeit noch nicht abzusehen.

In diesem Buch werden wir versuchen, diese Definitionserweiterung ernst zu nehmen und uns zunächst in diesem Kapitel Gedanken darüber machen, welche Lernwege am einfachsten und effektivsten zu einer sicheren Rechtschreibung führen, aber auch darüber, welche Lernwege nicht so hilfreich sind und unseren Kindern sogar schaden können. Im folgenden Kapitel werden wir beispielhaft für die »Erstellung einer planmäßigen Gliederung und des Zusammenhangs von Ideen beim Schreiben« Hilfreiches beim Schreiben von Aufsätzen darstellen.

2. Grundlegende Informationen zur Rechtschreibstörung aus psychologischer und kinder- und jugendpsychiatrischer Sicht

a) Wie wird eine Rechtschreibstörung diagnostiziert?

In Bezug auf die testpsychologisch fundierte Diagnose einer *Rechtschreibstörung* bestehen zwei Ansätze:

a) Mit Hilfe eines standardisierten Rechtschreibtests und eines Intelligenztests wird eine statistisch bedeutsame Diskrepanz ($\geq 1,5$ Standardabweichungen) zwi-

schen der intellektuellen Begabung (die im Normbereich liegen sollte) sowie der Rechtschreibleistung (die dann unterdurchschnittlich ist) festgestellt.
Hinter diesem Ansatz steht die Vorstellung, die Rechtschreibstörung ist auf Defizite beim Kind zurückzuführen, quasi als isolierte »krankhafte« Eigenschaft eines ansonsten intelligenten Kindes.
b) Aktuell zeichnet sich die Entwicklung ab, dass man von dem Diskrepanzkriterium absieht und eine Rechtschreibstörung diagnostiziert, wenn im Rechtschreibtest eine Leistung, die schlechter als ein vorgegebener Normwert ist, festgestellt wird. Meist wird ein Normwert angenommen, der 1,5 Standardabweichungen unter dem Durchschnitt liegt, d.h. das Testergebnis liegt unter einem Prozentrang von 7 (vgl. Schulte-Körne 2021).
Mit diesen Diagnosekriterien wird die alte Vorstellung aufgegeben, dass Defizite im Gehirn des Kindes für die Rechtschreibstörung verantwortlich sind. Stattdessen rückt jetzt mehr in den Mittelpunkt, die Rechtschreibstörung als **Ausdruck eines Lernrückstands** im Vergleich zu Gleichaltrigen oder **von fehlgelaufenen Lernprozessen** zu sehen.

Neben der quantitativen Analyse, d.h. der Feststellung eines Prozentranges, besteht bei fast allen Rechtschreibtestverfahren die Möglichkeit der *qualitativen* Fehleranalyse bzw. der Feststellung von Fehlerschwerpunkten. Diese sind unseres Erachtens immer notwendig, um eine Förderung gezielt und individuell angepasst planen zu können.

b) Wie häufig tritt eine Rechtschreibstörung auf?

In Deutschland besteht bei etwa 2–9 % aller Schüler eine isolierte Rechtschreibstörung. Hinzu kommen zusätzlich noch 2–6 % der Schüler, bei denen eine kombinierte Lese-/Rechtschreibstörung vorliegt. Insgesamt sind damit 4–15 % der deutschen Schüler von einer Rechtschreibstörung betroffen (vgl. Schulte-Körne, Galuschka 2019, S.9). Diese Zahlen beziehen sich ausschließlich auf den Bereich der Störung, also einer ausgeprägteren Rechtschreibproblematik. Die Häufigkeit einer Rechtschreibschwäche dürfte um das Dreifache höher sein (vgl. z.B. Stanat u.a. 2017, S.133; Stanat u.a. 2022, S.63). Damit dürfte mehr als ein Viertel der deutschen Schüler mehr oder weniger ausgeprägte Probleme mit ihrer Rechtschreibung haben.

c) Was weiß man über die Ursachen einer Rechtschreibstörung?

Im Hinblick auf die Frage nach den Ursachen einer Rechtschreibstörung weisen Schulte-Körne und Galuschka (2019, S.11) darauf hin: »Bis heute sind die Ursachen kaum verstanden, die meisten Studien beschreiben Gruppenunterschiede zwischen Kindern mit und ohne Lese- und/oder Rechtschreibstörung.«

Wie bei der Lesestörung gibt es nur »vermutete Ursachen« (Schulte-Körne und Galuschka 2019, S.11). Im Vordergrund stehen Faktoren im Bereich der phonologischen Verarbeitung, des Arbeitsgedächtnisses, der Aufmerksamkeit und der Genetik. Es wurde versucht, den Nachweis dieser »Ursachen« über Gruppenvergleiche zwischen Kinder mit normaler bis guter und mit schlechter Rechtschreibleistung zu führen. Treten zwei Problembereiche häufiger gleichzeitig auf, wie z.B. Probleme im Bereich der phonologischen Verarbeitung *(Defizite in der phonologischen Bewusstheit, Erschwernisse in der verbalen Informationsverarbeitung/«phonetisches Recodieren« im Arbeitsgedächtnis, Speicherung und Abrufs phonologischer Inhalte aus dem Langzeitgedächtnis)* auf der einen Seite und eine Rechtschreibstörung bzw. -schwäche auf der anderen Seite, ist es aber wissenschaftlich unzulässig, daraus zu schließen, das eine wäre die Ursache für das andere. Auf diese Weise kann man letztlich nur ein gleichzeitiges Auftreten feststellen, aber nicht eine Verursachung begründen.

Eindeutig ist jedoch, dass die erhebliche Verschlechterung der Rechtschreibleistung seit dem Jahre 2000 auf die in der Schule propagierten Lernwege zurückzuführen ist. Beeinflusst von der Reformpädagogik wollte man die Schüler über das lautliche Erschließen die Schreibweise von Wörtern selbst finden lassen. So sollten z.B. nach dem Schweizer Reformpädagogen Jürgen Reichen die Kinder die Laute eines Wortes heraushören und dann mit Hilfe der Anlauttabelle den entsprechenden zum Laut dazugehörigen Buchstaben selbst finden. Beeinflusst von dem extremen Konzept von Reichen wurde im schulischen Bereich das selbstständige, eigenmotivierte »kreative Schreiben« als das Wichtigste angesehen. Oberstes Ziel war, dass auf diese Weise den Schülern Schreibfreude vermittelt werden sollte. Für eineinhalb Jahrzehnte, in denen dieses Lernkonzept in mehr oder weniger abgewandelter Form im Vordergrund stand, legte man deswegen überwiegend in den ersten beiden Schuljahren keinen Wert auf die Richtigschreibung.

Die Auswirkungen wurden z.B. 2013 im Spiegel in der Titelgeschichte »Die Recht Schreip-Katerstrofe. Die neue Schlechtschreibung. Warum unsere Kinder nicht mehr richtig schreiben lernen« (von Bredow und Hackenbroch 2013) kritisch reflektiert. Nach den negativen Erfahrungen wurden die »extremen« Vorgehensweisen weitgehend zurückgenommen, in manchen Bundesländern sogar verboten. Die aktuellen Unterrichtsmethoden sollen deswegen besonders auch im Hinblick auf rechtschreibschwache Kinder unten genauer betrachtet und reflektiert werden.

d) Woran können Eltern oder Lehrer eine Rechtschreibstörung bzw. -schwäche erkennen?

Rechtschreibschwächen und -störungen sind anhand folgender Auffälligkeiten erkennbar (vgl. Warnke und Schulte-Körne 2008, S.154; v. Suchodoletz 2007, S.22; Schulte-Körne und Galuschka 2019, S.2 f.):

- eine große Anzahl von Fehlern beim Schreiben
- Reihenfolgefehler (z.B. Umstellungen von Buchstaben im Wort: »alt/atl«)
- Auslassungen von Buchstaben
- Einfügen falscher Buchstaben

- lautgetreues Schreiben
- Wortverstümmelungen
- Verdrehen von Buchstaben im Wort (z.B. b–d, p–q, u–n)
- Regelfehler, z.B. Groß- und Kleinschreibung, Dopplungs- und Dehnungsfehler
- Inkonstanz von richtigem und fehlerhaftem Schreiben ein- und desselben Wortes

Insbesondere die ungeübten Diktate in der Grundschule fallen in der Regel mangelhaft oder ungenügend aus, beim Aufsatz finden sich noch wesentlich mehr Fehler als bei Diktaten. Selbst beim Abschreiben kommt es gehäuft zu Fehlern.

e) Was weiß man über mögliche Erschwernisse im Rechtschreiblernprozess

Für die auditive Informationsverarbeitung liegen wissenschaftliche Erkenntnisse darüber vor, dass ein größerer Teil der rechtschreibschwachen Kinder gleichzeitig auch Schwierigkeiten sowohl im Bereich der phonologischen Bewusstheit als auch im Bereich der verbalen Informationsverarbeitung im Arbeitsgedächtnis sowie beim Zugriff auf das phonologische Langzeitgedächtnis aufweist (vgl. Hasselhorn und Gold 2022, S. 187 ff.).

Bedenken muss man, dass das Ausmaß der Bedeutung dieser Faktoren in entscheidender Weise von der jeweiligen Lern- und Fördermethode abhängig ist (s. u.).

Bei der Rechtschreibstörung finden wir häufig auch komorbide, d.h. gleichzeitig auftretende Probleme wie beispielsweise Sprach- und Sprechstörungen, eine ADHS-Problematik, Angststörungen, Störungen des Sozialverhaltens oder auch depressive Entwicklungen. So zeigen etwa 30 % aller betroffenen Kinder eine ADHS-Symptomatik, umgekehrt finden sich bei ADHS-Kindern gehäuft Rechtschreibprobleme. Im emotionalen Bereich zeigen sich insbesondere Ängste und auch psychosomatische Symptome (vgl. Schulte-Körne und Galuschka 2019, S. 14 ff.). Die kontinuierlichen Misserfolgserlebnisse können zu einer »tiefen Abneigung« und »Vermeidungsstrategien« gegenüber dem Schreiben sowie einem niedrigen Selbstwertgefühl führen (Schulte-Körne und Galuschka 2019, S. 17).

f) Welcher Zusammenhang besteht zwischen ADHS und Rechtschreibstörungen?

Untersuchungen haben ergeben, dass abhängig von den Definitionskriterien bis zu 27 % der Kinder mit der Diagnose ADHS auch eine Rechtschreibstörung aufweisen. Die Wahrscheinlichkeit für ADHS-Kinder, eine Rechtschreibstörung zu entwickeln, liegt bis zu sechsmal höher als bei nicht betroffenen Kindern. Nimmt man noch die Rechtschreibschwäche hinzu, dürfte der Prozentsatz von ADHS-Kindern mit Lernproblemen in diesem Bereich noch wesentlich höher sein.

3. Modelle zum Rechtschreiblernprozess

Im Gegensatz zum Leseprozess haben sich Wissenschaftler erst in den letzten Jahren überhaupt mit möglichen Modellvorstellungen zum Rechtschreiblernprozess beschäftigt. Entsprechende Modelle kommen überwiegend aus der experimentellen Leseforschung. Man geht dabei davon aus, dass die Umwandlung der Sprache in Schrift auf verschiedene Weise möglich ist. Empirische Befunde hierzu gibt es jedoch nur sehr wenige. Differenzierte Netzwerkmodelle sehen neben der Verbindung von phonologischen mit orthographischen Einheiten auch umgekehrte Verbindungen vor, dies aber mit unterschiedlichen Gewichtungen.

Beim Rechtschreiben und beim Lesen ist von unterschiedlichen Prozessen auszugehen. Obgleich Rechtschreiben zwar das Spiegelbild des Worterkennungsvorganges beim Lesen ist, gibt es dennoch Unterschiede zwischen Lesen und Schreiben.

Grundsätzlich muss eine Beziehung zwischen Klangeinheiten und Schriftzeichen hergestellt werden. Dabei bezeichnet man die kleinste bedeutungsunterscheidende Klangeinheit einer Sprache als Phonem und die kleinste bedeutungsunterscheidende graphische Einheit einer geschriebenen Sprache als Graphem.

Im Deutschen gibt es ca. 40 Phoneme (vgl. Gold 2018, S.33). Im Einzelnen handelt es sich dabei um 15 Vokalphoneme und rund 25 Konsonantenphoneme. Dem stehen »20 Konsonantengrapheme und 9 Vokalgrapheme« (ebd.) gegenüber:

9 Vokalgrapheme: a, ä, e, i, ie, o, ö, u, ü
20 Konsonantengrapheme: b, d, f, g, ch, h, j, k, l, m, n, p, qu, r, s, sch, ß, t, w, z

Kompliziert wird es dadurch, dass bei der Verschriftung auch Graphemkombinationen möglich sind, die den Phonemen zugeordnet sind. Wenn man die Kombinationen (Dehnungs-h, Doppelkonsonanten und -vokale, mehrgliedrige Schriftzeichen wie th, dt usw.) mitzählt, werden es ca. 100 Einzelgrapheme und Kombinationen (vgl. Valtin und Löffler 2009, S.27). Hinzu kommt, dass alle Schriftzeichen in Groß- und Kleinschreibung gelernt werden müssen.

Deutsch scheint relativ leicht zu lesen zu sein, aber es ist deutlich schwieriger, es korrekt zu schreiben. »Die Korrespondenz zwischen Phonemen und Graphemen ist nicht perfekt« (Gold 2018, S.33), d.h. die Zuordnungsregel ist nicht eindeutig und präzise und reicht in keinster Weise aus, um eine korrekte Schreibweise abzuleiten. Schauen Sie sich nur die Schreibweise folgender Wörter an:

sehr – schwer – leer
spare – fahre – Paare oder
kam – nahm

4. Ziele im Rechtschreiblernprozess

Bevor wir anfangen, unsere rechtschreibschwachen bzw. -gestörten Kinder zu fördern, müssen wir uns darüber klar werden, was wir als Eltern bzw. Lehrer überhaupt im Bereich der Rechtschreibung erreichen wollen. Einerseits gilt es, bestimmte Regeln, z. B. für die Groß- und Kleinschreibung, zu üben. Andererseits soll ein solider Grundwortschatz aufgebaut werden, damit Kinder eine basale Rechtschreib*sicherheit* gewinnen. Sicheres Schreiben erfordert letztlich – wie das Lesen auch – ein jahrelanges Training, bis die Schriftsprache so verinnerlicht ist, dass »das Schreiben automatisch und ohne langes Überlegen gelingt« (v. Suchodoletz 2007, S. 12). Dies ist die Voraussetzung, damit bei der Textproduktion der Hauptteil der Kapazität des Arbeitsgedächtnisses der Konzeption und dem Formulieren zur Verfügung steht.

> Ein wesentliches Lernziel für (alle, und nicht nur die rechtschreibschwachen) Kinder im Grundschulbereich besteht darin, den Grundwortschatz »ohne zu denken« richtig schreiben zu können.

5. Fördermaßnahmen in der Diskussion – Zum Training von »Vorläuferfertigkeiten«

Basale Trainings in der auditiven und visuellen Wahrnehmung, die defizitäre Grundfähigkeiten verbessern sollen, und besonders auch »alternative« Fördermethoden sind zur Verbesserung der Rechtschreibfertigkeiten ebenso wenig effizient wie für die Leseförderung und deswegen abzulehnen. Wirksam dagegen sind »symptomorientierte Ansätze«, die direkt an den Schwierigkeiten der Betroffenen beim Einüben der Rechtschreibfertigkeiten ansetzen (vgl. Schulte-Körne und Galuschka 2019, S. 20). Hier gilt also wieder der Grundsatz: Man trainiert das, was man trainiert. Je direkter man das trainiert, was man verbessern möchte, um so effektiver ist der Übungsvorgang. Unspezifische Fördermaßnahmen, z. B. Wahrnehmungs- oder Hörtrainings, bringen trotz manchmal großen Aufwandes für Eltern und Kinder und hoher Kosten keine oder nur minimale Fortschritte.

Unser Schulsystem setzte und setzt teilweise bei der Rechtschreibung noch einseitig bzw. vorrangig auf die lautliche Analyse. *Phonologische Bewusstheit* bezeichnet in diesem Zusammenhang die Fähigkeit, die lautlichen Strukturen der Schriftsprache zu erkennen, um mit ihnen zu operieren. Ob aber über die häufig vorgeschlagene Förderung der phonologischen Bewusstheit eine Verbesserung der Rechtschreibung erzielt werden kann, erscheint äußerst fraglich.

Eine Metaanalyse weist nach, dass die Effektstärke bei einem »Phonologietraining« in der Grundschule in Bezug auf eine Verbesserung der Rechtschreibung im

Durchschnitt bei einer Effektstärke von -0,08 liegt. Die »Wirksamkeit von Phonologietrainings« konnte damit nicht nachgewiesen werden (vgl. Ise u.a. 2012, S.132).

In der »Subgruppen-Analyse für den Bereich Schreiben« (Ise u.a. 2012, S.131) wird zudem folgender Sachverhalt aufgezeigt: Bei der »Trainingsmethode Phonologietraining« reicht die Bandbreite der Effektstärke in den Einzelwerten von -0,81 (sehr ausgeprägte Verschlechterung) bis hin zu +0,70 (deutliche Verbesserung) (vgl. ebd.). Nimmt man diesen empirischen Hinweis ernst, so scheint ein Phonologietraining einem großen Teil der Schüler bei dem Erlernen einer sicheren Rechtschreibung mehr oder weniger zu schaden.

6. Eine kritische Reflexion der Hauptförderwege in der Rechtschreibung

Spezifische Förderprogramme basieren im deutschsprachigen Raum vor allem auf zwei Hauptwegen: zum einen auf der Orientierung an der »lautgetreuen« Schreibweise, zum anderen auf dem Erlernen des Regel- und Strategiewissens in der Rechtschreibung. Beide Konzepte, die sowohl im Bereich der Lerntherapie und Heilpädagogik, aber auch im Bereich der schulischen Förderung Anwendung finden, werden wir im Folgenden näher betrachten.

a) Ist die lautgetreue Rechtschreibförderung der Königsweg?

Da die deutsche Rechtschreibung im Vergleich zu anderen Sprachen wie z.B. der englischen oder der französischen relativ lautgetreu erfolgt, bietet sich der Gedanke an, die lautliche Analyse in den Mittelpunkt der Förderung zu stellen. Deswegen ist dieser Ansatz immer noch im Lerntherapiebereich und auch im Bereich der schulischen Förderung zu finden. Beim lautgetreuen Schreiben gilt es für Kinder und Jugendliche, die gesprochenen Laute, d.h. die Phoneme, herauszuhören, dem jeweiligen Laut einen Buchstaben oder eine Buchstabengruppe zuzuordnen und so dann in korrekter Weise zu verschriften. Befürworter dieser Methode wie z.B. Carola Reuter-Liehr weisen darauf hin, dass dieser Weg aufgrund der relativen Lautgetreuheit in der deutschen Rechtschreibung für die Kinder am leichtesten zu erlernen sei.

Was spricht aber gegen diesen Weg?
Tatsächlich jedoch besteht in Fachkreisen *kein* Einvernehmen über die Lauttreue der deutschen Schriftsprache. Die angegebenen Häufigkeiten in der Literatur variieren je nach Definition. Die Auszählung des niedersächsischen Grundwortschatzes, der aus 1.419 Wörtern besteht, ergab, dass ungefähr 60 % der Wörter lautgetreu sind (vgl. Reuter-Liehr 2002, S.362). Wörter, in denen Regelprobleme enthalten waren,

umfassten ca. 30 % des Grundwortschatzes, Ausnahmen und Restprobleme ergaben 10 %. Von anderen Autoren wird davon ausgegangen, dass in Deutschland ca. 50 % der Wörter lautgetreu geschrieben werden.

Dialektgebundene Einflüsse mindern je nach Region noch einmal die Anzahl der »lautgetreuen« Wörter. Wenn Kinder im Süden Deutschlands »Wurscht« statt »Wurst« sagen oder »ischt« statt »ist«, sind sie folglich mit dem Problem konfrontiert, dass ihre Alltagssprache von der Schriftsprache abweicht, was die Rechtschreibung erschwert (vgl. Reuter-Liehr 2002, S.362). Auf ähnliche Schwierigkeiten verweist z.B. die Sprachwissenschaftlerin Afra Sturm von der Pädagogischen Hochschule FHNW für den Bildungsraum Nordwestschweiz in Bezug auf die dialektale Einfärbung in der Schweiz (vgl. Brunner 2019).

Reuter-Liehr sieht angesichts dieses Problems die Lösung darin, dass die Schüler »gleichzeitig lernen, wie diese dialektal eingefärbten Wörter in der hochsprachlichen Form lauten« (2002, S.362). Die rechtschreibschwachen Kinder stehen also vor der zusätzlichen Herausforderung, durch den Dialekt eingefärbte Wörter zunächst einmal richtig hochdeutsch auszusprechen, um sie dann korrekt schreiben zu können. Grundlage für die Verschriftung von Wörtern darf also nicht die dialekteingefärbte Umgangssprache sein, die oft auch noch verkürzt oder verschliffen ist. Diese Kinder müssen zusätzlich noch einmal eine besondere, so weit wie möglich der Schriftsprache angeglichene Aussprache der Wörter erlernen, die man als »Pilotsprache« bezeichnet. Diese Pilotsprache müsste das Kind sich dann quasi als erste Fremdsprache auf rein lautlichem Weg dauerhaft einprägen.

Gemeinsam ist den Programmen, die eine lautgetreue Rechtschreibung propagieren, die Forderung, dass sich Kinder die Lernwörter nicht visuell als Wortbilder, also als »Buchstabenfolgen«, einprägen sollen. Hierin sehen manche Autoren solcher Programme sogar eine Gefahr für die betroffenen Kinder (vgl. z.B. Mann 1997, S.14). Stattdessen fordert z.B. Mann, sich bei Lern- bzw. Merkwörtern jeweils einen »kognitiven Zusatz«, d.h. eine verbale Gedächtnisstütze (z.B. »fahren mit ah«), zusätzlich einzuprägen (ebd., S.13). Bei Nachdenkwörtern gelte es sogar, sich die »ableitbare Schreibung« mit Hilfe mehrerer verbaler Regelsätze zu erschließen (ebd., S.14).

Führen wir uns jedoch noch einmal vor Augen, welche schwierigen Voraussetzungen Kinder mit einer Rechtschreibschwäche oder -störung haben, nämlich häufig Defizite in der phonologischen Bewusstheit, geringere Kapazität des phonologischen Arbeitsgedächtnisses und Beeinträchtigung des Abrufs phonologischer Kodes aus dem Langzeitgedächtnis, so erscheint uns dieser »lautgetreue« Weg allerdings als höchst kompliziert und störanfällig. So weisen betroffene Kinder z.B. meist Probleme im akustischen Arbeitsgedächtnis auf. Dessen Kapazitätsbegrenzung scheint angesichts ungünstiger schulischer Lern- und Förderwege mit Ursache für eine Rechtschreibschwäche bzw. -störung zu sein. So ist die Geschwindigkeit des stillen »subvokalen Wiederholens« für einfache Wort- und auch Lautfolgen reduziert, was die Menge dessen, was im Arbeitsgedächtnis verarbeitet werden kann, beschränkt. Beim »lautgetreuen« Schreiben wird damit der Weg über die größten Schwächen der betroffenen Kinder gegangen und nicht versucht, ihre Stärken, die häufig im visuellen Bereich liegen, zu nutzen und damit den für sie leichteren Weg zu beschreiten.

Wie sollen sich Kinder die genaue Aussprache von Wörtern einprägen, die von ihrer Umgangssprache so deutlich abweicht?
Wir, die Autoren, arbeiten in Unterfranken. Wie in jeder anderen Region im deutschsprachigen Raum auch sind die meisten Kinder, die hier zur Schule gehen, mit dem regional vorherrschenden, spezifischen Dialekt (in unserem Fall dem Fränkischen) in Familie, Kindergarten und Freundeskreis groß geworden. Als Therapeuten erleben und erfahren wir in unserer Praxis täglich den Kampf, dem die große Mehrzahl der hiesigen Kinder beim lautgetreuen Schreiben ausgesetzt ist. So fällt es Kindern unserer Beobachtung nach sehr schwer, zwischen lautgetreuen und nicht lautgetreuen Wörtern in der deutschen Sprache zu unterscheiden. Wir fragen uns deshalb, ob es bei den meisten Wörtern nicht einfacher wäre, erst das Wortbild abzuspeichern und dann die richtige Aussprache zu lernen. Unserer Erfahrung nach können Kinder das Lernziel, den Grundwortschatz sicher schriftlich zu beherrschen, leichter und effektiver über korrekt abgespeicherte Wortbilder erreichen.

Auch in anderen Sprachen, z.B. im Englischen, müssen Kinder die Rechtschreibung über die Abspeicherung der Wortbilder lernen. Im Englischen muss man bei fast jedem Wort, wie z.B. »one«, »two«, »night«, »neighbour«, »cough«, die Lautgestalt der Wörter zusammen mit der genauen Schreibweise abspeichern, sonst ist man hoffnungslos verloren. Im Englischen ist das Erkennen ganzer Wortbilder also wichtiger als das sukzessive Übersetzen von Buchstaben in Laute wie z.B. im Italienischen. Entsprechend unterschiedlich beanspruchen englische und italienische Kinder ihre jeweiligen Gehirnareale. Obwohl jeweils beide Areale benutzt werden, aktivieren Italiener stärker das »Übersetzungsareal«, Engländer stärker das »Wortformareal«. »Nach und nach bauen wir uns ein Lexikon der geschriebenen Wortformen im Gehirn auf. Im Englischen ist dieses Lexikon sehr groß, weil viele Schreibweisen nur einmal vorkommen und man sie alle im Kopf und auswendig lernen muss.« (Blakemore und Frith 2006, S.109) Der Weg, Wortbilder abzuspeichern, führt also, wie das Beispiel des Englischen zeigt, durchaus zum Erfolg. Warum nur, so fragen wir uns, können unsere rechtschreibschwachen deutschsprachigen Kinder, die so große Schwierigkeiten in der lautgetreuen Sprache haben, nicht auch auf diese Weise lernen?

Da in Deutschland die Methode, das korrekte Rechtschreiben mittels des Abspeicherns von Wortbildern zu lernen, fast ein bisschen verpönt war und teilweise immer noch ist, hat man sich hier bislang nur selten gründlich damit auseinandergesetzt

> Die Fertigkeit des sicheren und korrekten Rechtschreibens lässt sich auf unterschiedlichen Wegen erwerben. Vor dem Hintergrund unterschiedlicher individueller Möglichkeiten und Grenzen, dialektgebundener Schwierigkeiten und abhängig von der Muttersprache existieren für Kinder offensichtlich leichtere und schwerere Wege, eine basale Rechtschreibsicherheit zu gewinnen. Im Hinblick auf die Erstellung eines individuellen, möglichst erfolgreichen Lernprogramms sollten wir immer bei den Stärken des rechtschreibschwachen Kindes und nicht bei seinen Schwächen ansetzen.

Betrachten wir die symptomspezifischen Trainings in der Rechtschreibförderung, wird ein zweiter Weg zum Aufbau des orthographischen Wissens deutlich, nämlich der des Regellernens.

b) Ist die regelorientierte Rechtschreibförderung der Königsweg?

Korrektes und damit regelorientiertes Rechtschreiben setzt das Wissen über Regelmäßigkeiten von Buchstabenfolgen und über grammatikalische und semantische Strukturen der Schriftsprache voraus. Wissenschaftlichen Untersuchungen zufolge machen Regelfehler einen großen Anteil an den Rechtschreibfehlern aus, in der 2. Klasse bspw. etwa 66 % (vgl. Warnke und Schulte-Körne 2008, S. 157). Klicpera u.a. (2003) berichten andererseits, dass Kindern bei einem Regeltraining, so z.B. beim Üben der Groß- und Kleinschreibung, eine Generalisierung, d.h. ein Transfer von unmittelbar geübten Wörtern auf nicht geübte Wörter, nur teilweise gelang. Dieser Befund wurde so interpretiert, dass die Schüler wohl nur zum Teil merkten, ob bei einem zu schreibenden Wort eine gelernte Rechtschreibregel anwendbar war oder nicht (vgl. ebd., S. 260 f.).

> **Zum Anwenden von Rechtschreibregeln bzw. -strategien:**
>
> *Jens, 4. Klasse:* »Ich habe beim Diktat gar keine Zeit zum Nachdenken.«

Wenn wir noch einmal die besonderen Voraussetzungen unserer Kinder betrachten, insbesondere die Kapazitätsbegrenzung ihres phonologischen Arbeitsgedächtnisses, stellt sich die Frage, ob die Regeln und Strategien, die in der Rechtschreibförderung vermittelt werden, das Arbeitsgedächtnis nicht überlasten. Regeln werden oft zu lang formuliert und mit unterschiedlichstem Übungsmaterial gekoppelt auch im Grundschulbereich vermittelt.

Ein weiteres Problem besteht darin, wenn der Schüler oder die Schülerin häufig, z.B. bei jedem dritten oder vierten Wort, nachdenken muss, welche Rechtschreibregeln und -strategien er/sie anwenden könnte, um das Wort dann richtig schreiben zu können. Dies kostet viel Zeit, ein Großteil der Kapazität des Arbeitsgedächtnisses wird belegt und die Aufmerksamkeit wird vom Eigentlichen abgezogen.

So verweist der Bremer Neurobiologe und Gehirnforscher Gerhard Roth darauf, welche Schwierigkeiten und Einschränkungen bei einem Entscheidungsprozess im Alltag bestehen:

»Das Abwägungs- und Beratungsoptimum liegt meist sehr niedrig, d.h. ein Mehr an Diskussion und Abwägung läuft rasch ins Leere. [...] alles, was zwei oder drei Faktoren übersteigt, geht über den Horizont der bewussten Bearbeitungskapazität hinaus [...] Das kommt daher, dass die Kapazität unseres Arbeitsgedächtnisses so beschränkt ist, dieser Flaschenhals ist sehr eng.« (Roth 2007, S. 32)

Die Darstellung einer Regelhaftigkeit der deutschen Sprache z.B. in Form von Merksätzen erscheint uns zudem meist zu lang. Regeln und »Tricks« sollten im

Hinblick auf den begrenzten Arbeitsgedächtnisspeicher unserer Kinder möglichst komprimiert dargestellt werden. Ausformulierte Regeln beinhalten die Gefahr, dass sie angesichts der Menge an Wörtern und der begrenzten Kapazität des akustischen Arbeitsgedächtnisses aus dem Verarbeitungsspeicher »herausgeschmissen« werden und der Einprägeprozess deutlich erschwert ist. Deswegen sollten möglichst keine verbalen Ausformulierungen stattfinden. Wir empfehlen, die Regelhaftigkeiten stattdessen visuell komprimiert als »Trickkärtchen« vorzugeben.

Beispiel:
»Wörter mit st werden zwar »scht« gesprochen, aber nur mit st geschrieben. Wörter mit sp werden zwar »schp« gesprochen, aber nur mit sp geschrieben.« (Drecktrah und Hahn 2021c, S. 43)

Das folgende Trickkärtchen komprimiert visuell diese Regel und beinhaltet sogar noch weitere Möglichkeiten der Fehlschreibung:

sp-	~~schb-~~ ~~schp-~~ ~~sb-~~
st-	~~schd-~~ ~~scht-~~ ~~sd-~~

Abb. 10.1: Trickkärtchen veranschaulichen Regeln

Mithilfe dieser Verkürzung und Visualisierung sind Kinder leichter in der Lage, Regeln zu automatisieren, wobei deren Anwendung selbstverständlich dennoch trainiert werden muss. In jedem Fall halten wir das Regellernen für Kinder im Grundschulalter für eine *Ergänzungsmethode*, nicht für eine Grundmethode. Erst wenn der Grundwortschatz als Fundament sicher abgespeichert ist, kann das Einführen von Rechtschreibregeln zu einer Verbesserung der Rechtschreibleistung führen. Voraussetzung bleibt jedoch deren Einfachheit.

> Unseres Erachtens wird dem Regel- und Strategielernen in der Schule im Vergleich zur Automatisierung des Grundwortschatzes ein zu hoher Stellenwert beigemessen. Es darf außerdem nicht bei der Einsicht in Regelhaftigkeiten in unserer Orthografie bleiben, sondern es muss sowohl die Einsicht als auch deren Umsetzung in der Anwendung automatisiert werden. Wenn Regeln gelernt werden, gilt es in jedem Falle darauf zu achten, dass diese den Kindern so komprimiert und verkürzt wie möglich und nicht nur sprachlich, sondern auch visualisiert dargeboten werden. Dann gilt es, diese Strategien ausreichend lange in kleinen Portionen zu wiederholen, so dass sie schließlich »ohne zu denken« angewandt werden.

Exkurs: Das »Marburger Rechtschreibtraining« von Schulte-Körne und Mathwig als Beispiel

Ein Beispiel für ein Rechtschreibtrainingsprogramm, das einen Schwerpunkt auf das Regel- und Strategiewissen legt, ist das Marburger Rechtschreibetraining von Schulte-Körne und Mathwig (2009). In diesem Programm werden »sehr einfache Regeln als Gedächtnisstützen« (Klicpera u.a. 2003, S. 261) trainiert.

Die realistische Zielsetzung der Autoren des Marburger Rechtschreibtrainings – eine Verbesserung der Lese-/Rechtschreibproblematik in einem Zeitraum von zwei Jahren – ist als positiv zu werten. Ihr Programm ist sehr systematisch aufgebaut und beinhaltet wenige Grundprinzipien, die überschaubar bleiben. Der Grundwortschatz im »Wortindex« beinhaltet ca. 1100 Wörter (vgl. Schulte-Körne und Mathwig 2009, S. W1–W10).

In Übereinstimmung mit Schulte-Körne plädieren wir für eine Reduktion von Lernprinzipien und Übungsmethoden, und dies insbesondere bei rechtschreibschwachen Kindern. Eine Vielzahl von Übungsmethoden ist, wie schon in den Kernbereichen Mathematik und Lesen gezeigt, auch im Bereich der Rechtschreibung weder für die Motivation noch für die Behaltensleistung der rechtschreibschwachen Kinder zuträglich. Meist trifft das Gegenteil zu: Die durch die Vielfalt bedingte »Mehrarbeit« vermindert die Motivation. Durch viele unterschiedliche und teilweise auch unangemessene Übungsformen wird nur Verwirrung gestiftet.

Bausteine aus unserem Lernprogramm finden sich auch in anderen Lernprogrammen. So gibt es durchaus Vergleichbarkeiten zwischen dem Wortstammprinzip des Marburger Rechtschreibtrainings (vgl. Schulte-Körne und Mathwig 2009, S. 6–2ff) und unserer »Wortbaustelle«. Letztere halten wir allerdings bei rechtschreibschwachen Kindern für noch geeigneter.

Im Hinblick auf rechtschreibschwache Kinder bestehen bei uns aber einige Bedenken zum Marburger Rechtschreibtrainingsprogramm:

a) Da ein größerer Teil der Kinder zusätzlich zur Hausaufgabe nur ungern schreiben, kann das zusätzliche Ausfüllen der Arbeitsblätter zu Ablehnung führen.

b) Eine zu geringe Anzahl von Wiederholungsdurchgängen: Nach dem Ausfüllen des Arbeitsblattes entsteht beim rechtschreibschwachen Kind häufig der Effekt: »Ich hab das Blatt doch gemacht! Warum soll ich es wiederholen? Ich kann es doch!« Ob jedoch das Trainierte im Langzeitgedächtnis selbst bei zwei- oder dreimaligem Wiederholen abgespeichert wird, bleibt aufgrund der spezifischen Defizite von rechtschreibschwachen Kindern fraglich.

c) Überlastung der Kapazität des Arbeitsgedächtnisses: Das Anwenden der ausführlichen Regeln und der Entscheidungsbäume (vgl. Schulte-Körne und Mathwig 2009, S. 9-9 oder 11-11) führt nicht nur bei rechtschreibschwachen Kindern sehr häufig zu störanfälligen Denkprozessen oder zu einer Überlastung des Arbeitsgedächtnisses.

7. Zur Analyse des Rechtschreibunterrichts

In den 2000er Jahren wurde von schulischer Seite häufig erst ab der dritten Klasse auf die korrekte Schreibweise eines Wortes achtete. Die Schüler sollten sich die Schreibweise der Wörter über das lautliche Differenzieren erschließen. Man wollte so die Schreibfreude bei den Kindern erhöhen. Die Folge war, dass sich die Schüler Fehlschreibweisen einprägten. Gleichzeitig erhöhte sich aber nicht wie erhofft der Schreibumfang bei den Kindern nicht, sondern er verringerte sich sogar.

Begrüßenswert ist, dass inzwischen in der Schule nach eineinhalb Jahrzehnten des Trainings der »Schlechtschreibung« überwiegend wieder auf die systematische Vermittlung eines Grundwortschatzes und auf das Richtigschreiben ab der ersten Klasse Wert gelegt wird. Letzteres ist umso wichtiger, da »Rechtschreibleistungen […] sich bereits ab der ersten Klasse sehr stabil« zeigen (Schulte-Körne, Galuschka 2019, S.17).

Beispielhaft sollen kurz die inzwischen deutlich verbesserten Vorgaben im Bundesland Nordrhein-Westfalen dargestellt werden. In der Einleitung zu »Handreichungen für einen systematischen Rechtschreibunterricht« stellt das Ministerium für Schule und Bildung des Landes Nordrhein-Westfalen (2019, S.4) fest: »Die Ergebnisse des IQB-Bildungstrends 2016 zeigen für NRW im Bereich Rechtschreibung einen deutlichen Handlungsbedarf.« In dieser im Sommer 2016 durchgeführten repräsentativen Studie erreichten im Bereich Orthographie/Rechtschreibung in Deutschland 22,1 %, in NRW sogar 23,9 % der Schülerinnen und Schüler der vierten Jahrgangsstufe nicht die Mindeststandards (vgl. Stanat u.a. 2017, S.133).

Als Konsequenz erfolgte in Nordrhein-Westfalen eine grundlegende Kehrtwende. Als neuer Ausgangspunkt wird festgesetzt: **»Wichtig ist von Anfang an zu thematisieren, dass wir nicht schreiben, wie wir sprechen.«** (Ministerium für Schule und Bildung des Landes Nordrhein-Westfalen 2019, S.9) Vereinfacht ausgedrückt soll den Kindern am Anfang nicht mehr beigebracht werden »Schreibe das Wort so wie du es hörst«, sondern sie sollen jetzt die phonologischen Prinzipien, die Laut-Buchstaben-Zuordnungen in den richtig geschriebenen Wörtern entdecken (vgl. ebd.). Deswegen stellt nun die »Arbeit mit dem Rechtschreibwortschatz« mit einem »vorgegebenen Grundwortschatz« das »Fundament« eines »systematischen Rechtschreibunterrichts« dar (ebd.).

Der Rechtschreibunterricht basiert gemäß der Handreichung des Ministeriums für Schule und Bildung des Landes Nordrhein-Westfalen (2019, S.23) auf drei Grundbausteinen:

Der dritte Baustein, in dem die Schreibweise der Wörter durch systematisches Einüben gesichert werden soll, könnte besonders für Schülerinnen und Schüler mit Schwächen wichtig sein: »Gerade für Kinder, die weniger über das Analysieren von Wörtern und Nachdenken über Schrift die Rechtschreibung erlernen oder die erschwerte Lernbedingungen haben, ist das wiederholte Üben eines begrenzten Wortschatzes ein wichtiger Weg, um Sicherheit im Rechtschreiben zu erlangen.«

Ziel dieses Bausteins ist es, dass die Schülerinnen und Schüler häufig gebrauchte Wörter »automatisiert ohne Nachdenken richtig schreiben können«, damit sie dadurch eine gewisse Sicherheit und Entlastung beim Textschreiben erlangen. Der zu lernende Grundwortschatz besteht aus 533 Wörter: 111 häufig gebrauchte Merkwörter und 422 Nachdenkwörter, die überwiegend die vier wichtigsten Prinzipien unserer Rechtschreibung abbilden. Hinzu soll noch ein individueller Wortschatz von ca. 200 bis 300 Wörtern kommen (vgl. ebd., S. 36).

Das Üben soll schriftlich erfolgen: »Je mehr ein Kind (ab)schreibt, desto mehr Wörter kann es automatisiert richtig schreiben.« (ebd., S. 23) Empfohlen wird die Arbeit mit einer Lernwörterkartei, bei der die individuellen Übungswörter »nach jeder erfolgreichen Übung (s. Selbstdiktat, Partnerdiktat) im Karteikasten ein Fach weiterwandern« und so »systematisch wiederholt« (ebd.) werden.

Bei der Übungsmethode steht also das Abschreiben im Vordergrund. Zu bedenken gilt, dass bei einem Teil der Kinder, besonders bei ADHS-Kindern aufgrund deren Abneigung gegen das Schreiben, diese Vorgehensweise zu Vermeidungsstrategien führen könnte. Besonders in den ersten beiden Schuljahren ist der Schreibprozess bei den Schülern noch nicht automatisiert. Deswegen muss im Arbeitsgedächtnis auf die Kontrolle der Hand fokussiert werden, was wiederum einen Teil der begrenzten Speicherkapazität von dem Einprägen des Wortbildes abzieht.

> Insgesamt ist aber sehr zu begrüßen, dass in zuvor ungewohnter Weise von schulischer Seite die Notwendigkeit des »Automatisierens« betont wird. Für Kinder mit Schwächen wird empfohlen, einen begrenzten Wortschatz wiederholt zu üben. Die Anzahl des Grundwortschatzes (ca. 800 Wörter) ist im Hinblick auf vier Schuljahre aber relativ gering und könnte mit unseren Übungsstrategien (s. u.) bei rechtschreibschwachen Kindern ohne Probleme erhöht werden.

Schauen wir uns noch die beiden anderen Bausteine an:
Im *ersten Baustein* soll das Richtigschreiben beim *Textschreiben* erlernt werden (vgl. ebd., S. 16). Hierzu bietet der Unterricht »vielfältige Schreibanlässe« (ebd.) an. Es wird betont, dass dies zunächst für das Kind recht schwierig ist, da bei der Textproduktion viele Tätigkeiten gleichzeitig ablaufen müssen: »das Finden einer Schreibidee, das Ordnen der Gedanken, das Formulieren von Sätzen« (ebd.) und das Richtigschreiben. »Anfangs fehlt in der Regel die Kapazität, während des Schreibprozesses über die richtige Schreibung nachzudenken.« (ebd.) Deswegen sind zum einen Korrekturen durch die Lehrkraft notwendig. In Bezug auf eine Vorgehensweise im Rahmen einer anzustrebenden Individualisierung wird ausdrücklich »darauf hingewiesen, dass nicht alle Fehler markiert werden müssen, sondern nur die, die für das Kind lernförderlich sind oder auch in anderen Texten des Kindes auftauchen« (ebd., S. 18).

Zum anderen sollen die Schüler üben, selbstständig eine Rechtschreibkontrolle durchzuführen. Wenn Zweifel an der Schreibung eines Wortes besteht, sollen sie dieses in Wörterbüchern nachschlagen (vgl. ebd., S. 19).

> *Sarah (4. Klasse):* »*Ich weiß ja gar nicht bei welchen Wörtern ich nachschlagen muss.*«
> Zu bedenken ist, dass es gerade rechtschreibschwachen Kindern schwerfällt, die eigene Unsicherheit bezüglich eines Wortes zu erkennen.

Im *zweiten Baustein* soll Rechtschreibphänomenen auf den Grund gegangen werden. In einer aktiven Erkundung soll (gemeinsam) über die Richtigschreibung bestimmter Wörter und Rechtschreibstrategien nachgedacht, Wörter erforscht, Strukturen entdeckt und in einer überschaubaren Systematik verortet werden (vgl. ebd., S. 20).

Der Hauptweg besteht hier aus »Forscherstunden«, in denen die »Kinder in einer Kleingruppe anhand eines vorstrukturierten Wortmaterials [...] Entdeckungen an der Schrift machen« (ebd.). Dann werden »die Entdeckungen und Ideen der Kinder [...] in der Klasse diskutiert« und geklärt. »Damit wird eine Grundlage dafür geschaffen, rechtschriftliche Phänomene durch einsichtsvolles Üben zu sichern und zu automatisieren.« (ebd.)

> Für selbstentdeckendes Lernen, für Forscherstunden und das anschließende Diskutieren der richtigen und auch falschen Erkenntnisse der Schüler in der Klasse gelten die gleichen Einwände, die schon im Kapitel zum Rechnen angeführt worden sind: Selbstentdeckendes Lernen ist nachweislich nicht so hilfreich, wenn die Schüler sich Neues aneignen sollen und wenn es um förderliche Lernwege von Kindern mit Schwächen geht (▶ Kap. 8 Rechnen, S. 95 ff.).

Nachdem wir uns ein Konzept angeschaut haben, das neben zwei eher herkömmlichen und kritisch überdenkenswerten Bausteinen recht gute Vorgaben für rechtschreibschwache Kinder enthält, wollen wir uns dem »normalen« Rechtschreibunterricht in der schulischen Praxis zuwenden. Dieser sieht meist wie folgt aus:

Im Unterricht werden ca. 15 Themenblöcke im Schuljahr abgearbeitet. Diese werden häufig in zirkulärer Form in jedem Schuljahr wieder aufgegriffenen. Die Themen sind dabei z. B. Wörter mit i und ie, Doppelkonsonanten, Umlaute ableiten, Wörter mit Dehnungs-h, Auslautverhärtung – verlängern, Wörter mit ß, Vorsilben, Wörter mit Merkstellen, Nomen, Adjektive, Groß- und Kleinschreibung.

Zu jedem Thema gibt es Lernwörterpäckchen mit ca. 20 Wörtern. Teilweise werden auch einige wichtige Wörter aus dem Sachunterricht einbezogen. Die Wörter sollen eingeprägt werden, indem die Schüler sie jeweils dreimal schreiben, sich bei einem Schleich- oder Laufdiktat die Wörter einprägen, die Lernwörter nach dem ABC oder nach Silbenzahl ordnen und Sätze mit den Wörtern bilden. Eine Unterrichtsstunde zur Rechtschreibung gibt es vielleicht zweimal in der Woche. Nach zwei bis drei Wochen wird eine Probe geschrieben, die häufig aus einem Diktat, das die Lernwörter enthält, besteht. Zusätzlich gibt es einen Lückentext und es sollen Sätze mit den gelernten Wörter geschrieben werden.

Die in der Probe falschgeschriebenen Wörter werden meist, wenn überhaupt, dadurch aufgearbeitet, dass sie erneut dreimal geschrieben werden müssen.

Zur Analyse des Rechtschreibunterrichts

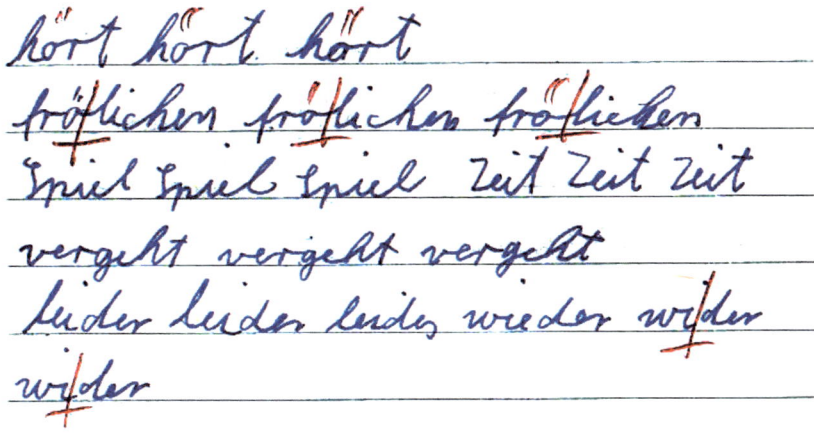

Abb. 10.2: Verbesserung von Rechtschreibfehlern

a) Zur kritischen Würdigung

Die durch den Lehrplan und durch die die Rechtschreiblernprogrammhefte vorgegebenen Themenblöcke (z.B. Dreckdrah und Hahn 2021a, b, c, d) erscheinen aus unserer Sicht durchaus sinnvoll zu sein.

Zu fragen ist dann aber, wie es dann dazu kommt, dass jeder fünfte Viertklässler den Mindeststandard in der Rechtschreibung nicht erreicht (vgl. Stanat u.a. 2022, S.63). Diese Zahl weist nur auf die Risikogruppe hin, welche die Rechtschreibung nicht beherrscht. Ein weiterer recht großer Teil der Schüler dürfte nicht sicher in der Rechtschreibung sein. Dies führt dann dazu, dass wenn diese Schüler Texte formulieren, wie Aufsätze schreiben oder Fragen zu Sachfragen beantworten, ihnen automatisierte »Wortbilder« nicht zur Verfügung stehen. Sie müssen bei vielen Wörtern über deren Schreibweise nachdenken. Dadurch wird Arbeitsgedächtniskapazität abgezogen und steht nicht mehr der Planung und Formulierung zur Verfügung.

b) An welchen Stellen ist die Praxis verbesserungsfähig?

An erster Stelle steht die Frage nach dem Ziel des Rechtschreibunterrichts in der Vorstellung der Lehrer. Soll bei allen Kindern eine Automatisierung eines Grundwortschatzes erreicht werden oder soll nur ein Programm, dass der Lehrplan oder das Rechtschreibheft vorgibt, abgearbeitet werden? Wir haben bei unseren Patientenkindern sehr häufig den Eindruck, dass letzteres der Fall ist. Die Verantwortung für den Lernerfolg wird von schulischer Seite nicht bei der Lehrkraft, sondern beim Kind gesehen.

Die wichtigste Verbesserungsmöglichkeit besteht als darin, dass sich jede Lehrerin und jeder Lehrer dafür verantwortlich fühlt, dass möglichst jedes Schulkind das Ziel eines automatisierten Grundwortschatzes erreicht, dessen Wörter es sicher und ohne nachdenken zu müssen richtig schreiben kann. Das Lernprogramm zur Rechtschreibung ist dann nur noch ein Mittel auf dem Weg dieses Ziel zu erreichen. Es reicht aber nicht aus. Von Lehrerseite muss z.B. die Vergessenskurve mitbedacht werden. Bei vielen Kindern reicht die Anzahl der Wiederholungsdurchgänge für ein sicheres und dauerhaftes Behalten nicht aus. Aus unserer Erfahrung ist es wichtig und motivierend, den Schülern die Gehirnvorgänge beim Lernen, wie die Funktion der Automatisierung, die kürzeste Verdrahtung im Gehirn und die Vergessenskurve zu erklären, damit sie wissen, warum sie was machen und wohin sie gelangen wollen.

c) Probenkultur verändern

Wenn »automatisiert« wird, dann steht für die Probe der gesamte Pool aller bisher gelernten Wörtern zur Verfügung. Damit besteht dann nicht mehr die Gefahr, dass z.B. bei der Probe zum Dehnungs-h selbst von guten Schülern viele Wörter mit h geschrieben werden, auch wenn dies falsch ist.

Eine solche Probe sollte nur eine Rückmeldefunktion haben in Bezug darauf, wie weit die Schülerin bzw. der Schüler auf dem Weg, den Grundwortschatz zu automatisieren, schon fortgeschritten ist. Die richtig geschriebenen Wörter können in diesem Sinne gewürdigt werden. Bei den noch falsch geschriebenen Wörtern können das Schulkind und die Lehrkraft gemeinsam überlegen, wie die richtige Schreibweise sicher und dauerhaft abgespeichert werden kann. Der Weg könnte dann so aussehen, dass mit wenig anstrengenden Lernmethoden regelmäßig, möglichst fünf bis sechs Mal in der Woche, in kleinen Portionen und kurzen Zeiteinheiten wiederholt wird und der Lernfortschritt in gewissen Zeitabständen gemeinsam überprüft wird. Das Ergebnis gibt dann jeweils Anstöße für das weitere Vorgehen und für Möglichkeiten zur Differenzierung im Bereich des Übens und der Hausaufgabe.

Eine solche Vorgehensweise hat auch auf Lehrerseite große Vorteile: Ein kreatives Nachdenken über Verbesserungsmöglichkeiten im Hinblick auf das gemeinsame Ziel macht mehr Spaß und ist deutlich erfüllender als ein eher bürokratisches Abarbeiten von Vorgaben. Die Beziehung zur Schülerin und zum Schüler bekommt eine neue Qualität. Die Möglichkeit für Elternarbeit kann sich grundlegend verändern: Wir ziehen an einem Strang und spielen nicht mehr das Spiel, wer schuld ist.

Unsere folgenden Ausführungen können auch für Lehrer Anregungen enthalten, die sie in kreativer Weise als Teilelemente in ihren Unterricht einbauen können. Für Eltern und Therapeuten können sie einen einfachen und effektiven Weg aufzeigen.

8. Vorüberlegungen für hilfreiche Lernmethoden bei rechtschreibschwachen Kindern

a) Zur Ausgangssituation

Rechtschreibschwache Kinder treffen in der Schule häufig auf folgende Vorgaben im Bereich der Rechtschreibung: Sie sollen sich die Schreibweise über das lautliche Differenzieren erschließen, den Grundwortschatz über das (Ab-)Schreiben einüben oder sich Rechtschreibstrategien über ein Regelsystem aneignen.

Sollte Ihr Kind das Glück haben, einen Unterricht zu erfahren, indem Wert auf die Automatisierung des Grundwortschatzes gelegt wird, bestehen trotzdem noch drei Probleme:

a) Die Hauptübungsmethode beim Automatisieren des Grundwortschatzes besteht im Schreiben der Wörter. Solange der Schreibprozess in den ersten beiden Schuljahren noch nicht automatisiert ist, wird dadurch Speicherkapazität vom eigentlichen Abspeicherprozess abgezogen.
b) In den schulischen Vorgaben findet man zunehmend das Ziel der Automatisierung. Von schulischer Seite wird aber meist unterschätzt, wie viele Wiederholungsdurchgänge Schüler benötigen, bis der Grundwortschatz automatisiert ist. Rechtschreibschwache Kinder brauchen meist nochmals mehr Wiederholungen als ihre Klassenkameraden, bis eine sichere und dauerhafte Abspeicherung erfolgt ist.
c) Eine Rechtschreibstörung oder -schwäche wird sehr oft zu spät erkannt. Eltern, Lehrer und Psychologen können die Rechtschreibproblematik in der Regel erst in den späteren Grundschulklassen vollständig wahrnehmen bzw. diagnostizieren. Verantwortlich für ein (zu) spätes Diagnostizieren ist auch das häufig ausgesprochene Motto »Abwarten – es wird sich schon geben«. Ein verspäteter Beginn der Förderung bzw. eines Umlernens ist aber für eine positive Entwicklung der Rechtschreibung nicht hilfreich, da sich Fehlstrategien und -schreibweisen schon stark verfestigt haben.

Rechtschreibschwache Kinder erleben bei Proben in diesem Bereich schlechte Noten und viel Rot, wenn ihre Arbeiten korrigiert werden. Im Vergleich zu ihren Mitschülerinnen und Mitschülern erleben sie sich als schlechter. Aufgrund der erlebten Misserfolge in diesem Lernbereich besteht häufig die sich immer mehr verstärkende Tendenz, diesen Bereich zu meiden und weniger zu üben. Es kann ein »Teufelskreis« entstehen, der bei den Kindern zu Selbstwertproblemen und zu Konflikten in der Lernsituation mit Eltern und Lehrern führt.

b) Zur Entwicklung eines »Förderprogramms«

Auf den ersten Blick erscheint es problematisch, bei Kindern mit Lerndefiziten standardisierte Lernprogramme einzusetzen, da diese Kinder auf ihre besonderen individuellen Stärken und Schwächen abgestimmte Lernprogramme benötigen.

Vor dem Hintergrund der Gemeinsamkeiten vieler rechtschreibschwacher Kinder ist ein relativ standardisiertes Lernprogramm mit speziellen Grundbausteinen bei näherer Betrachtung jedoch durchaus sinnvoll. Individuelle Anpassungen sind innerhalb des Gesamtrahmens dabei erlaubt, ja sogar erwünscht. Das Ziel der Bemühungen von Eltern, Lehrern und Therapeuten muss ein Weg sein, der dem einzelnen Kind zu einem erfolgreichen Lernen verhilft.

Das Ziel unserer Lerntechniken ist es, rechtschreibschwachen Kindern Erfolgserlebnisse in Lernbereichen zu vermitteln, in denen sie zuvor Schwierigkeiten hatten und derentwegen sie die Selbsteinschätzung »Ich bin eh schlecht« entwickelt haben.

Wie kann das Ziel, die Verbesserung der Rechtschreibfähigkeit zu erreichen, am schnellsten und am wenigsten aufwendig sowie am erfolgversprechendsten gelingen? Es erscheint am angemessensten, bei der Suche nach dem schnellsten und effektivsten Weg nicht auf die Schwächen des Kindes zurückzugreifen, sondern auf dessen Stärken und Ressourcen. Erfolg an der gewünschten Stelle, d.h. Annäherung an ein definiertes Ziel, erhöht selbstverständlich auch die Motivation.

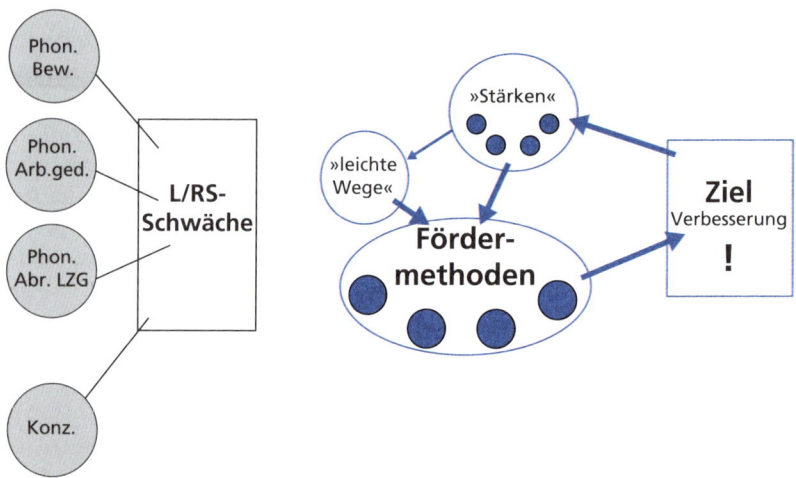

Abb. 10.3: Die effektivste Förderung: Einbezug der Stärken und »leichte Wege«

Häufige Schwächebereiche werden nicht einbezogen: Phonologische Bewusstheit, Phonologisches Arbeitsgedächtnis, Phonologischer Abruf aus dem Langzeitgedächtnis und Konzentrationsfähigkeit

Herkömmliche Lern- und Förderprogramme für die Rechtschreibung versuchen das lautliche Differenzieren zu verbessern oder verstärkt Regeln zu lernen. Sie setzen zu wenig auf die sehr häufig bestehenden Stärken beim visuellen Einprägen. Benutzt man den visuellen Kanal (und weniger den akustischen), um Lerninhalte abzuspeichern, lassen sich schnell erste Erfolge erzielen.

Vorüberlegungen für hilfreiche Lernmethoden bei rechtschreibschwachen Kindern

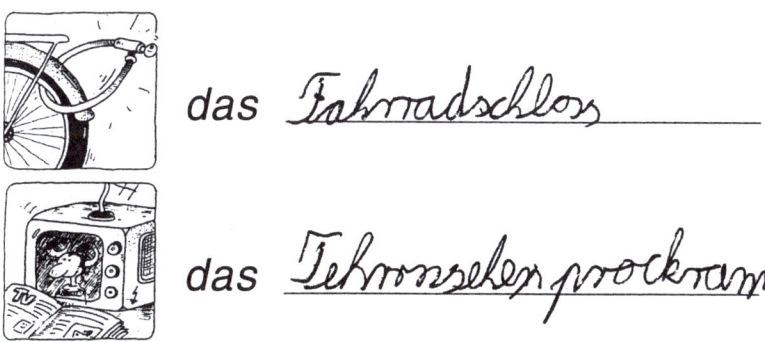

Abb. 10.4: Auf Nachfrage: »Fahrradschloss kann ich – hab ich doch gelernt!« Fernsehprogramm dagegen musste vom Kind lautlich erschlossen werden.

c) Unser Weg

In der Rechtschreibung geht es überwiegend um Einprägearbeit. Motivation entsteht bei rechtschreibschwachen Kindern vorrangig durch Erfolgserlebnisse und die Erfahrung, etwas zu können oder besser zu werden. Für die Lernbereitschaft der Kinder ist es äußerst wichtig, dass ihr Arbeitsaufwand überschaubar und begrenzt bleibt. Deshalb gelten wie in der Mathematik für das Rechtschreiben folgende Leitprinzipien:

- Einsatz weniger, effektiver Methoden und Einprägetechniken nach dem Motto »weniger ist mehr«
- Regelmäßiges Üben und Lernen in kleinen Portionen
- Automatisierung durch zahlreiche Wiederholungsphasen
- Lernmethoden werden eingeübt und Eingeübtes angewandt

Um die Rechtschreibung schrittweise zu verbessern, schlagen wir unter einer realistischen Zielsetzung für rechtschreibschwache Kinder ein »tägliches« (fünf Mal in der Woche!) Üben, jedoch mit einer begrenzten Dauer von ca. 7–12 Minuten vor. Hilfreich ist auch, eine möglichst interaktive Übungsform zu wählen. Gleichzeitig sollte der Schreibaufwand geringgehalten werden. Eine Vielzahl von Wiederholungsdurchgängen ist unbedingt notwendig. (Zur Erinnerung: Der Lernerfolg bei rechtschreibschwachen Kindern ist umso größer, je öfter sie für eine kurze, überschaubare Zeit üben und dabei Lerninhalte wiederholen!)

9. Einfache und effektive Lernmethoden für rechtschreibschwache Kinder

Schon in der ersten, aber spätestens von der 2. Grundschulklasse an können bzw. sollten bei einer erkennbaren Rechtschreibschwäche die nun folgenden Lernmethoden eingesetzt bzw. ausprobiert werden.

a) Das Abfotografieren

Wie im Bereich Mathematik arbeiten Sie mit Lernkärtchen. Dies bringt zwei Vorteile mit sich: Zum einen nutzen Sie den visuellen Sinneskanal und das visuelle Arbeitsgedächtnis, das aufgrund der Schwächen im Bereich der phonologischen Verarbeitung meist besser ist. Gleichzeitig müssen die Kinder dabei nicht schreiben, wogegen nicht nur betroffene ADHS-Kinder sehr häufig ja eine ausgeprägte Abneigung entwickelt haben.

Abb. 10.5: Das »Abfotografieren« eines Wortbildes

Die Lernkärtchen sollten die Größe DIN A 7 haben und von Ihnen als Eltern in schöner, prägnanter Druckschrift mit dickerem schwarzen Filzstift (Keilspitze!) beschriftet werden. Ihr Kind erhält nun die Aufgabe, ein Wort – z.B. das Wort »Gruppe«, das man ja sehr unterschiedlich schreiben kann – »abzufotografieren«, sich also ein »Foto« dieses Wortbildes zu machen. Ihr Kind soll sich das Wortbild zunächst genau anschauen und anschließend das Wort buchstabieren. Das Buchstabieren bildet dabei einen Weg, die Vorstellung des Wortbildes im Arbeitsgedächtnis präsent zu halten – die Voraussetzung zum Abspeichern desselben.

Ihr Kind stellt sich das Wortbild vor, wiederholt den einzuprägenden Lerninhalt während des Buchstabierens im Arbeitsgedächtnis mehrmals bewusst und hält es damit während dieses Zeitraums präsent. Dieser Prozess über eine Dauer von mindestens drei bis fünf Sekunden ermöglicht den erstmaligen Aufbau eines neuronalen Netzwerkes für dieses spezifische Wort. Zusätzlich ist die selektive Aufmerksamkeit des Kindes auf diese Weise nur auf dieses Wortbild gerichtet und wird nicht von einem zusätzlichen Schreibvorgang abgelenkt. Damit wird ein tieferes Einprägen möglich.

Ist Ihr Kind (3. oder 4. Klasse) mit diesem Vorgehen noch nicht vertraut, ist es sinnvoll, am Anfang der Übungen mit einem *Lernexperiment* zu beginnen. Es wird Ihrem Kind zum einen helfen, den richtigen – d.h. den visuellen – Sinneskanal einzuschalten. Zum anderen können Sie überprüfen, wie gut Ihr Kind beim visuellen Abspeichern ist.

Sie fordern Ihr Kind auf, ein Wort mit maximal fünf Buchstaben genau anzuschauen (»abzufotografieren«): »Hast du es wirklich gut abfotografiert? Schau es dir noch einmal genau an!« Am besten benutzen Sie zum Einstieg ein dem Kind unbekanntes englisches Wort wie z.B. »eight«, »clean« oder »easy«. Anschließend lassen Sie das Kind das eingeprägte und nun verdeckte Wort *rückwärts* buchstabieren.

Wenn es Ihrem Kind aufgrund der überraschenden Aufgabenstellung beim ersten Mal noch nicht gelingen sollte, wiederholen Sie das Abfotografieren und zeigen auf die schwierigen Stellen im englischen Wort. Nach unserer Erfahrung kann dieses Experiment in 80 bis 90 % der Fälle zu einem Überraschungseffekt führen. Sie werden sich wundern, wie gut Ihr Kind rückwärts buchstabieren kann und haben gleichzeitig den Nachweis, über welch gute Fähigkeiten Ihr Kind beim visuellen Abspeichern verfügt. Bei Ihrem rechtschreibschwachen Kind kann dieses »Erfolgserlebnis« und die Würdigung seiner sehr außergewöhnlichen Leistung Motivation wecken und seine Bereitschaft zum Üben verbessern.

Beim weiteren Einprägen der deutschen Lernwörter sollte Ihr Kind dann nur noch vorwärts buchstabieren. Ob Ihr Kind den richtigen Sinneskanal, nämlich den visuellen, eingeschaltet hat, erkennen Sie daran, dass es an Stellen, an denen es sich vergewissert, wie es weitergeht, einen deutlichen Augenaufschlag nach oben macht. Ist dies der Fall, erinnert es sich in diesem Moment visuell an das korrekte Wortbild.

> **Vorteile auch für das Erlernen von Fremdsprachen**
>
> Die Methode des »Abfotografierens« von Wortbildern bietet sich auch hervorragend für das Lernen englischer Vokabeln an. Da die englischen Wörter »ganz

> anders geschrieben als gesprochen werden«, sind die Kinder auf das visuelle Abspeichern angewiesen – mit dem Versuch der lautlichen Differenzierung kämen sie hier nicht weit. Lernen rechtschreibschwache Kinder in den Fremdsprachen von Anfang an systematisch mit der Methode des »Abfotografierens« von Wortbildern, zeigen sie hier oft wesentlich bessere Rechtschreibleistungen als im Deutschen.

Welche Wörter soll Ihr Kind visuell lernen?

a) Natürlich soll Ihr Kind die Wörter des Grundwortschatzes bzw. die »Lernwörter« lernen.
b) Zusätzlich sollte Ihr Kind alle Wörter lernen, die es im Diktat oder im Aufsatz falsch geschrieben hat. Diese kommen in den »Lerntopf« und werden dann systematisch abgearbeitet.

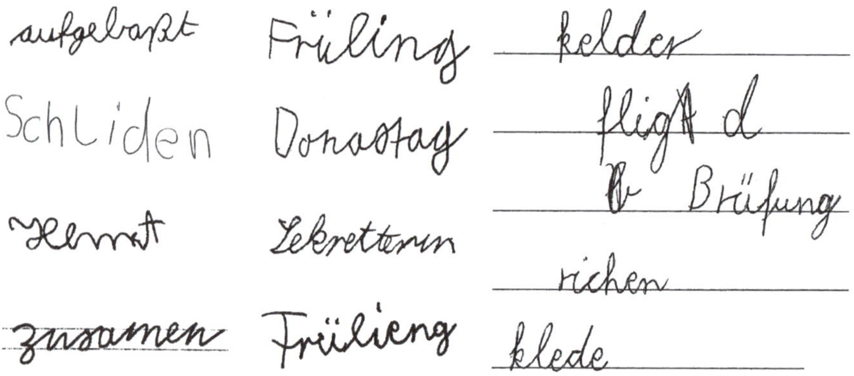

Abb. 10.6: Wörter für den »Lerntopf«

Wie viele Wörter sollte Ihr Kind pro Tag lernen?
Grundsätzlich gilt es, zwischen neu zu lernenden Wörtern und schon gelernten und »nur« zu wiederholenden Lernwörtern zu unterscheiden. Es gilt das Motto: »Nur wenige neue Wörter beim Einprägen, aber wesentlich mehr alte Wörter beim Wiederholen.«

Konkret bedeutet dies: In der ersten Klasse sollte ein neues Lernwort, in der zweiten Klasse zwei neue Lernwörter, in der dritten Klasse maximal drei und in der vierten Klasse nur zwei neue Lernwörter pro Tag geübt werden. (In der vierten Klasse entscheidet sich aufgrund seiner erbrachten Leistungen in einigen Bundesländern bzw. Schulformen, ob Ihr Kind auf die Mittelschule, die Realschule oder das Gymnasium gehen kann.) Ein bis drei neue Wörter pro Tag mag Ihnen zunächst wenig erscheinen, aber aufgrund der Regelmäßigkeit wird Ihr Kind z.B. bei täglich drei neuen Wörtern 15 Wörter pro Woche (5 x 3) hinzulernen. Pro Jahr wären dies 750 Wörter (50 Wochen à 15 Wörter)! Nehmen Sie täglich nur zwei neue Wörter hinzu, kommen Sie immer noch auf 500 Wörter pro Jahr! Um diese Anzahl besser einschätzen zu können: In Nordrhein-Westfalen beinhaltet der Grundwortschatz für die ersten vier Grundschuljahre insgesamt ca. 700 bis 800 Lernwörter (s.o.).

Der hierfür notwendige Zeitaufwand ist also nicht wirklich beträchtlich. Für ein erfolgreiches Üben ist aber ein »langer Atem« notwendig – Sie sind in Ihrer Hartnäckigkeit und Konsequenz gefordert. Ratsam ist es, gemeinsam mit Ihrem Kind ein Ritual zu entwickeln und im Lernen beständig »am Ball zu bleiben«.

Die Bedeutung des ersten Lerntages
Ziel ist es, dass Ihr Kind möglichst ohne zu »denken« die zu lernenden Wörter richtig schreibt. Das funktioniert nur, wenn es nur eine, und zwar die richtige Schreibweise sicher abgespeichert hat. Damit die richtige Schreibweise nicht mit Fehlschreibweisen im Gedächtnis Ihres Kindes in Konflikt gerät, muss das erstmalige Lernen bzw. Abspeichern eines »neuen Lernwortes« zu 100 % gelingen. Da Ihr Kind für die neuen Wörter erstmalig ein neuronales Netzwerk, d.h. eine erstmalige »Verdrahtung« der beteiligten Nervenzellen aufbaut, bedarf es gerade am ersten Lerntag mehrerer, über den Tag verteilter Wiederholungsdurchgänge. Ob Sie mit Ihrem Kind an diesem ersten Lerntag die wenigen, neu zu lernenden Wörter ausreichend häufig wiederholt haben, werden Sie am Tag darauf feststellen. Am nächsten Tag wiederholen Sie diese Wörter und lassen Sie sich diese erneut buchstabieren. Macht Ihr Kind bei dieser Überprüfung Fehler, müssen Sie am ersten Lerntag die Anzahl der Wiederholungen erhöhen.

> Da pro Tag nur ein bis drei Wörter neu gelernt werden, benötigen Sie für diese kurzen Wiederholungssequenzen jeweils nur ein bis zwei Minuten: »Weißt du noch, wie das Wort … aussieht?« Das Kind buchstabiert das neu gelernte Wort. »Richtig! Super!«

Die Bedeutung der Wortlänge
Das exakte Abspeichern des Wortbildes ist nur möglich, wenn die Kapazität des Arbeitsgedächtnisses mitberücksichtigt wird. Angesichts der Kapazitätsgrenze von fünf Informationseinheiten gilt es, gegebenenfalls längere Wörter beim Abspeichern in zwei oder drei Bausteine zu zerlegen.

Beispiel: Früh ling

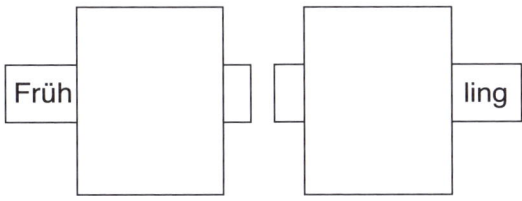

Abb. 10.7: Zerlegung von längeren Wörtern in leichter abspeicherbare »Bausteine«

Sie decken dann z.B. die zweite Hälfte des Wortes ab und lassen zunächst nur die erste Hälfte abfotografieren und diese daraufhin buchstabieren. Anschließend wiederholen Sie das Vorgehen mit der zweiten Worthälfte.

Anzahl der Wiederholungen
Kinder mit einer Rechtschreibschwäche benötigen besonders viele Wiederholungsdurchgänge, um Lerninhalte in diesem Bereich sicher abspeichern zu können. Ein Kind ohne Rechtschreibprobleme mag mit vier bis sechs Wiederholungstagen auskommen, ein rechtschreibschwaches Kind braucht hingegen in der Regel mindestens zehn Wiederholungstage. Diese müssen anfangs täglich aufeinanderfolgend erfolgen. Mit zunehmender Lerndauer darf sich der Abstand vergrößern. Die richtige Frequenz können Sie letztlich nur durch Erfahrung aufgrund entsprechender Erfolgskontrollen feststellen. Auch gut eingeprägte Wörter müssen beständig wiederholt werden: Dies festigt das Langzeitgedächtnis und sichert Erfolgserlebnisse und Motivation Ihrer Kinder.

Zeitliche Einteilung des Lernens über den Tag verteilt
Ihr Kind sollte sich zunächst die Wortkärtchen, die es in der Lernbox (s.u.) aufbewahrt, in der Hausaufgabenzeit einprägen. Als Eltern können Sie Ihr Kind die Wörter dabei *mehrfach buchstabieren* lassen (»Weißt du noch, wie das Wort aussieht?«). Die Gesamtdauer dieser Übungen sollte 8–14 Minuten nicht überschreiten.

Am Abend, z.B. vor dem Abendessen, können Sie noch einmal kurz überprüfen, ob sich Ihr Kind noch an das korrekte Buchstabieren der Wörter erinnert. Bei falsch erinnerten Lernwörtern schaut sich Ihr Kind die Kärtchen vor dem Einschlafen noch einmal an. Auch neue, zusätzliche Wörter können vor dem Einschlafen noch einmal angeschaut werden. (Der zuletzt vor dem Schlafen bearbeitete Lerninhalt wird tatsächlich am besten wiedererinnert, da sich während der Schlafenszeit Gedächtnisinhalte aktiv konsolidieren!)

Wenn ihr Kind ein Wort an sieben Tagen richtig erinnert hat, darf es dieses Wort auch einmal schreiben. Sie können dafür die Wörter aus dem achten bis zehnten Fach der Lernbox benutzen.

Diese Übungen sollten Sie *möglichst täglich*, mindestens aber fünf Mal in der Woche praktizieren. Klappt es während der Woche einmal nicht, weichen Sie auf den Samstag oder Sonntag aus.

Der benötigte Zeitaufwand ist dabei nicht wirklich groß. Für ein erfolgreiches Üben ist aber Ihrerseits ein »langer Atem« notwendig – als Mutter und Vater sind Sie in Ihrer Hartnäckigkeit und Konsequenz gefordert. Ratsam ist es, gemeinsam mit Ihrem Kind ein Ritual zu entwickeln und beim Lernen beständig »am Ball zu bleiben«.

Zusätzliche Hilfestellungen
Eine Methode, um eventuell mehrmals falsch erinnerte Wörter besonders zu üben, besteht darin, für diese Wörter neue, farbige Lernkarten anzulegen. *(Geschriebenes auf farbigem Untergrund erhöht die selektive Aufmerksamkeit!)*

Sie können Ihrem Kind eine weitere zusätzliche Hilfestellung dadurch geben, indem Sie es auf bestimmte, besonders schwierige Wörter aufmerksam machen: »Weißt du noch, welche Schwierigkeit bei dem Wort besteht?«

Eine Lernkartei für rechtschreibschwache Kinder
Sicherlich kennen Sie die übliche, im Handel erhältliche Lernbox. Diese hat in der Regel insgesamt sechs Fächer und wird zum Üben der Rechtschreibung oder zum Einprägen von Vokabeln eingesetzt. In das erste Fach legt man die neuen Lernwörter hinein, die an den darauffolgenden Tagen wiederholt werden und jeweils ein Fach weiter wandern, wenn sie beherrscht werden. Wird ein Lernwort, das sich bereits im dritten Fach befindet, nicht mehr beherrscht, wandert es wieder zurück in das erste Fach. Im letzten Fach der Lernbox dagegen besteht viel Platz, um die nach fünf Wiederholungsdurchgängen gekonnten Lernwörter abzulegen. Diese sollen dann sozusagen in das Langzeitgedächtnis der Kinder gewandert sein. Ein »Überlernen« soll so vermieden werden, da nur die Lernwörter, die nicht beherrscht werden, wieder in das erste Fach wandern. Soweit das Prinzip einer »normalen« Lernbox.

Rechtschreibschwache Kinder benötigen sehr oft mehr Wiederholungsdurchgänge als ihre Altersgenossen. Für diese Kinder bietet sich deshalb eine spezielle Lernbox an, die aus zehn schmalen und zwei breiteren Fächern besteht (▶ Abb. 10.8).

Sie beginnen mit nur ein bis drei neuen Kärtchen. Jeden Tag wandern die gekonnten Karten ein Fach weiter. Am ersten Lerntag sollen die neuen Wörter über den Tag verteilt so häufig wiederholt werden, dass sie am nächsten Tag richtig buchstabiert werden können. Sollte es dennoch einmal zu einem Fehler kommen, verbleiben bis zum fünften Tag nicht beherrschte Karten in dem jeweiligen Fach, ab dem sechsten Tag wandern die Kärtchen drei Fächer zurück. Die Karten sollten nie ins erste Fach zurückkommen, da die Kinder dadurch eine zu große Frustration erleben und demotiviert werden können.

Sie können mit Ihrem Kind auch abhängig von seinen Möglichkeiten und Schwierigkeiten eine individuelle Regelung treffen. Beispielsweise vereinbaren Sie, dass ab dem sechsten Wiederholungstag die Wörter der ersten fünf Fächer in der Hausaufgabenzeit gelernt bzw. überprüft werden. Am Abend zeigt das Kind – vielleicht sogar dem anderen Elternteil, mit dem es nicht geübt hat – was es schon gut kann. Es buchstabiert die Fächer 6 bis 8 und schreibt die Wörter der Fächer 9 und 10.

Förderung bei Schwierigkeiten im Rechtschreiblernprozess

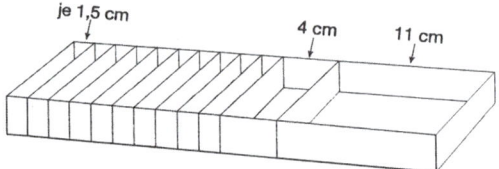

Unsere Lernbox ist ein einfacher Zettelkasten, der – im Gegensatz zur herkömmlichen Lernkartei mit 5 Fächern – 12 Fächer aufweist.

Damit ermöglicht die Lernbox den Kindern, eine ausreichende Anzahl von Wiederholungen durchzuführen. Gleichzeitig wächst die Motivation der Kinder, mithilfe des Weiterwanderns der Lernkärtchen die Fortschritte ihres Lernens besser verfolgen zu können.

Die Lernbox kann zum Einprägen der Lernwörter des Grundwortschatzes im Bereich der Rechtschreibung, zum „Verautomatisieren" von Additions- und Subtraktionsaufgaben (+ und –) im 9er-Raum oder von Einmaleins-Aufgaben im Bereich der Grundrechenarten oder zum Lernen der Vokabeln im Fach Englisch eingesetzt werden.

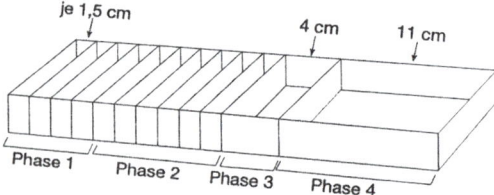

Phase 1: Wiederholung am nächsten Tag

Phase 2: Die Wiederholungen können jetzt in einem größeren Abstand erfolgen. Zunächst bietet sich ein Zwei-Tages-Abstand an, der abhängig von der Behaltensleistung des Kindes langsam gesteigert werden kann. Zeigt sich jedoch beim Überprüfen ein Fehler, so wandert das Kärtchen zwei bis fünf Fächer zurück. Wichtig dabei ist, dass das Kärtchen nicht wieder ganz zurück in das erste oder zweite Fach wandert, da sonst die Frustration für Ihr Kind zu groß wird und es anschließend beim weiteren Üben blockieren könnte.

Phase 3: In diesem Fach werden die Kärtchen gesammelt und jeweils nach zwei bis vier Wochen nocheinmal überprüft. Bei dieser Überprüfung hatte eine Mutter die Idee, ein „Belohnungsfest" einzuführen. Sie vereinbarte, dass wenn ihr Kind es schaffen sollte, 90% der diktierten Wörter richtig zu schreiben, es sich zusätzlich zur Freude über den erreichten Lernerfolg, eine kleine Belohnung verdient hatte. Zeigt sich beim Überprüfen jedoch ein Fehler, so wandert das Kärtchen ebenfalls wieder fünf Fächer zurück.

Phase 4: In diesem Fach wird der gelernte „Wissensschatz" des Kindes gesammelt. Aber auch hier findet noch einmal eine Überprüfung im Abstand von ein bis zwei Monaten statt. Hier gibt es natürlich ein „Super-Belohungsfest" als Ausdruck der Freude über den gemeinsam erreichten Lernerfolg.

Bei der Arbeit mit der Lernbox ist es wichtig, dass Sie aufgrund Ihrer Erfahrung mit Ihrem Kind und dem jeweiligen Lerngebiet eine Feinabstimmung vornehmen. So können Sie durchaus auch die Dauer der einzelnen Phasen verändern. Macht Ihr Kind z.B. noch häufiger Fehler, sollten Sie die Phasen verlängern.

Abb. 10.8: Die Lernbox – eine Strukturierung des Übens mit einer angemesseneren Anzahl von Wiederholungen[1]

---

1 Die Lernbox kann bezogen werden über: Mainfränkische Werkstätten GmbH, Tel. 0931/200220, Fax: 0931/2202225, E-Mail: info@mainfraenkische-werkstaetten.de. Die Mainfränkische Werkstätten GmbH ist eine gemeinnützige Gesellschaft, die ein umfassendes Angebot an Arbeitsplätzen für erwachsene Menschen mit Behinderung bereithält.

Wie die Lernbox-Lernmethode in den Unterricht integriert werden kann, zeigt die Rückmeldung eines Vaters, dessen Sohn die 2. Klasse besucht. Deren Lehrerin hatte bereits am Ende der 1. Klasse diese Lernmethode bei ihren Schülern eingeführt.

»Seit Juni beübt die Klasse meines Sohnes das Abspeichern von Lernwörtern mit der Lernbox (übrigens: wir haben sie ›Lerno‹ getauft). Am letzten Elternabend konnte die Lehrerin voller Stolz über die bisherigen Erfolge in der Rechtschreibung berichten. Sie merke es ganz deutlich, wie die Schüler in der Rechtschreibung zunehmend sicherer würden. Die Kinder beüben fast täglich in Partnerarbeit die aktuellen Lernwörter. Auch das 1 x 1 will sie mit ›Lerno‹ verautomatisieren. – Tolle Lehrerin und tolles Konzept, wie ich finde.«

Wiederholungen richtiger Wörter sind durchaus sinnvoll. Ihre Kinder können auf diese Weise Erfolge erleben (»das kann ich schon«), ihre Lernmotivation wird gestärkt und die Automatisierung vertieft. Motivierend wirkt für die Kinder, mitzuerleben und zu sehen, wie die Kärtchen als sichtbares Zeichen ihrer Lernleistung immer weiter wandern. Dieses Prinzip ist gut nachvollziehbar: Kinder möchten immer genau wissen, wie viel sie schon geschafft haben. Ziel der Übungen ist es, möglichst viele Kärtchen in den letzten beiden Fächern anzusammeln. Aber auch diese Kärtchen werden immer wieder einmal, wenn auch in größeren zeitlichen Abständen, überprüft.

Das Computerlernprogramm »Phase 6«

Das Computerlernprogramm »Phase 6« ist im Handel für ca. 20,– € erhältlich.

Unserer Ansicht nach sind die im Programm empfohlenen Anfangsabstände der Wiederholungen für Kinder mit Rechtschreibschwäche zu groß und die Anzahl der Wiederholungsdurchgänge zu gering. Wenn Sie sich noch einmal an die Vergessenskurve erinnern (▶ Kap. 4, ▶ Abb. 4.10), so sind es gerade die ersten Tage, die so unendlich wichtig sind, um das Neuzulernende zu wiederholen und die Synapsen »dick« zu machen. Nur wenn gerade in der ersten Woche täglich wiederholt wird, sind Erfolgserlebnisse zu erwarten, die für Erhalt und Aufbau von Motivation wiederum so bedeutsam sind.

Unsere Lernbox ist zusätzlich ideal für das Lernen von Vokabeln in den Fächern Englisch, Latein und Französisch in Haupt- und Realschule sowie im Gymnasium.

Exkurs: Englische Vokabeln

Das Prinzip des Abfotografierens kann ebenso für das Lernen englischer Vokabeln eingesetzt werden. Im Englischen ist das visuelle Abspeichern der richtigen Schreibweise der einzig mögliche Weg, da die Wörter nicht lautgetreu geschrieben werden. Wenn Ihr Kind nun mit dem Abfotografieren aus der deutschen Rechtschreibung schon vertraut ist, bietet sich dies für die englische analog an.

Wie sollte das Vorgehen beim Erlernen der englischen Vokabeln genau aussehen? Sie benutzen wieder Lernkärtchen und beschriften diese auf der einen Seite mit dem englischen Wort und auf der anderen Seite mit der deutschen Übersetzung.

$\boxed{\text{easy}}$ $\boxed{\text{leicht}}$

Abb. 10.9: Lernkärtchen für englische Vokabeln

Zunächst zeigen Sie Ihrem Kind die deutsche Bedeutung des englischen Wortes und sprechen das englische Wort aus (»leicht – i:si«). Ihr Kind wiederholt die Aussprache des englischen Wortes. Im zweiten Lernschritt »fotografiert« Ihr Kind das englische Wort ab. Sie wiederholen die deutsche Bedeutung »leicht«, Ihr Kind spricht das englische Wort* »i:si« aus und buchstabiert sofort anschließend das Wort »e-a-s-y« (▶ Abb. 10.10). Somit wird von Anfang an eine neuronale Verdrahtung zwischen Aussprache »i:si« und Schreibweise »easy« im Gehirn Ihres Kindes erzeugt.

1. Das Abfotografieren bei englischen Vokabeln

1. Das aktive Wiederholen der Aussprache und der Schreibweise

Abb. 10.10: Lernen englischer Vokabeln mithilfe des »Abfotografierens«

Die Schreibweise längerer Wörter, wie z.B. »neighbour« (Nachbar) oder »mountain« (Berg), wird wegen der begrenzten Kapazität des Arbeitsspeichers am besten in Teilschritten gelernt. Das Wort wird zerlegt, indem Sie den zweiten Teil des Wortes (z.B. bei »mountain«: »…tain«) abdecken und Ihr Kind den ersten Wortteil (»moun…«) abfotografiert und sich einprägt. Dann zeigen Sie den zweiten Wortteil und lassen ihn abfotografieren (»…tain«). Anschließend fügen Sie beide Wortteile zusammen. Fällt es Ihrem Kind schwer, beim Buchstabieren den Überblick über das Wortbild zu behalten, »darf« es beim Wiederholen das Wort schreiben.

Abb. 10.11: Zerlegen in »Bausteine« und Abdecken bei längeren englischen Vokabeln

In der Unterrichtspraxis geschieht es leider immer wieder, dass in den Fremdsprachen von einem Tag auf den nächsten sehr viele Vokabeln aufgegeben werden. Fast alle Kinder tun sich jedoch sehr schwer damit, auf den folgenden Tag 10–30 neue Vokabeln zu lernen. Das Kind wird nun versuchen, diesen Berg an Vokabeln für die Abfrage in der Schule zu lernen. Ein sicheres Abspeichern ist bei dieser Menge jedoch kaum möglich. Außerdem wird das Kind keine Zeit bzw. Energie mehr haben, bereits an den Vortagen gelernte Vokabeln zu wiederholen. Schon beherrschte Vokabeln droht es damit zu vergessen. Diese Unterrichtspraxis verleitet somit zu einem punktuellen Lernen, bei dem das notwendige systematische Wiederholen nicht stattfindet.

Treffen Sie als Eltern deshalb mit Ihrem Kind folgende Vereinbarung: »Jeden Tag werden drei bis fünf neue Vokabeln gelernt, unabhängig von der in der Schule aufgegebenen Menge der Vokabeln, und dieses fünf Mal in der Woche«. Die zuletzt gelernten 30–45 Vokabeln – hier gilt es eine Feinabstimmung in Bezug auf die für ein dauerhaftes Behalten notwendige Anzahl der Wiederholungstage bei Ihrem Kind zu treffen – werden z.B. in 10er-Blöcken wiederholt. Ihre Tochter bzw. Ihr Sohn muss die Wörter dabei nur aussprechen und buchstabieren (Mutter/Vater: »leicht« – Kind: »i:si, e-a-s-y«). Nur bei Problemwörtern, z.B. bei langen englischen Vokabeln, schreibt Ihr Kind das englische Wort zur eigenen besseren Orientierung. Mit diesem systematischen Vorgehen und entsprechender Hartnäckigkeit Ihrerseits ermöglichen Sie Ihrem Kind erlebten Erfolg. Die Motivation steigt, ebenso die Zuversicht und letztlich das Selbstwertgefühl. Ihr Kind erlebt: »Englische Vokabeln zu lernen, ist ja gar nicht so schwer.«

Üblicherweise geben Englischlehrer zu viele Vokabeln auf einmal auf den nächsten Tag zum Lernen auf. Am besten wäre es natürlich, wenn Sie dann als Eltern nicht eine »Mengenkorrektur« in Bezug auf die zu große Anzahl zum Lernen aufgegebener Vokabeln vornehmen müssten, sondern die Lehrer von sich aus auf eine »gehirngerechtere« Verteilung der Lernmenge bei den Vokabeln achten würden. Machen die Lehrer dies nicht, hat sich ein **Vorlernen** der englischen Vokabeln als sehr hilfreich erwiesen.

Zur Systematisierung des Lernens der englischen Vokabeln bietet sich wiederum die Lernbox (vgl. S. 242 f.) an.

b) Die Wortbaustelle

Mithilfe der »Wortbaustelle« wird auf spielerische Art die Morphemsegmentierung von Wörtern eingeübt (vgl. ergänzend Kleinmann 2000). Wörter werden in Wortstamm, Prä- und Suffixe zerlegt. Die Kinder lernen dabei zum einen, dass Prä- und Suffixe – d.h. Vor- und Nachbauten eines Wortes – in der deutschen Rechtschreibung immer in der gleichen Weise zu schreiben sind. Zum anderen werden die Kinder in die Lage versetzt, sich mithilfe eines richtig abgespeicherten Wortstammes die Schreibweise aller weiteren Wörter der dazugehörigen Wortfamilie abzuleiten.

Das Spiel mit der Wortbaustelle benötigt nicht mehr als zwei bis drei Minuten am Tag, um das Prinzip zu automatisieren. Empfehlenswert ist es, eine solche »Baustelle« für das schwierigste neue Verb (Zeit- bzw. Tunwort) des Tages einzurichten. Ein Wort pro Tag nach dem Motto »kleine Portionen – aber regelmäßig« reicht für ein erfolgreiches Lernen häufig schon aus!

Die Grundprinzipien der Wortbaustelle mit Vorbauten, Hauptbau und Nachbauten veranschaulicht ▶ Abb. 10.12. Verinnerlicht Ihr Kind folgende Fragestellungen (durch regelmäßiges Wiederholen), wird es ihm in Zukunft leichter fallen, Wörter zu buchstabieren und zu schreiben:

- »Stopp, hat dieses Wort einen Vorbau?«
- »Wie heißt der Hauptbau? Kennst du schon ein Wort aus dieser Wortfamilie? Wie heißt das Grundwort?«
- »Gibt es einen Nachbau bei diesem Wort?«

Übungen mit Lernkärtchen

Für das Spiel der »Wortbaustelle« müssen Sie Lernkärtchen anfertigen, auf denen Sie mögliche Vorbau- und Nachbauformen schreiben. Für diese Kärtchen raten wir ein Format von DIN A8 und zwei unterschiedliche Farbtöne zu benutzen. Das Grundwort wird dagegen auf ein weißes Kärtchen im Format DIN A7 geschrieben.

Spielmaterial
• Lernkärtchen, auf denen mögliche Vorbau- und Nachbauformen stehen.
Für den Vor- bzw. Nachbau werden jeweils unterschiedliche Pastelltöne benutzt.

• Das Grundwort wird auf ein weißes Kärtchen geschrieben.

Spiel 1: „Wie viele Wörter kannst du bilden?"
(Gibt es das neu gebildete Wort überhaupt?)

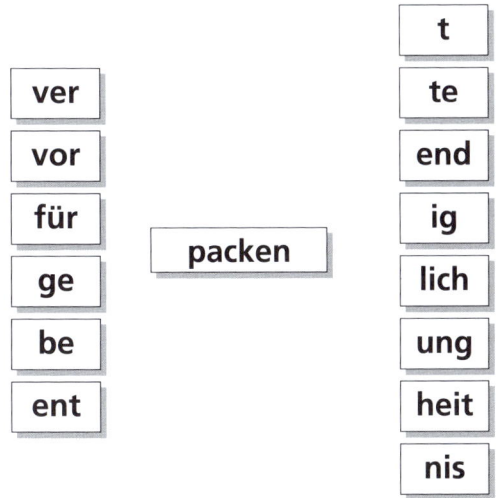

Beispiele

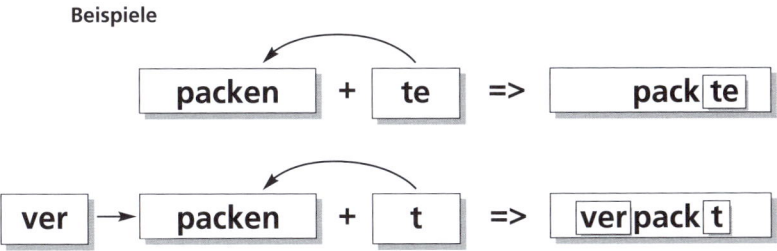

Abb. 10.12: Wortbaustelle 1

Beim ersten Spiel »Wie viele Wörter kannst du bilden?« (▶ Abb. 10.12) kann Ihr Kind in einem ersten Schritt Vorbauten vor den Wortstamm und Nachbauten auf die Endung »-en« des Grundwortes legen. Auf diese Weise entstehen zahlreiche neue Worte der Wortfamilie. Ihr Kind darf dann in einem zweiten Schritt überlegen, ob es die jeweils neu gelegten Wortverbindungen auch tatsächlich gibt. Positiv wirkt sich bei diesem Spiel aus, dass Vor- und Nachbauten sowie der Wortstamm durch die unterschiedliche Farbgebung für Ihr Kind eindeutig erkennbar sind und durch sein eigenes aktives und damit motivierendes Handeln zustande kommen.

Beim zweiten Spiel »Kannst du den Vorbau und den Nachbau bei dem Wort ... finden?« (▶ Abb. 10.13) geben Sie ein Wort vor – z. B. »entsprechend«, »missversteht« oder »fürsorglich« –, das Ihr Kind aus den entsprechenden Vorbauten, dem Wortstamm und dem Nachbau zusammensetzt.

Spiel 2: „Kannst du den Vorbau und den Nachbau bei dem Wort ... finden?"

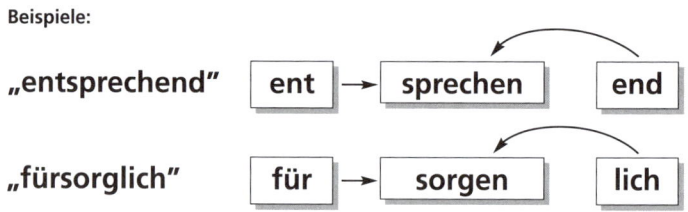

Spiel 3: Aufbaustadium - „Brauche ich das „ä" ?"

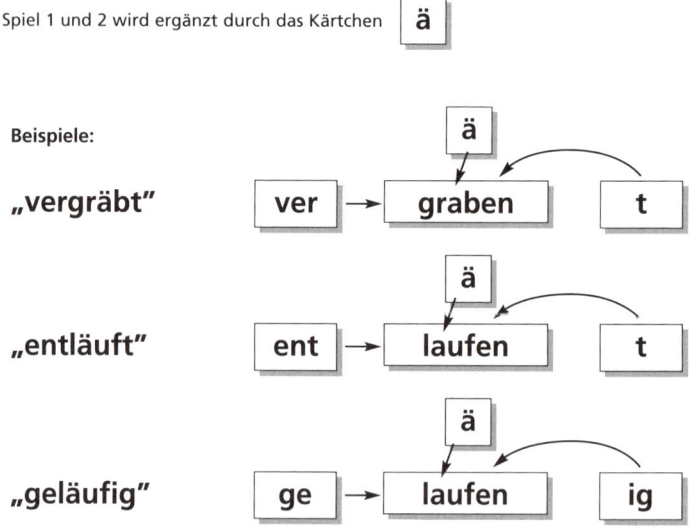

Abb. 10.13: Wortbaustelle 2

Für das dritte Spiel »Brauche ich das ä?« (▶ Abb. 10.13) benötigen Sie ergänzend zu den Materialien von Spiel 1 und 2 einen schmalen Streifen (neue Farbe) mit dem Buchstaben »ä«. Zusätzlich zu der Aufgabe, ein Wort zusammenzusetzen, wird

Ihr Kind hier vor die Schwierigkeit gestellt zu entscheiden, ob ein Wort mit »ä« geschrieben wird. Prinzipiell folgt die Übung dem Ablauf von Spiel 2. Im Unterschied zu diesem können die Kinder hier allerdings erkennen, wie aus dem »a« des Wortstammes ein »ä« wird (graben – gräbt; laufen – läuft). Der Streifen mit dem andersfarbigen »ä« kann später auch bei der Bildung der Mehrzahl – aus »Blatt« werden »Blätter« – eingesetzt werden. (Weitere Beispiele: Bälle, Bäume, Gräser, Häuser, Länder, Mäuse, Sätze …). Bei der Bildung von bestimmten Nomen in der Mehrzahl werden dann noch »ö« und »ü« ergänzt. Damit lernen die Kinder, Ableitungen nachzuvollziehen und sie sich *visuell* zu erschließen.

Im Folgenden möchten wir Ihnen zum einen

> **Wichtige Vorbauten**
>
> ver-, zer-, vor-, fort-, ent-, miss-

und zum anderen

> **Wichtige Nachbauten**
>
> - in Verben: -en, -t, -te, -ten, -st, -tet, -ete, -test,
> - in Adjektiven (Eigenschaftswörtern): -ig, -lich, -haft, -sam, -los, -bar, -end, und
> - in Nomen (Hauptwörtern): -heit, -keit, -ung, -tum, -erei, -schaft, -er, -lein, -nis, -nisse, -igkeit, -in/innen, -lichkeit, -ling

vorstellen. Die Vorbauten sollten langsam durch weitere Präfixe, die in ihrer Schreibweise weniger schwierig sind, ergänzt werden. Wieder gilt dabei das Motto: Weniger ist mehr!

> **Weitere Vorbauten**
>
> ab-, an-, auf-, aus-, be-, bei-, davon-, durch-, ein-, er-, fest-, für-, ge-, her-, heraus-, herum-, hin-, hinaus-, hinein-, los-, mit-, nach-, über-, um-, un-, unter-, weg-, zu-

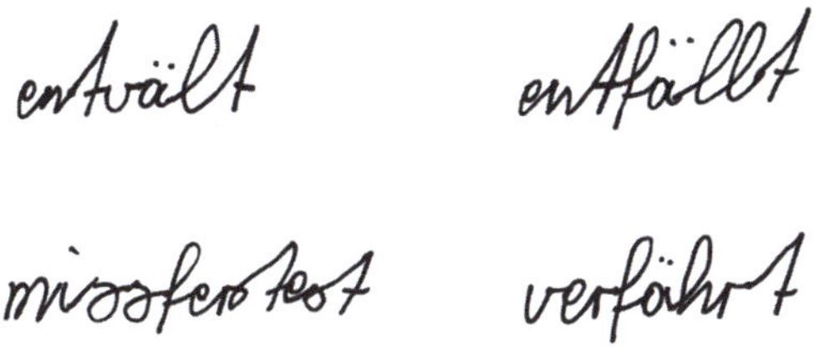

Abb. 10.14: Vor und nach dem Üben mit der »Wortbaustelle«

c) Methoden zum Erlernen von Rechtschreibregeln – »Trickkärtchen«: Visuelle Komprimierung von Rechtschreibregeln

Neben der Automatisierung, d.h. dem sicheren Abspeichern von Wortbildern, besteht ein zweiter methodischer Ansatz darin, Kindern ein festes Regelwissen an die Hand zu geben. Im Deutschen lässt sich die Rechtschreibleistung durch konsequente Regelanwendung deutlich verbessern, trotz des Umstandes, dass es häufig auch Ausnahmen gibt.

Unser Ziel ist es, das häufig komplizierte Regelwissen für rechtschreibschwache Kinder zu vereinfachen und visuell zu komprimieren. Dabei möchten wir den Kindern »Tricks« an die Hand geben, sich schwierige Wörter wie z.B. mit Hilfe der Wortbaustelle selbst erschließen zu können. Eine weitere Möglichkeit besteht in unseren »Trickkärtchen«. Allein der Begriff »Trick« kann rechtschreibschwache Kinder motivieren – sie mögen normalerweise Tricks sehr gerne.

Die folgenden Hilfestellungen beziehen sich auf Regelhaftigkeiten in der deutschen Rechtschreibung bzw. auf mögliche Schwierigkeiten bei unseren Kindern. Die Hilfen werden auf möglichst einfache und einprägsame Art visualisiert und auf kleinen Kärtchen festgehalten (vgl. auch S. 225 f.). Wir raten Ihnen, Ihrem Kind die Trickkärtchen immer wieder als Erinnerungshilfe bei solchen Wörtern anzubieten, die es häufig in ähnlicher Weise falsch schreibt.

h nur

vor l, m, n und r

Ausnahme: Nachbau „t"

Aber:

h̷l, h̷m, h̷n und h̷r

bei: t____ sp____
qu____ sch____

(Tal, Ton, quälen, quer, sparen, schonen...)

rz   .rtz
lz   .ltz
nz   .ntz

rk   .rck
lk   .lck
nk   .nck

Großschreibung nach unbestimmten Mengenangaben

etwas ... Schönes
alles ...Gute
viel ...
wenig ...
nichts ...
manches ...

Abb. 10.15: Beispiele für Trickkärtchen

d) Groß- oder Kleinschreibung?

Für eine korrekte Groß- und Kleinschreibung müssen Kinder lernen, darauf zu achten, ob bestimmte Satzzeichen oder eine bestimmte Wortart die *Großschreibung als Ausnahme* erforderlich machen.

> Die Großschreibung bildet in der deutschen Rechtschreibung die Ausnahme, sie erfolgt nur in zwei Fällen:
>
> - Steht ein Wort am Satzanfang bzw. nach einem Punkt, so wird es groß geschrieben.
> - Handelt es sich bei einem Wort um ein Hauptwort/Nomen, muss es groß geschrieben werden.
>
> Alle anderen Wörter sind klein zu schreiben.

Übungsmöglichkeiten

Wenn Ihr Kind bei jedem Wort entscheiden muss, ob es groß- oder kleingeschrieben wird, um welche Wortart es sich handelt und welche Folgen sich daraus ergeben, wird sein Arbeitsgedächtnis durch diesen Entscheidungsprozess ständig sehr belastet, was es für Ihr Kind anstrengend macht. Dies hat zur Folge, dass Ihr Sohn bzw. Ihre Tochter schließlich nur noch rät. *Um das Arbeitsgedächtnis zu entlasten, soll Ihr Kind davon ausgehen, dass die Wörter normalerweise klein geschrieben werden und darüber nicht weiter nachgedacht werden muss. Es muss nur auf die seltenere Ausnahme achten, großzuschreibende Wörter zu erkennen.* Dies sollte auch gezielt geübt werden. Großschreibung stellt die Ausnahme dar und wird in den Fällen gefordert, bei denen das Wort hinter einem Punkt folgt oder bei denen es ein Hauptwort darstellt. Hat Ihr Kind diese beiden Grundregeln einmal verinnerlicht, muss es zukünftig viel weniger Zeit und Energie darauf verwenden, die Groß- und Kleinschreibung korrekt anzuwenden.

Eine Übung, die Sie als Eltern mithilfe des Computers gestalten können, kann so aussehen: Mit einem Texterkennungsprogramm können Sie für Ihr Kind einen interessanten, jedoch schwierigen Text scannen bzw. aus dem Internet kopieren. Den Text verändern Sie anschließend, indem Sie alles klein schreiben. Den Text können Sie nun in kleine Portionen zerlegen und Ihr Kind täglich z.B. einen Absatz von vier bis acht Zeilen bearbeiten lassen. Ihr Kind sucht in dem komplett kleingeschriebenen Text alle Wörter, die groß zu schreiben sind und markiert sie.

> ↑es war schon einige ↑male vorgekommen, dass
> ↑dominik ↑einbrecher und ↑spione gesehen hatte, die
> sich dann als harmlose ↑kanalreiniger oder
> ↑fotografen entpuppt hatten.

> ↑der ↑text der ausgesprochen ungewöhnlichen
> ↑anzeige lautete: ↑knickerbocker-↑bande, bitte
> melden! ↑kennwort: ↑biest. ↑treffpunkt: ↑pestsäule! ↑die
> vier sahen einander ratlos an. „↑was bedeutet das?",
> fragte ↑poppi.

Abb. 10.16: Großschreibung entdecken – Trainingserfolg am 20. Übungstag

Anfangs können Sie Ihrem Sohn oder Ihrer Tochter als Orientierung und Hilfe die Anzahl der Fehler nennen. Später versucht Ihr Kind, alle Fehler selbstständig zu erkennen. Bei jedem gefundenen Fehler lassen Sie sich von Ihrem Kind erläutern, warum das jeweilige Wort groß geschrieben werden muss. Damit können Sie seine Denkstrategien und sein Regelwissen überprüfen und gegebenenfalls sofort korrigieren. Mit diesem Vorgehen automatisiert Ihr Kind seine diesbezüglichen Denkschritte.

Es ist ausreichend, in einer Woche an fünf Tagen von Ihrem Kind vier Zeilen korrigieren zu lassen. Die Fehlersuche – Ihr Kind kann hierbei die Rolle des Detektivs übernehmen – bereitet den Kindern in der Regel Spaß, da sie nicht schreiben müssen.

Hilfreich zum Erkennen der Großschreibung können für Ihr Kind wiederum Trickkärtchen sein (▶ Abb. 10.17):

Beispiele:

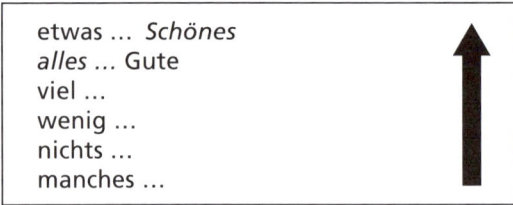

Abb. 10.17: Beispiele für Trickkärtchen zur Großschreibung

Ihr Kind kann auch ein Arbeitsblatt benutzen, das die »Haupterkennungszeichen« der Großschreibung im Überblick wiedergibt (▶ Abb. 10.18):

- bestimmte Begleiter
- kann ich das Wort sehen oder anfassen?
- handelt es sich um ein Gefühl?
- finde ich einen bestimmten Nachbau, der nur Namenswörtern vorbehalten ist?

Dies sind alles Erkennungszeichen von Namenwörtern/Nomen, die Sie durch entsprechende Fragen vorgeben und die Kinder im Laufe der Zeit internalisieren können.

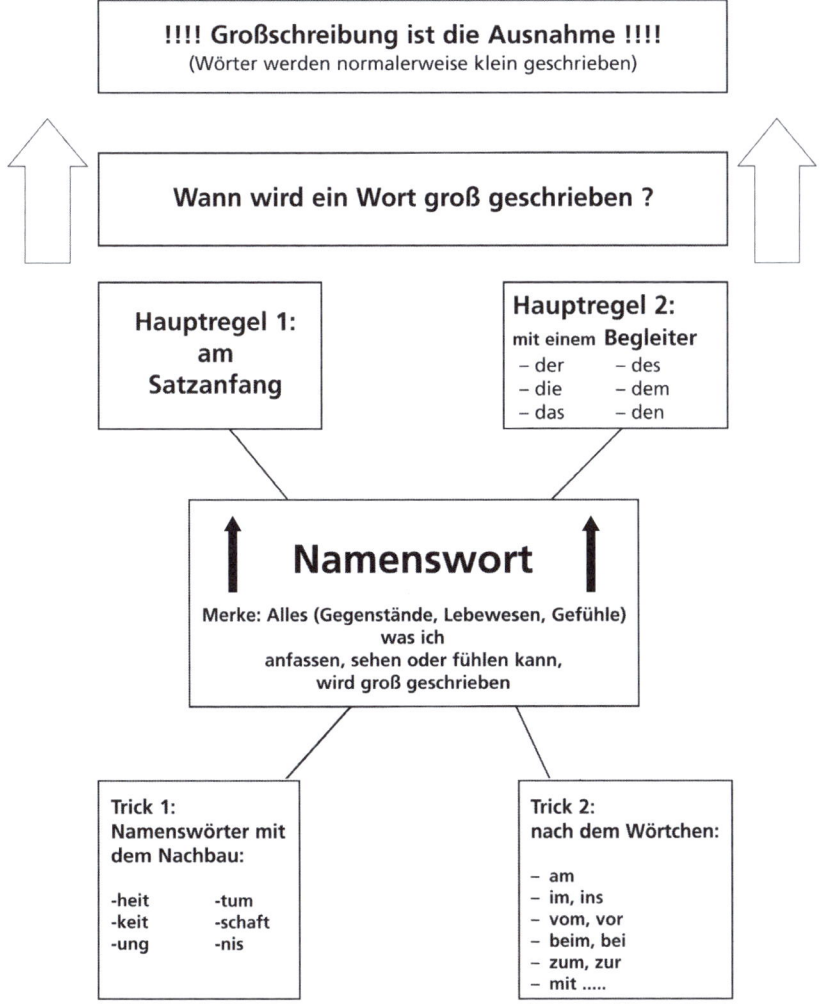

Abb. 10.18: Zur Großschreibung

10. Zusammenfassender Überblick

▶ Abb. 10.19 stellt im Überblick noch einmal wenige, aber passende Methoden zum Erlernen der Rechtschreibung für rechtschreibschwache Kinder zusammen. Diese Methoden bilden ein Trainingsprogramm, das Sie als Eltern gemeinsam mit Ihrem Kind zuhause erfolgreich praktizieren können. Da wir das isolierte Arbeiten an einer ganz spezifischen Rechtschreibproblematik für wenig effektiv halten, möchten wir Ihnen ein ganzheitliches Konzept vorstellen, das bei Ihrem Kind ein solides Fundament für eine korrekte Rechtschreibung legt. Einfache Hilfestellungen können Erfolg ermöglichen, wenn das Üben System hat.

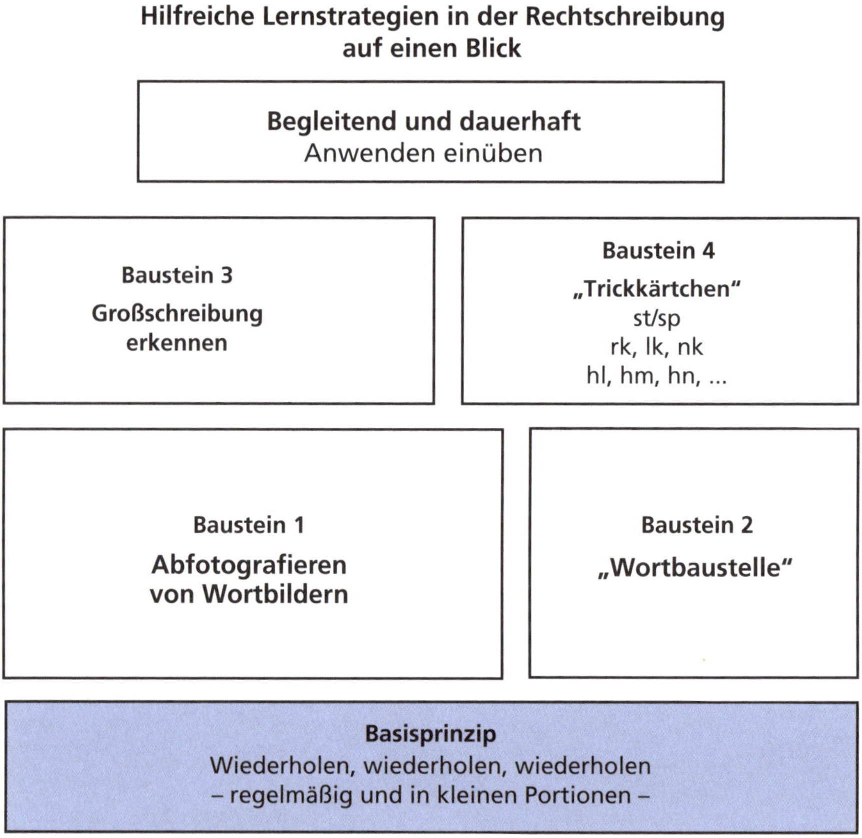

Hilfreiche Lernstrategien in der Rechtschreibung auf einen Blick

Begleitend und dauerhaft
Anwenden einüben

Baustein 3
Großschreibung
erkennen

Baustein 4
„Trickkärtchen"
st/sp
rk, lk, nk
hl, hm, hn, ...

Baustein 1
Abfotografieren
von Wortbildern

Baustein 2
„Wortbaustelle"

Basisprinzip
Wiederholen, wiederholen, wiederholen
– regelmäßig und in kleinen Portionen –

Abb. 10.19: Auf einen Blick: Die hilfreichen Lernstrategien in der Rechtschreibung

> Das *Basisprinzip* unseres Lernkonzepts beruht auf dem regelmäßigen Wiederholen. Dabei gilt der Grundsatz, in der jeweiligen Übungssituation den Lernstoff in kleinen Portionen zu wiederholen.
> Die *vier Bausteine* unseres Programms bilden:
>
> 1. Abfotografieren des Wortbildes
> 2. Der Einsatz der Wortbaustelle zum Erlernen der Morphemsegmentierung
> 3. Großschreibung als Ausnahmen erkennen
> 4. Der Einsatz von Spezialtricks zur weiteren Fehlervermeidung
>
> Begleitend und »über Jahre hinweg« gilt es, die Anwendung der erlernten Bausteine immer wieder einzuüben.

Damit Ihre Kinder im Bereich der Rechtschreibung erfolgreich sein können, kommt es darauf an, den Übungsstoff in einem allgemeineren Rahmen anzuwenden. Dies kann beispielsweise durch Ihr Diktieren einzelner Wörter oder ganzer Sätze erfolgen. Viele Kinder scheitern jedoch am Transfer ihres häuslichen Übens auf die schulische Leistungsüberprüfung. Sätze wie: »Zuhause hat er das Diktat fast fehlerfrei geschrieben und in der Schule dann wieder diese Katastrophe« hören wir oft von Eltern. Aus diesem Grunde ist es wichtig, in der Übungssituation zu Hause »den Ernstfall« möglichst gut nachzubilden.

Als Eltern und Lehrer machen Sie die Erfahrung, dass gerade rechtschreibschwache Kinder in der realen Schreibsituation in der Schule sehr schnell unter Zeitdruck geraten: Sie verlieren den Faden, geraten in Hektik und ihre Fehler mehren sich. Mithilfe eines kleinen Tricks, der sich zuhause einüben lässt, können rechtschreibschwache Kinder diese missliche Situation deutlich besser beherrschen: »Wenn du unsicher bist, ob du ein bestimmtes Wort möglicherweise falsch geschrieben hast, markiere dieses Wort während des Diktates oder beim Schreiben von Aufsätzen mit einem kleinen Punkt unterhalb des Wortes und schreibe weiter. Wenn du fertig bist, überprüfst du noch einmal alle markierten Wörter.« Auf diese Weise gehen den Kindern die erlebten Unsicherheiten »nicht verloren«, sie können sie später noch einmal gezielt überprüfen, was ihnen wieder mehr Sicherheit vermittelt. Außerdem verlieren sie während des Schreibens mithilfe dieses kleinen Tricks keine Zeit durch Innehalten, Überlegen, Durchstreichen und Neuschreiben.

Je komplexer der Kontext wird, z. B. beim Verfassen eines Aufsatzes, desto länger wird es dauern, bis auch in diesem Rahmen eine sichere Rechtschreibung gelingt. Dies ist völlig normal und sollte weder Ihr Kind noch Sie entmutigen, den Grundwortschatz auch weiterhin regelmäßig zu üben. Das Ziel ist, durch »ein jahrelanges Training« die Schriftsprache so zu verinnerlichen, dass »das Schreiben automatisch und ohne langes Überlegen gelingt« (v. Suchodoletz 2007, S. 12), also durch Automatisierungen letztlich richtig zu schreiben, ohne dabei denken zu müssen.

Kapitel 11: Das Üben von Aufsätzen

In der internationalen Klassifikation für psychische Störungen der Weltgesundheitsorganisation (WHO), der ICD-11, werden bei der Definition der »Developmental learning disorder with impairment in written expression« (6A03.1) neben den Problemen im Bereich der Rechtschreibung ausdrücklich gleichzeitig Probleme bei der Erstellung einer planmäßigen Gliederung und des Zusammenhangs von Ideen beim Schreiben zugrunde gelegt. Dies spiegelt wider, dass es rechtschreibschwachen Kindern schwerfällt, Aufsätze zu schreiben. Das Ergebnis fällt dann meist auch nicht gut aus.

Welche Voraussetzungen bringen rechtschreibschwache Kinder mit?

Rechtschreibschwache Kinder bringen zunächst schon negative Erfahrungen aus dem Bereich der Rechtschreibung mit. Häufig lesen sie auch weniger, weil eine kombinierte Lese-/Rechtschreibstörung in ca. 40 %, eine isolierte Rechtschreibstörung in ca. 60 % der Fälle besteht. Was im Störungsbereich gilt, trifft gleichermaßen im Schwächebereich zu. Wenn Ihr Kind wenig gelesen hat, fällt es ihm vielleicht auch schwer, zu formulieren und das auszudrücken, was es schreiben will. Deswegen finden sich bei den Kindern gehäuft Schwierigkeiten im sprachlichen Ausdruck. Hinzu kann kommen, dass sie beim Schreiben eines Aufsatzes oft den »roten Faden« verlieren. Sie beginnen Sätze und führen sie nicht zu Ende, die Fantasie »geht mit ihnen durch«, vielleicht am Thema vorbei oder es fällt ihnen schwer, ihre Gedanken in Worte zu fassen. In den ersten Schulklassen ist der Schreibprozess noch nicht automatisiert, so dass er auch nicht ohne Anstrengung durchgeführt werden kann. Dies kann zu einer mehr oder weniger großen Abneigung gegen das Schreiben führen. Weil sie ungern schreiben, sich nicht gut ausdrücken können und auch nicht genau wissen, was zu einem Aufsatz eigentlich genau gehört, fällt der Umfang des Geschriebenen meist sehr kurz aus. Ihr Kind bekommt dann in Proben meist eine schlechte Note und viel Rot bei den Korrekturen der Lehrkraft. Das Schreiben von Aufsätzen dürfte daher nicht zu den Lieblingsbeschäftigungen Ihres Kindes gehören. So ist es nicht verwunderlich, wenn das Kind das Üben des Aufsatzes wiederum oft ablehnt, weil das Verfassen eines Aufsatzes bedeutet: »ich muss viel schreiben«, »es ist anstrengend«, »es wird ja eh nur einen Misserfolg geben«.

Betrachten wir den Kernprozess des Aufsatzschreibens, dann stellen wir fest, dass viele Tätigkeiten gleichzeitig ablaufen müssen: »das Finden einer Schreibidee, das Ordnen der Gedanken, das Formulieren von Sätzen« und »während des Schreibprozesses über die richtige Schreibung nachzudenken« (Ministerium für Schule und Bildung des Landes Nordrhein-Westfalen 2019, S.18). Für all diese Tätigkeiten reicht häufig die Verarbeitungskapazität im Arbeitsgedächtnis nicht aus.

Angemerkt werden muss an dieser Stelle, dass nicht nur rechtschreibschwache Kinder Schwierigkeiten haben, gute Aufsätze zu schreiben. Der folgende Leitfaden ist deswegen für alle Kinder gedacht, um ihnen bei Aufsätzen zu helfen und sie dabei zunehmend Erfolge erleben zu lassen.

Wie kann man den Kindern helfen?

Im Vordergrund steht, den Kindern zu vermitteln, was sie genau machen sollen und dies mit einer Entlastung des Arbeitsgedächtnisses zu koppeln. Gleichzeitig müssen wir für die Kinder Erleichterungen schaffen.

Beispielhaft soll dies an einer Aufsatzart aufgezeigt werden, die in der Grundschulzeit häufig vom Kind gefordert wird: Erlebniserzählung, Reizwortgeschichte, Phantasieerzählung, eine Geschichte zu Ende erzählen.

Zunächst ist beim Aufsatz wichtig, einen »Fahrplan« im Kopf zu haben, ein Gerüst bzw. eine Struktur, an der sich das Kind »entlanghangeln« kann.

Zum Üben des Aufsatzschreibens ist es wichtig, Kindern einen äußeren Rahmen, eine Strukturierung vorzugeben. Es ist hilfreich, (visuell unterstützte) Ankerpunkte für einen »Fahrplan« beim Verfassen des Aufsatzes zu setzen.

Ein solcher Fahrplan, der die Grundstruktur des Aufsatzes in Signalwörtern zeigt, kann folgendermaßen aussehen:

Das Üben von Aufsätzen

Einleitung ✓ zwei Sätze ✓ Wer, was, wo, wann?	

Hauptteil
✓ Zunächst überlegen, was ist der Höhepunkt, der spannendste Teil meiner Geschichte?
✓ Schnelle Hinführung zum Höhepunkt
✓ Ausgestaltung des Höhepunktes:
  - Gedanken
  - Gefühle
  - Wörtliche Rede	

Kurzer Schluss	

Abb. 11.1: Fahrplan für eine Erlebnis- oder Phantasieerzählung

Der »Fahrplan« (▶ Abb. 11.1) verdeutlicht den Kindern auf visuellem Wege, dass ein Aufsatz aus einer Einleitung, einem Hauptteil (mit bestimmten Anforderungen) und einem kurzen Schluss besteht. Die Aufteilung des Blattes zeigt auch das Verhältnis der einzelnen Teile in ihrer Länge zueinander. Die Kinder können nun mithilfe von Mutter oder Vater diesen Fahrplan »abarbeiten«.

Die Einleitung besteht aus ein bis zwei Sätzen: Hier müssen die Fragen *Wer?*, *Was?*, *Wo?* und *Wann?* beantwortet werden. Es kann hilfreich sein, wenn Sie als Eltern die einzelnen Fragewörter auf Karteikärtchen schreiben und diese dem Kind hinschieben, ohne selbst viel zu sprechen.

Sie können mit Ihrem Kind kleine Übungseinheiten vereinbaren, in denen Sie z.B. die Einleitung regelmäßig an aufeinander folgenden Tagen üben: Dabei denken Sie sich ein Thema aus, und Ihr Kind formuliert die Einleitungssätze nach dem vorgegebenen Muster.

Für den Hauptteil gilt es, zuerst zu überlegen, worin der Höhepunkt der Geschichte bestehen soll. Lassen Sie sich diesen zunächst von Ihrem Kind schildern, bevor es dann versucht, in ganzen Sätzen (möglichst zielführend und schnell) zu jenem Höhepunkt hinzuführen.

Wenn Ihr Kind beim Höhepunkt angelangt ist, legen sie ihm diese drei Kärtchen hin:

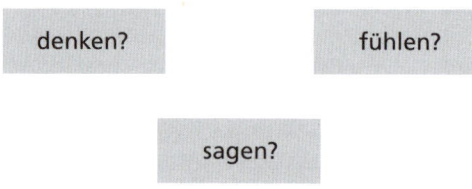

Wie kann man den Kindern helfen?

Die Kärtchen sollen Ihr Kind an die Ausgestaltungsmöglichkeiten des Höhepunkts erinnern:

- Was könnten die Personen denken?
- Was könnten sie fühlen?
- Was könnten sie sagen?

Damit Ihr Kind dies besser ausdrücken kann, sammeln Sie mit ihm Formulierungshilfen und schreiben diese auf möglichst unlinierte DIN A 5 oder DIN A 6 Kärtchen. Eine solche Größe ist für ihr Kind leicht handhabbar und kann neben das Aufsatzheft gelegt werden.

Ihrem Kind dürfte es zum Beispiel nicht leichtfallen, Gefühle in verbaler Form auszudrücken. Deswegen kann es hilfreich sein, zu den vier Hauptgefühlsqualitäten Angst, Wut/Zorn, Freude und Traurigkeit solche Kärtchen zu erstellen. Auf den Karten können Sie gemeinsam sprachliche Umschreibungen der Gefühlszustände sammeln, die dem Kind bei der Formulierung des Aufsatzes wiederum zur Verfügung gestellt werden.

> **Verschiedene (»elegante«) Ausdrucksmöglichkeiten für das Gefühl Angst**
>
> befürchten,
> vor lauter Angst,
> feuchte Hände bekommen, zittern,
> blass werden,
> Kribbeln im Magen spüren, Beklemmung,
> mein Herz pochte wild,
> konnte nicht mehr atmen,
> lief es mir eiskalt über den Rücken,
> eine Gänsehaut bekommen,
> überkam mich Panik: »Was soll ich nur …«: Aber es war schon zu spät! … etc.

Um im Aufsatz Wortwiederholungen zu vermeiden und einen angemessenen sprachlichen Ausdruck einzuüben, ist es zudem sinnvoll, auf zusätzlichen Karteikarten zu bestimmten häufigen Verben wie z. B. »sagen« oder »gehen« eigene Wortfelder zu bilden.

> **Alternative Ausdrucksmöglichkeiten für das Wort »sagen«**
>
> fragte, berichtete, meinte, erkundigte sich, erzählte, entscheiden, entschied, erklärte, begrüßte, versprechen, versprach, erwiderte, meinte, murmelte, stellte fest, flüsterte, lächelte, seufzte, beruhigte, beschuldigte, rufen, rief, schreien, schrie, erläuterte, befehlen, befahl etc.

Schrittweise können Sie weitere Formulierungshilfen aufbauen, um die Möglichkeiten Ihres Kindes im Ausdruck und beim Formulieren zu verbessern. Anregungen können Sie sich aus Musterlösungen holen und gute Formulierungen übernehmen. So können Sie gute Beispiele für die Einleitung und den Schluss sammeln. Oder Sie können, wenn Ihr Kind Sätze häufig mit »dann« beginnt, gemeinsam Alternativen sammeln.

> **Dann-Trick**
>
> **Dann** ging er **schnell** in den Garten.
> → Schnell ging er in den Garten
> **Satzanfang:** Wie macht er
> Mit welchem Gefühl

Die Formulierungshilfen können bei rechtschreibschwachen Kindern als Grundwortschatz eingeprägt werden, so dass es über deren Schreibweise nicht zusätzlich nachdenken muss.

Einbezug der schulischen Hilfen

Wenn die Lehrkraft Ihres Kindes auf diese Weise arbeitet, also mit den Kindern z.B. Formulierungshilfen erarbeitet, stehen diese im Heft. Sie sind aber normalerweise nicht im Kopf Ihres Kindes zu finden. Als Hefteinträge sind sie auch nicht gut für Ihr Kind handhabbar. Versuchen Sie gemeinsam mit Ihrem Kind, diese ausformulierten Hilfen auf Signalwörter zu komprimieren und dann damit Kärtchen zu erstellen.

An den Stellen im Aufsatz, an den sie hilfreich sein können, kann Ihr Kind sie dann zu Rate ziehen.

Zum praktischen Umsetzen des Übens

Wie können Sie mit Ihren Kindern gezielte Verbesserungen erreichen? Auch für diesen Lernbereich ist es nützlich, gemeinsame Vereinbarungen zum Üben im Voraus zu treffen.

Da das Schreiben eines Aufsatzes für Ihr Kind sehr anstrengend ist, könnte für das Üben folgende Erleichterung abgesprochen werden: Ein Elternteil stellt sich als Sekretärin bzw. als Sekretär zur Verfügung und schreibt, das Kind diktiert. Schließlich soll das Kind vor allem die Struktur des Aufsatzes, das Formulieren und den Einbezug der Hilfsmittel einüben. Ihr Kind muss nur jeden dritten oder vierten Aufsatz selbst schreiben.

> Wir empfehlen Ihnen als Eltern, zu Beginn des Übens in der Grundschulzeit als »Sekretär« einzuspringen, der Ihrem Kinder zunächst das Schreiben abnimmt:

> Damit helfen Sie Ihrem Kind, Motivation zum Üben zu entwickeln und die ganze Aufmerksamkeit auf den Inhalt zu lenken.

Nehmen Sie sich am Wochenende Zeit, da der Tagesablauf hier in der Regel nicht so gedrängt ist. Am Samstag kann Ihnen Ihr Kind zunächst die Rohfassung diktieren, am Sonntag wird verbessert. Sie können sich aber auch mehr Zeit lassen. Am Samstag werden vom Aufsatz die Einleitung und die Hinführung zum Höhepunkt geschrieben, am Sonntag der Höhepunkt und der Schluss. Am nächsten Wochenende erfolgen die Verbesserungen. Beim Niederschreiben des Diktierten lassen Sie jeweils immer eine Leerzeile für mögliche Ergänzungen frei. Am Sonntag gehen Sie die Rohfassung noch einmal unter ein oder maximal zwei ausgewählten Aspekten durch und lassen Ihr Kind hierzu selbst – vielleicht unter Einbezug der besprochenen Hilfsmittel – Verbesserungsmöglichkeiten finden.

Üben Sie regelmäßig Aufsätze auf diese Weise ein, lernt Ihr Kind, die vorgegebene äußere Struktur langsam zu »verinnerlichen«. Mit der Zeit lässt Ihr Kind sich vielleicht auch dazu bewegen, die Rohfassung und die Verbesserungen des Aufsatzes durchgängig selbst zu schreiben.

Kapitel 12: Lernen für den Sachunterricht

Wenn Ihr Kind an einem Thema im Sachunterricht Interesse hat, es sehr motiviert ist oder es positive Gefühle mit dem Thema verbindet, ist Lerntyp 1 (vgl. S. 36 f.) möglich. Ihr Kind wird sich die Inhalte ohne größere Lernarbeit einprägen und sie behalten.

Wenn dies nicht der Fall ist oder wenn Proben anstehen, ist es hilfreich, den Kindern zu zeigen, wie man effektiv und erfolgreich lernt. Nichts ermutigt und verstärkt auch das Interesse an Sachthemen so sehr wie der erlebte Erfolg.

1. Vorbereitungen und Rahmenbedingungen für ein effektives Lernen

Ein erfolgreiches Lernen setzt voraus, dass alle Unterrichts- und Übungsmaterialien zum Zeitpunkt des Lernens vollständig zuhause sind. Zu diesem Zweck sollten Sie als Eltern mit Ihrem Kind die Vereinbarung treffen, die Materialien regelmäßig zu sortieren und einzuheften. Ihre Aufgabe ist es, dies zu überprüfen.

Besonders für den *Anfang* gilt: Ihrem Kind wird es allein häufig nicht gelingen, auf eine effektive Weise zu lernen. Hilfreich ist deshalb ein »interaktiver« Lernprozess. Lernen Sie gemeinsam, fällt es Ihrem Kind leichter, am Stoff »dranzubleiben«. »Langweiliger« Stoff wird durch Teamarbeit interessanter. Sie können Ihr Kind beispielsweise abhören oder sich den Lernstoff in eigenen Worten wiedergeben lassen, was bei Ihrem Kind zu einem dauerhafteren Abspeichern des Gelernten führt.

Um Ihr Kind bei der Lernstrukturierung und in seiner Selbststeuerung zu unterstützen, können Sie am Anfang gemeinsam den Lernstoff gut vorbereiten. Dafür bieten sich folgende Maßnahmen an:

- Für die Vorbereitung von Klassenarbeiten und Tests empfehlen wir, zuhause grundsätzlich einen *eigenen Kalender* zu führen. Vereinbaren Sie mit Ihrem Kind, in der Schule angekündigte Tests und Klassenarbeiten in den Kalender einzutragen, damit Sie gemeinsam die Übersicht behalten. Anschließend stellen Sie für das Üben eine gemeinsame Zeitplanung auf. Hier sollte genügend Zeit eingeplant werden, um den großen Berg des Lernstoffs in kleinen Tagesportionen mit Wiederholungen zu zerlegen.

- Zeiteinheiten und Umfang der Übungen müssen *begrenzt* sein, die »Lernportionen« für Ihr Kind »verdaubar« bleiben. Wichtig ist deshalb, der Vorbereitung von Tests und Klassenarbeiten genügend Zeit einzuräumen und rechtzeitig mit dem Lernen zu beginnen.
- Längere Texte müssen in Bezug auf ihren wesentlichen Inhalt *komprimiert* werden (vgl. S. 213). Günstig ist es, so genannte *Signalwörter* zu unterstreichen oder auf Karteikärtchen zu schreiben, so dass sich eine Struktur ergibt. Ein solches Gerüst können Kinder im Gegensatz zu unüberschaubaren Details leichter abspeichern und behalten. Da das Komprimieren den Kindern schwer fällt, müssen Sie hier Hilfestellungen leisten.
- Erst nach einer Zeit gemeinsamen Lernens kann Ihr Kind *schrittweise* Lernaufgaben zunehmend *selbstständiger* übernehmen.
- Interessiert sich Ihr Kind in besonderem Maße für bestimme Themenaspekte des Unterrichts, empfehlen wir, zusätzliche *Bücher aus der Stadtbibliothek* auszuleihen. Dies bietet Ihrem Kind die Möglichkeit, gemeinsam mit Ihnen zu lesen und das in der Schule Erarbeitete weiter zu erforschen.
- Um schriftliche Fragestellungen (in Test oder Klassenarbeiten) richtig zu erfassen, ist folgende Übung hilfreich: Lassen Sie Ihr Kind *täglich eine schriftliche Frage* beantworten. Material dafür finden Sie in alten Tests Ihres Kindes, anhand derer Sie die Art der Fragestellung des Lehrers nachgestalten können. Beantworten darf Ihr Kind die Frage mündlich, schreiben braucht bzw. soll es nicht. Eine einzige Fragestellung stellt eine so kleine Übungsportion dar, dass Ihr Kind sie möglicherweise sogar bereitwillig erledigt. Trainieren Sie täglich, dürfen Ihr Kind und Sie mit der Zeit deutliche Fortschritte erwarten.

2. Wirksame Lernschritte

Kinder neigen häufig dazu, zu schnell zu viele Informationen ihrem Wahrnehmungsspeicher zuzuführen. In der Folge werden diese Informationen aus dem Arbeitsgedächtnis wieder herausgeworfen (▶ Abb. 4.7). Welche effektiven Lernschritte stehen Ihnen für ein erfolgreiches Üben im Sachunterricht zur Verfügung? Dafür ist es nützlich, noch einmal auf die Abbildungen 3.2–3.4 (▶ Abb. 4.2, ▶ Abb. 4.3 und ▶ Abb. 4.4) zurückzugreifen. Dort haben wir das Langzeitgedächtnis mithilfe von »Regalfächern« veranschaulicht, die »Edelsteine« (Lerninhalte mit hoher Motivationsqualität) und »Bücher« (Informationen, deren Abspeichern einen höheren Aufwand bedeuten) beinhalten. Genau in diese Regalfächer müssen die abzuspeichernden Informationen eingeordnet werden, um später wieder gefunden werden zu können.

Erster Schritt

»Regalfächer« müssen für das Wiederauffinden der Informationen im Langzeitgedächtnis aufgebaut werden. Bei größeren Informationsmengen muss der Stoff komprimiert werden, indem beispielsweise Überschriften auf Signalwörter verkürzt werden. Günstig ist es, sich die Anzahl der Signalwörter, die der Anzahl der »Regalfächer« entsprechen, zu merken, um sie später besser erinnern zu können.

Zweiter Schritt

Nach der Benennung der »Regalfächer« mit Namen (Signalwörter) können nun die einzelnen »Regalfächer« mit den zu lernenden Details aufgefüllt werden. Für jedes Signalwort ist sich wiederum die Anzahl der Details zu merken. Gehören zu einem Signalwort mehr als fünf Details, sind diese in für das Gehirn verdaubare Portionen zu zerlegen. Wurden die Lerninhalte auf diese Weise in kleineren Portionen abgespeichert, sollten sie dann noch einmal in ihrer Gesamtheit wiederholt werden.

Dritter Schritt

Das komplette »Regalsystem« wird zu größeren Einheiten zusammengefasst und noch einmal wiederholt, z.B. zunächst Regalfächer 1 bis 3, dann Fächer 4 bis 5.

Beispiel – Thema: Die Schwalbe

Regalfach 1, **Besonderheiten: 3** *(zu merkende Details)*:

- sehr guter Flieger
- Zugvogel
- Singvogel

Regalfach 2, **Aussehen: 4** *(zu merkende Details)*:

- lange, schmale Flügel
- langer, gegabelter Schwanz
- dunkles, schimmerndes Gefieder
- kurzer, breiter, flacher Schnabel

Regalfach 3, **Nestbau: 3** *(zu merkende Details)*:

- aus Lehm und Speichel
- an Innen- und Außenseite von Gebäuden
- Felswänden

Regalfach 4, **europäische Arten: 4** *(zu merkende Details)*:

- Rauchschwalbe
- Mehlschwalbe

- Uferschwalbe
- Pirol

Regalfach 5, **Ernährung: 2** *(zu merkende Details)*:
- Insekten
- Im Flug geschnappt

Die Struktur der Regalfächer lässt sich mit einfachen Mitteln auf zwei Arten visuell veranschaulichen:

- Sie können für die einzelnen »Regalfächer« *Bilder oder Graphiken* (z.B. beim Wasserkreislauf im Fach Sachkunde in Klasse 4) benutzen. Diese werden in der Reihenfolge der Regalfächer geordnet. An der jeweiligen Bildstelle können die Kinder die Details benennen und sie sich durch Wiederholungen einprägen.
- *Mindmaps* sind besonders geeignet, den Wissensstoff komprimiert und visuell darzustellen. Sie geben einen sehr gut strukturierten Überblick über den Gesamtstoff und die Anzahl der Haupt- und Unterpunkte. Mindmaps helfen bei einer Komprimierung des Inhaltes auf begrenzte Signalwörter. Die Graphik hilft den Kindern, Regalfächer (Signalwörter) und deren Inhalte (Details) schnell aufzufinden. Bereits für die Grundschule können Sie zu vielen Themen aus dem Bereich der Sachkunde solche Mindmaps mit Ihren Kindern anfertigen (▶ Abb. 12.1). Zusätzlich zum Text können auch hier Bilder für die Signalwörter aufgemalt oder aufgeklebt werden.

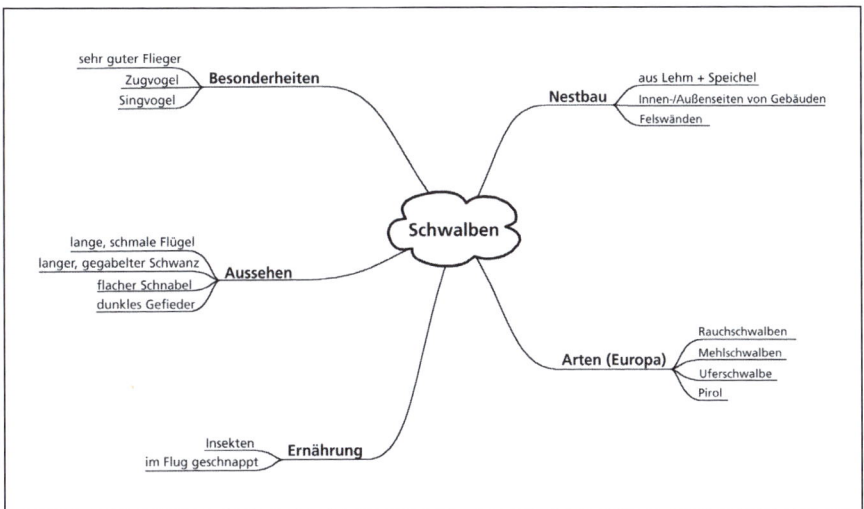

Abb. 12.1: Mindmap Schwalbe

Diese Form der Komprimierung von Lernstoff eignet sich gleichermaßen für die weiterführenden Klassen, und dies sowohl für die Hauptfächer (z.B. Englisch/ Grammatik oder Mathematik/Grundaufgabentypen zu einem Stoffgebiet) als auch für die Nebenfächer.

Üben Sie bereits in der Grundschule mit Ihrem Kind, den Lernstoff mithilfe von Mindmaps aufzubereiten. Sie legen damit gute Grundlagen für deren Fähigkeit, später den Stoff auf ähnliche Weise eigenständig zu strukturieren. Nach dem Anlegen der Signalwörter und ihrer Details müssen diese wiederholt werden. Sie erinnern sich: Regelmäßiges Üben in kleinen Portionen führt zum Erfolg!

Hören Sie Ihr Kind ab

Abhören des Lernstoffes und Fragen zum Lernstoff beantworten, stellt eine der effektivsten Formen des Wiederholens dar. Ihr Kind kann aber beim Abhören immer wieder die negative Erfahrung machen, dass es den Stoff nur unzureichend beherrscht, obwohl es vorher der festen Überzeugung war, dass es das Gelernte kann. Wichtig ist an dieser Stelle, dass Sie Ihrem Kind gegenüber keine Vorwürfe oder negative Äußerungen machen. Zeigen Sie gelassen die noch bestehenden Lücken auf und versuchen Sie zu einem späteren, im Vorfeld verabredeten Zeitpunkt, Ihr Kind dann noch einmal abzuhören.

Schlusswort

»Die Grundschule ist die wichtigste Zeit«, so äußerte sich der ehemalige Bayerische Wissenschaftsminister Thomas Goppel sehr zutreffend in einer Talkrunde. In der Grundschule erfolgt die Weichenstellung für die weitere Schullaufbahn. Hier wird ein Fundament an Vorwissen erworben, das, wie wir wissen, eine erhebliche Bedeutung für den Schulerfolg in den späteren Jahren hat. Aber nicht nur dieses Fundament ist von Bedeutung, sondern auch, mit welchen Gefühlen der Wissenserwerb in den einzelnen Bereichen, d.h. in erster Linie in Mathematik und Deutsch verknüpft wird. Die emotionale Bewertung des Lerngegenstandes spielt für die Zukunft somit ebenfalls eine bedeutende Rolle.

Natürlich hat die Grundschule mehr Aufgaben als nur die Vermittlung der Grundfertigkeiten. Nicht zu bezweifeln ist aber, dass deren Automatisierung dennoch von zentraler Bedeutung ist.

In Deutschland – sowie in Österreich und der Schweiz – sollten wir kein Kind in seiner schulischen Entwicklung zurücklassen. Doch bei uns scheint dieser Anspruch in verschiedener Hinsicht schwierig in der Praxis umsetzbar zu sein.

Ein Teil der Lehrer sieht für sich die Aufgabe, den Lehrplan erfüllen zu müssen. Sie machen den Kindern nur ein sich auf den Lehrplan stützendes »Angebot«, ohne die **Verantwortung** dafür zu übernehmen, inwieweit dieses im Gehirn der einzelnen Kinder ankommt. Als Argument, warum keine individuelle Differenzierung jenseits des allgemeinen Lehrplans vorgenommen werden kann, ist in diesem Zusammenhang immer wieder zu hören: »Wenn ich dies bei jedem Schüler machen sollte …«.

In der Lehrerausbildung wird unseres Erachtens bei der Vermittlung des Wissens um den Erwerb der Grundfertigkeiten noch zu wenig darauf eingegangen, wie man sich entwickelnde Fehlstrategien frühzeitig erkennt und diesen in passender Weise entgegensteuert.

Von schulischer Seite und vor allem im Förderbereich werden aus guter Absicht heraus vielgestaltige Lernmethoden angeboten, die aber leider oft die notwendige Automatisierung erschweren. Diese unpassenden Lernstrategien überlasten und »verstopfen« das Arbeitsgedächtnis der Schüler im Abspeicherprozess mit den entsprechenden negativen Konsequenzen.

Am meisten trifft es die Kinder, die Probleme mit dem Abspeichern haben, d.h. deren Arbeitsgedächtnis noch kleiner ist als das der anderen. So entsteht dann oft ein doppelter Teufelskreis. Durch unpassende Lernmethoden erworbene Fehlstrategien im Rechnen, Lesen oder in der Rechtschreibung führen zu Misserfolgen. Manche Lehrkräfte reagieren auf diese Misserfolge, indem sie, gut gemeint, mehr desselben anbieten, was vorher schon nicht erfolgreich war. Fehlstrategien verfestigen sich, weitere Misserfolge sind die Konsequenz. Dies führt beim Kind zwangsläufig zu einer negativen emotionalen Bewertung des Lerngegenstandes, was wiederum die Lernbereitschaft reduziert. Die Kinder üben weniger, weitere Misserfolge stellen sich ein und sie geben dann gänzlich auf.

In unserem deutschen Schulsystem wirken sich auch verbreitete Fehleinschätzungen bei Teilleistungsschwächen ungünstig auf den Lernerfolg aus. Viele Pädagogen glauben an reformpädagogische Leitideale, besonders an die intrinsische Motivation der Schüler. Lehrkräfte vertrauen zu häufig darauf, dass sich bei Kindern mit Lernschwierigkeiten schulische Erfolge mittels selbst organisierten Lernens, Projektarbeit oder Freiarbeit einstellen könnten. Insbesondere bei Schülern, die Schwächen aufweisen, gelingt dies aber nicht. Ineffektive und häufig auch mit einseitigen Vorstellungen »ideologisch« überfrachtete Fördermethoden führen oft zu einer Verschwendung von Energie, Zeit und Nerven und nicht zuletzt auch von Geld. Die »richtigen«, da einfachsten Automatisierungswege werden verhindert.

Aber was ist zu tun? Wir sollten uns auf den Weg machen, für jedes Kind individuell passende Lernmethoden zu suchen. Deswegen sollten wir aufhören, unseren Kindern Strategien anzubieten, die schon in der Vergangenheit nicht erfolgreich waren und in der Zukunft ebenso nicht erfolgreich sein können. Lernförderung sollte zudem nicht über die Schwächen, sondern über die Stärken der Schüler laufen. Vor allem gilt es, im schulischen Bereich die Unterscheidung zwischen der Automatisierung der Grundfertigkeiten und deren Anwendung zu treffen.

Durchgängig ist festzustellen, dass bei der Automatisierung zu viele »kreative«, vielgestaltige Lernwege angeboten werden. Zum Erreichen der notwendigen Automatisierung sollten im Gegensatz zur herkömmlichen Praxis wenige und möglichst einfache Lernmethoden eingesetzt werden. Das vorliegende Buch stellt den Versuch dar, solche einfachen und effektiven Lernmethoden darzustellen, die wir in unserer täglichen Praxis benutzen und die sich als hilf- und erfolgreich erwiesen haben.

Diese Lernmethoden belasten zum einen das Arbeitsgedächtnis in möglichst geringem Ausmaß. Kinder erleben zum anderen Lernen als »nicht anstrengend« und erfahren dennoch schnell erste Erfolge. Da Kinder in der Regel von sich aus nicht die einfachsten Wege finden und auch nicht freiwillig und systematisch üben und wiederholen, sollte in dieser Phase die pädagogische Begleitung durch Lehrer und Eltern möglichst direktiv und kontrollierend sein.

Die Anwendung dieser automatisierten Grundfertigkeiten darf und sollte dann jedoch kreativ und abwechslungsreich gestaltet werden. Zu bedenken ist aber stets, dass sich für die Schüler erst dann, wenn sie das »Handwerkszeug« der Grundfertigkeiten gut beherrschen, Möglichkeiten für Eigeninitiativen eröffnen. Kreativität ist genauso wie »Kompetenz« kein inhaltsneutraler Prozess, sondern setzt als Fundament das sichere Beherrschen von Fertigkeiten und Grundwissen voraus, das sich in der jeweiligen Anwendung und Umsetzung neu gruppieren kann. Deswegen hat erst in dieser Phase z. B. eine gut strukturierte Freiarbeit oder Projektarbeit ihre Berechtigung.

Unsere tägliche Praxis zeigt uns immer wieder: Es gibt keine Lernrezepte, die für jedes Kind passen. Häufig sind immer wieder Feinabstimmungen erfolgreicher Lernmethoden notwendig, um Kinder auf den richtigen Weg zu bringen. Deswegen ist immer wieder zu überprüfen, wie die konkreten Denkprozesse des einzelnen Kindes im jeweiligen Lernvorgang aussehen. Denn das, was wiederholt gedacht wird, wird auch in neuronalen Netzwerken »verdrahtet« und abgespeichert.

In diesem Sinne wünschen wir uns für die Kinder, dass sie ihr Handwerkszeug solide automatisieren und über Erfolgserlebnisse die für sie »schwierigen« Lernfelder positiv emotional bewerten können.

> **»Das habe ich einfach im Kopf gehabt!«**
> Dano (3. Klasse, Rechenschwäche) strahlend, nach dem richtigen Lösen einer Sachaufgabe, nachdem er das Einmaleins automatisiert und Aufgabenmuster geübt hatte.
>
> **»Rechnen macht mir mehr Spaß, weil ich es besser kann!«**
> Corinna (3. Klasse, Rechenschwäche)

Kinder sind nicht die besseren Erwachsenen! Kinder benötigen, um Erfolge erleben zu können, intensive und hartnäckige Begleitung und Führung durch Sie als Eltern und Lehrer.

> **Eine Rückmeldung von Hannahs Mutter nach sieben Monaten gemeinsamer Arbeit:**
>
> »… heute kam Hannah ganz aufgelöst nach Hause. O-Ton Hannah: ›Mama, Mama, ich habe eine zwei in der Mathearbeit. Ich konnte es fast nicht aushalten, bis ich zu Hause war – den ganzen Tag hätte ich nur hüpfen und springen können!‹ Strahlend über alle Backen stand sie vor mir.
> Ein Erfolgserlebnis sonders Gleichen. Das Dranbleiben und Hartnäckig Sein hat sich wirklich gelohnt! Obwohl es mir an manchen Tagen, an denen ich selbst keine Lust hatte, nicht leichtfiel, das Üben einzufordern, habe ich es trotzdem gemacht, und an manchen Tagen war das Üben aber auch ganz einfach.«

Wir erfahren immer wieder, wie hilfreich und fruchtbar eine enge Zusammenarbeit zwischen Eltern und engagierten Lehrerinnen und Lehrern sein kann. Für Hannah, Corinna und Dano sowie alle anderen Kinder wünschen wir uns eine solche Kooperation zwischen Ihnen, den Eltern und den Lehrern. Kinder sollten auf dem einfachsten Weg zum Erfolg geführt werden. Lassen Sie uns gemeinsam diesen Weg beschreiten und passende, einfache und effektive Lernmethoden für unsere Grundschulkinder umsetzen.

Literatur

AWMF (Arbeitsgemeinschaft der Wissenschaftlichen Medizinischen Fachgesellschaften): S3-Leitlinie Diagnostik und Behandlung der Rechenstörung. Langfassung. 2/2018. Zugriff am 03.01.2019 unter https://www.awmf.org/uploads/tx_szleitlinien/028-046l_S3_Rechenst%C3%B6rung-2018-03_1.pdf.
Akademie für Lehrerfortbildung und Personalführung Dillingen (Hrsg.): Lese- Rechtschreibschwierigkeiten. Diagnose – Förderung – Materialien. Donauwörth 2001
Akademie für Lehrerfortbildung und Personalführung (Hrsg.): Rechenstörungen – Unterrichtspraktische Förderung. 2. Auflage Donauwörth 2002
Ashcraft M. H., Kirk E. P.: The relationship among working memory, mathematic anxiety and performance. Journal of Experimental Psychology 2001, S. 224–237
Aster M. von: Neurowissenschaftliche Ergebnisse und Erklärungsansätze zu Rechenstörungen. In: Fritz A., Ricken G., Schmitt S. (Hrsg.): Rechenschwäche. Lernwege, Schwierigkeiten und Hilfen bei Dyskalkulie. Ein Handbuch. Weinheim 2003, S. 163–178
Aster M. von, Lorenz J. H. (Hrsg.): Rechenstörungen bei Kindern. Göttingen 2005a
Aster M. von: Wie kommen Zahlen in den Kopf? Ein Modell der normalen und abweichenden Entwicklung zahlenverarbeitender Hirnfunktionen. In: Aster M. von, Lorenz J. H. (Hrsg.): Rechenstörungen bei Kindern. Göttingen 2005b, S. 13–33
Aster M. von, Dosch M.: Entwicklungsbezogene Rechenstörungen. In: Steinhausen H.-Ch. (Hrsg.): Schule und psychische Störungen. Stuttgart 2006, S. 205–217
Aster M. von, Weinhold M.: ZAREKI-R. Testverfahren zur Dyskalkulie. Frankfurt 2006
Ayres J.: Bausteine der kindlichen Entwicklung. Berlin 1984
BDA: Wir brauchen einen fast schon revolutionären Neuanfang in unserem Bildungswesen. 5.12.2023. https://arbeitgeber.de/wir-brauchen-einen-fast-schon-revolutionaeren-neuanfang-in-unserem-bildungswesen/
Beck J., Clarke S.: Zum Zählen geboren, in Gehirn & Geist 9/2023, S. 28–35
Betz D., Breuninger H.: Teufelskreis Lernstörungen. Theoretische Grundlegung und Standardprogramm. 5. Auflage Weinheim 1998
Birkcl, P.: WRT 1+ Weingartener Grundwortschatz Rechtschreib-Test für erste und zweite Klassen. Göttingen 2007a
Birkel, P.: WRT 2+ Weingartner Grundwortschatz Rechtschreib-Test für zweite und dritte Klassen. Göttingen 2007b
Birkel, P.: WRT 3+ Weingartener Grundwortschatz Rechtschreib-Test für dritte und vierte Klassen. Göttingen 2007c
Birkel, P.: WRT 4+ Weingartener Grundwortschatz Rechtschreib-Test für vierte und fünfte Klassen. Göttingen 2007d
Blakemore S.-J., Frith U.: Wie wir lernen. Was die Hirnforschung darüber weiß. München 2006
Blaser R., Preuss U., Felder W.: Evaluation einer vorschulischen Förderung der phonologischen Bewusstheit und der Buchstaben-Laut Korrespondenz: Langfristige Effekte in der Prävention von Lese- und Rechtschreibstörungen am Ende des 3. und 4. Schuljahres. Zeitschrift für Kinder- und Jugendpsychiatrie und Psychotherapie 3/2010, S. 181–188
Born A., Oehler C.: Lernen mit ADHS-Kindern. Ein Praxishandbuch für Eltern, Lehrer und Therapeuten. 12. Auflage Stuttgart 2023
Born A., Oehler C.: Kinder mit Rechenschwäche erfolgreich fördern. Ein Praxishandbuch für Eltern, Lehrer und Therapeuten. 6. Auflage Stuttgart 2019

Born A., Oehler C.: Gemeinsam wachsen – der Elternratgeber ADHS. Verhaltensprobleme in Familie und Schule erfolgreich meistern. 2. Auflage Stuttgart 2021.

Born A.: Lernen mit ADHS-Kindern. In Kraft U., Stauffer C., Indlekofer B. (Hrsg.): Lerntherapie. Geschichte, Theorie und Praxis. Ein Lesebuch. Bern 2022, S. 249–268

Bredow von R., Hackenbroch V.: Die Recht Schreip-Katerstrofe. Die neue Schlechtschreibung. Warum unsere Kinder nicht mehr richtig schreiben lernen. Der Spiegel 25/17.6.2013, S. 96–104.

Brunner R.: Rechtschreibung »Mehr Gelassenheit wäre angebracht«. Interview mit Afra Sturm 2019. Zugriff am 9.4.2022 unter www.beobachter.ch/bildung/rechtschreibung-mehr-gelassenheit-ware-angebracht

Brunsting M.: Exekutive Funktionen und Lernschwierigkeiten oder: Wo ist denn hier der Regisseur? In: Kubesch S. (Hrsg.): Exekutive Funktionen und Selbstregulation. Neurowissenschaftliche Grundlagen und Transfer in die pädagogische Praxis. Bern 2014, S. 269–288

Cinotti E.: Doppelt genäht. Gedächtnis: Spektrum der Wissenschaft 2002, S. 26–27

Dehaene S.: Der Zahlensinn – Oder warum wir rechnen können. Basel 1999

Dehaene S.: Lesen. Die größte Erfindung der Menschheit und was dabei in unseren Köpfen passiert. München 2010

De Shazer S.: Der Dreh. Heidelberg 1992

Deutsches PISA-Konsortium (Hrsg.): PISA 2000 – Basiskompetenzen von Schülerinnen und Schülern im internationalen Vergleich. Opladen 2001

Deutsches PISA-Konsortium (Hrsg.): PISA 2000 – Die Länder der Bundesrepublik Deutschland im Vergleich. Opladen 2002

DIHK: Fachkräfte von morgen bereits heute in der Schule sichern www.dihk.de/de/aktuelles-und-presse/aktuelle-informationen/fachkraefte-von-morgen-bereits-heute-in-der-schule-sichern-108478

DIHK: DIHK-POSITIONSPAPIER 2023: Schulische Bildung verbessern – Fachkräfte für die Wirtschaft sichern 2023b. www.dihk.de/resource/blob/108474/c943a7efd503d933a6a5b2ebf74d58f8/dihk-positionspapier-schulpolitik-2023-data.pdf

Dittrich J.: PISA: Ausbildungserfolg durch Lerndefizite in Gefahr 2023. www.zdh.de/presse/veroeffentlichungen/pressemitteilungen/pisa-ausbildungserfolg-durch-lerndefizite-in-gefahr/

Dreckdrah S., Hahn M.: Rechtschreiben mit Rico Schnabel 1. Offenburg 2021a

Dreckdrah S., Hahn M.: Rechtschreiben mit Rico Schnabel 2. Offenburg 2021b

Dreckdrah S., Hahn M.: Rechtschreiben mit Rico Schnabel 3. Offenburg 2021c

Dreckdrah S., Hahn M.: Rechtschreiben mit Rico Schnabel 4. Offenburg 2021d

Dummer-Smoch L.: Laute, Silben, Wörter. Kiel 1996.

Dummer-Smoch L., Hackethal R.: Kieler Leseaufbau. Handbuch. 7. Auflage Kiel 2007

Eschenko, O.: Wie das Gedächtnis im Schlaf aufgebaut wird. Forschungsbericht 2012. Max-Planck-Institut für biologische Kybernetik. www.mpg.de/6804083/jb_2012?c=5732343&force_lang=de

Esser G., Schmidt M.: Die langfristige Entwicklung von Kindern mit Lese-/Rechtschreibschwäche. Zeitschrift für Klinische Psychologie 22, 1993, S. 100–116

Fayol M.: Jetzt schlägt's zehn-drei! Sprache und Mathematik. In: Gehirn und Geist 11/2006, S. 6–8

Fauser P.: Der Lehrer ist Trainer, nicht Verkünder. Warum es einen Paradigmenwechsel vom Lehren zum Lernen braucht. Bayerische Schule 9/2007, S. 20–21

Finke A., Höfling C., Hufschmidt U., Kolbe M., Postupa J., Walter S.: Das Mathebuch 3 Offenburg 2023

Frith U.: Beneath the surface of developmental dyslexia. In: Patterson K.E., Marshall J.C., Coltheart M. (Hrsg.): Surface dyslexia: Neuropsychological and cognitive studies of phonological reading. London 1985, S. 301–330

Fritz A., Ricken G., Schmitt S. (Hrsg.): Rechenschwäche – Lernwege, Schwierigkeiten und Hilfen bei Dyskalkulie. Ein Handbuch. Weinheim 2003

Fritz A., Ricken G., Schmitt S.: Über die Schwierigkeiten mit der Rechenschwäche – Eine Zwischenbilanz zum Thema. In: Fritz A., Ricken G., Schmitt S. (Hrsg.): Rechenschwäche –

Lernwege, Schwierigkeiten und Hilfen bei Dyskalkulie. Ein Handbuch. Weinheim 2003b, S. 452–468

Fuster J.: Im Netzwerk der Erinnerungen. Gedächtnis: Spektrum der Wissenschaft 2002, S. 10–15

Gathercole S., Alloway T.: Arbeitsgedächtnis verstehen. Ein Leitfaden fürs Klassenzimmer. In: Kubesch S. (Hrsg.): Exekutive Funktionen und Selbstregulation. Neurowissenschaftliche Grundlagen und Transfer in die pädagogische Praxis. Bern 2014, S. 255–268

Gaupp, N.: Dyskalkulie – Arbeitsgedächtnisdefizite und Defizite numerischer Basiskompetenzen rechenschwacher Kinder. Berlin 2003

Geary, D.C.: Mathematics and learning disabilities. Journal of Learning Disabilities, 37/2004, S. 4–15

Gedächtnis. Spektrum der Wissenschaft Spezial 2002

Gerster H.-D.: Anschaulich rechnen – im Kopf, halbschriftlich, schriftlich. In: Aster M. von, Lorenz J. (Hrsg.): Rechenstörungen bei Kindern. Göttingen 2005, S. 202–236

Gölitz D., Roick T., Hasselhorn M.: DEMAT 3+. Deutscher Mathematiktest für dritte Klassen. Göttingen 2004

Gölitz D., Roick T., Hasselhorn M.: DEMAT 4. Deutscher Mathematiktest für vierte Klassen. Göttingen 2006

Gold A.: Lesen kann man lernen: Wie man die Lesekompetenz fördern kann. Göttingen 2018

Goschke Th.: Sprache II. Visuelle Worterkennung Modul Al: Kognitive Prozesse (SS 2013) https://tu-dresden.de/mn/psychologie/ifap/allgpsy/ressourcen/dateien/lehre/lehreveranstaltungen/goschke_lehre/ss2013/folder-2013-04-15-9955666685/VL11-Sprache-II-Neu.pdf?lang=de

Grawe K.: Neuropsychotherapie. Göttingen, Bern, Toronto, Seattle, Oxford, Prag 2004

Grolimund F.: Vom Aufschieber zum Lernprofi: Bessere Noten, weniger Stress, mehr Freizeit. Freiburg 2018

Grube, D. Entwicklung des Rechnens im Grundschulalter. In Hasselhorn M., Marx H., Schneider W. (Hrsg.): Diagnostik von Mathematikleistungen. Göttingen 2005, S. 105–124

Grünke M.: Zur Effektivität von Fördermethoden bei Kindern und Jugendlichen mit Lernstörungen. Eine Synopse vorliegender Metaanalysen. Kindheit und Entwicklung 15/2006 Heft 4, S. 239–254

Grund M., Haug G., Naumann C. L.: Diagnostischer Rechtschreibtest für 4. Klassen (DRT 4). Göttingen 2003a

Grund M., Haug G., Naumann C. L.: Diagnostischer Rechtschreibtest für 5. Klassen (DRT 5) Göttingen 2003b

Hackenbroch V., Koch J.: Guck mal wer da denkt! Der Spiegel. 2024/12, S. 86–92

Hackethal R.: 13 Stationen auf dem Weg zum Lesen. LRS-Grundwissen; Eltern-Kind-Intensivkurs. 2. Auflage Kiel 1999

Haffner J., Baro K., Parzer P., Resch F.: HRT 1–4. Heidelberger Rechentest. Erfassung mathematischer Basiskompetenzen im Grundschulalter. Göttingen 2005

Hasselhorn M., Schneider W., Marx H. (Hrsg.): Diagnostik von Lese-Rechtschreibschwierigkeiten. Göttingen 2000

Hasselhorn M., Gold A.: Pädagogische Psychologie. Erfolgreiches Lernen und Lehren. 5. Auflage. Stuttgart 2022.

Hattie J.: Visible learning. London, New York 2009

Hoehn T. P., Baumeister A.A.: A critique of the application of sensory integration therapy to children with learning disabilities. Journal of Learning Disabilities 27, 1994, S. 338–350

Höfling C., Hufschmidt U., Kolbe M., Michalke J., Walter S.: Das Mathebuch 2. Offenburg 2022

Höfling C., Hufschmidt U., Kolbe M., Michalke J., Walter S.: Das Mathebuch 1. Offenburg 2021

Ischebeck A., Zamarian L., Schocke M., Delazer M.: Flexible transfer of knowledge in mental arithmetic – An fMRI study. NeuroImage 2009, S. 1103–1112

Ise E., Engel R., Schulte-Körne G.: Was hilft bei der Lese-Rechtschreibstörung? Ergebnisse einer Metaanalyse zur Wirksamkeit deutschsprachiger Förderansätze. Kindheit und Entwicklung 2012/2, S. 122–136

Jacobs C., Petermann F.: Dyskalkulie – Forschungsstand und Perspektiven. Kindheit und Entwicklung 2003, S. 197–211
Jacobs C., Petermann F.: Rechenstörungen. Göttingen, Bern, Toronto, Seattle, Oxford, Prag 2007
Jacobs C., Petermann F.: RZD 2–6. Rechenfertigkeiten- und Zahlenverarbeitungs-Diagnostikum für die 2. bis 6. Klasse. Göttingen 2005
Jansen F., Streit U., Fuchs A.: Lesen und Rechtschreiben lernen nach dem IntraActPlus-Konzept. Heidelberg 2007
Jansen, G.: Elternbrief Nr. 13. Januar 2013. www.grundschulservice.de/index.html
Jauhiainen, K.: Pädagogische Standards für finnische Schulen. Pädagogik 9/2005, S. 16–19
Kaufmann L., Aster von M.: Diagnostik und Intervention bei Rechenstörung. Deutsches Ärzteblatt 2012, 109(45),
Kaufmann L., Handl P., Delazer M.: Wie Kinder rechnen lernen und was ihnen dabei hilft. Eine kognitiv-neuropsychologische Perspektive. In: Aster M. von, Lorenz J. (Hrsg.): Rechenstörungen bei Kindern. Göttingen 2005, S. 178–201
Kleinmann K.: Die Wortbaustelle. Morphemtraining, der gute Weg zur besseren Rechtschreibung. Arbeitsvorlagen. Für die Klasse 3/4 bis Klasse 8. 2. Auflage Lichtenau 2001
Klemm, K., Hollenbach-Biele, N.: Nachhilfeunterricht in Deutschland: Ausmaß – Wirkung – Kosten. Gutachten im Auftrag der Bertelsmann Stiftung. Gütersloh 2016
Klicpera Ch., Gasteiger-Klicpera B.: Psychologie der Lese- und Rechtschreibschwierigkeiten. Entwicklung, Ursachen, Förderung. Weinheim 1995
Klicpera Ch., Gasteiger-Klicpera B.: Die ersten Stadien der Entwicklung von Lese- und Rechtschreibschwierigkeiten. Heilpädagogische Forschung 24/1998, S. 163–175
Klicpera Ch., Schabmann A., Gasteiger-Klicpera B.: Legasthenie. München, Basel 2003
Klieme u.a.: PISA 2009. Bilanz nach einem Jahrzehnt. Münster, New York, München, Berlin 2010
Krajewski K., Küspert P., Schneider W.: DEMAT 1+. Deutscher Mathematiktest für erste Klassen. Göttingen 2002
Krajewski K., Liehm S., Schneider W.: DEMAT 2+. Deutscher Mathematiktest für zweite Klassen. Göttingen 2004
Krajewski K., Schneider W.: Früherkennung von Rechenstörungen. In: Suchodoletz W. von (Hrsg.): Früherkennung von Entwicklungsstörungen. Göttingen 2005, S. 224–244
Krajewski K., Schneider W.: Prävention von Rechenstörungen. In: Suchodoletz W. von (Hrsg.): Prävention von Entwicklungsstörungen. Göttingen 2007, S. 97–114
Kubesch S. (Hrsg.): Exekutive Funktionen und Selbstregulation. Neurowissenschaftliche Grundlagen und Transfer in die pädagogische Praxis. Bern 2014
Kucian K., Aster M. von: Dem Gehirn beim Rechnen zuschauen. Ergebnisse der funktionellen Bildgebung. In: Aster M. von, Lorenz J. (Hrsg.): Rechenstörungen bei Kindern. Göttingen 2005, S. 54–72
Küspert P., Schneider W.: Würzburger-Leise-Lese-Probe (WLLP). Göttingen 1998
Küspert P., Schneider W.: Hören, lauschen, lernen: Arbeitsheft und Arbeitsmaterial. Heft und Box mit 73 Zeichenkarten zur visuellen Untermalung des Trainingsprogramms. 7. Auflage. Göttingen 2018.
Landerl K., Kaufmann L.: Dyskalkulie. Modelle, Diagnostik, Intervention. 3. Auflage München, Basel 2017.
Landerl K., Butterworth B.: Spezifische Rechenschwierigkeiten/Dyskalkulie: Viele Fragen, erste Antworten. In: Schulte-Körne G. (Hrsg.): Legasthenie: Zum aktuellen Stand der Ursachenforschung, der diagnostischen Methoden und der Förderkonzepte. Bochum 2002, S. 387–394
Laroche S.: Vom flüchtigen Signal zur stabilen Erinnerung. Gedächtnis. Spektrum der Wissenschaft Spezial 2002, S. 16–25
Lauth G.W., Grünke M.: Interventionen bei Lernstörungen. Monatsschrift der Kinderheilkunde 2005, S. 640–648
Lenhard, W., Schneider, W.: ELFE 1–6, Ein Leseverständnistest für Erst- bis Sechstklässler. Göttingen 2006

Lepach A.C., Heubrock D., Muth D., Petermann F.: Training für Kinder mit Gedächtnisstörungen. Göttingen, Bern, Toronto, Seattle 2003
Lewalter D., Diedrich J., Goldhammer F., Köller O., Reiss K. (Hrsg.): PISA 2022 Analyse der Bildungsergebnisse in Deutschland. Zusammenfassung. Münster 2023
Lexikon der Neurowissenschaft: Großhirnrinde. www.spektrum.de/lexikon/neurowissenschaft/grosshirnrinde/5010
Linder M., Grissemann H.: Zürcher Lesetest (ZLT). Göttingen 2000
Lorenz J.: Kinder begreifen Mathematik. Frühe mathematische Bildung und Förderung. Stuttgart 2012.
Lorenz J.: Lernschwache Rechner fördern. Berlin 2003a
Lorenz J.: Überblick über Theorien zur Entstehung und Entwicklung von Rechenschwächen. In: Fritz A., Ricken G., Schmitt S. (Hrsg.): Rechenschwäche – Lernwege, Schwierigkeiten und Hilfen bei Dyskalkulie. Ein Handbuch. Weinheim 2003b, S. 144–162
Lorenz J.: Grundlagen der Förderung und Therapie. Wege und Irrwege. In: Aster M. von, Lorenz J. (Hrsg.): Rechenstörungen bei Kindern. Göttingen 2005, S. 163–177
Lorenz J., Radatz H.: Handbuch des Förderns im Mathematikunterricht. Hannover 1993
Mann Ch.: Selbstbestimmtes Rechtschreiblernen. Rechtschreibunterricht als Strategievermittlung. 4. Auflage Weinheim 1997
Mannhaupt G.: Evaluationen von Förderkonzepten bei Lese- Rechtschreibschwierigkeiten – Ein Überblick. In: Schulte-Körne G. (Hrsg.): Legasthenie: Zum aktuellen Stand der Ursachenforschung, der diagnostischen Methoden und der Förderkonzepte. Bochum 2002, S. 245–258
Mannhaupt G.: Ergebnisse von Therapiestudien. In: Suchodoletz W. v. (Hrsg.): Therapie der Lese-Rechtschreibstörung (LRS). Traditionelle und alternative Behandlungsmethoden im Überblick. Stuttgart 2003, S. 91–107
May P.: HSP 1–10 Hamburger Schreib-Probe. Diagnose orthographischer Kompetenz. Hamburg 2012
Mayer R. E.: Should There Be a Three-Strikes Rule Against Pure Discovery Learning? The Case for Guided Methods of Instruction. American Psychologist (1) 59/2004, S. 14–19
Mayer R. E.: Learning and Instruction. Upper Saddle River, New York 2007^2
McElvany N., Lorenz R., Frey A., Goldhammer F., Schilcher A., Stubbe T. C. (Hrsg.): IGLU 2021. Lesekompetenz von Grundschulkindern im internationalen Vergleich und im Trend über 20 Jahre. Münster, 2023a
McElvany N., Lorenz R., Frey A., Goldhammer F., Schilcher A., Stubbe T.C. (Hrsg.): IGLU 2021. Lesekompetenz von Grundschulkindern im internationalen Vergleich und im Trend über 20 Jahre. Handreichung zur Pressekonferenz Münster, 2023b https://ifs.ep.tu-dortmund.de/storages/ifs-ep/r/Downloads_allgemein/Handreichung_Presse_IGLU.pdf
Melby-Lervåg M., Hulme C.. Is working memory training effective? A metaanalytic review. Developmental Psychology 2013, 49(2), S. 270–291
Ministerium für Schule und Bildung des Landes Nordrhein-Westfalen (Hrsg.): Hinweise und Materialien für einen systematischen Rechtschreibunterricht in der Primarstufe in NRW – Handreichung 2. überarbeitete Auflage Düsseldorf 2019
Müller R.: Diagnostischer Rechtschreibtest für 1. Klassen (DRT 1). Göttingen 2003a
Müller R.: Diagnostischer Rechtschreibtest für 2. Klassen (DRT 2). Göttingen 2003b
Müller R.: Diagnostischer Rechtschreibtest für 3. Klassen (DRT 3). Göttingen 2003c
Naegele I., Valtin R. (Hrsg.): Das schaffe ich! Lesen und Schreiben vorbereiten. Basisheft. Braunschweig 2007
Neumärker K., Bzufka M.: Diagnostik und Klinik der Rechenstörungen. In: Aster M. von, Lorenz J. (Hrsg.): Rechenstörungen bei Kindern. Göttingen 2005, S. 73–92
OECD: PISA 2022 Country Notes: Deutschland 2023a. www.oecd.org/media/oecdorg/satellitesites/berlincentre/pressethemen/GERMANY_Country-Note-PISA-2022_DEU.pdf vom 05.12.2023
OECD: PISA 2022 Country Notes: Switzerland 2023b. www.oecd.org/media/oecdorg/satellitesites/berlincentre/pressethemen/SWITZERLAND_Country-Note_PISA-2022.pdf vom 05.12.2023

OECD (Hrsg.): PISA 2012 Ergebnisse (Band 1) Was Schülerinnen und Schüler wissen und können: Schülerleistungen in Mathematik, Lesekompetenz und Naturwissenschaften W. Bertelsmann Verlag. 2013a

OECD (Hrsg.): Programme for International Student Assessment (PISA) 2012 Ergebnisse Deutschland 2013b. www.oecd.org/berlin/themen/PISA-2012-Deutschland.pdf

OECD (Hrsg.): Wie funktioniert des Gehirn? – Auf dem Weg zu einer neuen Lernwissenschaft. Stuttgart 2005

Oehler C., Born A.: Lernen mit ADHS-Kindern. In: Schulte-Körne G. (Hrsg.): Legasthenie und Dyskalulie: Aktuelle Entwicklungen in Wissenschaft, Schule und Gesellschaft. Bochum 2007, S.205–216

Paulesu, E., Démonet, J. F., Fazio, F., u.a.: Dyslexia: cultural diversity and biological unity. Science 291 (5511, March 2001), S.2165–2167

Peichl L.: Wie viele Nervenzellen hat das Gehirn? 2015. www.helmholtz.de/newsroom/artikel/wie-viele-nervenzellen-hat-das-gehirn/

Petermann F.: Legasthenie und Rechenstörung – Einführung in den Themenschwerpunkt. Kindheit und Entwicklung 2003, S.193–196

Petermann, F., Daseking, M.: ZLT–II. Zürcher Lesetest–II. Bern 2012

Petit L., Zago L.: Der Sitz des Arbeitsgedächtnisses. Gedächtnis: Spektrum der Wissenschaft 2002, S.30–33

PISA-Konsortium Deutschland (Hrsg.): PISA 2003: Der Bildungsstand der Jugendlichen in Deutschland. Ergebnisse des zweiten internationalen Vergleichs. Münster 2004

PISA-Konsortium Deutschland (Hrsg.): PISA 2006: Die Ergebnisse der dritten internationalen Vergleichsstudie. Zusammenfassung. http://pisa.ipn.uni-kiel.de

Plume E., Schneider W.: Hören, lauschen, lernen 2. Spiele mit Buchstaben und Lauten für Kinder im Vorschulalter. Würzburger Buchstaben-Laut-Training. Arbeitsbuch. Göttingen 2004

Prenzel M., Sälzer Ch., Klieme E., Köller O. (Hrsg.): PISA 2012. Fortschritte und Herausforderungen in Deutschland Münster, New York, München, Berlin 2013

Prenzel M., Artelt C., Baumert J., Blum W., Hammann M., Klieme E., Pekrun R. (Hrsg.) PISA-Konsortium Deutschland. PISA 2006 in Deutschland. Die Kompetenzen der Jugendlichen im dritten Ländervergleich. Münster/New York/München/Berlin 2008

Rackwitz R.-Ph.: Ist die phonologische Bewusstheit wirklich Voraussetzung für einen erfolgreichen Schriftspracherwerb? Zugriff am 9.4.2022 unter HYPERLINK "http://opus.bsz-bw.de/phsg/volltexte/2009/1/." http://opus.bsz-bw.de/phsg/volltexte/2009/1/

Rahmenrichtlinien für die Grund- und Mittelschule an den Schulen Südtirols. Aktualisierte Ausgabe 2021

Rasch B., Born J.: About Sleep's Role in Memory. In Physiological Reviews 2013 Apr; 93(2), S.681–766.

Ratey J.: Das menschliche Gehirn. Eine Gebrauchsanweisung. Düsseldorf, Zürich 2001

Reiss K.; Weis M., Klieme E., Köller O., (Hrsg.): PISA 2018. Grundbildung im internationalen Vergleich. Münster; New York 2019.

Remschmidt H., Schmidt M.H., Poustka E: Multiaxiales Klassifikationsschema für psychische Störungen des Kindes- und Jugendalters nach ICD-10 der WHO. 4.Auflage Bern 2000

Remschmidt H., Mattejat F., Warnke A. (Hrsg.): Therapie psychischer Störungen bei Kinder und Jugendlichen. Ein integratives Lehrbuch für die Praxis. Stuttgart, New York 2008

Reuter-Liehr C.: Lautgetreue Lese-Rechtschreibförderung. Band 1. Eine Einführung in das strategiegeleitete Lernen. Bochum 2001

Reuter-Liehr C.: Konsequent strategiegeleitetes Lernen beim lese-rechtschreibschwachen Kind. In: Schulte-Körne G.: Legasthenie: Zum aktuellen Stand der Ursachenforschung, der diagnostischen Methoden und der Förderkonzepte. Bochum 2002, S.359–384

Roick T., Gölitz D., Hasselhorn M.: DEMAT 3+. Deutscher Mathematiktest für dritte Klassen. Göttingen 2004

Roth G.: Ratio in Maßen. Interview. Gehirn und Geist 11/2007, S.31–33

Rothe, E.: Effekte eines vorschulischen und schulischen Trainings der phonologischen Bewusstheit auf den Schriftspracherwerb in der Schule: Vergleich der Trainingseffekte bei zwei verschiedenen Altersgruppen von Kindergartenkindern. Dissertation. Universität Jena 2007

Rottmann T, Träger G. (Hrsg.): Welt der Zahl 1. Braunschweig 2020
Schabmann A.: Erstleseunterricht und Lese-Rechtschreibleistungen. Erste Ergebnisse einer Wiener Längsschnittuntersuchung. In: Schulte-Körne G. (Hrsg.): Legasthenie und Dyskalulie: Aktuelle Entwicklungen in Wissenschaft, Schule und Gesellschaft. Bochum 2007, S. 59–71
Schneider, W., Blanke, I., Faust, V., Küspert, P.: WLLP-R Würzburger Leiseleseprobe-Revision. Göttingen 2011
Schneider W., Küspert P., Krajewski K.: Die Entwicklung mathematischer Kompetenzen. Paderborn 2013
Schneider W., Roth E., Küspert P., Ennemoser, M.: Kurz- und langfristige Effekte eines Trainings der sprachlichen (phonologischen) Bewusstheit bei unterschiedlichen Leistungsgruppen: Befunde einer Sekundäranalyse. Zeitschrift für Entwicklungspsychologie und Pädagogische Psychologie, XXX/1998, S. 26–39
Schröder P.: Leo und das Mutmach-Training. München 2007
Schneider W., Schlagmüller M., Ennemoser M.: Lesegeschwindigkeits- und verständnistest für die Klassenstufen 6–12 (LGVT 6–12). Göttingen 2007
Schulte-Körne G., Galuschka K.: Lese-/Rechtschreibstörung. Göttingen 2019
Schulte-Körne G.: Verpasste Chancen: Die neuen diagnostischen Leitlinien zur Lese-, Rechtschreib- und Rechenstörung der ICD-11 Zeitschrift für Kinder- und Jugendpsychiatrie und Psychotherapie (2021), S. 463–467
Schulte-Körne G.: Legasthenie: Zum aktuellen Stand der Ursachenforschung, der diagnostischen Methoden und der Förderkonzepte. Bochum 2002
Schulte-Körne G. (Hrsg.): Legasthenie und Dyskalkulie: Aktuelle Entwicklungen in Wissenschaft, Schule und Gesellschaft. Bochum 2007
Schulte-Körne G., Galuschka K.: Lese-/Rechtschreibstörung (LRS). Göttingen 2019
Schulte-Körne G., Mathwig F.: Das Marburger Rechtschreibtraining. Ein regelgeleitetes Förderprogramm für rechtschreibschwache Kinder. 4. Auflage Bochum 2009
Schwarz M.: Rechenschwäche – Wie Eltern helfen können. 2. Auflage Berlin 2002
Schweiter M., Aster M. von: Neuropsychologie kognitiver Zahlenrepräsentationen. In: Aster M. von, Lorenz J. (Hrsg.): Rechenstörungen bei Kindern. Göttingen 2005, S. 34–53
Schumacher J., Hoffmann P., Schmäl C., Schulte-Körne G., Nöthen M.M.: Genetics of Dyslexia: the Evolving Landscape. Journal of Medical Genetics. 2007, Feb 16, S. 289–297
Siljander, P.: Bildung und Wohlfahrtsstaat. Faktoren des erfolgreichen Schulsystems in Finnland. In: Die Deutsche Schule 4/2005, S. 432–447
Spektrum der Wissenschaft Spezial. Gedächtnis. 2002
Spitzer M.: Geist, Gehirn & Nervenheilkunde. Grenzgänge zwischen Neurobiologie, Psychopathologie und Gesellschaft. Stuttgart 2000
Spitzer M.: Ketchup und das kollektive Unbewusste. Geschichten aus der Nervenheilkunde. Stuttgart 2001
Spitzer M.: Lernen. Gehirnforschung und die Schule des Lebens. Heidelberg, Berlin 2002
Spitzer M.: Einführung. In OECD (Hrsg.): Wie funktioniert das Gehirn? – Auf dem Weg zu einer neuen Lernwissenschaft. Stuttgart 2005, S. 1–20
Spitzer M.: Vorsicht Bildschirm: Elektronische Medien, Gehirnentwicklung, Gesundheit und Gesellschaft Stuttgart 2006
Spitzer M.: Digitale Demenz: Wie wir uns und unsere Kinder um den Verstand bringen München 2014
Spitzer M.: Die Smartphone-Epidemie: Gefahren für Gesundheit, Bildung und Gesellschaft Stuttgart 2019
Stanat P., Schipolowski St., Rjosk C., Weirich S., Haag N. (Hrsg.): IQB-Bildungstrend 2016 Kompetenzen in den Fächern Deutsch und Mathematik am Ende der 4. Jahrgangsstufe im zweiten Ländervergleich Münster New York 2017
Stanat P., Schipolowski S., Schneider R., Sachse K., Weirich S., Henschel S. (Hrsg.): IQB-Bildungstrend 2021 Kompetenzen in den Fächern Deutsch und Mathematik am Ende der 4. Jahrgangsstufe im dritten Ländervergleich. Münster, New York 2022a
Stanat P., Schipolowski S., Schneider R., Sachse K., Weirich S., Henschel S. (Hrsg.): IQB-Bildungstrend 2021 Kompetenzen in den Fächern Deutsch und Mathematik am Ende der

4. Jahrgangsstufe: Erste Ergebnisse nach über einem Jahr Schulbetrieb unter Pandemiebedingungen. Berlin 2022b

Steinhausen H.-Ch. (Hrsg.): Schule und psychische Störungen. Stuttgart 2006

Stern E.: Wissen ist der Schlüssel zum Können. Psychologie heute 30 (7), 2003, S. 30–35

Stock, C, Schneider, W.: DERET 1-2+ Deutscher Rechtschreibtest für das erste und zweite Schuljahr. Göttingen 2008a

Stock, C. Schneider, W.: DERET 3-4+ Deutscher Rechtschreibtest für das dritte und vierte Schuljahr. Göttingen 2008b

Studienkreis. Die Nachhilfe: Studienkreis-Zahlenmaterial. https://www.studienkreis.de/unternehmen/presse/zahlen-und-fakten/studienkreis-zahlenmaterial/ vom 29.08.2024

Suchodoletz W. v. (Hrsg.): Früherkennung von Entwicklungsstörungen. Göttingen, Bern, Toronto, Seattle, Oxford, Prag 2005

Suchodoletz W. v. (Hrsg): Therapie der Lese-Rechtschreib-Störung (LRS). Traditionelle und alternative Behandlungsmethoden im Überblick. 2. Auflage Stuttgart 2006

Suchodoletz W. v.: Lese-Rechtschreib-Störung (LRS). Fragen und Antworten. Stuttgart 2007a

Suchodoletz W. v. (Hrsg.): Prävention von Entwicklungsstörungen. Göttingen, Bern, Toronto, Seattle, Oxford, Prag 2007b

Suchodoletz W. von: Therapie von Entwicklungsstörungen. Was wirkt wirklich? Göttingen 2010

Suchodoletz W. von: Therapie von Lese-Rechtschreibstörungen. In: Suchodoletz W. von: Therapie von Entwicklungsstörungen. Was wirkt wirklich? Göttingen 2010, S. 89–128

Swanson H. L., Sachse-Lee G.: Mathematical problem solving and working memory in children with learning disabilities: Both executive and phonological processes are important. Journal of Experimental Child Psychology 79/2001, S. 299–321

Tacke G. Schulische und häusliche Leseförderung: empirische Befunde und Förderprogramme. Kindheit und Entwicklung. 1999, S. 153–157

Tacke G.: Flüssig lesen lernen, neue Rechtschreibung: Klasse 1 und 2 der Grundschule. 2. Auflage Donauwörth 2001

OECD: PISA 2022 Country Notes: Deutschland 2023a www.oecd.org/media/oecdorg/satellitesites/berlincentre/pressethemen/GERMANY_Country-Note-PISA-2022_DEU.pdf vom 05.12.2023

OECD: PISA 2022 Country Notes: Switzerland 2023b https://www.oecd.org/media/oecdorg/satellitesites/berlincentre/pressethemen/SWITZERLAND_Country-Note_PISA-2022.pdf vom 05.12.2023.

Valtin R.: Phonologische Bewusstheit – eine notwendige Voraussetzung beim Lesen- und Schreibenlernen? Zugriff am 9.4.2022 unter www.leseforum.ch/myUploadData%5Cfiles%5C2010_2_Valtin_PDF.pdf (2010)

Valtin R., Löffler I.: Legasthenie ist heilbar. Neue Hilfen durch Kompetenzmodelle. 2009. https://dgls.de/wp-content/uploads/2018/06/Valtin_Loeffler_Legasthenie_ist_heilbar.pdf

Walter, J.: Differentielle Effekte des Trainings des phonologischen Wissens auf das Lesen und Schreibenlernen: Ergebnisse der international angelegten Meta-Analyse von Ehri u.a. (2002). Heilpädagogische Forschung, 2002/28, H. 1, S. 38–49.

Warnke A., Hemminger U., Roth E.: Legasthenie – Leitfaden für die Praxis. Begriff, Erklärung, Diagnose, Behandlung, Begutachtung. Göttingen 2002

Warnke A., Hemminger U., Plume E.: Ratgeber Lese-Rechtschreibstörung. Göttingen 2004

Warnke A., Plume E., Oehler C.: Rechenstörungen. In: Remschmidt H., Mattejat F., Warnke A. (Hrsg.): Therapie psychischer Störungen bei Kindern und Jugendlichen. Stuttgart, New York 2008a, S. 162–167

Warnke A., Schulte-Körne G.: Legasthenie. In: Remschmidt H., Mattejat F., Warnke A. (Hrsg.): Therapie psychischer Störungen bei Kindern und Jugendlichen. Stuttgart, New York 2008b, S. 153–162

Watzlawick P., Weakland J.H., Fisch R.: Lösungen. Bern 1974

Weinert, F. E.: Für und Wider die »neuen Lerntheorien« als Grundlagen pädagogisch-psychologischer Forschung. Zeitschrift für Pädagogische Psychologie, (1) 10/1996, S. 1–12

Weinert, F.E. Psychologische Theorienbildung auf dem pädagogischen Prüfstand. Zeitschrift für Pädagogische Psychologie (4) 12/1998, S. 205–209

Wellenreuther M.: Forschungsbasierte Schulpädagogik. Anleitungen zur Nutzung empirischer Forschung für die Schulpraxis. Baltmannsweiler 2009

Wellenreuther M.: Bildungstheater. Mit Bildungsstandards, Schulinspektionen, Vergleichsarbeiten und zentralen Prüfungen zum Erfolg? Baltmannsweiler 2011

Wellenreuther: Fördern im Mathematikunterricht – aber wie? In: Lehren & Lernen 4/2010

Wimmer H., Hartl M.: Erprobung einer phonologisch, multisensorischen Förderung bei jungen Schülern mit Lese-Rechtschreibschwierigkeiten. Heilpädagogische Forschung 1991, S.74–79

WHO: ICD-11 for Mortality and Morbidity Statistics (Version: 02/2022); 6A03.0 Developmental learning disorder with impairment in reading Zugriff am 9.4.2022 unter https://icd.who.int/browse11/l-m/en#/http%3a%2f%2fid.who.int%2ficd%2fentity%2f1008636089; 6A03.1 Developmental learning disorder with impairment in written expression Zugriff am 9.4.2022 unter https://icd.who.int/browse11/l-m/en#/http%3a%2f%2fid.who.int%2ficd%2fentity%2f1498766637; 6A03.2 Developmental learning disorder with impairment in mathematics Zugriff am 9.4.2022 unter https://icd.who.int/browse11/l-m/en#/http%3a%2f%2fid.who.int%2ficd%2fentity%2f771231188

Schulbücher zum Lesenlernen – Silbenlesebücher (Mildenberger Verlag)

Handt R., Kuhn K., Mrowka-Nienstedt K.: ABC der Tiere 1 – Lesen in Silben Silbenfibel. Offenburg 2014

Handt R., Kuhn K., Mrowka-Nienstedt K.: ABC der Tiere 1– Lesezirkus. Offenburg 2014

Kuhn K., Handt R., Fink I.: ABC der Tiere 2 Lesen in Silben: Lesebuch. Offenburg 2013

Erdmann B., Hecht I.: Tiergeschichten mit Mia und Mio. Band 1–10. Offenburg 2022